# *Jenseits des Vorstellbaren*

1. Auflage März 2006



Lektorat: Dr. Renate Oettinger
Umschlaggestaltung: ZERO Werbeagentur, München
Satz und Layout: Agentur Pegasus, Zella-Mehlis
Druck und Bindung: Clausen & Bosse, Leck

ISBN 3-938516-23-2

*Gerne senden wir Ihnen unser Verlagsverzeichnis*
Kopp Verlag
Pfeiferstraße 52
D-72108 Rottenburg
E-Mail: info@kopp-verlag.de
Tel.: (0 74 72) 98 06-0
Fax: (0 74 72) 98 06-11

*Unser Buchprogramm finden Sie auch im Internet unter:*
www.kopp-verlag.de

Viktor Farkas

# Jenseits des Vorstellbaren

## Der neue Reiseführer durch unsere phantastische Realität

JOCHEN KOPP VERLAG

Über das Buch

Kühn im Weiterdenken, sachlich in der Schlußfolgerung, packend in der Sprache, verknüpft Viktor Farkas die Fäden des Unerklärlichen. Schritt für Schritt enthüllt sich dem Leser die geheime Natur unserer Welt. In ihr gibt es unbekannte Mächte, die Privatgrund einzäunen; Einbahnstraßen, die ins Nichts führen; Computer, die träumen und töten; Dinge, die lebendig oder besessen sind; Überwesen, die zwischen den Menschen leben; Verschwörungen, die die Weltgeschichte lenken, und viele andere Unglaublichkeiten, die eines gemeinsam haben: Es sind Tatsachen!

Viktor Farkas legt überzeugende Indizien dafür vor, daß wenig so ist, wie es scheint. Mitreißend, wie es für ihn typisch ist, führt er den Leser durch das Labyrinth des Unerklärlichen. Dieses Buch ist eine Fundgrube für alle, die mehr über unbekannte Naturkräfte und geheime Mächte wissen wollen – und es ist atemberaubend spannend.

Über den Autor

Viktor Farkas, Jahrgang 1945, lebt in Wien und ist Journalist, Referent und renommierter Sachbuchautor. Er ist für seine gründlichen Recherchen ebenso bekannt wie für seine packende Sprache.

Viktor Farkas greift heiße Eisen an und nennt Brisantes beim Namen. Seine Bücher umfassen ein breites Spektrum kontroverser und aktueller Themen. Er verbindet sachliche Information mit kühner, aber nicht abwegiger Spekulation. Das Phantastische wird unter die Lupe genommen, das Absurde als solches enthüllt. Selbst bei umstrittenen Themen schafft er den Spagat, Unseriöses beiseite zu lassen und gleichzeitig die Leser aufzurütteln.

# Inhalt

## Teil II
## Rätsel des Lebendigen

## Teil III
## Das Undenkbare

# Warnung an die Leser: Achtung Realitätsverlust!

*»In Zeiten des universalen Betrugs die Wahrheit zu sagen ist ein revolutionärer Akt.«*
George Orwell (Pseudonym von Eric Blair)

Am 26. April 1986 ereignete sich im Kernkraftwerk von Tschernobyl ein folgenschwerer Unfall. Über die Katastrophe in der Ukraine wurde seither viel geschrieben. Die ersten Sätze auf der Rückseite eines Taschenbuches lauten: »Am 26. April 1986 beginnt das große Abenteuer, der Kampf ums Überleben im Chaos einer Apokalypse, die todbringend um die Erde rast.« Eine reißerische Aufarbeitung der Tschernobyl-Tragödie? Keineswegs, sondern der Inhaltsanriß zu Gerhard R. Steinhäusers *Unternehmen Stunde Null 1986 – Leben nach dem Jüngsten Tag*; Erscheinungsdatum: Juli 1975.

Ganz schön bizarr, dieser »Zufall«, nicht wahr? Doppelt skurril durch den Umstand, daß es sich um einen Satzfehler handeln muß (der allerdings *zweimal* auftritt), da in der Erzählung selbst der *16.* April der Stichtag ist. Eine der unbedeutenden Seltsamkeiten, die in ihrer Gesamtheit die Realität so irreal erscheinen lassen.

Im vorliegenden Buch werden einige kühne Vermutungen über die vielzitierte Wirklichkeit geäußert. Gedankengänge, die uns die Welt als einen noch unheimlicheren Ort erscheinen lassen, als er schon ist. Viele davon werden zum Widerspruch auffordern oder das bekannte »ungute Gefühl« aufsteigen lassen, speziell die von mir herausgearbeitete unerquickliche These, das Unbekannte könnte keine ziellos agierende Kraft, sondern mit Bewußtsein erfüllt sein; ein steuernder Wille aus dem Anderswo.

Eindeutig beweisen läßt sich keine der Hypothesen. Jede einzelne mag richtig oder falsch sein, desgleichen die daraus gezogenen Schlußfolgerungen. Dasselbe gilt allerdings auch für die derzeit gängigen Theorien über die Naturgesetze, die Beschaffenheit des Universums, den Aufbau der Atome, das Wesen von Gravitation und Elektrizität und für alle anderen Vorstellungen, die wir von »der Welt an sich« haben. Sämtliche Theorien, die zu erklären versuchen, was wir beobachten, können goldrichtig oder grundfalsch sein. Albert Einstein meinte mit der Einsicht des wahrhaft Weisen, daß Millionen Experimente nicht ausreichen würden, um die Relativitätstheorie für alle Zeiten abzusichern, aber nur eines, um sie zu widerlegen. Nicht anders verhält es sich mit dem in diesem Buch vorgestellten Denkgebäude. Es ist rein theoretisch, zusammengesetzt aus mehr als unterschiedlichen Bausteinen, die – genau wie die wirren Naturvorgänge, die wir registrieren – schwer unter einen Hut zu bringen sind. Eine Gemeinsamkeit weisen sie allerdings auf: Sie sind Tatsachen, wenn auch bizarre. Tatsachen, die weit stiefmütterlicher behandelt werden als noch so widersinnige, aber »salonfähige« Falschmeldungen. Man denke an das allseits bekannte China-Syndrom. Obgleich es sich dabei nachgewiesenermaßen um eine journalistische Fehlinterpretation handelt, ist die absurde, für jeden Grundschüler unakzeptable Vorstellung, ein durchgehender Reaktorkern könnte die gesamte Erde durchdringen, also ab dem Erdmittelpunkt wieder *aufsteigen*, um vor den Augen der entsetzten Chinesen hervorzubrechen, zum gängigen Synonym für den ultimaten Kernreaktorunfall geworden. Super-GAU absurd.

Wieso breitet sich ein Mantel der Nichtbeachtung über die Absonderlichkeiten, mit denen die Leser konfrontiert werden? Wieso schlagen solche Vorfälle nicht die Wellen, die sie verdienen würden? Sensationell sind die meisten von ihnen genug. Jedoch: Wo bleiben die öffentlichen Diskussionen über die beunruhigenden Unerklärlichkeiten auf der Erde, zu Wasser und in der Luft? Gibt es die globale Verschwörung des Schweigens, die immer wieder in den Köpfen der Menschen herumspukt? Es gibt sie tatsächlich, aber nicht – wie ich jedenfalls glaube – als weltweite Vertuschungskampagne der Wissenden und Mächtigen, sondern durch einen natürlichen Konsens der Ignoranz zwischen den Medien und den Etablierten. Eine stillschweigende Übereinstimmung, die nicht abgesprochen wurde, sondern ein integraler Teil der westlichen Gesellschaftsstruktur ist. Sie wird von dem berühmten Morgenstern-Wort aus seinen Palmström-Gedichten »... daß nicht sein kann, was nicht sein darf ...« treffender charakterisiert, als mir das möglich wäre. Wer das nicht glauben kann, der möge sich an zwei typischen Beispielen erbauen:

Im Jahr 1975 wandte sich eine Hausfrau im englischen Hertfordshire mit folgender Meldung an die Presse: »Mein Mann liebt Curry-Gerichte. Vor fünf Jahren hat er eine Blechdose mit Koriander gekauft, aus der er seine Speisen reichlich würzt. Ich weiß nicht, wie viele Kilo er von dem Zeug in dieser Zeit schon verbraucht hat, die Dose ist jedenfalls noch immer bis an den Rand voll. Es läßt sich beobachten. Wenn er einen Löffel voll herausnimmt und die Dose schließt, ist sie beim Öffnen wieder bis an den Rand gefüllt.« Wie reagierten die Medien auf dieses unerklärliche Phänomen? Gab es Schlagzeilen wie »Ein Gegenstück zur biblischen Brotvermehrung?« oder »Englische Familie besitzt eine Art Aladins Wunderlampe«? Keineswegs. Zwei Zeilen in einem kleinen Lokalblatt waren die ganze Reaktion auf ein Geschehen, das die Gesetze von Materie, Energie und Entropie auf den Kopf stellen könnte, wenn es einer wissenschaftlicher Untersuchung standhielt. Nur – eine solche Untersuchung gab es niemals.

Noch krasser ist folgender Fall: In New York fand eine wissenschaftliche Tagung statt. Die Teilnehmer waren Physiker und Astronomen. Während einer Pause wurden Erfrischungen gereicht. Plötzlich rief einer der Kellner, der zufällig aus dem Fenster gesehen hatte, aufgeregt: »Meine Herren, meine Herren, sehen Sie nur, draußen ist ein UFO.« Nicht einer der anwesenden Wissenschaftler fand es auch nur der Mühe wert, aufzustehen und ans Fenster zu treten. Kommentar überflüssig.

Wer sich mit den kaum glaublichen Fakten dieses Buches befaßt, tritt ans Fenster. Was er von dem hält, das sich ihm dort darbietet, ist natürlich seine persönliche Sache. Und jetzt: Anschnallen für eine Berg- und Talfahrt ins Wunderland oder in die Schreckenskammer des Unbekannten. Beide liegen direkt nebenan …

# Nichts ist, wie es sein sollte
# Ein provokantes Vorwort

*»Daß ich erkenne, was die Welt*
*im Innersten zusammenhält.«*
Johann Wolfgang von Goethe in *Faust*

Sie kennen das Gefühl. Man blickt in die Zeitung oder hört Nachrichten und kommt spontan zu der Ansicht: Dieses Tollhaus kann nicht die alles beherrschende Wirklichkeit sein. Auswege aus diesem Dilemma sind jedoch nirgends zu entdecken. Im Gegenteil. Spätestens in unseren Tagen dürften selbst extremste Idealisten und Schwarmgeister erkannt haben, daß die lautstark verkündete Humanität eine Schimäre ist, schlimmer noch, daß sie als Vorwand für Gewaltakte, Interventionen und Eroberungskriege herhalten muß. Nicht die stets ins Treffen geführte und mittlerweile seit vielen Jahren beendete Zweiteilung der Welt verhinderte, daß die Menschheit eine große, glückliche Familie wurde, sondern die menschliche Natur. Eine Erkenntnis, die von Zynikern (man könnte auch sagen Realisten) zu allen Zeiten formuliert wurde. So sagt man sich eben resignierend: Der Mensch ist nun einmal ein fehlerhaftes Geschöpf – und entsprechend verhält er sich auch.

Je mehr die Unvernunft das Zepter schwingt, um so inbrünstiger klammern wir uns an das einzige Gegengewicht zu den irrationalen Emotionen, die den Karren so in den Dreck gefahren haben: an unseren Verstand. Die Fähigkeit zu denken, zu analysieren und zu extrapolieren, zu forschen und zu erkennen ist etwas Einmaliges, Trostspendendes. Sicher, es kann nicht geleugnet werden, daß unsere Geisteskräfte ein wenig ins Kraut schießen. Übertriebener Stolz auf Monsterstädte, Wasserstoffbomben, Ozonlöcher, Vernichtung von Fauna und Flora, Umweltverschmutzung und manch andere Peinlichkeit, die der Höhenflug des menschlichen Gehirns nach sich gezogen hat – und noch zieht –, ist nicht angebracht. Ebensowenig wie auf die zweifelhafte Fähigkeit unseres abstrakten Denkvermögens, über das Wesen der Vierten Dimension jederzeit die Frage zu ignorieren, was 16 Milliarden Menschen im Jahr 2030 essen sollen. Dafür gibt uns, so mag ein Einwand lauten, der Siegeszug des Gehirns gleichzeitig das Instrument in die Hand, um die

Schäden wieder in den Griff zu bekommen, die eben diese Entwicklung verursacht hat: die menschliche Vernunft, den Joker im Spiel des Lebens. Die Vernunft hat uns befähigt, mit kühnen Strichen ein stimmiges Bild unserer Welt und des Kosmos zu entwerfen. Jedenfalls theoretisch. Auch wenn wir noch nicht alle Geheimnisse enträtselt haben, so liegen wir doch grundsätzlich richtig.

Liegen wir nicht! Dieser Halt erweist sich als trügerisch. Das Eis gesicherten Wissens ist dünn und wird täglich brüchiger.

Die Zukunft (und zwar die unmittelbare) wird zeigen, ob der Homo sapiens aus eigenem Verschulden die Bühne des Lebens räumen muß, um einer nachfolgenden, wirklich vernunftbegabten Spezies Platz zu machen, oder ob er sich an den eigenen Haaren aus dem selbstgeschaffenen Sumpf ziehen kann. Die Gegenwart jedoch zeigt bereits, daß wir keine Ahnung haben, was wirklich auf »unserem« Planeten so vor sich geht. Wir tun nur so. De facto ist es eines der Hauptanliegen der »seriösen Wissenschaft«, das Verrutschen der Scheuklappen zu verhindern, die uns den Blick auf ein ungeheures Panorama an Seltsamkeiten aller Orten verwehren sollen. Hat man den Mut, diese Scheuklappen abzunehmen, oder gar da und dort tiefer zu graben, so entfaltet sich eine phantastische Wirklichkeit, die mit den Lehrmeinungen so viel gemein hat wie eine Landkarte mit dem Land selbst. Buchstäblich nichts ist so, wie es sein sollte.

Die Realität erweist sich als subjektive Angelegenheit, die wie eine Seifenblase zerplatzt, wenn man sie ansticht. Diesen Eindruck mußte zumindest Professor John Wilson vom Afrikanischen Institut der Londoner Universität bekommen, als er und sein Team den Stammesmitgliedern eines afrikanischen Dorfes einen Film über Hygienemethoden vorführte. Verblüffenderweise war keiner der 30 Dorfbewohner in der Lage, den Film zu sehen. Das *einzige*, was sie auf der Leinwand erkennen konnten, war *ein Huhn*, das kurz auftauchte – ihre ganz persönliche, für sie einzig wahrnehmbare Realität … (nachzulesen in dem Beitrag »Film Literacy in Afrika« in Band I, Nr. 4, von *Canadian Communications*, Sommer 1961).

Auch Vergangenheit, Gegenwart und Zukunft sind nichts anderes als schöne Illusionen. Sie bestehen nur in unseren Köpfen, damit wir der Welt einen Ablauf geben und uns orientieren können. Gelegentlich scheinen jedoch Zeitgenossen aus dieser Konvention aussteigen zu können, manche sogar mit persönlichem Gewinn. Wäre es nicht so, müßten vom Glücksspiel lebende Institutionen nicht Schutzmaßnahmen gegen Hellseher ergreifen. Beispielsweise verweigerte vor Jahren der berühmte Londoner Buchmacher William Hill dem damals 62jährigen Dauergewinner Barney Curley aus Folkestone die weitere Annahme von Pferdewetten. Der Lottogesellschaft des US-Bundesstaates Pennsylvania in Pittsburgh wäre es mehr als lieb gewesen, wenn der Hellseher Jim Karol in seiner wöchentlichen Radioshow die Vorhersage von Gewinnzahlen unterlassen hätte (Lotteriesprecher Mark Schreiber: »Mehr solche Voraussagen, und wir gehen bankrott.«). Die Zukunft scheint also nicht das »unerforschte Land« zu sein, von dem Shakespeare in *Hamlet*, 3. Akt, 1. Szene, sprach. Auch die Vergangenheit ist nicht so tot, wie man meinen sollte. Andernfalls hätte 1985 nicht eine Artilleriegranate in Kalifornien niedergehen können, die 40 Jahre vorher abgefeuert wurde.

Öffentlich wenig beachtet, hat sich die Wissenschaft schon längst von der Vorstellung verabschiedet, die man sich gemeinhin von »der Zeit« macht. Für die Physiker hat der Zeitpfeil mehr als eine Richtung, ist die Zeit plastisch und kann konkret beeinflußt werden, z. B. durch Gravitation oder die Bewegung eines Systems, ja sogar durch bloße Beobachtung (!) eines Vorgangs (Stichwort: »Doppelspalt-Galaxis«, ein Phänomen, das absurder nicht sein könnte und das im Kapitel »Zwischenspiel: Der Geist in der Materie« näher erklärt wird). Als Kostprobe nur so viel: Gegenwärtiges Verhalten beeinflußt das Umfeld eines 13 Milliarden Jahren alten und 13 Milliarden Lichtjahre entfernten Milchstraßensystems *rückwirkend*!!!

Als nicht weniger diffus stellen sich der angeblich so »fest umrissene« Stammbaum von Fauna und Flora, die »wohlbekannte« Entwicklung der Arten und das »Wissen« um die Natur des Lebendigen dar. Abweichler und Atavismen werden links liegen gelassen und unleugbare Absonderlichkeiten dezent ignoriert, beispielsweise das indische Dorf Golida bei Rajkot, in dem seit vielen Jahren mit schöner Regelmäßigkeit Kinder mit sechs Fingern an jeder Hand zur Welt kommen. Um Finger als Stichwort dafür zu nehmen, wie sehr die Schulwissenschaft permanent mit Überraschungen rechnen muß, mag die verblüffende Tatsache erwähnt werden, daß fast alle Mütter ihre eben zur Welt gekommenen Babies untrüglich aus anderen Neugeborenen durch Betasten mit den Fingerspitzen herauszufinden vermögen, ohne daß sie ihre Sprößlinge sehen, hören oder riechen können (festgestellt an der Hebräischen Universität in Jerusalem).

Genaugenommen gibt es überhaupt keinen Bereich menschlichen Forschens, Analysierens, Katalogisierens und Dogmenschmiedens, in dem irgend etwas unumstößlich als bekannt gewertet werden kann. Selbst kühnste Gedankengänge, die schon leicht paranoide Züge aufweisen, lassen sich nicht mit Sicherheit widerlegen. Etwa die Hypothese, Übermenschen, Außerirdische, Zeitreisende oder wer auch immer würden unter uns weilen und die Geschicke der Menschheit lenken (nicht sehr wohlwollend, wenn man den Zustand unserer Erde betrachtet). Gelegentlich ragen nämlich aus der menschlichen Gemeinschaft Geister heraus, die nicht auf unseren Planeten – oder in ihre jeweilige Zeit – zu gehören scheinen. Als Beispiel soll mit Absicht nicht der in solchem Zusammenhang gerne zitierte Leonardo da Vinci herangezogen werden, obgleich es verführerisch wäre. Auch wenn sich im *Codex Madrid* folgender ebenso seltsame wie kryptische Ausspruch dieses Malers, Bildhauers, Architekten, Ingenieurs, Festungsbauers, Musikers und Schriftstellers der Renaissance findet: »Lies mich, Freund, denn nur sehr selten kehre ich zu dieser Welt zurück.«

Weit anachronistischer als da Vinci ist der fast gänzlich vergessene serbisch-italienische Dichter, Mathematiker und bahnbrechende Physiker Rudjer Josip Boškovic bzw. Boscovich (geboren am 18. Mai 1711 in Dubrovnik/Ragusa, gestorben am 12. Februar 1787 in Mailand), der auch als Astronom und Naturphilosoph sowie als Techniker und Geodät kaum Glaubliches leistete. Nach einem Studium der Mathematik, Astronomie und Theologie trat er dem Orden der Jesuiten bei. Unerklärlicherweise befähigte ihn eine Ausbildung, die ihm maximal das Wissen des frühen 18. Jahrhunderts vermitteln konnte, zu erkenntnistheoretischen Aussagen, die in unseren Tagen von Physikern und Mathematikern als zukunftsweisend angesehen werden. Sie sind nahe den Grenzen unseres gegenwärtigen Wissensstandes angesiedelt, vielleicht sogar darüber hinaus. Im *New Scientist* vom 6. März 1958 kommt der Wissenschaftsjournalist Allan Lindsay Mackay aus dem Staunen über eine Arbeit nicht heraus, die Boscovich 1758 (!) in Wien veröffentlichte. Mackay und führende Wissenschaftler vertreten die Überzeugung, Boscovich sei seiner Zeit um mindestens 200 Jahre voraus gewesen. Immerhin verfocht der Geheimnisvolle die Ansicht, es müsse eine einheitliche Theorie des Universums geben, eine umfassende Gleichung, die Mathematik, Physik, Chemie, Biologie und sogar die Psychologie inkorporiert. Boscovich definierte nicht nur die Erscheinungen Licht, Magnetismus und Elektrizität – welche zu seiner Zeit nur schemenhaft erkennbar waren –, sondern er beschrieb Quantenphänomene, Wellenmechanik und ein durchaus modernes Atommodell aus Nukleonen. Seine Auffassung von Materie, Raum und Zeit, bestehend aus winzigen Körnchen, entspricht den letzten Erkenntnissen der theoretischen Physik über die Quantelung von Materie und Energie. Der Grundstein zu dieser Weltsicht wurde von Einstein, Schrödinger, Bohr, Bell, Pauli, Deutsch, Aspect und anderen Giganten der Physik im 20. Jahrhundert (!) gelegt.

Der Wissenschaftshistoriker L. L. White ist überzeugt, daß selbst unsere computergestützte Wissenschaft die Gedankengänge von Boscovich nicht in ihrer gesamten Tragweite erfassen kann, weil bis dato eine dafür unerläßliche Grundlage fehlt: die Verbindung zwischen Relativitätstheorie und Quantenphysik, hinter der die Forscher auch im 21. Jahrhundert immer noch erfolglos herjagen. Dies gilt ebenso für die von Boscovich geforderte Einheitliche Feldtheorie, welche die vier Grundkräfte zusammenführt. Boscovich sprach von ihr im 18. Jahrhundert wie von etwas Altvertrautem. Vielleicht hätte er unseren Denkfabriken Hinweise liefen können, die ihnen immer noch entschlüpfen.

Mit dem Werk von Boscovich lassen sich viele Fragen beantworten. Eine aber nicht. Sie lautet: Kann man das Auftreten eines Mannes, der zwei Jahrhunderte »zu früh« die Plancksche Konstante einführte, eine statistische Theorie der damals völlig unbekannten Radioaktivität ausarbeitete und an Voltaire über die energetische Natur der menschlichen Psyche schrieb, hinlänglich mit dem Begriff Genialität erklären? Anders gefragt: Haben wir es hier mit einer irdischen Lebensgeschichte zu tun oder mit etwas Fremdartigem?

Genug. Es ist klar, daß es auf die endlose Reihe solcher Fragen nur eine einzige definitive Antwort geben kann. Und zwar: *Wir wissen es nicht.* Sollten wir Marionetten in einem astralen Spiel sein, von dem wir nicht einmal ahnen, daß es im Gange ist, oder Versuchsobjekte auf einem kosmischen Experimentierfeld, so können wir das nicht durchschauen. Wir können lediglich Seltsamkeiten entdecken und den Mut aufbringen, sie nicht unter den Teppich zu kehren. Nichts, was in diesem Vorwort ziemlich willkürlich herausgegriffen und als Spitze eines wahrhaft gigantischen Eisberges an Unerklärlichem angerissen wurde, erklärt, *was* eigentlich vor sich geht, sondern nur, *daß* etwas vor sich geht. Ob es sich um verborgene, gesteuerte Umtriebe schattenhafter Mächte oder um ein Ensemble grotesker Naturphänomene handelt, wage ich nicht zu entscheiden. Die Meinungsbildung ist den Lesern überlassen. Dabei soll nicht unerwähnt bleiben, daß man zum einen oder anderen Phänomen, speziell im Internet, »Erklärungen« findet, von denen manche grotesker sind als die Phänomene selbst, andere wiederum nur eingeengte Teilbereiche »erklären«. Ich erwähne sie aus Platzgründen nicht explizit, bin ihnen aber immer nach Kräften nachgegangen.

Meine Absicht ist es, Denkanstöße zu vermitteln, einen roten Faden des Unbegreiflichen zu suchen und unserer in Verruf geratenen Phantasie Nahrung zu geben. Sie und nichts anderes ist das Rüstzeug für die titanischen Herausforderungen des bereits dramatisch begonnenen 21. Jahrhunderts.

Und jetzt viel Spaß bei unserer gemeinsamen Detektivarbeit und keine Scheu vor dem Bizarren. Es ist noch allgegenwärtiger, als wir immer schon befürchtet haben. Tröstlich mag sein, daß vielleicht doch nicht der Wahnsinn dominiert, sondern etwas anderes.

Machen wir uns also auf den Weg zu einer größeren Wirklichkeit. Leicht ist es nicht. Der Pfad ist gewunden, und wer ihn geht, muß sich durch einen Berg von scheinbar (und wirklich) unzusammenhängenden Bruchstücken wühlen. Dennoch: Die Suche lohnt sich. Sehen wir in den folgenden Kapiteln der phantastischen Realität voll ins Auge, auf die das Vorwort nur ein zarter Vorgeschmack sein sollte und sein konnte.

Viktor Farkas

# TEIL I

# Hinter den Grenzen des Begreifens

## Spielball des Unbekannten

*»Ich bin erstaunt, wie viele Menschen*
*sich unbekannten Mächten*
*ausgeliefert fühlen und wie*
*sorgsam sie das verheimlichen.«*
C. G. Jung

### Ein unheimlicher Besucher

An einem Novembertag des Jahres 1967 suchte eine unheimliche Erscheinung die Hügel des Ohio-Tales in West Virginia, USA, heim. Es war drei Uhr früh an einem kalten Morgen. Der Regen fiel in dicken Strömen aus dem wolkenverhangenen Himmel, als ein dämonischer Fremdling an die Türe eines kleinen Farmhauses pochte. Nach einigen Minuten öffnete eine junge Frau. Sie hatte einen Hausmantel übergeworfen, und ihr Gesichtsausdruck war eine Mischung aus Halbschlaf und Ärger. Der Anblick des Störenfrieds ließ beides verfliegen – die Müdigkeit und den Zorn. Sie verspürte nur noch eines: Angst.

Vor ihr stand ein Mann wie aus einem Alptraum. Fast 1,90 Meter groß, ganz in Schwarz gekleidet, einschließlich des Mantels, der Krawatte und der völlig deplazierten schwarzen Lackschuhe, die mit Schlamm bedeckt waren. Sein nur vage erkennbares Gesicht wirkte durch den messerscharfen Schnurrbart und den anachronistischen Spitzbart noch unmenschlicher. »Darf ich Ihr Telefon benutzen?«, fragte der Besucher in einer tiefen Baritonstimme, in der keine Spur des lokalen West-Virginia-Akzentes mitschwang.

Die Frau schluckte unwillkürlich und wich ein Stück ins Haus zurück. »Mein Mann ..., sprechen Sie mit meinem Mann«, stammelte sie und warf die Türe zu. Gemeinsam mit ihrem Mann trat sie dem Unheimlichen ein zweites Mal gegenüber, der unbeweglich im eisigen Regen gewartet hatte.

Der Herr des Hauses erbleichte ebenfalls, als er des Besuchers ansichtig wurde. Hastig sagte er durch den Türspalt »Wir haben kein Telefon« und schloß die Türe noch hastiger. Der große Fremde drehte sich auf dem Absatz um und verschmolz schließlich mit dem Dunkel der Nacht.

Die Story von der rätselhaften »Heimsuchung« machte die Runde. Schnurrbärte waren 1967 in West Virginia ein seltener Anblick. Männer in Anzügen, die Krawatten und Lackschuhe trugen und nächtens durch den Regen wanderten, ein noch seltenerer. Dementsprechend stand schon bald ziemlich fest, wer an die Türe des Farmhauses geklopft hatte: der Teufel. »Ein böses Omen«, meinten die Bewohner des kleinen Tals, in dem die Zeit in mancher Beziehung stehengeblieben war.

Das junge Paar, dem »der Teufel« erschienen war, hatte vom Zeitpunkt der unheimlichen Begegnung an nur noch drei Wochen zu leben. Die beiden starben am 15. Dezember 1967 beim plötzlichen Einsturz der wichtigen US-Highway-35-Brücke, genannt *Silver Bridge*, die seit 1928 Point Pleasant in West Virginia mit Kanauga in Ohio verband. Dabei stürzten 31 der zu dem Zeitpunkt auf der Bücke befindlichen 37 Fahrzeuge in den Ohio, 46 Menschen fanden den Tod.

Was steckt hinter dieser eigenartigen Begebenheit? Wenn wir einmal davon absehen wollen, daß der leibhaftige Beelzebub West Virginia einen Besuch abgestattet hat, so bleibt die Frage unbeantwortet, welche exotische Erscheinung wohl hier ein nächtliches Gastspiel gegeben hatte. Ein MIB, wie die rätselhaften »Men in Black«, die Männer in Schwarz, genannt werden, die UFO-Zeugen durch Besuche terrorisieren oder in »unauffälligen« Cadillacs verfolgen und ihre Telefone anzapfen? Ein Geschöpf nicht von dieser Erde? Ein Geistwesen? Auf jeden Fall handelte es sich bei dem finsteren Fremden eindeutig um einen Unheilskünder, welcher Natur auch immer.

Irrtum auf der ganzen Linie.

Der Fremde aus dem Nichts war der amerikanische Autor und Journalist John A. Keel. Dieser überzeugte Non-Konformist, der konservative Kleidung und satanische Barttracht aus persönlichem Geschmack schätzte, hatte bei der Rückfahrt von einem Kongreß in Atlanta im

US-Bundesstaat Georgia auf einer Nebenstraße in den Hügeln von West-Virginia eine Panne gehabt. Er bringt in seinem Buch *The Mothman Prophecies* von 1975 die Überzeugung zum Ausdruck, daß seine simple Frage nach einem Telefon als das Auftreten eines sinistren Vorboten der Silver-Bridge-Katastrophe in die lokale Geschichte eingehen dürfte. Was auch geschah.

Fast drei Jahrzehnte später sollte Keels Buch mit dem Blockbuster von 2002 *The Mothman Prophecies – Tödliche Visionen*, in dem Richard Gere in der Rolle des *Washington-Post*-Reporters John Klein Jagd auf den »Mottenmann von West Virginia« macht, den Weg auf die Leinwand finden. Zwei Vorkommnisse aus dem Buch finden sich ziemlich genau wiedergegeben in dem Film: Der nächtliche Besuch eines Unbekannten (es ist der von Gere gespielte Reporter) bei einer abgelegenen Farm, um zu telefonieren, und die Schlußapotheose des Films: der Einsturz der Silver Bridge. Beides an die Realität angelehnt. Allerdings – und hier betreten wir den Bereich des wahrhaft Rätselhaften – ist die Bevölkerung von West Virginia nicht grundlos anfällig für Legendenbildungen der geschilderten Art.

## Rätselhaftes West Virginia

Diese begrenzte Region der Vereinigten Staaten von Amerika scheint Brennpunkt für bizarre Heimsuchungen unterschiedlichster Natur zu sein – von der fernsten Vergangenheit bis in die Neuzeit.

So trieb sich 1966 und 1967 hier der berüchtigte »Mottenmann« herum, der manchen Lesern aus meinem Buch *Unerklärliche Phänomene jenseits des Begreifens* bzw. der erweiterten Neuausgabe *Neue Unerklärliche Phänomene* und aus anderen Veröffentlichungen, sowie aus dem erwähnten US-Großfilm, kein Unbekannter sein dürfte, auch wenn er im Film mehr geisterhafter Natur ist. (Mehr zu meinem erwähnten Buch auf meiner Homepage *www.farkas.at.*)

Der reale »Mottenmann«, den zahlreiche Zeugen als Kreuzung zwischen Mensch und Riesenfalter beschrieben, pflegte düster am Straßenrand zu stehen und Vorbeifahrende mit riesigen, rotleuchtenden Augen anzustarren. Er verfolgte Autos mühelos, auch wenn sie mit Höchstgeschwindigkeit dahinrasten, und drehte selbst verfolgenden Flugzeugen eine lange Nase (sofern er eine solche besaß). Ein Etwas, für das es im irdischen Stammbaum der Arten keinen Platz zu geben scheint. Woher es wohl kommen mag und was es fast zwei Jahre lang ausgerechnet nach West Virginia gezogen hat?

Seither wurde der »Mottenmann« sporadisch an verschiedenen Orten rund um den Globus gesichtet, meist kurz vor Katastrophen, beispielsweise 1985 zeitgleich mit dem Erdbeben von Mexico City oder 1986 vor dem Reaktorunfall von Tschernobyl. Die Unterlagen über ihn füllen dicke Ordner. Mittlerweile gibt es Mottenmann-T-Shirts, -Websites, -Comics oder -Sammelkarten und zahlreiche andere »Mottenmann-Produkte«. Was es nicht gibt, ist eine Erklärung, womit man es zu tun hat.

Damit zu weiteren Unerklärlichkeiten aus West Virginia.

Mysteriöse Lichterscheinungen und über den Himmel huschende Objekte gehören in diesem Fleckchen Erde seit jeher fast zum Lokalkolorit. 1897 kam es zu einem massierten Auftreten der mysteriösen »Luftschiffe über Amerika«, die damals gehörigen Staub aufwirbelten. Diese frühe UFO-Welle traf West Virginia voll. Sie verzeichnete weit mehr als einen »normalen Anteil« an den Besuchen von anachronistischen Flugpionieren, die im 19. Jahrhundert überall in den Vereinigten Staaten schimmernden Maschinen entstiegen, sich mit Allerweltsnamen wie Smith oder Wilson vorstellten, mit Farmern, Polizisten und anderen normalen Zeitgenossen triviale Gespräche führten, um dann wieder in lichten Höhen zu entschwinden.

Das Sichten von UFOs stellte hier immer schon ebensowenig eine Sensation dar wie die im Schlepptau der Unbekannten Flugobjekte auftretenden »Men in Black«. So erschienen eine Woche nach dem Einsturz der Silver Bridge in der Redaktion der Lokalzeitung *Messenger* von Point Pleasant merkwürdige Männer, die sicher keine Teufel waren, aber ebensowenig pannengeplagte, im Regen herumirrende Autoren. Sie wollten von der schwer überlasteten Redakteurin Mrs. Mary Hyre Auskünfte über UFO-Aktivitäten und ähnliches. Fragen, die im Chaos nach dem Brückeneinsturz mehr als deplaziert waren. Die so Belästigte beschrieb die Unbekannten als »fremdartig«, fast »nicht menschlich«.

West Virginia kann noch mit weit mehr aufwarten. Tiere sterben unerklärliche Tode bzw. fallen jener rätselhaften Metzelei zum Opfer, die unter dem Schlagwort »Rinderverstümmelung« in Amerika seit Jahrzehnten bekannt ist (und mittlerweile auch in anderen Ländern auftritt), obwohl auch die verstümmelten Leichen von Haustieren, Pferden und anderen Vierbeinern regelmäßig aufgefunden werden. Ein Mysterium, das uns noch in diesem Abschnitt intensiver beschäftigen wird.

Auch die Natur selbst präsentiert sich nicht, wie wir es gewöhnt sind. So entstehen aus heiterem Himmel eng begrenzte Rätselzonen, die ein Mensch nicht ungeschoren betreten kann (es kommt zu Panikanfällen,

Nasen- und Ohrenbluten etc.). Seit es Funkgeräte und Radios gibt, spielen sie in West Virginia regelmäßig verrückt.

Ein wahres Kaleidoskop des Unerklärlichen, das wir nur streifend unter die Lupe genommen haben. Trotzdem erkennt man eindeutig die Glieder einer langen Kette von Seltsamkeiten, für die West Virginia offenbar eine spezielle Anziehungskraft besitzt. Sie weisen so wenig Gemeinsamkeiten auf, daß man über mögliche Zusammenhänge oder über eine einheitliche Grundstruktur nur sehr vage spekulieren kann. Die einzige verbindende Komponente war und ist die geographische.

Interessanterweise dürfte bereits den amerikanischen Ureinwohnern – den so gut wie ausgerotteten und heute in Reservaten ihr Dasein fristenden Indianern – dieses Gebiet nicht ganz geheuer gewesen sein. Ehe die Europäer den Kontinent an sich rissen, war ganz Nordamerika von Indianerstämmen, man könnte fast sagen Nationen, bedeckt. Mit Ausnahme des heutigen West Virginia. Anthropologen und Historiker, die Karten der ehemaligen Indianer-Populationen erarbeiteten, stellten überrascht fest, daß West Virginia tabu gewesen war, und zwar ganz exakt abgegrenzt. Sachliche Gründe gibt es dafür keine. Die Region ist reich an Wald und Wild. Ein ideales Siedlungsgebiet für die genügsamen Rothäute, die sogar die menschenfeindlichsten Wüsten im tiefen nordamerikanischen Westen bewohnten.

Der rote Faden des Geheimnisses von West Virginia ist sehr fein und schwer zu fassen, aber unleugbar existent. Wir müssen uns jedoch nicht der Sisyphusarbeit unterziehen, ihn aufrollen zu wollen, und noch weniger wollen wir uns mit der heiklen UFO-Thematik herumschlagen, über die genug publiziert wird. Um spezifische Einzelphänomene geht es nicht. Worum es geht, ist die unerquickliche Erkenntnis, daß wir eindeutig nicht die Hauswirte auf Mutter Erde sind. Nein, schlimmer noch, daß jeder von uns – oder die Spezies des Homo sapiens als Ganzes – ein Spielball des Unbekannten ist. Dargelegt am Musterbeispiel West Virginia, wo die Indizien dafür konzentriert, gehäuft und extrem vielgestaltig auftreten. Ein mikroskopisches Spiegelbild unserer Erde, die wir anscheinend nicht wirklich beherrschen.

## Todeswälder

Zahlreiche Plätze auf unserem Globus sollten mit Warnschildern versehen sein, auf denen steht: »Privatgrund unbekannter Mächte – Betreten auf eigene Gefahr«. Weit kleiner als West Virginia, dem wir nun »Lebewohl« sagen, weisen sie auch keine solche Palette an Bizarrem auf. Wie zum Ausgleich für begrenzteren Wirkungskreis sind die auftretenden Phänomene weit aggressiver, in manchen Fällen sogar tödlich.

So findet man rings um die Welt zahlreiche »Todeswälder«, mehrere davon in den USA. Das muß nicht zwangsläufig eine Bevorzugung von »Gottes eigenem Land« durch rätselhafte Mächte bedeuten, sondern wird wohl daran liegen, daß in den Vereinigten Staaten riesige Wälder existieren und gleichzeitig eine bis in den letzten Winkel des Landes reichende Kommunikations-Infrastruktur vorhanden ist.

Statistische Untersuchungen haben (abgesehen von den unheimlichen Vorgängen selbst) zwei Charakteristika zutage gefördert, die »Todeswälder« von ungefährlichen Waldungen unterscheiden. Sie befinden sich unmittelbar am Fuß eines Berges oder in Höhenlagen. Der berühmteste – oder berüchtigtste – dieser Orte ist der »Schwarze Wald« nördlich des mächtigen Susquehanna-Flusses im US-Bundesstaat Pennsylvania. Vom Schatten der nahen Appalachen verdüstert, scheint diese ausgedehnte Waldregion den sinistren Namen zu verdienen, den die deutschen Einwanderer von den Indianern übernommen haben.

Der in Coudersport, einer Stadt am Nordrand des Waldes, beheimatete Historiker Robert Lyman versuchte die Geschehnisse im »Schwarzen Wald« zu erfassen und so weit wie möglich in die Vergangenheit zu verfolgen. Er schuf eine Chronologie des Schreckens, die Fälle von unerklärlichem Verschwinden bis zum Anfang des 19. Jahrhunderts genau belegt. Alles spricht dafür, daß dieser Wald immer schon eine riesige Falle war, doch verlieren sich die Spuren im Dunkel der Vorzeit.

Lyman registrierte hunderte Vorkommnisse, in denen Einzelpersonen und Gruppen unterschiedlicher Größe vor Zeugen in der Schwärze des Waldes oder in seiner unmittelbaren Nähe verschwanden. Erwachsene und Kinder, Männer und Frauen. Außergewöhnlich ist die Tatsache, daß die Opfer in manchen Fällen Widerstand zu leisten versuchten, wenn auch ohne Erfolg.

So beobachtete kurz vor der Wende vom 19. zum 20. Jahrhundert eine zusammengewürfelte Gruppe von Personen von der Terrasse des einzigen Hotels in Hammersley Fork, Clinton County, einen Mann, der auf der Straße von South Forks den Wald verließ. Er schwankte leicht. Das verwunderte niemanden, denn in dieser Gegend gab es zahlreiche Schwarzbrennereien.

Als der offensichtlich Betrunkene an der Hotelterrasse vorbeigetorkelt war, schien er mitten auf der Straße gegen ein Hindernis zu prallen, das keiner der mehr als 20 Hotelgäste sehen konnte. Unsichtbare

Hände hoben den Mann in die Luft, der zappelte und laut schrie: »Laßt mich los, laßt mich los.« Dann verschwand er. Seine Fußspuren waren im Straßenstaub deutlich auszumachen. Am Ort seiner Entführung in Anderswo endeten sie.

Eine so klare und eindeutige Beschreibung mysteriösen Verschwindens durch eine Reihe von glaubwürdigen Zeugen, deren einzige Gemeinsamkeit der Aufenthalt auf einer Hotelveranda ist, stellt einen besonderen Zufall dar. Damit kann man üblicherweise nicht rechnen. Dennoch wiegen auch die Indizien in zahlreichen anderen Fällen durchaus schwer.

Mit unschöner Regelmäßigkeit kehren Angler und Jäger aller Altersstufen nicht wieder, die im »Schwarzen Wald« ihrem Hobby nachgingen. Ihre Ausrüstung wird zumeist unbeschädigt aufgefunden. Nicht selten repräsentiert das Zurückgelassene einen beträchtlichen Wert. Beispielsweise der einsam auf einer Lichtung stehende nagelneue Jeep des Texaners Arthur Wiseman, in dem sich Gewehre zu einem Kaufpreis von mehreren tausend Dollar, Reservekleidung und eine größere Geldsumme befand.

Natürlich sind in Waldgebieten schon immer Menschen in Spalten gestürzt, von Raubtieren getötet und als Nahrungsvorrat in Höhlen geschleppt worden. Manche haben sich einfach verirrt. Nichts davon hinterläßt überhaupt keine Spuren, wie es im »Schwarzen Wald« die Regel ist. Dazu kommt die Tatsache, daß (als Folge der Vorfälle) seit dem amerikanischen Bürgerkrieg von 1861 bis 1865 kein zweiter Wald auf unserem Erdball so oft, so gründlich – und so erfolglos – durchgekämmt wurde wie der »Schwarze Wald« unmittelbar unterhalb der Appalachen.

Die USA können noch mit weiteren »verwunschenen Wäldern« aufwarten, die Menschen zu verschlucken pflegen (beispielsweise dem »Ocala National Forest« in Florida, dem »Teufelstor-Reservat« in Kalifornien, den Wäldern um Bennington in Vermont, auf denen der Schatten von Mount Glastonbury ruht, dem »Rogue River National Forest« am Fuß des Mount Hood in Oregon, um die bekanntesten zu nennen).

Auch in anderen Ländern und Kontinenten finden sich Baumregionen, in denen Einbahnstraßen ins Nichts zu lauern scheinen. Ein isoliertes Phänomen? Teil einer generellen, unbekannten Naturkraft? Umtriebe fremder Mächte (nicht national gemeint), die es vollkommen kalt läßt, was wir als Gegenmaßnahmen aushecken mögen? Fragen über Fragen, doch keine wirklichen Antworten.

Die Spekulation, ob sich in den fraglichen Wäldern jene Kraft eingenistet hat, die sonst ohne lokale Präferenz von jeher Menschen einzeln und in Massen sowie Flugzeuge, Schiffe, Autos etc. auf dem Erdboden, zu Wasser und in der Luft verschwinden läßt, ist reizvoll, aber kaum erfolgversprechend.

Dazu müßten wir uns erst einmal eine vage Vorstellung davon machen, womit wir es überhaupt zu tun haben. Fest steht nur, daß »es« überall auf der Welt hemmungslos agiert, ungebunden von menschlichen und physikalischen Gesetzen. Jawohl: Nicht nur mit uns reichlich anmaßenden Zweibeinern und mit der Kummer gewöhnten Tierwelt scheint eine unerklärliche Kraft nach Lust und Laune umzuspringen, sondern mit den Naturgesetzen selbst. Wie sonst sollte man die folgenden Vorgänge klassifizieren?

### Vom Wasser verfolgt

Bei ihrem Nachhausekommen am 11. November 1958 mußte Mrs. R. Babington aus dem US-Bundesstaat Louisiana zu ihrer Verblüffung feststellen, daß es auf ihr kleines Grundstück herabregnete. Wasser prasselte auf das Dach ihres Hauses und auf den Rasen. Das war seltsam, denn es handelte sich um einen klaren, sonnigen und völlig regenlosen Herbsttag. Sie starrte nach oben, konnte jedoch weder eine Wolke noch sonst einen Ursprung des nach wie vor anhaltenden Schauers entdecken.

Sie alarmierte die Nachbarschaft. In kürzester Zeit versuchten Dutzende Leute, dem Geheimnis des seltsamen Platzregens auf die Spur zu kommen, unter ihnen der Herausgeber der Zeitschrift *Alexandria Daily Town Talk*. Ratlosigkeit verbreitete sich, denn die Herkunft des Regens, der mehrere Stunden lang örtlich begrenzt aus dem Nichts herunterströmte, blieb im Dunkeln, auch wenn das Firmament hell und freundlich war. Fachleute des *Weather Bureau* (Wetterbüro) und der nahegelegenen Air Base waren nicht in der Lage den Vorgang irgendwie zu erklären.

Wasserströme aus unsichtbaren Quellen am Firmament sind seit Jahrhunderten bekannt, nicht aber enträtselt. Besonders bizarr ist die Regensäule, die im September 1886 in Dawson im US-Bundesstaat Georgia aus wolkenlosem Himmel eine Stunde lang ein abgezirkeltes Gebiet mit dem bescheidenen Durchmesser von 7,5 Meter unter Wasser setzte. Ursache rätselhaft. Das Jahr 1886 muß es diesbezüglich überhaupt in sich gehabt haben, denn im darauffolgenden Monat ereigneten sich weitere Phänomene gleicher Art in den USA.

Wie die Zeitungen *Charleston News* und *Courier* meldeten, ging in der Seehafenstadt Charleston einige Stunden lang ein widernatürlicher

Schauerregen auf ein Haus und einen Garten nieder. Die Ursache auch hier rätselhaft.

Am 24. selbigen Monats konnte man in der *New York Sun* lesen, daß ein kleiner Teil von Chesterfield County in South Carolina mehrere Wochen lang (!) von einem Dauerregen bewässert wurde, der aus einem klaren, sonnigen Himmel herunterschüttete, in dem sich weit und breit keine Wolke befand. Ursache unbekannt. Geisterhafte Quellen sprudeln jedoch nicht nur im Freien.

Es war ein milder und trockener Oktober-Abend im Jahr 1963 in Methuen im US-Bundesstaat Massachusetts. Francis Martin und seine Familie wurden beim abendlichen Fernsehprogramm durch einen nassen Fleck gestört, der sich auf einer Wand des Hauses bildete und immer weiter ausbreitete. Plötzlich gab es einen Knall, und Wasser spritzte weit in den Wohnraum. 20 Minuten lang, dann versiegte es ebenso unmotiviert, wie es hervorgesprudelt war. Die Martins rätselten noch immer über den Vorfall herum, als es eine Viertelstunde nach dem ersten Wasserausbruch zu einem zweiten kam. Er dauerte nicht lange.

In den Tagen darauf sprangen Wasserfontönen auch in anderen Zimmern des Hauses aus den Wänden, ohne daß sich dort die eigentlich dazugehörigen Leitungen befanden.

Binnen kurzem war das Haus feucht und unbewohnbar. Die Familie übersiedelte zu Mrs. Martins Mutter ins nahegelegene Lawrence. Die unheimlichen Quellen folgten ihnen. Fachleute wurden mobilisiert. Der stellvertretende Feuerwehrhauptmann untersuchte alle Leitungen und fand nicht das geringste Leck. Währenddessen ereigneten sich vor zahlreichen Zeugen – darunter die zu Hilfe gerufenen Fachleute – laufend Wasserspiele der nun schon wohlbekannten Art.

Um ihren Fluch nicht in andere Häuser zu tragen, beschloß die wassergeplagte Familie Martin, in das eigene Heim in Methuen zurückzukehren. Der Vater sagte dem Absurden den Kampf an. Er drehte die Wasserzufuhr ab und entleerte alle Leitungen bis auf den letzten Tropfen. Vergeblich. Wasser sprudelte an vielen Stellen hervor. Man resignierte und zog wieder zu Muttern nach Lawrence. Gefolgt von ungemilderten Wasserausbrüchen. Das grausame feuchte Spiel ging einige Wochen weiter, dann endete es so abrupt, wie es begonnen hatte. Und ebenso rätselhaft.

Letzterer Fall könnte – obgleich Wasser eine dominierende Rolle spielte – anderer Natur sein als die mysteriösen Regenfälle aus dem Nirgendwo. Schließlich handelte es sich nicht um ein lokales, von bestimmten Personen unabhängiges Phänomen, sondern um eine Erscheinung, die eindeutig die Familie Martin heimsuchte *und ihr folgte*.

Vorkommnisse dieser Art sind bekannt, wenn auch nicht so häufig wie etwa Poltergeisterscheinungen, mit denen sie eine gewisse Verwandtschaft zu besitzen scheinen. Ab und zu gibt es allerdings ganz konkrete Überschneidungen.

## Bizarre Poltergeister

Dr. Michele Claire von der britischen *Sheffield Society for Psychical Research* erforschte eine solche Begebenheit besonders gründlich, in deren Mittelpunkt eine Frau Ende Dreißig stand. Dr. Claire bezeichnete sie in ihrem Bericht nur als »Mrs. B.«.

Diese lebte mit ihren fünf Kindern und zwei erwachsenen Verwandten in einem Haus in der englischen Grafschaft South Yorkshire. Ihre psychische Verfassung war zum Zeitpunkt der Ereignisse nicht die beste. Zweimal geschieden – das letzte Mal von einem gewalttätigen Ehemann, der psychiatrisch behandelt werden mußte –, befand sich die Frau nicht im seelischen Gleichgewicht. Im Gegenteil. 1979 bezogen die acht Personen das Haus, in dem sich bereits im nächsten Jahr Seltsames zu ereignen begann.

Auf den Böden entstanden immer wieder Wasserpfützen, manchmal regelrechte Mini-Seen. Eine normale Quelle wie etwa ein defektes Leitungsrohr ließ sich nicht entdecken. Der bizarrste dieser Wasserausbrüche war ein Regenfall im Wohnzimmer. Wasser materialisierte in der Luft und sprühte auf den Zimmerboden.

Auch sonst ging es in dem Haus zu wie in einer Geisterbahn. Unerklärliche Geräusche, die an das Verstreuen von Steinen erinnerten, Krachen, Explosionen, Knirschen und Ächzen und eine ganze Symphonie anderer Laute erfüllte das Haus bei Tag und Nacht. Es versteht sich von selbst, daß ihre Verursacher unauffindbar blieben.

Unangenehme Gerüche – wie von Stinkbomben oder faulen Eiern – traten auf. Der Hund der Familie benahm sich immer wieder seltsam. Er fletschte die Zähne und starrte mit gesträubtem Fell knurrend oder fiepend in leere Ecken, blickte in die Luft und weigerte sich gelegentlich, bestimmte Räume zu betreten.

Schattenhafte Formen ohne greifbare Substanz drifteten durchs Haus. Fernsehübertragungen wurden seltsam gestört, Radio und Plattenspieler schalteten sich selbsttätig ein und aus, und Objekte aller Größe (manche davon sehr schwer) bewegten sich geisterhaft.

Halt! Wir wollen uns nicht in einem Dickicht einander überlappender Erscheinungen verstricken. Darum erst einmal genug der Poltergeistaktivitäten. Sie sollen an dieser Stelle noch nicht zur Sprache kommen. Dasselbe gilt für die parapsychologischen Aspekte, die sich in den letztgenannten Fällen erkennen lassen. Mit den Auswirkungen – und Auswüchsen – allenthalben zutage tretender menschlicher und tierischer »Superfähigkeiten« setzten wir uns im Teil II »Rätsel des Lebendigen« auseinander.

Die Grundfrage, der wir weiter auf den Zahn fühlen wollen, lautet immer noch: Sind wir Spielbälle rätselhafter Mächte? Verständlicherweise ist man versucht, örtlich gebundene Wasserausbrüche und solche, die einen oder mehrere Menschen zu verfolgen scheinen, unterschiedlichen Kategorien zuzuordnen.

*Hier* Absonderlichkeiten und bizarre Umtriebe *lokaler Art*, wie etwa im besonders heimgesuchten West Virginia, *dort* die *individuellen Plagen*. Aber: Wo steht geschrieben, daß eine solche – oder jede andere – Einstufung zwingend sein muß? Vielleicht haben wir es mit unterschiedlichen Erscheinungsformen ein und derselben Kraft zu tun, vielleicht mit etwas gänzlich anderem. Schließlich handelt es sich um Unerklärliches, und das ist immer für Überraschungen gut.

## Wasser und Feuer: zwei Seiten einer Münze

Oft genug sehen sich die Forscher veranlaßt, einen Phänomenkomplex neu zu definieren bzw. einzelne Komponenten umzureihen. Bei paranormalen Phänomenen zieht dies besondere Frustration nach sich, da ihre systematische Erfassung von Haus aus weit schwieriger ist als etwa die Klassifizierung schwanzloser Lurche.

Vor einer solchen Neubewertung stehen wir auch jetzt. Gewisse Aspekte rücken eine gänzlich anders geartete, fast altbekannte Erscheinung unerwarteterweise in die Nähe der mysteriösen Wasserausbrüche. Die Parallelen sind verblüffend, wenn auch sozusagen unter umkehrten Vorzeichen: Parallelen zwischen Wasser und Feuer; eine mögliche Querverbindung zu Spontaner Selbstverbrennung, SHC (Spontaneous Human Combustion) – dem Feuer der Hölle.

SHC wurde bislang als personenbezogener Vorgang betrachtet, der lebende Menschen auf spektakuläre Weise verzehrt und fast immer vom Leben zum Tode befördert. Diese Deutung galt als hinlänglich untermauert, bestätigt durch die Untersuchung der gänzlich oder partiell eingeäscherten Toten, wie auch durch unmittelbare Zeugenaussagen, wie die des Arztes B. H. Hartwell, der in einem Wald bei Ayer, Massachusetts, einer Frau Erste Hilfe zu geben versuchte, die sich unter Flammen krümmte, deren Ursprung ihre eigenen Schultern waren. Es gibt sogar Aussagen von Betroffenen. Zu diesen zählt beispielsweise ein Mathematik-Professor der Universität Nashville in Tennessee namens James Hamilton, der mit eigenen Händen eine Flamme erstickte, die plötzlich aus seinem linken Bein hervorgebrochen war.

Hunderte Fälle sind aktenkundig. Sie alle scheinen ein Grundmuster gemeinsam zu haben: Personen erfreuen sich mehr oder weniger guter Gesundheit, und im nächsten Augenblick verglühen sie in einem Strahlungsblitz, der von innen kommt.

Allein diese Tatsache und die Begleitumstände sind mysteriös genug, sollte man meinen. Die auftretende Hitze ist um ein Vielfaches stärker als jedes normales Feuer, punktgenau konzentriert und unglaublich kurz. Zahlreiche der verbrannten Körper tragen unversehrte Kleidung. In der unmittelbaren Umgebung entzündet sich selbst leicht brennbares Material nicht, obgleich weit über 1000 Grad Celsius notwendig sind, um menschliche Körper so zu verändern und Autoscheiben zu schmelzen. In einigen Fällen saßen nämlich mehrere verbrannte Insassen in der lässigen Haltung völligen Überraschtseins in ihren verkohlten Fahrzeugen. Niemand kann auch nur vermuten, wie die extreme Temperatur konzentriert, besser gesagt »in Grenzen gehalten« wurde.

Selbstverbrennung in Gruppen (und andere Faktoren) machen zaghaften Theorien über die Entzündung körpereigener Gase ebenso den Garaus wie dem 1999 bombastisch verkündeten sogenannten »Docht-Effekt«. Diese Theorie basiert darauf, daß es gelegentlich gelingt, Tote sich durch ihr Körperfett selbst verbrennen zu lassen, ohne daß die Umgebung dabei in Flammen aufgeht. Dieser Vorgang ist aber nur unter extrem eingeschränkten Bedingungen möglich, so daß die Docht-Theorie für die Mehrzahl der Fälle nicht angewandt werden kann.

Man mag Berichte, Zeitungsartikel, Akten und andere Aufzeichnungen aus vergangenen Tagen in Zweifel ziehen; bei dem Fotomaterial, das über die Fälle von spontaner Selbstverbrennung vorliegt, ist dies nicht möglich. Es gibt zahllose Aufnahmen, auf denen sich menschliche Körper erkennen lassen, die ab einem gewissen Bereich übergangslos zu Asche zerfallen sind. Man kann wie durch Laser abgetrennte Gliedmaßen erkennen, die aus Aschehäufchen herausragen oder neben Brandstellen liegen, die aussehen, als wären sie mit einem riesigen Schweißbrenner erzeugt worden. Und ähnliches mehr, in Hülle und Fülle. Ein

Panoptikum des Grauens, das durch seine Unerklärlichkeit eine zusätzliche Dimension des Schreckens erhält.

Einen menschlichen Körper in Asche zu verwandeln ist nämlich alles andere als leicht. Wie man der Fachliteratur entnehmen kann, soll in Krematorien eine Temperatur von etwa 1400 Grad Celsius über lange Zeit – oft Stunden – aufrechterhalten werden, um eine Leiche völlig zu verbrennen. Manchmal bedarf es zur gänzlichen Einäscherung der zusätzlichen Pulverisierung durch Zerreiben. Leichenbestatter und Gerichtssachverständige berichten, daß menschliche Knochen bei Temperaturen von weit über 1000 Grad Celsius acht Stunden und länger intakt geblieben sein sollen. Somit müssen bei spontaner Selbstverbrennung mindestens Hochofentemperaturen im Spiel sein, deren Quelle rätselhaft ist. Als einer von vielen demonstriert der Fall des 40jährigen Leon Eveille aus Arcis-sur-Aube, Frankreich, der am 17. Juni 1971 zu Schlacke verbrannt in seinem Pkw gefunden wurde, die ungeheure Hitze bei Selbstverbrennung. Die Scheiben seines Wagens waren geschmolzen. Die bei einem Autobrand normalerweise auftretenden 700 bis 800 Grad Celsius wären dazu nicht in der Lage gewesen. Es ist weit mehr als die doppelte Hitze erforderlich, um Glas zum Schmelzen zu bringen.

Man ist versucht zu glauben, daß Selbstentzündung *so* mysteriös doch nicht sein kann. Immerhin geraten Getreidesilos und Heuschober häufig in Brand, und zwar durch die große Hitze der Fermentation, zu der es durch Feuchtigkeit im Getreide oder Heu kommen kann. Rings um die Welt werden Kohleflöze durch Blitzschlag entzündet und brennen lange Zeit. Papiermühlen, Scheunen, ja selbst Sprengstoffdepots sind durch Selbstentzündung in Flammen aufgegangen. Auch pulverisierte Kohle und Vogelmist vermögen dies. Möglicherweise gehen manche Kirchenbrände auf Selbstentzündung des Vogelmistes zurück, der sich im Laufe der Jahrhunderte unter den Dächern angesammelt hat.

Man kennt auch die sogenannten »Brennenden Klippen von Weymouth« in der englischen Grafschaft Dorset, die im 19. Jahrhundert eine regelrechte Touristenattraktion wurden. Eine dicke Kohleschicht, zweieinhalb Meter unter der Erdoberfläche, war der Grund für die regelmäßige Selbstentzündung der »Brennenden Klippen«, die ungefähr sechs Jahrzehnte lang in regelmäßigen Abständen in Flammen standen, und das oft über Jahre hinweg.

Gerade unsere genaue Kenntnis vom Phänomen der Selbstentzündung im Reich der Pflanzen und Mineralien macht uns die absolute Andersartigkeit der menschlichen Selbstentzündung klar. Hier läßt sich nichts auf erkennbare Ursachen zurückführen. Es gibt kein uns bekanntes Gegenstück für diese Brände in der Natur und die Begleiterscheinungen sprechen den Gesetzen der Physik und den Erkenntnissen der Medizin Hohn.

Bleiben Körperteile erhalten, ist ihr Zustand nicht der zu erwartende. So schrumpfen die Schädel der Opfer, was für einen Feuertod völlig untypisch ist. Dazu der Gerichtssachverständige, Anthropologe und Spezialist für Spontane Selbstverbrennung, Dr. Wilton Krogman: »Niemals habe ich einen Schädel gesehen, der durch Hitzeeinwirkung geschrumpft wäre. Sie blähen sich vielmehr auf oder zerspringen in kleine Stücke. Es gibt keine Ausnahme!«

Völlig rätselhaft findet nicht nur Dr. Krogman die gänzliche Abwesenheit von Brandgeruch.

Gelegentlich werden die Unglücklichen zu regelrechten Feuersäulen. SHC-Opfer verwandeln sich einzeln, zu zweit oder in Gruppen zu Schlakke. Niemand hat auch nur die leiseste Ahnung, welche Kraftquelle in uns solche Energieausbrüche speisen könnte. Esoterische Überlegungen über ungezügelte Chakra-Energien oder abstrakt-wissenschaftliche Hypothesen von Vakuum-Energie (ein Begriff der theoretischen Physik), die durch die menschliche Zirbeldrüse fokussiert wird, wollen wir unkommentiert im Raum stehen lassen. SHC ist auch so bizarr genug. Wer sich eingehend darüber informieren will, kann das in meinem Buch *Neue Unerklärliche Phänomene* tun.

Kommen wir lieber zu einer der angesprochenen Parallelen zwischen Feuer und Wasser: der individuellen Note des Geschehens. Wie schon dargelegt, ziehen manche Menschen Wasserausbrüche an bzw. werden von ihnen verfolgt. Genau das ist auch bei rätselhaften Feuern der Fall. Wie bei Wasser, gibt es auch bei Feuer eine endlose Liste von Fällen.

Ohne ersichtlichen Grund brechen in der Gegenwart bestimmter Menschen die absurdesten Brände aus, von Großfeuer bis zu Flammen aus der Schreibtischschublade. Da in solchen Fällen meist die Feuerwehr zu Hilfe gerufen wird, existieren zahlreiche Zeugenaussagen und Berichte. Letztere klingen allerdings recht ratlos. Es ist von Feuern die Rede, die innerhalb von Wandschränken und Kästen, ja sogar zwischen Buchdeckeln, hinter Tapeten, in festen Wänden und an anderen »unmöglichen« Orten auftraten und kaum zu löschen waren. Manchmal kam es zu regelrechten Epidemien, die Brandbekämpfer mehrmals zu ein und demselben Haus rasen ließen. Eine Brandursache konnte niemals gefunden werden. Meist begnügte man sich mit der Auflistung der reichlich vorhandenen Seltsamkeiten, als da sind: extreme Hitze (man denkt an SHC), jähes Aufflammen der unterschiedlichsten Objekte – Haustiere eingeschlossen – und ebenso abruptes Erlöschen der Flammen, wenn das vom Feuer Befallene ins Freie getragen wurde (sofern es sich transportieren ließ).

Einen Augenblick. Wie es scheint, spricht zwar einiges für eine denkbare Verwandtschaft bei Feuer- und Wasserepidemien, die durch Einzelpersonen oder Familien ausgelöst werden, nichts aber für eine Verbindung von stationären und personenbezogenen Phänomenen.

Im Gegenteil. Das bislang Dargelegte ist eher eine Grenzziehung zwischen Menschen, die entweder »feuer«- oder »wasseranfällig« sind, und vergleichbaren Erscheinungen, die nicht an eine Person, sondern an einen Ort gebunden sind. Wollte man hier einen großen Zusammenhang im Sinne der Kapitelüberschrift herstellen, müßte es Fälle geben, die *beide* Elemente vereinigen. Am besten ein Feuer aus dem Nichts, das über Personen ebenso hereinbricht wie ein Regen aus dem Nichts (nur mit weit schlimmeren Folgen). Kurzum: SHC müßte zur anonymen Kraft werden, die an keinen Menschen gekoppelt ist, sondern ihn aufs Korn nimmt.

### Das Feuer der Hölle im neuen Licht

Dazu die bekannte gute und schlechte Nachricht. Die gute ist: Möglicherweise tragen wir doch nicht einen unsichtbaren Brandsatz in uns, der unter gewissen Bedingungen hochgeht. Und die schlechte: Es kann jeden von uns erwischen. Spontane Selbstverbrennung könnte durchaus eine externe Attacke von was auch immer sein. Die Fakten dafür sind das altbekannte Geheimnis innerhalb eines Rätsels, aber sie existieren. Man muß sie nur ans Tageslicht befördern. Holen wir sie heraus und nehmen sie uns vor.

An einem Februar-Morgen des Jahres 1985 ging die Studentin Jacqueline Fitzsimon nach einem Kochkurs mit Freunden die Treppe des *Halton College* in Widnes in der englischen Grafschaft Ceshire hinunter. Sie befand sich im Blickfeld mehrerer Personen, als über der Schulter der 17-Jährigen ein seltsames Licht in der Luft erschien. Es senkte sich auf Jacquelines Schulter, die laut aufschrie, denn Flammen hüllten sie plötzlich ein.

Der Chemiestudent John Foy und sein Kollege Neil Gargan löschten das Feuer. Zu spät. Jacqueline starb kurz darauf im Krankenhaus. Eine Untersuchung wurde vorgenommen. Ihr Ergebnis war Null. Die darauffolgenden Erklärungsversuche kann man nur als hilflos – und als peinlich – bezeichnen.

Man vermutete, Jacqueline könnte beim Kochkurs an einem Gaskocher Feuer gefangen haben, das kurz danach voll ausbrach. Eine unsinnige Vorstellung, die noch dazu daran krankte, daß die Kocher erwiesenermaßen nicht eingeschaltet waren. Der Institutschemiker Philip Jones gehörte zu den besonders Hartnäckigen. Verbissen, jedoch ohne jeglichen Erfolg, quälte er sich mit einer »Rekonstruktion« des Vorganges ab, der sich ohnedies so nicht abgespielt haben konnte, da eine zur Gänze glosende und rauchende Jacke weder ihrer Trägerin, noch den neben ihr Gehenden entgangen wäre.

Jones brachte eine Jacke, wie sie das Opfer getragen hatte, mit großer Mühe zum Glosen und wollte sie durch Luftzufuhr aufflammen lassen. Ebensogut hätte er versuchen können, mit nassen Lappen ein Freudenfeuer zu entzünden.

Schließlich resignierte er wie vor ihm die Polizeiexperten, die Brandsachverständigen der Feuerwehr, die Gerichtschemiker, das *Britisch Home Office* und das berühmte *Shirley Institute* von Manchester. Die unglückliche Studentin ist nicht der einzige Fall, in dem SHC eindeutig *von außen* zuschlug.

## Beim Tanzen aufgeflammt

Phyllis Newcombe war ein lebenslustiges Mädchen von 22 Jahren. Sie tanzte für ihr Leben gern, und dabei ereilte sie am 27. August 1938 in der randvollen *Chelmsford Shire Hall* in der englischen Grafschaft Essex ein grausiges Schicksal.

Vor den Augen ihres entsetzten Verlobten Henry McAusland und vor denen Dutzender Zeugen brachen aus ihrem Kleid blaue Flammen heraus. Sie verwandelten das Mädchen binnen Minuten, in denen die Umstehenden hilflos durcheinanderliefen und -schrieen, in einen verkohlten Leichnam. Lediglich ihr Verlobter schlug mit den Händen auf das unirdische Feuer ein, was ihm schwere Verbrennungen eintrug. Selbst fachmännische Löschmaßnahmen hätten mit Sicherheit gegen solche Flammen der Hölle nichts ausrichten können.

Allen Absonderlichkeiten zum Trotz verlautbarte der Coroner, der amtliche Leichenbeschauer, Phyllis Kleid sei durch eine Zigarette entzündet worden. Abgesehen davon, daß ein brennendes Kleidungsstück – sofern es nicht mit Benzin, Kerosin oder Ähnlichem durchtränkt ist – einen Menschen nicht in einen Zustand versetzen kann, zu dem ein

Verbrennungsofen erforderlich wäre, war die »Zigarettentheorie« auch sonst nicht haltbar. Der verzweifelte Vater des jungen Mädchens gab sich nicht mit dem offiziellen Beschwichtigungsgewäsch zufrieden. Er forderte den Coroner auf, ein Kleid von der Art, wie es Phyllis getragen hatte, mit einer Zigarette zu entzünden, was dem Beamten in zahlreichen Versuchen nicht gelang.

Immer wieder stößt man auf SHC-Fälle, in denen auflodernde Kleidungsstücke, Matratzen oder andere Objekte tödliche Wirkungen zeigten. Solches klingt schon fast wieder normal, ist es jedoch nicht. Der Unterschied zwischen besagten Vorkommnissen und dem bekannten Einschlafen mit der Zigarette ist ein himmelweiter. Typisch für Spontane (Selbst?)Verbrennung ist auch hier die abnormale Begrenzung der Brände. Ein Nachtgewand verkohlt die Trägerin, entzündet aber sonst absolut nichts in deren Umfeld.

Würde es sich nicht um ein tragisches Geschehen handeln, könnte man dem Erstickungstod der 79jährigen Mrs. Ellen Steers, Stone Lane, Shaw, im englischen Berkshire, eine gewisse Skurrilität nicht absprechen. Die alte Dame, die als hypochondrisch und neurotisch galt, pflegte trotz aller Warnungen im Bett zu rauchen. Es wunderte im Grunde daher auch niemanden, daß sie an Rauchgasvergiftung in ihrem Schlafzimmer starb. Unerklärlicherweise hatte das Feuer lediglich ihr Bett buchstäblich verzehrt – wobei sie erstickt sein mußte –, darüber hinaus jedoch keinen erwähnenswerten Schaden angerichtet. Seltsamer geht es wohl kaum.

Dennoch wollen Skeptiker die Theorie nicht gänzlich ad acta legen, SHC könnte eine rare Verbindung von Selbstzerstörungsdrang und paranormalen Fähigkeiten darstellen, ausgelöst durch eine Verkettung außergewöhnlicher Umstände. Das Festhalten an einer solchen Hypothese ist verständlich, schließlich wären dann immer noch wir selbst unseres Unglücks Schmied. Das ist immer noch weniger gruselig als die Vorstellung von einer externen Macht oder Naturkraft, die Unterwäsche, Betteinsätze oder menschliche Körper (ganz oder partiell) nach Belieben in superheiße Flammen aufgehen lassen kann.

## Selbstverbrennung nach dem Tod

Trotzdem werden wir uns mit dem Gedanken an diese fremde Macht befreunden müssen, ob wir wollen oder nicht. Sonst müßte nämlich eine *noch* haarsträubendere Kategorie von SHC eingeführt werden, die jeden vernünftigen Erklärungsversuch endgültig zunichte macht: die *verzögerte* Selbstverbrennung. Konkreter: *posthume* Selbstverbrennung. Ein Vorgang von solcher Absurdität, daß er vom *San Francisco Chronicle* unter die zehn bizarrsten Ereignisse des Jahres 1973 eingereiht wurde.

Am 7. Dezember des genannten Jahres war nämlich die 50jährige Mrs. Betty Satlow in Hoquiam, Washington, einem Unfall zum Opfer gefallen und wurde in der Coleman-Leichenhalle aufgebahrt. Am 10. des Monats schien es dort plötzlich zu brennen. Die Verblüffung der Feuerwehrleute war grenzenlos, als sie feststellten, daß der Rauch aus dem Sarg drang, der jedoch nicht der Brandherd war. Das Feuer mußte *in* Mrs. Satlow ausgebrochen sein und hatte ihre sterblichen Überreste zur Hälfte verzehrt. Sie waren nur noch von der Hüfte abwärts vorhanden. Der Oberkörper hatte sich in Asche verwandelt. Drei Tage nach ihrem Tode, wohlgemerkt!

Richard Barnes, der Polizeichef von Hoquiam, ordnete eine Untersuchung an, die nichts ergab. Brandstiftung mußte ebenso ausgeschlossen werden wie jede andere natürliche Erklärung. Verbittert schickte er den angesengten Sarg zu den Laboratorien des Schatzamtes in Washington D.C. Dort wurden sie bekanntlich mit den kniffligsten Fällen fertig.

Ob auch mit diesem, steht in den Sternen. Wie bei anderen Fällen Spontaner Selbstverbrennung scheinen die US-Bundesbehörden einen Mantel des Schweigens über die Sache zu breiten. Entweder scheuen sie sich, Nichtwissen zuzugeben, oder ihre Entdeckungen sind zu brisant, um der Öffentlichkeit zugänglich gemacht zu werden. Tatsache ist und bleibt, daß weder Polizeichef Barnes noch seine Nachfolger seither bereit waren, irgendeinen Kommentar zu der Angelegenheit abzugeben. Dem US-Magazin *PURSUIT*, das sich mit Unerklärlichkeiten auseinandersetzt, gelang es nicht, den offiziellen Stellen trotz mehrmaliger Anfragen irgendeine Reaktion zur Satlow-Affäre zu entlocken.

Diese Selbstverbrennung nach dem Tode ist nicht die einzige.

Eine wenig beachtete Erscheinung bei einem anderen posthumen SHC-Fall könnte ein weiteres Indiz für die Hypothese von Fremdeinwirkung sein. Das Vorkommnis selbst war so grotesk, daß besagter Fingerzeig nicht die Bedeutung erhielt, die er eigentlich verdient hätte.

## Rätselhafte Verstrahlung

Am Sonntag, dem 13. Dezember 1959, starb der 30 Jahre alte Autoschweißer Billy Peterson in seiner Garage in Pontiac im US-Bundesstaat Michigan. Selbstmord nach der offiziellen Lesart. Diese war allerdings von einer gewissen Uneinheitlichkeit: Der Pathologe des *General Hospital* von Pontiac, Dr. Donald McCandless, konstatierte Tod durch Kohlenmonoxyd-Vergiftung. Für den stellvertretenden Leichenbeschauer Dr. John Marra lag ein Unfall vor, während der Police Detective Robert Wachal zuerst Mord und dann Selbstmord vermutete. Der Feuerwehrchef James White erklärte, Peterson sei nach seinem Tod durch extreme Hitze regelrecht gekocht worden. Schließlich lautete die offizielle Stellungnahme »Unfalltod«. Parallel dazu gab der Bezirksstaatsanwalt George F. Taylor bekannt: »Wir haben den Fall noch nicht abgeschlossen«, was bis zum heutigen Tag der aktuelle Stand zu sein scheint.

Es ist nicht verwunderlich, daß im Durcheinander dieses Rätsels, dem jedermann selbst nach all den Jahren immer noch tunlichst aus dem Weg geht, signifikante Details durch den Rost fallen konnten. Was also hatte sich tatsächlich ereignet, und worin besteht der verborgene Fingerzeig auf mögliche Fremdeinwirkung?

Als der Feuerwehrleutnant Richard Luxon mit seinen Männern in Petersons Garage stürmte, aus der Rauch gemeldet worden war, bot sich ihm ein makabres, aber nicht unvertrautes Bild: Ein Toter saß hinter dem Lenkersitz. Er war in den Abgasen des laufenden Motors erstickt, die er mit einem Schlauch ins Wageninnere geleitet hatte. Der klassische Selbstmord. Unüblich waren allerdings die Verbrennungen am Körper des »Selbstmörders«. Feuer brannte keines, wohl aber qualmten einige Teile des Wageninnern ohne erkennbare Ursache.

Im Krankenhaus wurde der Grad der Verbrennungen festgestellt. Er war beträchtlich. Große Teile der Körperoberfläche und das Gesicht waren verschmort. Der linke Arm mußte einer so extremen Hitzeeinwirkung ausgesetzt gewesen sein, daß sich die Haut gelöst hatte und heruntergerollt war. Petersons Körperbehaarung wies jedoch nicht die geringsten Brandspuren auf. Seltsamer noch war die Tatsache, daß seine Kleidung völlig unbeschädigt war, einschließlich der Unterwäsche. Die Polizei vermutete Mord, und *The Detroit Free Press* titelte am 14. Dezember: »Möglicher Foltertod«. Gegen diese Schlußfolgerung protestierten die untersuchenden Ärzte. Das Opfer, so stellten sie fest, hätte niemals entkleidet, verbrannt und dann wieder angezogen werden können. Zudem wäre es ein Ding der Unmöglichkeit gewesen, Petersons Körperbehaarung selektiv zu schonen.

Der entscheidende Fingerzeig ist jedoch ein stiefmütterlich behandeltes Detail. Bei all dem Hin und Her machte man von dem unheimlichen Faktum wenig Aufhebens, daß die Verbrennungen an Petersons Körper eindeutig Symptome *radioaktiver* Verstrahlung waren. Der Journalist Paul Foght wies in mehreren Artikeln auf diesen bedeutsamen Aspekt hin, erregte jedoch nur bei einigen UFO-Gruppen Aufmerksamkeit. Die Reaktion aus der Fachwelt – die SHC ohnedies am liebsten nicht zur Kenntnis nahm – war Null.

An diesem Punkt wollen wir innehalten. Was über die angeführten Überlegungen hinausginge, wären haltlose Spekulationen. Fest steht: Es gibt Spontane Selbstverbrennung. Sie könnte ein mysteriöses, in uns allen schlummerndes Potential zur Selbstzerstörung sein, aber ebenso eine Attacke aus dem Anderswo. Legt man streng wissenschaftliche Kriterien an, müßte man der Fremdeinwirkung den Vorzug geben, da zahlreiche Fakten gegen die These des von innen herausbrechenden Feuers sprechen. Unter diesen Fakten wiegt das Auftreten von Radioaktivität besonders gewichtig, da unser Körper diese beim besten Willen nicht produzieren könnte.

Wem die angeführten Indizien zu dünn erscheinen, um ein biologisches Phänomen auszuschließen, der möge sich an den zahlreichen Fehlversuchen delektieren, durch die Wissenschaftler die biologische Natur von SHC zu beweisen suchten.

## Makabre Experimente

Seit Spontane Selbstverbrennung aktenkundig ist, schwankt die Schulwissenschaft zwischen dem Bestreben, die ganze Sache totzuschweigen, oder sie vernünftig zu erklären. Letzteres hat immer wieder zu den absonderlichsten Thesen und Experimenten geführt.

Eine beliebte Deutung früherer Tage war jene, der Körper von Trunkenbolden sei so mit Alkohol durchtränkt, daß sie dazu tendierten, in Flammen aufzugehen. Die gerechte Strafe des Himmels für Säufer, Wüstlinge und ähnliche Unholde. Obgleich diese Vorstellung der Temperenzler-Bewegung des 19. Jahrhunderts großen Auftrieb gegeben hat, kommt ihr keine sachliche Bedeutung zu. Sie gehört vielmehr ins Reich der Legenden, und zwar in die Kategorie, in der auch jene angesiedelt ist, daß Selbstbefriedigung zu Schwachsinn, Siechtum, Rückenmarkschwund etc. führt. Genug des Aberglaubens. Wenden wir uns den ernsthaften Versuchen zur Klärung des SHC-Phänomens zu.

In der Nummer 10 des *New Orleans Medical and Surgical Journal* vom April 1894 äußerte sich der Arzt Dr. Adrian Hava in einem Beitrag mit dem voluminösen Titel »So called Spontaneous Combustion or Increased Incombustibility of the Human Body, with Experiments« (»Sogenannte Spontane Verbrennung oder gesteigerte Unverbrennbarkeit des menschlichen Körpers, mit Experimenten«). Er vertrat die Ansicht, die

Körper von Säugetieren (zu denen der Homo sapiens schließlich auch gehört) könnten Kohlenmonoxyd (CO) akkumulieren, das in der Umgebung vorhanden ist. Das mußte bei starker Konzentration dieses Gases irgendwann einmal zur Selbstverbrennung führen.

Um der Theorie die Praxis folgen zu lassen, setzte er Kaninchen und Hähne einer stark CO-haltigen Atmosphäre aus. Und siehe da: Es gelang tatsächlich, die unglücklichen Geschöpfe zum Aufflammen zu bringen. Allerdings dauerte es 169 Tage, bis das Hämoglobin der Kaninchen für diesen Effekt genügend Kohlenmonoxyd gespeichert hatte. Die Hähne mußten sogar acht Monate lang mit CO geflutet werden, ehe es so weit war. Die Resultate dieses grausamen Experiments, das sich nahtlos in die Reihe der heute so selbstverständlichen bestialischen Tierversuche einfügen würde, waren allerdings keine SHC-typischen Aschehaufen, sondern Tierkadaver wie nach einem herkömmlichen Brand.

Das Experiment aus dem 19. Jahrhundert macht die immer wieder geäußerte Hypothese zunichte, Selbstmörder, die wie Billy Peterson Autoabgase einatmen, würden ihren Blutstrom bis zur Selbstentzündung anreichern. Ein Durchschnittsmensch, der ein Vielfaches der Masse eines Hahnes auf die Waage bringt, würde dazu auch ein Vielfaches der Zeit brauchen, also mehrere Jahre in der CO-erfüllten Garage. Und selbst nach dieser Zeit wäre er nur ein normales Brandopfer.

Geht es nicht so, dann vielleicht anders, mochte sich Professor Dr. David Gee aus Leeds gedacht haben, sofern ihm die Versuche seines Kollegen Dr. Hava bekannt waren. Seit Dr. Gee als junger Gerichtsmediziner im November 1963 in Leeds zu einem SHC-Fall gerufen worden war, hatte ihn dieses Mysterium nicht mehr losgelassen. Damals wurde eine ältere Frau von den unirdischen Flammen fast komplett verschlungen. Nur ihr rechter Fuß ragte völlig intakt aus dem Aschehaufen hervor, der noch vor Stunden ihr Körper gewesen war. Um die Brandstelle herum befand sich entzündliches Material in Hülle und Fülle. Nichts davon hatte Feuer gefangen, obgleich über 1000 Grad Celsius im Raum geherrscht haben müssen. Mit einem Wort: ein völlig »normaler« Fall von Spontaner Selbstverbrennung. Für den jungen Mediziner allerdings ein Ereignis, das er nie vergessen sollte.

Es beschäftigte ihn jahrelang, bis er es nicht mehr aushielt. Obgleich Dr. Gee es eigentlich hätte besser wissen müssen, versuchte er eine Spontane Selbstverbrennung im Labor durchzuführen, um ihre natürlichen Ursachen zu beweisen. Dabei ging er um nichts weniger verbissen vor als der bereits erwähnte Institutschemiker Jones in seinem Bemühen, die Jacke von Jacqueline Fitzsimon als Brandherd zu enttarnen. Und ebenso erfolglos.

Dr. Gee rollte aus menschlichem Körperfett eine 24-Zentimter-Kerze, hüllte sie in Menschenhaut, »bekleidete« sie mit Stoff und zündete das gruselige Gebilde schließlich mit einem Bunsenbrenner an. Korrekter ausgedrückt, er *versuchte* es anzuzünden, denn das Fett fing erst nach einer Minute Direktbeflammung Feuer. Die menschliche Kerze benötigte über eine Stunde zum Verbrennen. Dabei blieben große Mengen klebrigen Rußes zurück. Das Labor war hinterher eine stinkende Räucherkammer. Dem Ort einer herkömmlichen Spontanen Selbstverbrennung glich das Ergebnis in keiner Weise. Das Resultat des makabren Experiments – eine armselig flackernde menschliche Kerze – wies mit einem SHC-Fall so viel Ähnlichkeit auf wie eine Schwarzpulver-Explosion mit dem Feuerball einer Atombombe.

Allen Bemühungen zum Trotz ist und bleibt Spontane Selbstverbrennung ein beunruhigendes Rätsel. Niemand weiß, wie die superheißen Kurzzeittemperaturen erzeugt, gebündelt und konzentriert werden. Ein ebensolches Fragezeichen sind die »Auswahlkriterien«, die Personen einzeln, in Paaren oder in ganzen Gruppen zu SHC-Opfern werden lassen. Zu alldem gesellt sich als Gipfel des Unheimlichen die beunruhigende Erkenntnis, daß SHC kein unliebsames, verborgenes »Talent« des Homo sapiens sein dürfte, sondern etwas gänzlich anderes. So betrachtet, zeigt das scheinbar bekannte flammende Mysterium ungeahnte Facetten und Implikationen. Es hört auf, ein isoliertes Phänomen zu sein, und wird zum Puzzlesteinchen im großen unsichtbaren Mosaik der Kräfte, die mit uns Schindluder treiben.

Lassen wir einmal die Zügel schießen und machen uns kühn, aber nicht hemmungslos auf die Suche nach möglichen Querverbindungen, nach denen bis dato noch niemand Ausschau gehalten hat. Und siehe da: Kaum hat man die Schleuse einmal geöffnet, sprudelt es reichlich hervor.

## Drei feurige Zacken

Der englische Sachbuchautor Michael Harrison beschäftigt sich seit langem mit SHC und hat versucht, Muster beim Auftreten des Feuers sowie Gemeinsamkeiten bei den Opfern, den Örtlichkeiten und bei diversen anderen Parametern zu entdecken. Die Problematik eines solchen Unterfangens liegt auf der Hand. Echte Parallelitäten mögen durch Informationsmangel verborgen bleiben und Pseudo-Übereinstimmungen mehr verwirren als erhellen. Was ist beispielsweise davon zu halten, daß der Buchstabe *S* bei 21 SHC-Fällen, die sich von August 1971 bis Oktober 1975 in England ereigneten, als erster, und damit Großbuchstabe, im Namen des Opfers (z.B. *S*eaton) bzw. der Lokalität (z.B. *S*toney Lane, *S*omerset oder *S*wan Hotel) auftritt? Offen gesagt: Wahrscheinlich nichts.

Weniger gekünstelt ist allerdings folgende Koinzidenz, die dem britischen Science-Fiction-Autor Eric Frank Russell 1939 auffiel. Russell (1905–1978) war Ingenieur mit einem Faible für das Unerklärliche, dem er mit wissenschaftlicher Akribie nachging. Bei seinen Forschungen – über die er unter anderem das Sachbuch *Great World Mysteries* verfaßte – gelangte er zu der Überzeugung, daß die Erde ein riesiges Experimentierfeld oder ein Reagenzglas unsichtbarer Mächte sei. Eric Frank Russell war übrigens der einzige, der zumindest eine vage Theorie zu dem über ein Jahrhundert andauernden Rätsel der »wandernden Särge von Barbados« anbieten konnte, ein Phänomen, über das ich in meinem Buch *Neue Unerklärliche Phänomene* ausführlich berichte.

Russell katalogisierte und ordnete auch SHC-Vorfälle nach statistischen Gesichtspunkten. Dabei stieß er auf drei Männer, die dem Höllenfeuer am selben Tag und zur selben Uhrzeit – 7. April 1938, am späten Nachmittag – in einem Radius von 340 Meilen zum Opfer gefallen waren. Russell genügte dieser Grad an Seltsamkeit für seine Ordner. Am Vorabend des Zweiten Weltkriegs hatte auch er andere Sorgen und Aufgaben (E. F. Russell war Mitglied der *Royal Air Force*, R.A.F., die sich 1939 auf den »Adlertag«, die zu erwartende Luftschlacht um England, vorbereitete).

Fast drei Jahrzehnte später befaßte sich der US-Journalist Michael McDougal mit Russells Aufzeichnungen und war speziell von diesem Fall fasziniert. In seinem Artikel vom 13. März 1966 schrieb er im *Newark Sunday Star Ledger* wörtlich: »Es war, als ob ein galaktisches Lebewesen von ungeheuren Ausmaßen mit einer dreizackigen Gabel auf die Erde gestochen hätte: drei feurige Zinken, die nur Fleisch verbrannten.« So dramatisch diese Formulierung auch ist, den wahren Absonderlichkeiten, die weder Russell noch McDougal bemerkt hatten, wird sie nicht gerecht. Sie fielen erst Michael Harrison auf und sind es wert, unter die Lupe genommen zu werden.

Also: An besagtem 7. April verkohlten der irische Steuermann des Schiffes *SS Ulrich*, John Greeley, der Lastwagenfahrer George Turner und der 18jährige holländische Student Willem ten Bruik auf die altbekannte Weise. Das heißt: Weder in Greeleys Steuerhaus noch in Turners

Fahrerkabine noch in Bruiks Pkw, hinter dessen Lenkrad er starb, fanden sich Brandspuren oder entzündete sich etwas.

Die drei Zacken der feurigen Gabel, um bei McDougals phantasievoller Analogie zu bleiben, waren auf folgende Plätze heruntergestoßen: aufs Meer, nahe Chester in Westengland und auf einen Ort an der holländischen Küste bei Nimwegen. Bis auf das Datum sind nicht viele Gemeinsamkeiten erkennbar, oder?

Nimmt man eine Europa-Karte zur Hand und verbindet die drei »Spitzen der feurigen Gabel«, so zeigt sich ein gleichschenkliges Dreieck. Ein Dreieck liegt auf der Hand, es sei denn, die drei Örtlichkeiten hätten sich auf einer Linie befunden, was nicht der Fall war – aber ein gleichschenkliges? Die Geographie der Ereignisse wartet mit einer weiteren Überraschung auf. Die Entfernung der *SS Ulrich* betrug zum Zeitpunkt von Greeleys Feuertod exakt 340 Meilen zu der Straße am Rande von Chester, wo Turner zu Asche wurde, und diese Koordinaten sind wiederum exakt 340 Meilen von dem Ort bei Nimwegen entfernt, an dem Willem ten Bruik in seinem unbeschädigten Auto ein flammendes Ende fand. Es kommt noch skurriler.

Greeley stand am Steuer der *SS* U*lrich*. Turner befand sich mit seinem Lastwagen im Vorort *U*pton-by-Chester und war nach der Ortschaft *U*lrichs unterwegs (die noch dazu Greeleys Heimathafen ist). Willem ten Bruik war eben in *U*bbergen nahe Nimwegen eingefahren, als das Unbekannte zuschlug.

Diese dürren Fakten werfen Fragen über Fragen auf: Erwischte es die drei Unglücklichen, weil sie sich zu einem bestimmten Moment an den Eckpunkten eines gleichschenkligen Dreiecks befanden, dessen kurze Seiten exakt 340 Meilen lang sind? Und wie paßt der Buchstabe *U* dazu, der hier weit prägnanter herumgeistert als das *S* in der Auflistung der 21 SHC-Fälle?

Wenn wir schon bei seltsamen Verknüpfungen sind, so sollten wir vor der vielleicht seltsamsten – und unheimlichsten – Verknüpfung nicht zurückschrecken, die möglicherweise zwischen Spontaner Selbstverbrennung und grausigen Verstümmelungsorgien an Lebewesen besteht. Auch damit hat sich der bereits erwähnte Autor Michael Harrison befaßt (vielleicht wegen besagter Parallelen). In seinem Buch *VANISHINGS* (*Verschwinden*) erwähnt er den Fall einer Kuh, die vom Himmel gefallen ist. Eine *halbe* Kuh wohlgemerkt. Damit könnte sich der Kreis schließen …

## Spontane Selbstverbrennung und Tierverstümmelung

Ort der Handlung: die englische Grafschaft *Lincolnshire* – wie sich noch zeigen wird, in gewisser Weise ein Gegenstück zu West Virginia, was das Auftreten unterschiedlicher Phänomene am gleichen Ort betrifft. Phänomene, die vielleicht zusammenhängen mögen – oder vielleicht auch nicht …

Gleich vorweg: Bereits die Gravitation ist in dieser ostenglischen Grafschaft anders als sonstwo auf der Erde. Die Fallbeschleunigung beträgt dort weniger als die 9,8 Meter in der Sekunde, die man in den Physikbüchern findet. Lincolnshire ist anders; ein Faktum, das oft gemessen, aber nie ergründet wurde.

Wer sich jetzt vielleicht gefragt hat, ob dieser Landstrich auch von Spontaner Selbstverbrennung geplagt wird, dem sei gesagt: Er wird. Besondere Aufmerksamkeit verdient jedoch ein aktenkundiger Fall vom Januar 1905, der sich auf einer Farm in Binbrook, einem kleinen Ort zwischen Market Rasen und New Waltham, ereignete.

Als Farmer White an diesem kalten Januar-Tag in die Küche seines kleinen Anwesens kam, bot sich ihm ein unheimlicher Anblick. Das Hausmädchen stand in Flammen, den Besen noch in Händen, mit dem sie zusammengekehrt hatte. Lodernd stürzte sie zu Boden, während White auf sie zurannte. Es gelang ihm, das Feuer mit Säcken zu ersticken. Die junge Frau wurde mit Verbrennungen dritten Grades ins Krankenhaus der Stadt Louth gebracht. Die Brandursache war rätselhaft. Das Opfer hätte nirgendwo in der Küche Feuer fangen können. Als die Unglückliche vernehmungsfähig war, bestand sie darauf, ihr Kleid sei plötzlich aufgeflammt. Die Schwere ihrer Verletzungen stand in keinem Verhältnis zu einem in Brand geratenen Kleid, das noch dazu sofort gelöscht wurde.

Bei einem Interview in der *Louth and North Lincolnshire News* über diesen Vorfall meinte White, ein Unglück würde selten allein kommen. Feuer in der Küche, Gemetzel im Stall, was mochte das Nächste sein? Zu dieser Bemerkung befragt, erklärte der Farmer, daß ein unsichtbarer und nicht zu fassender Unhold seit einiger Zeit Hühner ebenso bestialisch wie rätselhaft massakrierte. Den unglücklichen Tieren waren in mehreren Fällen die Luftröhren herausgerissen und ein präzise abgezirkelter Teil der Haut abgezogen worden, und zwar von der Rückseite des Nakkens bis zur Brust. White und seine Leute bewachten den Hühnerstall Tag und Nacht. Kein Eindringling hätte ihnen entgehen können. Dennoch fanden sie bei jeder Inspektion des Stalls stets mehrere tote Hühner im nämlichen Zustand vor. Ein ursprünglicher Bestand von 240 Stück hatte sich auf diese Weise zum Zeitpunkt der Spontanen Verbrennung bereits auf 24 reduziert.

Der interviewende Redakteur sah keinen Zusammenhang zwischen beiden Absonderlichkeiten. Auch wir müßten uns bei solchen Vermutungen an sich Zurückhaltung auferlegen. Eine Parallele, die Jahrzehnte später auftrat, legitimiert jedoch, einen solchen Zusammenhang zu vermuten.

Die Zeit: Dezember 1973. Klingt irgendwie vertraut. Genau. Erinnern wir uns: Am 10. Dezember 1973 wurden die sterblichen Überreste der 50jährigen Mrs. Betty Satlow drei Tage nach ihrem Tode in ihrem Sarg in der Coleman-Leichenhalle von Hoquiam, US-Bundesstaat Washington, durch SHC bis zur Körpermitte zu Asche. Fast zeitgleich setzte in den Vereinigten Staaten von Amerika eine landesweite Welle der sogenannten »Rinderverstümmelungen« ein, die auch heute noch andauert und sich von Anfang nicht auf Rinder beschränkte. Pferde erwischt es fast ebenso häufig, doch auch andere Nutz- und Haustiere müssen dran glauben (man denke an Mr. Whites Hennen) sowie Rehe, Lamas, Schafe, Ziegen und anderes Getier.

Der ungreifbare »Jack the Ripper der Tiere«, wie ich ihn in meinem Buch *Unerklärliche Phänomene* genannt habe, in dem ich das Phänomen von allen Seiten unter die Lupe nehme, agiert ebenso unverfroren wie monströs. Planquadrat-Aktionen können Verstümmelungen innerhalb der hermetisch abgeriegelten Weideflächen niemals verhindern. Dabei hätte nichts, was größer war als ein Hase, durchkommen können. Der Verstümmler schon.

Er oder es hinterläßt gräßlich zugerichtete Tierleichen, deren Anblick harte Männer sich übergeben läßt. Kein Wunder, denn ein wahnsinniger Riese mit einem Seziermesser entsprechender Größe scheint sich nächtens über die bedauernswerten Geschöpfe hergemacht zu haben, begleitet von einem blutsaugenden Vampir. Untersuchungen zeigen, daß die Kadaver kein Blut mehr enthalten, desgleichen weder Gehirne noch Gehirnflüssigkeit. Zahlreiche Organe sind mit chirurgischer Präzision entfernt worden, darunter die Genitalien, Darmteile, Zunge, Sektionen der Haut und andere Körperpartien. Manche Schnitte wurden *zwischen* den Zellen durchgeführt, was für unsere Medizin ein Ding der Unmöglichkeit ist.

Spuren gibt es niemals an den jeweiligen Fundorten, nicht einmal bei Schneelage. Auch keine Blutspritzer. Die Fundorte selbst sind so exotisch wie alles andere. Die Opfer liegen nicht nur auf den Weiden herum, sondern auf Highways, neben Farmen und sogar Raketensilos (!). Sie sind mit Stahlkabeln an den Spitzen von Tafelbergen, sogenannten »Mesas«, festgebunden, in Baumwipfeln drapiert oder in Brunnen hineingestopft. Verstümmelt und getötet wurden sie niemals am Ort ihres Auffindens. Manche erlitten ihr im wahrsten Wortsinn tierisches Schicksal unter Wasser. Andere haben keinen heilen Knochen mehr im Leibe wie beim einem Sturz aus großer Höhe. Wie schon erwähnt, fiel sogar eine halbe Kuh tatsächlich vom (flugzeuglosen) Himmel. Im Sommer 1997 ging eine regelrechte Welle von Tierverstümmlungen über die englische Grafschaft Yorkshire, wobei laut Zeugenaussagen zahlreiche der verstümmelten Vierbeiner »vom leeren Himmel gefallen sind«.

So ist das generelle, man könnte fast sagen »normale« Erscheinungsbild. Eine Liste von Monstrositäten, die jeden Gruselfilm-Drehbuchautor in helle Begeisterung versetzen müßte, ließe sich beliebig lang entfalten, doch das wäre lediglich eine unnötige Belastung Ihrer Magennerven. Interessanter ist ein wenig beachteter Faktor, der eine Verbindung von den Verstümmelungen zu SHC herstellen könnte, die über den White-Vorfall und über die Zeitgleichheit von SHC im Sarg und dem Beginn der US-Verstümmelungswelle hinausgeht.

Sechs Jahre, bevor die Welle losrollte, gab es den Fall des verstümmelten Wallachs »Snippy«, der 1967 auf dem Gebiet der Harry-King-Farm nahe Alamosa im San-Luis-Tal in South Colorado gefunden wurde. Das Lieblingspferd einer Mrs. Berle Lewis befand sich nicht »nur« in der bekannten Verfassung, sondern es war auch *radioaktiv verstrahlt.* Ein Faktum, das manche SHC- und Verstümmelungsopfer gemeinsam haben. Dieser Umstand fand keine große Bedeutung, obwohl einige der fremdartigen Begleiterscheinungen bei den Verstümmelungen mit Radioaktivität zu tun haben mögen.

Beispielsweise sind Tiere, die mit den späteren Opfern die Weide geteilt haben, nach der Verstümmelung ihrer »Kollegen« zu Mißgeburten mutiert (einem Rind wuchsen die Klauen so stark, daß sie sich einrollten, bei einem anderen beulte sich die Stirn aus). Blätter in der Nähe verwelkten. Gras in der Umgebung stellte das Wachstum ein. Mit großem Geschick gelang es dem englischen Autor Timothy Good, einen geheimen FBI-Akt aus dem Jahr 1976 zu erhalten. Darin findet sich der Bericht des Offiziers der *State Police of New Mexico* Gabriel Valdez, der neben einer verstümmelten Kuh drei kreisrunde, 40 Zentimeter durchmessende tiefe Eindrücke im Erdreich festgestellt hatte. Das Gras um die Abdrücke war verbrannt, die Radioaktivität unnatürlich erhöht.

Neben diesen Hinweisen auf Strahlung entfalten sich Phänomene, die schlichtweg ein Rätsel sind. So läuft der Verwesungsprozeß verstümmelter Tiere langsamer ab als normal. Aasfresser halten sich im Gegensatz zu ihrem sonstigen Verhalten von den Kadavern fern. Fliegen, die auf einem verstümmelten Kalb gesessen hatten, starben und blieben an Bäumen kleben. Man identifizierte sie als in der Natur nicht vorkommende Laborfliegen.

Angesichts der Tatsachen grenzen die behördlichen Erklärungen ans Lächerliche. »Raubtierfraß« hieß es offiziell. Bussarde, Hyänen und sonstige Aasfresser hätten sich an den toten Wiederkäuern gütlich getan. Nicht einmal Schmeißfliegen wurden als Täter ausgeschlossen, obgleich sie von all den bezichtigen Tieren wohl die größten Probleme haben dürften, Rinderleichen mit Kabeln in Baumkronen anzubinden, in Brunnenschächte hineinzuquetschen oder aus großer Höhe herabstürzen zu lassen.

Als wäre das nicht schon makaber genug, so gibt es neben den Gemeinsamkeiten, die bei den *Tier*verstümmelungen und bei der dem *Menschen* vorbehaltenen Spontanen Selbstverbrennung auftreten, eine weitere Brücke zwischen Tier und Mensch: »Human Mutilations«, Menschenverstümmelungen. Dabei glaubten wir doch die längste Zeit: Wenn schon jemand die »Krone der Schöpfung« nach allen Regeln der Kunst bestialisch verstümmelt oder massakriert, dann doch wohl nur der eigene Mitmensch. Weit gefehlt.

## Auch der Mensch ist im Visier

Tatsächlich decken sich die seit den späten 1960er Jahren (also etwa zeitgleich mit dem ersten offiziellen Tierfall, dem des Wallachs »Snippy«) in mehreren Ländern stattfindenden Verstümmelungen von *Menschen* fast 100prozentig mit denen der Tiere. Machen Sie sich bitte auf eine Schilderung für starke Nerven gefaßt, denn die Verfassung der »Human Mutilations« kann einen schon den Magen umdrehen.

Die Toten haben keinen Tropfen Blut mehr in sich. Mehrere Gesichtsmuskeln, große Gewebepartien des Unter- und Oberkiefers, Teile der Ohren und selbst der Gehörgänge im Schädelinneren fehlen. Die Schädeldecken weisen kreisrunde Einschnitte auf, durch die das Gehirngewebe herausgeholt worden ist. Zwischen den Fingern und Zehen, unter den Achselhöhlen sowie auf den Oberschenkeln finden sich runde Bohrungen. Auch die Oberschenkel, die Magengegend, der Brustkorb und der Unterleib weisen zahlreiche gestanzte Löcher auf, durch die offenbar

Magen, Leber, Herz und Teile der Lunge regelrecht herausgesaugt worden sind. Die Keimdrüsen wurden entfernt und die Harnröhre extrem erweitert, anscheinend durch Einführen einer Art von Sonde. Teile des Mast- und Dickdarms sind nicht mehr vorhanden. Aus dem Rektalbereich ist jeweils ein exakt zehn mal 15 Zentimeter großes Stück chirurgisch präzise herausgestanzt worden.

Die meisten dieser monströsen Eingriffe sind offenbar unter Einsatz von High-Tech-Lasern erfolgt, wofür unter anderem die bei großer Hitze verkohlten (kauterisierten) Wundränder sprechen. Das erinnert an den Befund des auf Tierverstümmelung spezialisierten Pathologen und Hämatologen Dr. John Altshuler in Denver, der eingehende Untersuchungen am Gewebe zahlreicher verstümmelter Tiere durchführte. Dabei stellte er unzweifelhaft fest, daß mit großer Hitze gearbeitet worden sein mußte, anders wären Zellveränderungen und Kochspuren der Blutreste nicht zu erklären. Diese Diagnose wurde vom *Oregon State Diagnostic Laboratory* bestätigt.

Besonders haarsträubend ist der Umstand, daß manche der bedauernswerten Menschen während des Großteils der monströsen Prozedur am Leben gewesen sein dürften, wie Mediziner anhand verschiedener Merkmale konstatierten.

Auch wenn der Eintritt des Todes schon Tage zurücklag, zeigen sich bei den »Human Mutilations« (wie bei den Opfern aus der Tierwelt) keine Anzeichen von Verwesung. Und wie bei den Tierkadavern, taten sich auch an menschlichen Überresten keine Aasfresser gütlich. Obwohl die Beamten, die die Obduktionen der menschlichen Opfer vornehmen, in der Regel nichts von den Tierverstümmelungen wissen, gleichen ihre Berichte in fast allen Punkten jenen über die verstümmelten Tiere.

Der Gedanke an eine Organ-Mafia wurde geäußert, mußte aber verworfen werden. Unfreiwillige Organspender sind nämlich keineswegs mit höchster Präzision zerteilte Opfer, sondern ähneln zerfetzten und ausgeweideten Kadavern. Auch würden Organ-Mafiosi an der Entleerung des gesamten Blutes scheitern. Weil die Gefäße nach Entnahme von etwa einem Drittel der Gesamtblutmenge kollabieren, müßte unablässig Salzlösung nachgefüllt werden, um auch den Rest des Blutes absaugen zu können. Ein langwieriger Vorgang, den die unbekannten Täter auf eine uns unbekannte Weise kompensiert haben, da ihnen in einigen Verstümmelungsfällen erwiesenermaßen nur wenig Zeit zur Verfügung stand.

Die aktuellen Fälle von »Human Mutilations« erinnern manche an Sergeant Jonathan P. Louette, dessen Leiche im Jahr 1956 (als von

Organtransplantation noch lange nicht die Rede war) in vergleichbarer Verfassung auf dem US-Raketenversuchsgelände White Sands in New Mexico gefunden wurde.

So unerquicklich es auch ist: Die Art und die Begleitumstände bei der Verstümmelung von Menschen und der von Tieren sind so gut wie deckungsgleich. Mit diesem morbiden Resümee wollen wir uns der entscheidenden Frage stellen.

## Sind wir die Hauswirte in unserer Welt?

Kommen wir also zur Zusammenfassung der vielfältigen Indizien, Andeutungen und möglichen Verknüpfungen. Sie lautet: So unterschiedlich diese fremdartigen Erscheinungen auch sein mögen, so könnten sie dennoch in einer einzigen Feststellung münden. Der Feststellung, daß irgend etwas unseren Globus mit uns teilt und dort nach Lust und Laune in jeder nur denkbaren (und manchmal undenkbaren) Weise herumfuhrwerkt. »Es« zieht kreuz und quer durch die Lande, macht gewisse Gebiete zu seinen speziellen Spielwiesen und kümmert sich keinen Deut um unsere Reaktionen. Vielleicht sind wir sogar der Tummelplatz verschiedener Mächte, Kräfte, Wesenheiten oder was auch immer, doch weiter wollen wir nicht mutmaßen. Wir könnten uns vergaloppieren.

Rekapitulieren wir statt dessen. Es gibt:

- lokale und mobile Erscheinungen,
- »verwunschene« Gebiete, in denen Naturgesetze Kopf stehen, nichtmenschliche Exoten ihr Unwesen treiben und Lichter über den Himmel huschen,
- schattenhafte Aktivitäten,
- mysteriöse Wasserspiele und höllische Flammen,
- grausame Morde an Menschen und Tieren sowie
- Personen, die sich in Luft auflösen.

Wie schon gesagt: ein buntes Allerlei. Aber es gibt in diesem Kaleidoskop des Absurden auch versteckte, signifikante Querverbindungen:

- Parallelen zwischen Wasser und Feuer,
- gemeinsames Auftreten von SHC und Tierverstümmlungen in mehreren Ländern,
- radioaktive Verstrahlung bei SHC wie bei Tierverstümmelungen sowie
- extreme Hitzeeinwirkung bei Menschen- und Tierverstümmelungen.

Von grotesken Koinzidenzen und verblüffenden geographischen Aspekten (dreimal *U* und identische Entfernungen bei ein und demselben SHC-Fall) einmal ganz zu schweigen.

Einen echten Reim kann man sich auf all das natürlich nicht machen. Wozu auch das Unmögliche versuchen? Keinen Moment war davon die Rede, eine mühsam gedrechselte Gedankenkonstruktion zu errichten, die alles und jedes unter dem Dach einer umfassenden Theorie versammelt. Dies wäre ein Unterfangen, so monumental wie die Erstellung der vielgesuchten Einheitlichen Feldtheorie. Unweigerlich würde man in einem Dickicht sich gegenseitig Konkurrenz machender und überlappender Hypothesen versinken.

Drehen wir die Betrachtungsweise einfach um. Sofort zeigt sich, daß gerade die nahezu infiniten Kombinations- und Verbindungsmöglichkeiten, die man nach Belieben herstellen kann, die Existenz des Unbekannten dokumentieren. Nicht mehr und nicht weniger.

Die Fingerzeige, die wir ans Tageslicht gezerrt haben, lassen in ihrer Gesamtheit bei ehrlicher Einschätzung wohl nur *eine* Interpretation zu: Sie sind Zeichen nichtmenschlicher Umtriebe. Ob es sich um eine einzige Macht mit vielen Erscheinungsformen handelt oder um ein ganzes Potpourri davon, wer kann das wohl sagen?

Hat man sich einmal mit dem Gedanken abgefunden, daß wir lediglich die Rolle von Opfern spielen, so eröffnet sich ein völlig neues, wenig erbauliches Blickfeld. Wir, die »Herren der Schöpfung«, sind dem Unbekannten ausgeliefert, desgleichen die Tiere, mit denen nach Belieben umzuspringen wir für unser trauriges Vorrecht halten.

Doch nicht »nur« lebende Wesen können im reinen Wortsinn zu »Spielbällen« werden. Was jetzt kommt, ist, man glaubt es kaum, *noch grotesker …*

# Verzauberte Objekte – beseelte Dinge

*»Die Dinge sitzen im Sattel*
*und reiten die Menschen.«*
Ralph Waldo Emerson

Es gibt sie tatsächlich, die Liebe, von der die Dichter singen, die große Leidenschaft, die gegen alle Anfechtungen gefeit ist, die den Stürmen der Zeit trotzt und nie zu lodern aufhört: die Liebe eines Mannes zu seinem Auto.

Wie ein fahrender Ritter vergangener Tage mit seinem treuen Pferd »kämpfen ein Mann und sein Auto gegen das Unrecht« (gemeint sind Michael Knight und sein durchaus übermenschliches Wunderauto K.I.T.T. in der beliebten TV-Serie *Knight Rider*). Geringste Lackkratzer führen oft zu wüsten Handgreiflichkeiten, und Rainhard Fendrichs Ode an sein Sportcoupé »Jetzt liegst' am Autofriedhof draußen, dabei warst du doch alles für mich« war ein echter Hit. Es gibt zahlreiche Beispiele für dieses bizarre Liebesverhältnis, zu dem in den letzten Jahren ein neuer Freund und Gefährte, um nicht zu sagen Liebespartner, hinzugekommen ist: der *Computer*.

Frauen klagen nicht selten, daß sie weniger Zuwendung erfahren als des vierrädrige Objekt männlicher Leidenschaft oder der »Kasten mit dem Bildschirm«, doch auch sie legen eine überproportionale Schwärmerei für unbeseelte Dinge an den Tag, die von der Männerwelt allerdings als »Kinkerlitzchen« betrachtet werden.

Für diese Phänomene gibt es psychologische, kulturelle und soziologische Erklärungen. Das erschütternde Umfrageergebnis in den USA, bei dem 70 bis 80 Prozent der befragten Jugendlichen zwischen 14 und 18 Jahren angaben, der Computer sei ihr einziger und bester Freund, ist zweifellos ein (warnendes) Zeichen unserer orientierungs- und bindungslosen Zeit mit ihrer wachsenden Isolation des Einzelindividuums. Maschinen, die ursprünglich nur die physische, später auch die geistige Kapazität des Menschen vergrößern sollten, sind schon lange keine Werkzeuge im Wortsinn mehr. Sie wurden Status-, Macht- und Sexualsymbole. Die Motivationsforschung ist sich bewußt, daß auf einem Markt mit einer Vielzahl gleichartiger Erzeugnisse das »vertrauenswürdigere« Produkt das Rennen macht. Je »menschlicher« es ist, desto besser.

Eine Forderung, der sich beim fahrbaren Untersatz zahllose Realisierungsmöglichkeiten auftaten. Die Geschichte des Autos ist voll davon. Man denke an die gezielt mit »Brüsten« versehenen Stoßstangen, an den »Vaginal-Look« des Unglückswagens »Edsel« und an die besondere Aufmerksamkeit, die Karosserie-Stylisten dem rückwärtigen Ende vieler Fahrzeuge widmen. (Wer sich über die unglaublichen Möglichkeiten subtiler Beeinflussungen informieren will, dem empfehle ich mein aktuelles Buch *Lügen in Krieg und Frieden. Die geheime Macht der Meinungsmacher*; siehe meine Homepage *www.farkas.at.*)

Fakt ist: Fast jeder, der eine Maschine bedient, sei es ein Riesenkran oder ein Fotokopierer, pflegt dem Gerät eine Persönlichkeit zuzumessen und es bei Widerspenstigkeiten zu beschimpfen oder gar zu attackieren wie ein lebendes Wesen. Je komplexer und leistungsfähiger die Technologie wird, desto klarer nimmt die Wechselwirkung zwischen Mensch und Maschine den Charakter einer Symbiose an, die oft mehr als unheimlich ist. Noch unheimlicher scheint jedoch die Entwicklung auf der »anderen Seite« zu sein – auf der Seite der angeblich seelenlosen und unbelebten »Dinge« …

## Fahrbare Untersätze, die streiken, Amok laufen oder Selbstmord begehen

Eröffnen wir den Reigen des mehr als Absurden mit dem eingangs erwähnten Liebesobjekt, Sorgenkind und Aushängeschild: dem *Auto.*

Nicht grundlos war Stephen Kings, 1983 von John Carpenter verfilmter Roman *Christine. Das Auto des Teufels* ein Kassenschlager. Die hier vorgestellte Beseelung eines 1958er »Plymouth Fury«, der Eifersucht zeigt und (im Gegensatz zu Walt Disneys liebenswertem Käfer »Herbie«) sogar mordet, ist zwar spannend, aber durch und durch mythologisch. Für uns eine Sackgasse. Daran ändert auch nichts, daß vor und nach »Herbie« oder »Christine« noch weitere belebte Objekte Bücher füllten oder sich auf der Leinwand produzierten.

Weiterführender könnte die Story *Das Maschinenungeheuer* (*Killdozer*) des amerikanischen Science-Fiction-Autors Theodore Hamilton Sturgeon (1918–1985) aus dem Jahr 1944 sein. Sie beschreibt die Probleme einer Gruppe von Technikern, die auf einer Pazifikinsel einen Flugplatz errichten soll und sich dabei mit einem mitgebrachten Bulldozer herumschlagen muß. Dieses Gerät entwickelt plötzlich ein aggressives Eigenleben, verursacht durch eine mysteriöse elektronische Substanz namens »Neutronium«, die von einem Krieg in vorgeschichtlicher Zeit übriggeblieben ist. Das trifft es schon eher, im Sinne unserer Hypothese, daß irgend etwas auf der Erde ein makabres Spiel treibt. Und zwar mit uns, unseren Tieren und unseren Erzeugnissen …

Zurück zur »Auto-Magie«. Selbst wenn unsere verhätschelten fahrbaren Untersätze es tatsächlich schaffen würden, Eigenpersönlichkeit zu entwickeln, so hätten sie keinen Grund, sich so bösartig, gelegentlich sogar berserkerhaft, jedenfalls aber undankbar zu verhalten, wie sie dies gelegentlich tun. Im Gegenteil. Tiefe Dankbarkeit wäre angebracht. Es gibt zahlreiche Liebesgedichte an Autos und echte Auto-Begräbnisse mit echten Tränen. Motorshows haben längst den Charakter feierlich-ritualisierter Zeremonien angenommen. In zahlreichen amerikanischen Städten finden sich sogenannte »Auto-Kliniken«, Tendenz steigend. Diese Bezeichnung ist kein Werbegag, vielmehr handelt es sich um völlig ernsthafte Diagnosezentren mit Mechanikern in weißen Arztmänteln, Blumenschmuck und leiser Musik. Wir verbringen Monate unseres Lebens damit, unsere Autos zu putzen, zu pflegen und zu schmücken. Wir überhäufen sie mit Geschenken, statten sie mit Maskottchen und den absurdesten Verzierungen aus, geben ihnen Liebesnamen und bewachen sie eifersüchtiger als den eigenen Partner. Autos haben bei uns den Himmel auf Erden. Und so sieht ihr Dank aus, nachzulesen unter anderem in Büchern des Wissenschaftlers Dr. Lyall Watson (Mediziner, Biologe, Anthropologe, Zoodirektor, TV-Redakteur …):

Im Jahr 1984 stellte der Brite Jack Oates seinen Pkw in einer Dorfstraße im Westen der englischen Grafschaft Yorkshire ab, um in einer Telefonzelle einen geschäftlichen Anruf zu tätigen. Den Hörer in der Hand, bemerkte Oates in ungläubigem Entsetzen, daß sein Wagen selbsttätig startete. Wie von Geisterhand gelenkt, raste er im Rückwärtsgang los und krachte in eine Gruppe geparkter Fahrzeuge. Dort verkeilte er sich mit laufendem Motor. Oates lief zu seinem Wagen, stieg ein und wollte den Motor abstellen. Es ging nicht. Er konnte den Startschlüssel noch so verbissen drehen, der Motor lief weiter. Mechaniker wurden gerufen. Sie erlebten noch Bizarreres.

Sobald sich ein Mechaniker dem vor sich hin brummenden Gefährt näherte, erstarb der Motor. Traten die Mechaniker zurück, sprang er wieder an. Dieses Spielchen wiederholte sich längere Zeit, bis das Benzin ausging. Ein Techniker dazu: »So etwas hat sich noch niemals ereignet.«

Manche Autos leisten massiver und direkter Widerstand. Das mußte Kevin Kelly 1977 erleben. Er parkte seine nagelneue Limousine vor dem Heim seiner Freundin in Staffordshire, zog den Zündschlüssel ab und ging ins Haus. Dort verweilte er allerdings nur wenige Sekunden, denn der Motor seines Wagens erwachte zum Leben. Kellys Versuche, ihn abzuschalten waren erfolglos. Der junge Engländer war jedoch weit aggressiver, als es sein Landsmann Oates sieben Jahre später sein sollte. Kelly öffnete die Kühlerhaube und riß die Verteileranschlüsse herunter. Gegen die Gesetze der Physik lief der Motor weiter. Nun wurde Kelly wütend. Tückisch verstopfte er das Auspuffrohr mit Stofflappen. Was als Studentenulk stets funktioniert hatte, zeigte keine Wirkung. Der Motor lief und lief. Resigniert wurde die *Britisch Automobile Association* auf den Plan gerufen. Der Servicemann kam und unterbrach diverse Kabel. Ergebnis: Null. Der Motor schnurrte, obgleich er schon lange seinen Geist hätte aufgeben müssen. Nach einer Stunde, in der die Beteiligten den Wagen anstarrten, als sei er vom Teufel besessen, endete der Spuk. Es war eindeutig die Entscheidung des Wagens. Kevin Kelly schickte ihn zum Erzeuger zurück. Dort nahm man sich das widerspenstigen Vehikel gründlichst vor. Stellungnahme des Sprechers des Herstellers: »Das war ein sehr ungewöhnlicher Fall. Das Auto ist nun voll funktionsfähig. Einen weiteren Kommentar können wir nicht abgeben.«

Nicht so verschlossen gab sich David Warner, der Vikar von Yorkshire, 1981 zu einem Vorfall, in den sein Pkw verwickelt war. Der aufmüpfige Wagen entschloß sich offenbar, einen ihm genehmeren Parkplatz einzunehmen. Er fuhr lenkerlos durch den Garten der Pfarrei, machte eine elegante Kurve und parkte präzise in einer Ecke des Gartens. Warner meinte: »Dieser Wagen hat zweifellos eine Persönlichkeit und einen bösartigen Geist. Wenn er nochmals Zeichen von Besessenheit zeigt, werde ich ihn exorzieren müssen.« Ein Vertreter des Herstellers konnte nur lapidar feststellen: »Ich habe niemals etwas ähnliches gehört.«

Aufgepaßt: Zwei Fälle in *Yorkshire*. Es sind nicht die einzigen. Vier Jahre später erwachte der Wagen von Eveline Thommesen in Yorkshire zu einem kurzen, aber dramatischen Eigenleben. Er startete ohne Schlüssel im Zündschloß, durchbrach das Garagentor und bohrte sich donnernd in eine Mauer, wo er in Flammen aufging. Dazu ein Feuerwehrmann: »Ich habe niemals von einem solchen Fall gehört.« Im selben Jahr ereignete sich allerdings in London ein weiterer eben dieser Art. Auch er läßt an einen Selbstmord denken. Don Hall war eben damit fertiggeworden, ein altes Taxi nach seinem Geschmack zu verschönern, als es ansprang und in einer wilden Zick-Zack-Fahrt über den Parkplatz kurvte. Dabei vermied es zahlreiche Kollisionen durch gezielte Manöver, ehe es in einem Feuerball ausbrannte.

»Autoselbstmorde« kennt man natürlich auch im Land mit der höchsten Fahrzeugdichte, den USA. 1978 bemerkte die Politesse Patty Jackson in Bloomington, Illinois, daß die Scheinwerfer eines Pkw brannten, der auf einem Kaufhausparkplatz abgestellt war. Sie wollte sie abschalten. Als Patty den Türgriff berührte, erwachte der Wagen zum Leben. Der Motor startete, und das Auto fuhr los. Wie bei einer Verfolgungsjagd im TV raste es krachend über einen Betonstaffel. Vergleichbar mit dem alten Londoner Taxi im Jahr 1985, beschrieb der Wagen eine waghalsige Slalomfahrt über den Parkplatz. Danach raste er auf die Hauptstraße des Ortes, wich dem Gegen- und Querverkehr geschickt aus und steuerte wieder auf den Parkplatz. Von dort ging es nach wüstem Schlingerkurs abermals auf die Hauptstraße, zurück zum Parkplatz, usw. Das bizarre Manöver wiederholte sich dreimal. In den letzten Minuten, bevor das Amok laufende Gefährt direkt auf einen entgegenkommenden Truck zusteuerte und diesen frontal rammte, hatte ein Polizeistreifenwagen die Verfolgung aufgenommen. Patrouillenmann Sergeant Michael Leary beschlagnahmte den deformierten Schrotthaufen und wies die Abschleppcrew an, das Wrack speziell zu befestigen, »damit es nicht entkommen könnte«. Sein Partner, Patrouillenmann Edwin O'Farrell, der die selbst nach der Kollision noch leuchtenden Scheinwerfer durch Kappen der Batteriekabel ausgeschaltet hatte, meinte: »Es war wie aus einem verrückten Satansfilm.«

Sandra Zikus, der die widerspenstige Karosse gehörte, war aus einem Schönheitssalon gekommen, als die führerlose Höllenfahrt begann. Die ganze Zeit stand sie wie vom Donner gerührt da, die Zündschlüssel hilflos in der Hand. Es erübrigt sich beinahe zu sagen, daß die Untersuchung des Unfallwagens kein Licht in die Sache brachte. Nachher war er nur noch ein ganz normaler Totalschaden.

Bei aller Unheimlichkeit dieser Vorgänge können die Autofahrer dennoch von Glück reden, daß sie mit heiler Haut davongekommen sind. Einer US-Bürgerin aus Florida, die ihren fahrbaren Untersatz im Jahr 1978 vor einem Supermarkt geparkt hatte, ging dieser im Sinne des Wortes an den Kragen und tötete sie. Als die Frau sich ihm nach dem Einkaufen wieder näherte, startete er selbsttätig, beschleunigte im Rückwärtsgang und überfuhr seine Besitzerin. Und das mehrmals, indem er sich im Kreis bewegte. Volle 15 Minuten lang hinderte er auf diese Weise auch alle Helfer daran, sich dem blutenden Opfer zu nähern. Die Schwerverletzte wäre vielleicht noch zu retten gewesen, doch nach einer Viertelstunde kam jede Hilfe zu spät.

Einen Moment. An dieser Stelle mag so manchem die ganze Angelegenheit einfach *zu* grotesk erscheinen. Lebende Autos? Das kann es einfach nicht geben. Die Fallgeschichten sprechen zwar eine unmißverständliche Sprache, aber vielleicht handelt es sich doch nur um eine Verkettung von exotischen Zufällen? Alles extrem unwahrscheinlich, aber nicht wirklich unerklärlich. Damit könnte man sich eher abfinden als mit den aufgelisteten Absurditäten.

Ja, wenn die »Beseelung« von Autos ein weitverbreitetes Phänomen mit statistischer Signifikanz wäre, dann müßte man das Wirken rätselhafter Kräfte in Erwägung ziehen, aber eine solche Breitenwirkung hat die Erscheinung doch nicht, oder?

Damit kann man sich leider nicht beruhigen, denn seit 1987 soll sich die internationale Autoindustrie mit Hunderttausenden Beschwerden über »widerspenstige Kraftfahrzeuge« auseinandersetzen müssen. Lenker einer Reihe von unterschiedlichen Autotypen sollen sich darüber beklagen, daß ihre fahrbaren Untersätze gelegentlich die Kontrolle zu übernehmen scheinen. Sie beschleunigen, wenn der Fahrer nicht Gas gibt, und lassen sich nicht herunterbremsen. Solche Fälle sollen Legion sein. Die Kfz-Industrie kann sie nicht aufklären, was oftmals saftige Schadenersatzzahlungen nach sich ziehen soll. Ein Gericht in Los Angeles habe, so hört man, einer Frau drei Millionen Dollar Schmerzensgeld zugesprochen, die von ihrem Auto »verletzt worden war«. Weitere Millionenabfindungen sollen bekannt sein. Laut Watson soll ein namhafter Hersteller 50 000 Wagen wieder eingezogen und 390 000 Fahrzeuglenkern außergerichtliche Vergleiche angeboten haben. Das ebenso unerklärliche wie lästige Beschleunigungsphänomen mit fast emotionalem Charakter soll nach Watson die Produkte diverser Autohersteller heimgesucht haben.

Unsummen, so heißt es, würden investiert, um der Ursache auf die Spur zu kommen. Bis dato soll es keinem Autohersteller gelungen sein, die Erscheinung experimentell nachzuvollziehen oder gegen ihr Auftreten einen konkreten Schutz zu schaffen. Die *US-National Highway Traffic Safety Administration* soll mehrere Kommissionen auf das Phänomen angesetzt haben. Ergebnis in allen Fällen: Null.

Aussagen wie die von Alan Smith aus North London müssen anscheinend nach wie vor zähneknirschend zur Kenntnis genommen werden. Sie lautete folgendermaßen: »Der Wagen hat begonnen, Amok zu laufen …

Es war, wie wenn jemand anderer das Gaspedal willkürlich durchgetreten hätte.«

## Lebende Züge

Vielleicht ist es für die geplagten Autofahrer ein Trost, daß, wenn sie sich zusätzlich zu Staus und Parkplatzsuche gelegentlich auch noch mit aufsässigen Gefährten herumärgern, nicht nur ihre Fahrzeuge ein unliebsames Eigenleben entwickeln.

Auch die öffentlichen Verkehrsmittel sind nicht dagegen gefeit. Speziell Züge machen gelegentlich Alleingänge. Dies ist noch bizarrer als bei Autos – sofern eine Steigerung überhaupt denkbar ist –, da Triebwagen und Lokomotiven mit einer sogenannten »Totmannsicherung« ausgerüstet sind, die dafür sorgen soll, daß Eisenbahnen nicht führerlos durch die Gegend rasen. Normalerweise erfüllt sie diese Forderung bestens. Es ist daher doppelt rätselhaft, wenn Eisenbahngarnituren sich selbständig machen.

Im Herbst des Jahres 1979 erwachten in den USA wie auf ein geheimes Signal hin landauf, landab Lokomotiven zu einem geisterhaften Eigenleben. Es war eine regelrechte Epidemie, wie es ein Beamter der Bahnbehörden ausdrückte.

Im August verließ eine Lokomotive der *Santa Fe Railway* ihren Bahnhof in Oklahoma und dampfte mit einer Geschwindigkeit von über 60 Stundenkilometern in Richtung der Städte Moore und Norman. Highway-Polizisten fuhren vor ihr her, um Straßenbenutzer zu warnen. Über eine Stunde lang machte die einsame Lokomotive das Schienennetz unsicher, ehe sie nach einer Fahrt von mehr als 50 Kilometern in Purell auf ein Seitengleis umgelenkt werden konnte, wo sie einen Frachtzug rammte.

Im September entschloß sich die *Conrail*-Lokomotive Nr. 6483 aus eigenem Antrieb zu einer kleinen Rundfahrt. Von West Seneca im Bundesstaat New York aus donnerte sie mit fast 80 Kilometern pro Stunde dahin. Zu Anfang bemerkte niemand, daß keine menschliche Hand sie lenkte. Einem Autofahrer, der vor dem schienengleichen Bahnübergang in Akron wartete, bis die Lok vorbei war, fiel dies als erstem auf. Er rief die Streckenleitung an und meldete lakonisch, eine Lokomotive habe den Bahnübergang gequert, ohne den üblichen Pfiff auszustoßen – und im Führerhaus sei auch kein Mensch. Hektische Verwirrung breitete sich aus. Die genaue Position und Fahrtrichtung der Geisterlok ließen sich nicht feststellen. Der Exkurs der unternehmungslustigen Lokomotive fand in der Endstation von Oakfield seinen Abschluß. 50 Meter vor dem Prellbock am Ende des Schienenstranges und knapp vor der Bar des Oakfield Hotels kam Nr. 6483 zum Stehen.

Einen Monat später machten sich zwei miteinander verbundene *Southern-Pacific*-Lokomotiven nahe Tucson in Arizona gemeinsam auf den Weg. Nach einer Fahrt von 30 Kilometern konnten sie nur auf eine mehr als ungewöhnliche Weise angehalten werden. Ein örtlicher Scharfschütze raste den flüchtigen Zwillingsloks mit seinem Wagen hinterher und durchtrennte den Schlauch der Luftdruckbremse mit einigen Meisterschüssen.

Wenn man vor der kühnen Vorstellung nicht zurückschreckt, hinter all den aufgezählten bizarren Vorfällen könnte eine vorerst nicht näher definierbare Kraft am Werk sein, so ist die weiterführende Überlegung nicht völlig aus der Luft gegriffen, daß besonders Begabte eine Antenne für diese Kraft besitzen mögen, die beispielsweise im letzten Moment in Zügen mit später erwachendem Eigenleben nicht mitfahren. Dafür gibt es Beispiele. Eine Trumpfkarte haben wir dennoch keine im Ärmel, denn die geheimen Mächte sitzen am längeren Hebel. Möglicherweise gehört es sogar zu ihrem »Spiel«, uns das eine oder andere im Voraus zu offenbaren und dann vorzuführen, wie machtlos wir selbst dann sind, wenn sie uns scheinbar in ihre Karten schauen lassen.

Der spektakulärste Fall dieser Art ereignete sich 1981 in England. Eine Hellseherin informierte die Britische Eisenbahn, daß »ein großer blauer Zug in einen Zusammenstoß mit einer anderen Garnitur verwikkelt sein wird«. Die Zuständigen ignorierten den Anruf, doch die Frau gab nicht auf. Sie meldete sich wieder und wurde präziser. Bei dem Unglückszug würde es sich um einen Zug mit Öltankwagen handeln, gezogen von einer Lokomotive mit der Nummer 47216. Diese Spezifizierung schlug keine sonderlichen Wellen, aber die Angerufenen bequemten sich wenigstens, über die »lästige Person« Auskünfte einzuholen. Als sich herausstellte, daß die Hellseherin der örtlichen Polizei bekannt war, der sie bei einigen Kriminalfällen »mediale Dienste« geleistet hatte, nahm man die bizarre Meldung zu den Akten. Gras wuchs über die Sache.

Zwei Jahre später kollidierte eine Garnitur aus leeren blauen Öltankwagen mit dem 5-Uhr-32-Personenzug von Cleethorpes nach Sheffield. Ein Mann wurde getötet und über ein Dutzend Passagiere verletzt. Die Kollision ereignete sich haargenau so, wie sie zwei Jahre zuvor beschrieben und niedergeschrieben wurde. Lediglich die Nummer der Lokomotive des Tankzuges war nicht 47216, sondern 47299. Ein großes Aufatmen setzte ein. Man hatte es also doch nur mit einem Zufall zu tun gehabt.

Die Erleichterung hielt nicht lange an, denn die Bahnbehörden erklärten, die Nummer der Unglückslok sei vor dem Anruf der Hellseherin 47216 gewesen. Entgegen der Gepflogenheit, Lokomotiven nur dann eine neue Nummer zu verpassen, wenn sie umgebaut werden, hatte man im Dezember 1981 eine Ausnahme gemacht, »um sicherzugehen«. Doch mit des Geschickes (oder mit anderen) Mächten ist nun mal kein ew'ger Bund zu flechten, wie das Sprichwort sagt.

Ein vordergründig fast identischer Fall demonstriert den Unterschied zwischen den Umtrieben willentlich agierender Kräfte und dem Wirken rätselhafter Phänomene ohne lenkendes Bewußtsein im Hintergrund.

Die Diesellok D 326 wurde von einer britischen Firma gebaut und 1960 in Dienst gestellt. Sie war eine der ersten ihrer Art, die auf den englischen Schnellstrecken die dampfbetriebenen Expreßloks ersetzen sollten. Auf ihr lastete anscheinend entweder ein Fluch, oder aber die mysteriösen Gesetze des Zufalls trafen sie mit unerbittlicher Härte. 1962 rammte sie einen Personenzug, der im Bahnhof von Crewe stand. 18 Menschen kamen ums Leben. Ein Jahr später machte die D 326 wieder Schlagzeilen, diesmal als »Opfer«. Sie hatte die Waggons gezogen, in denen sich die Beute des berühmten englischen Postraubs von 1963 befand (man erinnere sich an Ronald Biggs und *Die Gentlemen bitten zur Kasse*). Das Jahr darauf starb ein Feuerwehrmann durch Stromschlag auf der Diesellok, und ein weiteres Jahr später verweigerten ihre Bremsen nahe Birmingham den Dienst. Mit über 60 Stundenkilometern raste sie auf die New Street Station zu. Im letzten Moment konnte sie auf ein Nebengleis umgeleitet werden, wo sie aus einem stehenden Frachtzug Kleinholz machte. Ab diesem Zeitpunkt lehnte es das Bahnpersonal kategorisch ab, einen Fuß auf die »Teufelsmaschine« zu setzen. Man stellte sie offiziell außer Dienst, verpaßte ihr die neue Nummer 40126 und setzte sie heimlich, still und leise auf der Nebenlinie in Cumbria ein. Damit fanden die unerklärlichen Aktivitäten schlagartig ein Ende.

Die Gegenüberstellung der Vorgänge um die vergeblich neu numerierte Lokomotive 47216 und um die erfolgreich mit einer »Tarnidentität« versehene Diesellok zeigt, wo wir es mit bewußten Aktionen aus dem Anderswo zu tun haben und wo mit dem Auftreten verborgener Naturgesetze von größter Fremdartigkeit. Natürliche Prinzipien lassen sich zwar nicht außer Kraft setzen, wohl aber umgehen, unterlaufen und neutralisieren. Unsere Wissenschaft macht tagtäglich von Schlupflöchern in den Naturgesetzen Gebrauch (man denke nur an die altbekannte »Pille«, die dem weiblichen Körper hormonell etwas »vorschwindelt« und damit natürlichen Mechanismen ein Schnippchen schlägt). Die neue Zugnummer oder das Entfernen der Lok aus einem bestimmten Einwirkungsgebiet mag den Bann unbekannter Naturkräfte gebrochen haben. Wären unsere geheimen Marionettenspieler am Werk gewesen, hätte es vielleicht nicht geklappt. Wie auch immer.

Der Versuch, aus so exotischen Vorgängen Schlußfolgerungen zu ziehen, ist ein Ritt über den Bodensee, bei dem das dünne Eis an manchen Stellen bedenklich kracht. Diese Unsicherheit liegt in der Natur der Sache. Versuchen wir also, weitere Bausteine für unser kühnes Denkgebäude zu finden.

Auf dem festen Boden haben wir schon danach gesucht und sind fündig geworden. Der sprichwörtliche »feste Boden«, auf dem sich sowohl Autos als auch Züge bewegen, trägt allerdings seine Begrenzung sozusagen in sich. Auf ihm kann sich ohne übersinnliche Einwirkung schon mal eine Bremse lösen oder etwas im Kreis fahren. Sogar einige Zeit lang. Weit problematischer ist solches zu Wasser und so gut wie unmöglich in der Luft. Ein wesentlicher Faktor bei der Suche nach solchen Vorgängen zu Lande ist die Tatsache, daß Wracks übrigbleiben, wenn Landfahrzeuge »aus eigenem Willen« Katastrophen verursachen. Das ist nun anders.

Untergegangen wird ziemlich schnell und abgestürzt sofort (geschieht letzteres über offenem Meer, so verschwindet ein »selbstmörderisches« Flugzeug ebenso spurlos wie ein Schiff, das sich selbst auf Grund gesetzt hat). Dennoch existieren zahlreiche Beweise dafür, daß die seltsame Belebung von Vehikeln weder vor den unergründlichen Tiefen des Meeres Halt macht noch vor der unbestreitbaren Tatsache, daß Luft keine Balken hat. Es muß ja auch nicht immer gleich Selbstzerstörung sein.

Wer sucht, stößt auf einen ungeheuren Fundus von Berichten über Geisterschiffe und einen wesentlich bescheideneren über Geisterflugzeuge (aber immerhin!). Letzteres nimmt nicht wunder, schließlich bewegt sich der Mensch ungleich länger über die Sieben Meere als in der Dritten Dimension. Vergraben in Bergen von Unterlagen finden sich in den Bereichen Seefahrt und Luftfahrt dokumentierte Vorgänge, die mit herkömmlichen Legenden so viel zu tun haben wie die Seltsamkeiten der Quantenphysik mit Regenmachen durch das Murmeln von Zaubersprüchen. Richten wir unser Augenmerk zuerst auf die länger und ausführlicher dokumentierte christliche Seefahrt.

**Ein Fischtrawler verweigert den Dienst**
1987 mußte sich das englische Gesundheits- und Sozialministerium mit Anträgen auf Arbeitslosenunterstützung herumschlagen, die stark aus dem normalen Rahmen fielen. Die Besatzung des Fischtrawlers *Pickering* war durch aufgezwungene Untätigkeit zu Sozialempfängern geworden, weil ihr Schiff beharrlich die Arbeit verweigerte. Die *Pickering* ging nicht auf See, Punktum. Jedesmal wenn Kapitän Derek Gates aus dem Hafen von Bridlington dampfen und die Fanggründe in der Nordsee ansteuern wollte, machte ihm der Trawler einen Strich durch die Rechnung. Er beschrieb willkürliche Kreise, die Maschinen erstarben immer wieder, die Lichter begannen zu flackern, und in den Kabinen verbreitete sich trotz voll aufgedrehter Heizung Eiseskälte. Mit präziser Regelmäßigkeit fiel täglich Punkt 1.30 Uhr früh das Radar aus. Was immer die Offiziere und die Crew taten, welche Hebel, Knöpfe und Schalter sie auch betätigten, es blieb wirkungslos. Das Schiff war arbeitsscheu. Der Kampf Mensch gegen Maschine tobte drei Monate lang mit absoluter Verbissenheit. Servicetechniker kamen und gingen. Zeitweise schlugen sie für mehrere Tage Quartier an Bord auf. Unermüdlich zerlegten, vermaßen, untersuchten sie und fanden – nichts. Wie zum Hohn ihrer Bemühungen ging die Rebellion der *Pickering* unvermindert weiter. Der Offizier Michael Laws meinte zu diesen frustrierenden drei Monaten in der Zeitschrift *Fishings News* vom 18. Dezember 1987: »Das war die schlimmste Zeit in meinen ganzen 17 Jahren auf See. Ich habe keinen einzigen Penny verdient, weil alles Kopf stand und niemand verstehen oder erklären konnte, was los war.«

Die seltsamen Vorgänge wurden schließlich durch eine nicht weniger seltsame Gegenmaßnahme beendet, so scheint es jedenfalls. Am Ende ihres Lateins und ihrer Nervenkraft angekommen, beschloß die verantwortliche Behörde, dem Drängen der bereits hysterischen Mannschaft nachzugeben und einen exotischen Weg zu beschreiten. Ein Vikar aus Bridlington mit Namen Tom Wills wurde geholt und nahm einen Exorzismus vor. Danach stellte das Schiff seine Eskapaden ein. Schlagartig herrschte »eine freundliche Atmosphäre«, wie Kapitän Gates es wörtlich ausdrückte. Ruhe und Frieden breiteten sich aus, wo noch Stunden zuvor widerborstige Maschinen, Relais, Schaltungen und zig andere Mechanismen ihren »Beherrschern« auf der Nase herumgetanzt hatten. Von Stund an gab es keine maschinelle Revolution mehr. Folgsam wie ein Lämmchen, führte die *Pickering* eine erfolgreiche Fangfahrt nach der anderen ohne rätselhafte Zwischenfälle durch.

Im ersten Moment scheint die unorthodoxe Lösung des Problems darauf hinzudeuten, daß wir bei unserer Suche nach den Umtrieben unbekannter Mächte in eine Sackgasse geraten sind. Schließlich hat der Exorzismus gewirkt, was die ganze Angelegenheit ins Gebiet der Theologie und nicht der unerklärlichen Phänomene verlegt. Wirklich?

Ohne religiöse Gefühle in der geringsten Weise verletzen zu wollen, scheinen mir gewisse Zweifel an einer »Besessenheit« von technischen Geräten legitim und damit auch an der Wirksamkeit gegen sie ins Feld geführter Austreibungen. Wie mag aber nun alles zusammenpassen? Folgender Umkehrschluß, den ich nur als vorsichtigste aller Spekulation in den Raum stelle, könnte die Ungereimtheiten beseitigen. Er lautet: Gerade der Erfolg des Exorzismus weist vielleicht auf unsere geheimen Puppenspieler hin, die es möglicherweise amüsant finden, uns in die Irre zu führen, falsche Spuren zu legen oder ganz einfach ihr »Spiel« so und nicht anders zu spielen. Ein solcher Gedankengang bedarf mehr als eines Beispiels, das noch dazu die unterschiedlichsten Interpretationen erlaubt. Es gibt diese Beispiele. Nimmt man sie unter die Lupe, hat man unwillkürlich sofort den Eindruck: Hier hat irgend jemand oder irgend etwas herumexperimentiert.

## Führerlos ans Ziel

Aus dem Jahr 1941 ist trotz aller Kriegszensur ein signifikanter Fall aktenkundig. Im Englischen Kanal geriet ein Frachter in Brand. Die Mannschaft rettete sich und ließ das lodernde Schiff zurück. Seltsamerweise versank es jedoch nicht, sondern erreichte einen Ankerplatz an der britischen Küste. Das war völlig unerklärlich, denn der Frachter hätte aus eigener Kraft das Feuer löschen, fast 100 Kilometer im Dunkeln zurücklegen, die enge Einfahrschneise an seinem späteren Ankerplatz ansteuern und dort festmachen müssen. Dazu ergänzend muß betont werden, daß besagte Einfahrschneise sehr eng und gewunden ist, was diffiziles Manövrieren durch Felspassagen erforderlich machte, die nur wenige Zentimeter breiter waren als der aufgegebene Frachter. Kurzum: Ein Ding der Unmöglichkeit – aber dennoch geschehen.

1984 widersetzte sich der holländische Frachter *Pergo* auf ähnliche Weise seinem vorprogrammierten Untergang. Ein heftiger Sturm nahe der norwegischen Küste zwang die Crew, die *Pergo* zu verlassen. Die Männer wurden in einem günstigen Moment von Rettungshubschraubern aufgenommen. Das aufgegebene Schiff gab sich jedoch offensichtlich nicht selbst auf. Führerlos legte es eine Strecke von 300 Kilometern über die unruhige Nordsee zurück, bis zum Eingang des Hafens von Dunbar im schottischen East Lothian.

Manche Schiffe scheinen jedoch nicht aus Selbsterhaltungstrieb, sondern aus edleren Motiven zu agieren, eine Vorstellung, die noch bizarrer ist als das Vorhergegangene.

Von ihrem Heimathafen New Bedford im US-Bundesstaat Massachusetts kommend, erledigte die 227-Tonnen-Walfangbarke *Canton* im Juni 1887 in ihren üblichen Fanggründen im Süd-Atlantik ihren blutigen Job. Nachdem die vorgesehene Zahl der riesigen Meeressäuger harpuniert und an Bord des Schiffes zerlegt worden war, setzte die *Canton* Segel nach St. Helena. Auf der durch Napoleon Bonaparte berühmt gewordenen Insel wurde die Ladung gelöscht, und die Wasservorräte wurden aufgefüllt. Danach sollte es zur nächsten Fangrunde wieder in den Süd-Atlantik gehen. Das Schiff entschied sich jedoch für eine wichtigere Mission. Kurz nach St. Helena schlug die *Canton* einen völlig anderen Kurs ein. Die Barke ignorierte alle Versuche des Steuermanns und sogar die Windrichtung. Unbeirrbar segelte sie einem unbekannten Ziel entgegen. Unter Einsatz aller Mittel gelang es Kapitän George L. Howland und seiner Mannschaft einige Male, das störrische Schiff in die alte Richtung zurückzuzwingen, doch stets nur für kurze Zeit. Immer wieder schwenkte die *Canton* auf ihren »persönlichen« Kurs zurück. Schließlich behielt sie die Oberhand.

Kapitän Howland meinte philosophisch: »Das ist ein gutes Schiff. Es gibt keinen Grund, warum es dem Steuer nicht gehorchen sollte. Also muß die Vorsehung ihre Hand im Spiel haben. Wir wollen ihr nachgeben. Lassen wir uns überraschen, wohin die Reise geht.« Nach diesem Entschluß verbrachte der Nordstaatenkapitän die meiste Zeit an Deck, wo er schweigend an der Reling stand.

Am dritten Tag der ungewollten Exkursion bemerkte der Erste Maat Antone Cruz weit vor dem Bug einige Punkte auf der Meeresoberfläche. Beim Näherkommen der *Canton* entpuppten sie sich als Rettungsboote voll mit ausgemergelten Gestalten, die fanatisch winkten und mit heiseren Stimmen schrieen: die Überlebenden des britischen Handelsschiffes *Monarch*. Es war 1200 Kilometer vom Kap der Guten Hoffnung entfernt in Brand geraten und mußte Hals über Kopf evakuiert werden, da die Flammen nicht unter Kontrolle zu bringen waren und die Ladung von mehr als 200 Kisten Dynamit zu erfassen drohten. Von Hunger und Durst gepeinigt, waren Passagiere und Mannschaft in den kleinen Booten steuerlos fast 300 Kilometer weit getrieben – direkt in die Fahrtlinie, die

die *Canton* selbst gewählt hatte. Die mathematische Un-Wahrscheinlichkeit eines zufälligen Schneidens der beiden unterschiedlichen Kurse beträgt eins zu mehreren Billionen.

Kapitän Howland erhielt als Belohnung für diese dramatische Rettung von der britischen Regierung einen silbernen Teekessel und von der Liverpooler Gesellschaft für Schiffswracks und Humanität eine Goldmedaille. Der Seemann, der seit seinem 16. Lebensjahr Schiffsplanken unter den Füßen hatte und ein exzellenter Navigator war, meinte dazu, daß eigentlich die *Canton* die Auszeichnungen verdient hätte.

Ein Fingerzeig dafür, daß die Barke für diese Rettungsaktion vielleicht nur »benutzt« worden war, ist der Umstand, daß sie weder vorher noch nachher Neigungen zu eigenständigem Handeln zeigte. Und das bei einer langen Dienstzeit von ihrem Bau im Jahr 1835 in Baltimore bis ins 20. Jahrhundert hinein.

## Anhängliche, trauernde und rachsüchtige Schiffe

Sofern man sich mit der »Spielball-unbekannter-Mächte«-Hypothese weniger anfreunden kann als mit dem Gedanken, daß manche Objekte eine Art Seele haben, so können gerade Schiffe Indizien für diese Vorstellung liefern. Manche von ihnen agieren geradezu menschlich. Sie trauern wie zurückbleibende Hunde, sind anhänglich oder nehmen sogar Rache. Vielleicht aber gehört das zu dem »Spiel«, das mit uns getrieben wird?

Nach vielen Jahren auf seinem Fischkutter *Sea Lion* trat Kapitän Martin Olsen in den wohlverdienten Ruhestand. Da er sein Boot von ganzem Herzen liebte, wollte er seinen Ruhestand mit ihm teilen. Er setzte es auf die Sandbank einer Landzunge im Pungent Sund nahe Seattle im US-Bundesstaat Washington, unweit von seinem Haus entfernt. Der alte Seebär verbrachte viele Tage an Deck der *Sea Lion*, die wie er nun nicht mehr aktiv war, und dachte an die schönen Zeiten auf dem Meer. Zehn Jahre vergingen so. Tag für Tag, Monat für Monat, Jahr für Jahr sank der Kutter tiefer in die Sandbank ein.

An einem völlig windstillen Tag schloß der alte Kapitän für immer die Augen. Die See war spiegelglatt. Trotzdem befreite sich die *Sea Lion* auf unerklärliche Weise aus ihrer sandigen Umklammerung und kreuzte in der Bucht hin und her. Drei Tage darauf wurde Kapitän Olsen auf dem Friedhof der Insel Bainbridge beerdigt. Zur Überraschung der Trauergemeinde erschien ein unerwarteter Teilnehmer bei der Abschiedszeremonie: der Kutter *Sea Lio*n. Das Schiff hatte die Insel angesteuert und wasserte an dem Punkt der Küste, der dem Friedhof am nächsten war. Unmittelbar nach der Beerdigung driftete es wieder davon. Noch größer war die allgemeine Überraschung, als die *Sea Lion* Tage darauf wieder ihren alten Platz auf der Sandbank einnahm, nahe dem Heim ihres langjährigen Besitzers.

In dem dichten Nebel, der am 19. März 1884 vor der nordfranzösischen Küste lag, waren zwei Schiffe zu einem denkwürdigen Rendezvous unterwegs, das in die Annalen der Seefahrt eingehen sollte. Das eine war die *Frigorifique*, das erste französische Schiff mit einer Kühlanlage an Bord. Sie befand sich, von Pasajes in Spanien kommend, auf dem Weg nach Rouen. Auf sie zu bewegte sich das englische Kohlenschiff *Rumney*. Es kam aus seinem Heimathafen Cardiff, Bestimmungsziel La Rochelle.

An Bord der *Frigorifique* hörten Kapitän Roul Lambert und seine Mannschaft eine ferne Sirene, konnten aber nicht ausmachen, woher der Laut kam. Der Kapitän ließ die Maschinen stoppen und dreimal Warnsignal pfeifen. Nichts rührte sich. Daraufhin nahm das französische Schiff wieder Fahrt auf, wobei seine Glocke ununterbrochen angeschlagen wurde.

Plötzlich ertönte an Steuerbord ein schrilles Pfeifen und das Dröhnen von Maschinen. Aus dem Nebel schälte sich ein schwarzes Ungetüm, das direkt auf die *Frigorifique* zustampfte. Verzweifelt versuchte der Steuermann, die Kollision mit der *Rumney* zu vermeiden. Zu spät. Der Zusammenstoß war wie eine Explosion, begleitet vom Kreischen deformierten und reißenden Metalls. Von der Wucht des Aufpralls wurde der französische Dampfer abgebremst. Mit eingedrückter Bordwand und heftiger Schlagseite schlingerte er nach Backbord. Kapitän Lambert befahl der Mannschaft, die *Frigorifique* mit dem Rettungsboot zu verlassen. Alle Seeleute wurden von der *Rumney* an Bord genommen.

Das angeschlagene französische Schiff verschwand im Nebel, wo es in Kürze versinken mußte. Zumindestens glaubten das die Besatzungsmitglieder beider Seefahrzeuge. Doch weit gefehlt.

Das Kohlenschiff befand sich bereits über drei Kilometer von der Unglücksstelle entfernt, als der englische Kapitän John Turner einen dunklen Umriß in den Nebelschwaden wahrnahm. Er erinnerte an ein Schiff, doch kein Laut begleitete das Phantom. Sekunden später schrie der Ausguck: »Schiff an Steuerbord!«

Wie in einer schaurigen Wiederholung des vorhergegangenen Desasters tauchte ein Schiffsbug aus dem Grau des Nebels auf. Geräuschlos und tödlich steuerte das unheimliche Gefährt unbeirrbar auf die *Rumney* zu. Es war die *Frigorifique*.

»Hart Steuerbord!«, ordnete Turner an. Das Ausweichmanöver gelang buchstäblich im letzten Augenblick. Wie ein moderner Fliegender Holländer glitt das französische Schiff vorbei, wieder in den Nebel hinein.

Während die *Rumney* ihre Fahrt fortsetzte, diskutierten die beiden Kapitäne den seltsamen Vorfall. Nach allem, was normal war, hätte die *Figorifique* bereits auf dem Grund des Meeres liegen müssen. Turner meinte, daß es sich vielleicht um ein anderes, ähnlich aussehendes Schiff gehandelt hätte. Dem widersprach Lambert entschieden: »Ich kenne mein Schiff.«

Kurze Zeit später wurde die Frage in der Praxis entschieden. Wieder meldete der Ausguck ein fremdes Schiff. Diesmal starrten alle wie hypnotisiert nach vorne in die treibenden Nebelfetzen. Tatsächlich: Was da auf sie zukam, war ein Ding der Unmöglichkeit! Es *mußte* eine Illusion sein. War es aber nicht!

Turner schrie seine Befehle. Diesmal ordnete er an, daß die *Rumney* in einem weiten Rückwärtsbogen ausweichen sollte. Sie konnte ihn aber nicht ausführen, denn die *Frigorifique* schnitt ihr den Weg ab. Ein Schlag ließ die *Rumney* erzittern – Kollision! Der Angreifer verschwand abermals im wirbelnden Nebel.

Das englische Kohlenschiff war zum Untergang verurteilt. Durch den Riß, den der Rammstoß der *Frigorifique* verursacht hatte, drang Wasser in den Lade- und Maschinenraum der *Rumney*. Sie begann zu sinken; ein Schicksal, das eigentlich dem französischen Schiff viel früher hätte beschieden sein müssen.

In fieberhafter Eile wurden zwei Rettungsboote zu Wasser gelassen, in denen sich die Besatzungen der beiden Unglücksschiffe drängten. Hinter ihnen stellte sich das Heck der weidwunden *Rumney* auf, ehe der britische Dampfer in den dunklen Tiefen verschwand.

Die Rettungsboote nahmen direkten Kurs auf die nächste Küstenstelle, wobei sie dieselbe Richtung einschlugen wie das französische »Geisterschiff«. Eine Viertelstunde später hatten sie die Nebelregion hinter sich gelassen. Vor ihnen lag die freie, spiegelglatte See mit der nahen Küste. Plötzlich kam auch die *Frigorifique* aus der ausgedehnten Nebelbank hervor. Sie beschrieb einen weiten Bogen, wobei ihre Bahn immer irregulärer wurde. »Sie haben niemanden an Bord zurückgelassen, oder?«, fragte Kapitän Turner seinen französischen Kollegen, der vehement verneinte. Dann fügte der Engländer hinzu: »Versuchen wir sie zu entern. Vielleicht können wir sie in einen Hafen bringen.«

Die Boote nahmen die Verfolgung auf. Nach mühseligen Anpassungsmanövern gelang es beiden Kapitänen, in Begleitung mehrerer Freiwilliger an Bord zu gehen. Rufend durchsuchten sie die *Frigorifique*, doch es war niemand da. Zu retten war das Gefährt allerdings nicht mehr. Noch während die Männer dem Rätsel auf die Spur zu kommen suchten, begann das französische Schiff langsam, aber unaufhaltsam zu sinken. Der letzte Zusammenstoß hatte ihm den Rest gegeben. Als ein bedrohliches Rumpeln und Gluckern aus den Eingeweiden der *Frigorifique* drang, mußte Kapitän Lambert noch einmal den Befehl zur Evakuierung geben.

Von den Booten aus beobachteten die Crews der beiden Schiffe, wie nun auch der zweite Kontrahent der Mehrfachzusammenstöße seinen Weg zum Boden des Meeres begann. Die Männer hatten ein unheimliches Gefühl. Ein eisiger Finger strich manchem von ihnen die Wirbelsäule entlang, als sich die Fluten über der *Frigorifique* schlossen. Es war, als würde das Schiff nun in Ruhe »sterben«, nachdem es sich an der *Rumney* gerächt hatte.

Als die Rache eines Schiffes ging der Vorfall in die Geschichte der Seefahrt ein. Klarerweise durfte eine »natürliche Erklärung« nicht fehlen. Soweit die Männer vor dem Untergang feststellen konnten, war der Maschinenraum der *Frigorifique* nicht gänzlich überflutet gewesen, so daß die Kessel – zumindest theoretisch – noch einige Zeit lang gearbeitet haben könnten. Auch den mysteriösen Verfolgungskurs glaubte man durch einen Riemen enträtselt zu haben, der das Steuerrad fixierte. Anscheinend hatte ihn der Steuermann angebunden und darauf vergessen, als jedermann in das Rettungsboot stürmte. Daraus könnte, so mutmaßten die Behörden, ein Spiralkurs resultiert haben, der die Bahn der *Rumney* zweimal schnitt. Genaugenommen dreimal, wenn man die Kurse beider Schiffe über den Punkt ihres jeweiligen Untergangs hinaus weiterführte. Über die bei jeder Begegnung exponentiell anwachsende (Un)Wahrscheinlichkeit verloren die Behörden wohl aus Gründen der Peinlichkeit kein Wort.

Weder die mehr als gekünstelte »natürliche Erklärung« noch die Vorstellung des Rachefeldzugs eines beseelten Schiffes vermögen den rationalen Geist zu befriedigen. Angesichts des Hergangs ist die Hypothese, geheimnisvolle Mächte hätten im Hintergrund das Geschen dirigiert, kaum abwegiger als die absurden Tatsachen. Trotzdem soll man keine voreiligen Schlüsse ziehen. Lassen wir lieber eine Reihe weiterer Fälle Revue passieren, in denen sich Unbelebtes plötzlich zu regen begann.

Richten wir den Blick von der Wasseroberfläche nach oben in lichte Höhen. Dorthin, wo ein festgezurrter Steuerknüppel nicht als Erklärung für pilotenlose Flugmanöver herhalten kann. Dabei wird sich zeigen, ob alles mit rechten Dingen zugeht – oder auch nicht.

## Eskapaden pilotenloser Luftfahrzeuge

Immer wieder melden Flugzeugbesatzungen die Begegnung mit führerlosen Flugzeugen in den unterschiedlichsten Höhen. Glaubwürdig belegt ist beispielsweise der leere Lear Jet, der 1983 über der Nordsee beobachtet wurde.

Den Gipfel des Absurden stellt die einsame Flugshow dar, mit der eine Cessna-172 im Jahre 1986 die Besatzung der kanadischen Air-Force-Basis von Chatham bei New Brunswick verblüffte. Die Männer trauten ihren Sinnen nicht, als das kleine Flugzeug aus eigenem Antrieb einen perfekten Start hinlegte, einige Kurven über dem Flugfeld zog und dann wieder landete. Letzteres nicht ganz so perfekt, denn die Maschine kam auf dem Rücken zu liegen. Ein Pilot war keiner an Bord, wie die heranstürmenden Stützpunktangehörigen mit absoluter Sicherheit feststellten. In solchen Fällen nicht an »Besessenheit« zu denken ist eigentlich unmöglich. Damit sind wir wohl reif für einen der am besten dokumentierten und recherchierten – wenn auch nicht erklärten – Fälle von Besessenheit, Spuk oder was auch immer über den Wolken.

## Die Geister von Flug 401

Der Fall des berühmten Fluges 401 von New York nach Miami im Dezember 1972 vereinigt eine Reihe unterschiedlicher Elemente, von denen sich keines natürlich erklären läßt. An ihm wird deutlich, wie schwer es ist, das Unbekannte zu kategorisieren, aber ebenso, daß sich in einer »Geisterstory« Indizien für die Theorie von den unsichtbaren Marionettenspielern verbergen können, die sich vielleicht mit einer Art »himmlischem Schach« die Zeit vertreiben und für skurrile Gags gut sein mögen. Wer weiß? Was auch immer dahinterstecken mag, »normal« ist es jedenfalls nicht.

Zwei Jahre vor dem Schicksalsflug war die US-Flugzeugfirma Lockheed mit ihrem L-1011 »Tristar« herausgekommen. Die Maschine sollte der Boeing-747 auf dem Markt für Großraum-Jumbojets Konkurrenz machen, was auch gelang. Zahlreiche Luftfahrtgesellschaften kauften große Stückzahlen, darunter die TWA sowie die *Eastern Airlines*, die 50 Maschinen orderten und den L-1011 »Tristar« 1972 aufgrund seines angenehm leisen Fluggeräusches als sogenannten »Whisperliner« in Dienst stellten.

Anfangs verlief alles klaglos. Dann stürzte der »Whisperliner« Nr. 310, der seinen Dienst am 21. August 1972 aufgenommen hatte und als einer der besten der gesamten *Eastern-Airlines*-Flotte galt, am 29. Dezember desselben Jahres auf dem Flug 401 über den Everglades in Florida, 18,7 Meilen west-nordwestlich von Miami, ab und donnerte mit einer Geschwindigkeit von 227 Meilen pro Stunde in den Boden. 101 der an Bord befindlichen 176 Personen fanden den Tod, darunter der Flugkapitän Robert Albin »Bob« Loft und der Flugingenieur und Zweite Offizier Donald Louis »Don« Repo. Ein tragisches Unglück, aber kein unerklärliches. Die Unerklärlichkeiten sollten folgen und wurden längere Zeit mit ziemlichem Erfolg totgeschwiegen.

Zwei Jahre später stieß der amerikanische Journalist John Fuller zufällig auf einen der bizarrsten Vorgänge der gesamten Luftfahrtgeschichte. 1974 plauderte Fuller auf einem *Scandinavian-Airline*-Flug mit einer Stewardeß. Sie erzählte ihm, daß unter dem Personal aller Luftlinien das Gerücht kursierte, die *Eastern-Airlines*-Flüge seien von Geistern geplagt. Fuller wunderte sich darüber, daß sich die Gespenster auf eine Fluglinie beschränkten. Als Profi der schreibenden Zunft wußte er am besten, wie sehr solche Legenden ein Eigenleben gewinnen und sich epidemisch ausbreiten. Die Antwort der Stewardeß ließ ihn aus diesem Grund seither nie ganz los. Sie lautete: »Vielleicht bleibt die Geschichte immer gleich, weil sie tatsächlich passiert.«

Seine momentane Arbeit an einer Story über einen Beinahe-Atomunfall nahe Detroit, über den er das Buch *We Almost Lost Detroit* schrieb, nahm in jedoch so sehr in Anspruch, daß er die Geisterinvasion auf einer Fluglinie ins Unterbewußtsein verbannte.

Ein Jahr später flog er mit den *Eastern Airlines* von San Juan nach New York. Dabei erinnerte er sich an das Gehörte und fragte die Stewardeß im Scherz, ob sich die Geister bereits verabschiedet hätten. Die Reaktion der jungen Frau war unerwartet heftig. »Das ist gar nicht lustig«, erwiderte sie, »mir sind sie auch begegnet.« Fuller entschuldigte sich. Dann begann er behutsam nach Einzelheiten zu fragen. Zuerst stieß er auf wenig Bereitschaft, denn die Stewardeß gehörte – wie sie später herausrückte – zur großen Zahl von *Eastern-Airlines*-Angestellten, die sich mit Meldungen über die Geister nur Ärger eingehandelt hatten. Einschließlich von oben angeordneter Besuche bei einem Psychiater. Nachdem John Fuller Faszinierendes aus ihr herausgeholt hatte, beschloß er »weiterzugraben«.

Mit der Zähigkeit eines Bluthundes begann er zu recherchieren.

Worauf er stieß, war in der Tat so unglaublich, daß er es in dem Buch *The Ghosts of Flight 401* zusammenfaßte, das 1976 erschien und einen so heftigen Widerhall fand, daß das Thema 1978 als Vorlage für zwei Filmproduktionen diente.

Tatsache war und blieb, daß tote Mannschaftsmitglieder der abgestürzten 310 regelmäßig auf Maschinen des gleichen Typs erschienen. Zeugen unter dem Personal und den Passagieren gab es massenweise. Alle von ihnen waren absolut glaubwürdig. Viele verfügten über jahrelange Flugerfahrung und präzise Beobachtungsgabe. Die Schilderungen deckten sich stets exakt, auch wenn sie von Personen gegeben wurden, die keinen Kontakt miteinander hatten. Das betraf auch seltsame Begleitumstände wie das extreme Absinken der Temperatur während der Erscheinungen. Jede natürliche Erklärung zerschellte endgültig an der Tatsache, daß viele Beschreibungen Details enthielten, die der Öffentlichkeit unbekannt waren, sowie daran, daß Zeugen Bob Loft und Don Repo hinterher nach Fotos identifizieren konnten, obgleich den meisten von ihnen die beiden Offiziere völlig unbekannt waren.

Unter den zahlreichen Zeugen fanden sich namhafte Persönlichkeiten, einschließlich eines Vizepräsidenten der Airline, der gemeint haben soll, mit dem Flugkapitän seines Fluges zu sprechen, bevor er in seinem Gesprächspartner den toten Bob Loft erkannte.

Ein weiblicher Flugpassagier fragte einen Flugbegleiter, wer denn der schweigende Mann in der Fluguniform auf dem Sitz neben ihr sei, worauf sich dieser vor den Augen der beiden und vor zahlreichen Passagieren auflöste, was der Frau einen hysterischen Anfall bescherte. Auf Fotos erkannte sie später Don Repo.

Ein Pilot und zwei Flugbegleiter, die einen Flug kurz vor dem Aufsteigen absetzten, gaben an, sie seien durch das Erscheinen von Loft, der mit ihnen gesprochen und sich dann aufgelöst habe, so entsetzt gewesen, daß sie den Flug nicht durchführen konnten.

Diese Vorgänge erregten solches Aufsehen, daß sie 1974 sogar im Newsletter der *US Flight Safety Foundation* ihren Niederschlag fanden, der von Skeptikern als Quelle für die Geisterseherei deklariert wird, was Zeugen und Rechercheure jedoch als reine Abwiegelei nach dem bekannten Motto, das nicht sein kann, was nicht sein darf, ansehen.

In geheimen Aktionen wurden auf einigen »Whisperliners« der *Eastern Airlines* Exorzismen abgehalten, was die »Geister« jedoch nicht vertreiben konnte. Im Gegenteil, die Frequenz ihres Auftretens steigerte sich noch. Das Einziehen von Flug-Logbüchern durch die Gesellschaft erwies sich als ebensolche »Symptombehandlung« wie die psychiatrische Betreuung von Crewmitgliedern, die Geistererscheinungen meldeten. Darunter waren auch Zeugen, mit denen die »Geister« sogar kommunizierten. So warnte eine der Erscheinungen drei Besatzungsmitglieder von Nr. 318 vor einem Feuer, das dann auch tatsächlich in einem der Triebwerke ausbrach. Besonders Repo schien seine geisterhaften Hände schützend über die Liner zu halten. Einem Flugingenieur, der mitten im Service für den nächsten Flug war, teilte er mit: »Sie brauchen nicht weiterzumachen, ich habe schon alles erledigt.« Eine Stewardeß sagte aus, sie habe während eines Fluges einen Mann in der Uniform eines Flugingenieurs bei der Reparatur eines Heizkörpers beobachtet. Der dafür zuständige Flugingenieur schwor Stein und Bein, er habe den betreffenden Heizkörper nicht angerührt. Ein zweiter Flugingenieur war nicht an Bord gewesen. Die Stewardeß identifizierte Repo auf einem Bild. Ein weiterer Flugingenieur, der einem klopfenden Geräusch in einem Maschinenabteil nachgehen wollte, begegnete dort Repo, der sich offenbar darum gekümmert hatte.

Da die Meldungen nicht abrissen, entschloß sich die Führung der *Eastern Airlines* zähneknirschend und gegen alle Gesetze des sogenannten gesunden Menschenverstandes zu einer Vorgangsweise, die den Ausdruck Verzweiflungsaktion verdient.

Es erging die Anweisung, aus den heimgesuchten »Whisperliners« der L-1011-Flotte eine Reihe von Apparaturen, Bauteilen etc. zu entfernen und zu vernichten, darunter Aufzüge, Radios, Ventilatoren, Sitze, Abdeckungen, Heizgeräte und ein Cockpit-Stimmaufzeichnungsgerät. Die angeführten Objekte funktionierten tadellos bzw. befanden sich in einwandfreiem Zustand und hatten eine Gemeinsamkeit: Sie alle stammten aus dem Wrack der abgestürzten Nr. 310, waren geborgen und in Schwestermaschinen eingebaut worden, der Großteil davon in Nr. 318. Nach ihrer Entfernung und Zerstörung hörte die Geisterinvasion schlagartig auf.

Kann man diesen Gordischen Knoten aus rätselhaften Fäden überhaupt lösen? Diese Frage ist schwer zu beantworten. Geht man wie Alexander der Große mit dem Schwert an das Problem heran, wird man wahrscheinlich auch den zarten roten Faden durchtrennen, den wir von Anfang an aufzunehmen trachten. Man sollte den Fall besser zur Diskussion stellen, als ihn auf Biegen oder Brechen zu kategorisieren. Die Mysterien, die sich hier treffen, sind mannigfaltig. Im Grunde steht nur eines mit Sicherheit fest: Es *gab* die Erscheinungen, und sie waren in irgendeiner Weise mit der Materie des Unglücksflugzeugs verbunden. Mit spirituellen Mitteln war ihnen nicht beizukommen, wohl aber durch simple materielle Vernichtung. Punktum. Kann man – unter Außerachtlassung jenseitiger Deutungen – aus all dem das Wirken verdeckter Manipulatoren herauslesen, die mit Belebtem und Unbelebtem herumfuhrwerken ?

Ich schlage in diesem speziellen Fall die sonst unzulässige Beweislastumkehr vor und behaupte herausfordernd: Das Gegenteil ist daraus jedenfalls auch nicht abzuleiten. Das Phänomen, hinter dem wir her sind, wird nicht durch Öffentlichkeitsarbeit, klares Auftreten oder gar durch Eindeutigkeit charakterisiert. Es hat im Gegenteil viele Gesichter, die das Herausfiltern von Puzzlesteinen, die in das gesuchte Bild passen, nicht eben leicht machen. Sei es, wie es sei. Was immer auf den »Whisperliners« der *Eastern Airlines* nun de facto über die Bühne gegangen ist, eines beweist es wieder einmal klar und deutlich: Wir führen das Zepter nicht einmal in unseren eigenen Konstrukten. Weder auf dem Boden noch auf dem Wasser oder in der Luft.

## Tückische Installationen

Na ja, Autos, Schiffe, Flugzeuge sind recht komplizierte Gebilde mit schwer durchschaubarem Innenleben und voll verdächtiger Elektronik. Vielleicht kann sich da das eine oder andere doch selbständig machen. Nun gut, stellen wir uns der Herausforderung. Schreiten wir zur Nagelprobe und sehen uns im vielzitierten alltäglichen Leben um. Begegnen uns auch dort »tückische Objekte« mit unbestreitbarem Eigenleben? Mehr als genug! Es offenbart sich eine so unglaubliche und erschreckende Vielfalt, daß man den harmlosesten Gebrauchsgegenständen eigentlich mit tiefem Mißtrauen begegnen sollte.

Sind wir die Chefs in unseren Heimen und Häusern? Keineswegs. Wohnungseinrichtung, Hausrat, Installationen aller Art etc. haben ihren eigenen Kopf. Lassen wir dieses Kaleidoskop sich kommentarlos, aber nicht ungeordnet, vor uns entfalten, mit dem speziell Lyall Watsons in *The Nature of Things* aufwarten kann.

1979 wurde Phyllis Redhall buchstäblich aus ihrer Wohnung in Barnsley in der englischen Grafschaft Yorkshire gespült (schon wieder Yorkshire, wo es auch schon zu anderen »Wasserspielen« wie auch zu Tierverstümmelungen gekommen ist und wo mehrere Autos »zum Leben erwacht sind«!). Das Unheil begann mit zwei neuen verchromten Wasserhähnen über dem Spülbecken. Kaum angebracht, begannen sie, sich zu drehen. Das Phänomen hielt 24 Stunden am Tag an. Egal wie fest die Hähne zugedreht wurden, sie rotierten, und Wasser strömte in das Waschbecken. Die Installateure gaben einander die Türklinke in die Hand. Mehrmals wurden die Armaturen ausgetauscht. Das Ergebnis war Null, korrekter gesagt: Rotieren und Überschwemmung, auch in Gegenwart der Fachleute. Ingenieure, Klempner, Techniker und andere Experten suchten die gepeinigte Mrs. Redhall insgesamt 89 Mal auf, ohne die geringste Erklärung für die Vorgänge zu finden. Die einzige, wenig befriedigende Abhilfe wäre ein vollständiges Abstellen der Wasserzufuhr gewesen. Ein genervter Behördenvertreter meinte zu der rätselhaften Sintflut: »Wenn jemand auch nur die geringste Vorstellung davon hat, was hier eigentlich los ist, würden wir gerne von ihm hören.«

Die Probleme, die Colin Smith im britischen Milton Keynes mit seinen Installationen hat, sind im Stoffwechselbereich angesiedelt. Wann immer der Wind von Westen kommt, spült seine Toilette. Ein unerklärlicher Vorgang, dem Mr. Smith das Beste abzugewinnen trachtet. Er führt ihn seinen Freunden als Attraktion vor, mit der sonst niemand aufwarten kann. Eine Art sanitärer Party-Gag.

Weniger amüsant waren die Reaktionen, die kalifornische Toiletten auslösten. Einer der Kernreaktoren der Universität von Kalifornien schaltete sich mit unbeirrbarer Präzision selbsttätig aus, wenn in einem der anliegenden Häuser die Toilettenspülung betätigt wurde. Warum das so ist, vermag niemand zu sagen. Daher ließ sich auch nichts dagegen tun, vom Einstellen der Verdauung einmal abgesehen.

## Ein stromloser Lift gibt nicht auf

Im englischen Southport an der Küste von Merseyside sollte 1968 das alte Palasthotel abgerissen werden. Vor Beginn der Abbrucharbeiten wurde klarerweise die Stromzufuhr unterbrochen. Davon wußte der antike, vier Tonnen schwere Aufzug jedoch nichts. Zum abgrundtiefen Erstaunen der Arbeitsmannschaft begann er plötzlich auf und ab zu fahren. Obwohl stromlos, zeigte die Leuchttafel, wo sich der massive Liftkorb jeweils befand. Kam er in einem Stockwerk zum Stehen, schwangen die Türen einladend auf. Verständlicherweise stieg niemand ein. Der Leiter des Teams zweifelte keinen Augenblick daran, daß die Stromzufuhr noch irgendwo funktionieren mußte. Er verständigte die Elektrotechniker des Stromwerks in Liverpool, um die Gefahr ein für allemal abzustellen. Es gab jedoch nichts abzustellen. »Die Leitungen sind tot«, erklärten die herbeigeeilten Fachleute dezidiert. »Kein Ampere geht in diese Bruchbude hinein. Es gibt keinen elektrotechnischen Grund für das Funktionieren des Lifts. Sorry.« Damit wandten sich die Ingenieure aus Liverpool zum Gehen. Als sie aus der Lobby auf die Straße treten wollten, schlossen sich die Lifttüren wie zum Hohn donnernd, und die Kabine fuhr in den zweiten Stock. Damit war das Maß voll. Man blockierte die Aufzugbremse und entfernte die Notfall-Handwinde. Jetzt sollte der rebellische Aufzug zeigen, was er konnte. Das tat er auch am nächsten Tag.

Ein Fernsehteam des britischen Senders BBC war erschienen, um eine Reportage über die Absonderlichkeiten zu drehen. Eitel wie eine Diva produzierte sich der Lift vor der verblüfften Aufnahmecrew. Seine Türen öffneten und schlossen sich, und die Kabine zischte schneller auf und nieder als in den Tagen ihres offiziellen Betriebs. Nachdem er ein TV-Star geworden war, kannte der Aufzug kein Halten mehr. Wochenlang bewegte er sich auf und nieder und knallte auffordernd mit den Türen. Schließlich wählten die Arbeiter eine zutiefst menschliche Lösung: Sie zertrümmerten die unheimliche Maschine mit Vorschlaghämmern. Das erklärte zwar nichts, schaffte aber das Problem aus der Welt. Eine noch so an den Haaren herbeigezerrte technische Erklärung konnte niemals offeriert werden.

### Gewehr rettet Besitzer

Nicht immer benehmen sich Gebrauchsgegenstände ungebührlich. Manchmal haben sie auch ein Herz für den geplagten Homo sapiens – wie das Gewehr, das aktiv in den immerwährenden Kampf zwischen Gut und Böse eingriff. Und zwar auf der Seite des Guten.

Im Jahre 1980 brachen drei Langzeithäftlinge aus dem südafrikanischen Kroonstad-Gefängnis aus. Dabei nahmen sie das Gewehr eines Wächters mit. Die Waffe befand sich in tadellosem Zustand, sie war geladen und schußbereit. Eine Überlebensfrage in dieser Umgebung. Trotzdem verweigerte sie in der Hand der Verbrecher dreimal ihren Dienst. Die Sträflinge verschanzten sich mit Geiseln in der Stadtbibliothek. Eines der Opfer, eine junge Frau, benutzte einen unbeobachteten Moment und rannte schreiend ins Freie. Der Gangster mit dem Gewehr zielte auf ihren Rücken und drückte ab. Nichts geschah. Ein zweites Mal betätigte er erfolglos den Abzug. Die drei verließen die Bibliothek, stahlen einen Wagen und rasten aus der Stadt. Auf der Landstraße ging ihnen das Benzin aus. Ein vorbeifahrender Farmer wollte helfen und blieb stehen. Dabei bemerkte er die Häftlingskluft, was man ihm offenbar auch ansah. Sofort legte der Mann mit dem Gewehr auf den Farmer an, um ihm seinen guten Willen mit einem Loch im Kopf zu vergelten. Ein drittes Mal verweigerte die Waffe den Dienst. Die Häftlinge sprangen aus dem Wagen und rannten los, wobei der bewaffnete Verbrecher das »kaputte« Gewehr voll Wut auf den Farmer schleuderte. Dieser hob es auf und drückte zweimal ab. Die Kugeln trafen einen der Flüchtlinge in die Seite und einen anderen in die Schulter. Noch am Abend desselben Tages war das Trio wieder in ihren Zellen. Auf das geradezu selektive Versagen der Waffe konnte sich niemand einen Reim machen.

Noch bizarrer wird es, wenn eine Waffe feuert, die dazu unter keinen Umständen in der Lage sein sollte.

## Die schießende Spielzeugpistole

Die Duke-Universität von Durham im amerikanischen North Carolina ist das absolute Mekka der Parapsychologie. Bereits in den 1930er Jahren führte der Begründer der Forschung zur sogenannten Außersinnlichen Wahrnehmung (ASW) und studierte Biologe Professor Joseph Banks Rhine (1895–1980) dort seine legendären massenstatistischen PSI-Reihenversuche mit den nicht weniger legendären Zener-Karten durch, die nach einem Assistenten von Rhine benannt sind. Heute verfügt dieses Institut über eine der größten Dokumentationen paranormaler Vorgänge im Zusammenhang mit der geheimnisvollen, aber unbestreitbaren Macht des menschlichen Geistes. Einer dieser Berichte sollte vielleicht besser in einem Institut aufbewahrt werden, das noch zu gründen wäre: dem »Institut zur Erforschung geheimer Eingriffe aus dem Anderswo«.

Die Dokumentation enthält die Aussagen mehrerer absolut glaubwürdiger, weder betrunkener noch entmündigter Zeugen über eine Spielzeugpistole. Eine von diesen Dingern also, die nichts abfeuern, sondern beim Abdrücken lediglich ein metallisches Knacken von sich geben, das entfernt an einen Schuß erinnert. Eines Tages tat die Pistole auch das nicht mehr. Der Vater brachte sie zur Reparatur in den kleinen Laden, wo er sie für seinen Sohn gekauft hatte. Es waren mehrere Kunden anwesend. Sie rissen Witze und bezweifelten, daß der Kaufmann die »tödliche Waffe« wieder instandsetzen könne. Der so auf den Arm Genommene fummelte einige Minuten an dem Spielzeug herum und verkündete stolz, es sei wieder in Ordnung. Aufmunternde Rufe und Gelächter waren die Antwort. Das ergrimmte den Ladenbesitzer derart, daß er mit der Waffe herumfuchtelte und erklärte, er würde die Uhr herunterschießen. Dabei zielte er auf diese und drückte ab. Wie von einer unsichtbaren Kugel getroffen, wurde der Zeitmesser von der Wand geschleudert und zerbarst auf dem Boden. Zu diesem Zeitpunkt wehte kein Lüftchen in dem Geschäft, es gab keine Erschütterungen durch Fahrzeuge auf der Straße, nichts. Alles war totenstill, nun auch die Anwesenden. Der Vorfall beschäftigte die Bewohner des Städtchens noch lange Zeit, ehe man ihn ad acta legte.

Nicht nur Spielzeugpistolen haben es in sich, auch andere Spielsachen sollen mitunter ein Eigenleben entwickeln, wie berichtet wird. Zum Beispiel Puppen.

## Puppen zeigen ihren Willen

Jedermann kennt diese batteriebetriebene Puppen, die einfache Worte sprechen und – mit dem Fortschreiten der Mikrotechnologie – bereits regelrechte Monologe halten. In den USA (wo sonst?) gibt es seit längerem sprechende »Kohlkopf-Puppen« (Cabbage Patch Kids) mit eingebauten Tonbandgeräten. Sie können mit ihresgleichen verkoppelt werden und so Round-Table-Gespräche führen, ja sogar gemeinsam singen. Auch ohne diesen beeindruckenden technischen Aufwand soll eine ganz gewöhnliche Stoffpuppe mit dem Namen »Maggie« in Melbourne, Australien, ganz andere Leistungen vollbracht haben. Ihre Besitzerin, die achtjährige Nicole Hart, erklärte eines Tages: »Maggie hat mir gesagt, daß Jinx sterben muß.« Jinx war die Familienkatze. Sie wurde am Abend desselben Tages von einem Auto überfahren und getötet.

Nicoles Vater, der Architekt Vance Hart, meinte dazu: »Meine Frau und ich haben zuerst geglaubt, Nicole hat sich das aus den Fingern gesogen. Dann haben wir die Stimme selbst gehört. Wir sind wie vor den Kopf geschlagen. Es ist ein Rätsel.« Das Erstaunlichste an diesem grotesken Bericht ist der Umstand, daß die Puppe, von der sich die kleine Nicole um nichts in der Welt trennen wollte, weitere Voraussagen machte, allerdings ausschließlich über Katastrophen. Seit 1987 prophezeite sie mit absoluter Präzision den Tod eines Nachbarn, drei Autounfälle und die Krebsdiagnose ihrer Großmutter. Diese fragwürdige Zukunftsschau wird von der Hart-Familie als Danaergeschenk betrachtet. Der Vater brachte es auf den Punkt: »Das Seltsamste ist, daß die Puppe niemals etwas Positives ankündigt. Alle Botschaften beziehen sich auf drohendes Unheil, das dann auch eintritt. Es ist mehr als deprimierend. Wir können nicht mehr viele solche Unheilsmeldungen verkraften.«

Eine andere Stoffpuppe ging sogar noch weiter und zeigte einem menschlichen Konkurrenten, wer der Herr im Haus war. So äußerte sich zumindest Anthony Rossi aus East Hartford im US-Bundesstaat Connecticut. Nachdem der junge Mann zu seiner Freundin Margarite Tata gezogen war, mußte er feststellen, daß er das Bett nicht allein mit ihr teilen würde. Bei dieser Dreiecksbeziehung handelte es sich nicht um eine der bekannten und als modern gepriesenen Formen des Zusammenlebens, sondern um einen Mann, eine Frau und um besagte Puppe. Die Dritte im Bunde war ein grob gefülltes, unattraktives Ding aus zusammengenähten Lumpen mit beweglichen Gliedmaßen und riesigen schwarzen Knopfaugen, doch Margarite liebte sie. Das Mädchen sprach mit der Puppe, die so gut wie immer auch am Tisch dabeisaß, wenn das Paar aß. Zu Beginn stand Toni dieser Marotte seiner Freundin tolerant gegenüber und tröstete sich mit dem Klischee, daß Mädchen eben mit Puppen spielen, sogar große Mädchen, die sonst durch und durch Frauen sind. Mit der Zeit änderte sich seine Haltung. Zuerst empfand er das Ganze als etwas störend, dann irritierend, schließlich haßte er die Puppe. Mehr und mehr begann sie die Hauptrolle in seinen (Alp-)Träumen zu spielen.

Eines Morgens hatte er genug. Er packte das Stoffding, schüttelte es wütend und brüllte: »Du bist nur ein ganz ordinäres Spielzeug! Sonst nichts!« Im selben Moment fuhr ein brennender Schmerz wie von glühenden Messerspitzen über seine Brust. Der junge Mann riß sein Hemd auf und starrte entgeistert die sieben blutenden, tiefen Kratzer auf seinem Oberkörper an, die von unsichtbaren Klauen stammten.

Man mag einwenden, daß solche Fälle auch, bzw. sogar wahrscheinlich, in der Grauzone der »Macht des Geistes« angesiedelt sein können, einer nicht weniger mysteriösen Zone übernatürlicher Phänomene, die uns wenigstens den Trost lassen, daß wir selbst die Urheber sind. Die achtjährige Nicole mochte über eine seltene Kombination von Talenten verfügen (Präkognition, gepaart mit Psychokinese, wobei letztere Begabung für die »Stimme« der Puppe verantwortlich sein dürfte, die auch von den Eltern vernommen wurde). Bei Anthony Rossi könnte Autoaggression vorliegen, vergleichbar mit den bekannten Stigmatisierungs-Erscheinungen. Und bei der schießenden Spielzeugpistole könnte der Ladenbesitzer aufgrund der Hänseleien telekinetische Kräfte mobilisiert haben, die ihm selbst nicht bewußt waren.

Dieser Ausweg bleibt allerdings verschlossen, wenn Maschinen unmißverständlich *angreifen*.

## Der Computer, der nicht verlieren konnte

Wie man unter anderem der 1989er März-Ausgabe der *Weekly World News* entnehmen konnte, erwies sich in diesem Jahr der russische Supercomputer M2-11 am sechsten Tag eines Marathon-Schachturniers zwischen ihm und dem sowjetischen Großmeister Nikolai Gudkov als schlechter Verlierer. Das Elektronengehirn war bereits in drei Partien von seinem menschlichen Kontrahenten schachmatt gesetzt worden. Eine weitere Niederlage stand unmittelbar bevor. Als Gudkov eine Schachfigur bewegen wollte, um die vierte Partie zu eröffnen, sandte der Computer einen Stromstoß durch das Metall des Schachbrettes, der seinen Gegner vor Hunderten von Zuschauern auf der Stelle tötete. Das konnte geschehen, weil der Computer seine eigenen Figuren durch elektrischen Strom bewegte, allerdings nicht in dieser Stärke.

Zuerst glaubte man an einen Kurzschluß, doch ein technischer Defekt, äußere Einflüsse oder sonst eine natürliche Ursache dafür, wieso sich der kybernetische Spielpartner in einen elektrischen Stuhl verwandelt hatte, konnten nicht gefunden werden. Russische Behörden erörterten sogar, ob man den Computer nicht vor Gericht bringen sollte, da eine Maschine, die intelligent genug sei, um Schach zu spielen, auch zur Verantwortung gezogen werden könnte. Etwas übertrieben, wie manche meinten.

Andere erinnert dieses abstruse Geschehen an einen Bericht vom 10. Juli 1984 über den ähnlichen Tod des Chinesen Chin Soo Ying, der 1950 ein Computersystem entworfen hatte, das fähig sein sollte, Emotionen auszudrücken, vielleicht sogar zu empfinden. Als er in den 1980ern einen neuen Computer baute, wurde er von der alten Maschine elektrokutiert. Seine Frau war überzeugt, es sei Mord aus Eifersucht gewesen.

Also doch der altbekannte »Geist in der Maschine«, der sich lediglich den neuen Zeiten angepaßt hat? Vorerst kein Kommentar. Führen wir uns lieber noch einige nicht weniger bizarre Vorkommnisse aus und über »The Nature of Things« zu Gemüte.

## Der träumende Computer

1987 installierte ein Architekt im englischen Stockport in der Nähe von Manchester einen nagelneuen »Amstrad 1512«-Computer in seinem Büro. Er war als Archiv für Gebäudespezifkationen gedacht und sollte Kundenkarteien führen. All das tat er während seiner Arbeitsstunden zur allgemeinen Zufriedenheit. Wie kolportiert wird, soll er nach Dienstschluß noch etwas anderes getan haben: Er träumte.

Eine Bedienstete der Reinigungsfirma, die nächtens die Büros säuberte, bemerkte den leuchtenden Bildschirm des »Amstrad«. Sie wollte ihn abschalten. Dabei entdeckte sie, daß der PC gar nicht an das Stromnetz angeschlossen war. Die Vorstellung wiederholte sich einige Nächte später. Diesmal stieß der Computer stöhnende Geräusche aus, als er sich einschaltete. Buchstaben marschierten über seinen Schirm, die unzusammenhängende Worte und Wortfetzen bildeten. So ging es einige Zeit weiter.

Schließlich wurden die Experten des renommierten Technikmagazins *Personal Computer* hinzugezogen. Redakteur Ken Hughes nahm sich den Patienten vor. Sein Befund verriet Ratlosigkeit: »Ich habe das Ding persönlich zerlegt und jedes Teil auf Herz und Nieren untersucht. Es war nichts Außergewöhnliches festzustellen.« Damit ließ es der Computerspezialist nicht bewenden. Er brachte den PC in einen Raum ohne jegliche Energieversorgung. Einsam und allein, nicht einmal mit seinem Keyboard verbunden, thronte der »Amstrad 1512« in seinem Kämmerchen. Ihm gegenüber stand eine Videokamera zur 24-Stunden-Überwachung. Die bescheidene Strommenge, die sie benötigte, erhielt sie via Kabel. Nun würde es sich ja zeigen.

Es zeigte sich fürwahr. Während eines lückenlosen Beobachtungszeitraums von drei Monaten entstanden dermaßen groteske Aufzeichnungen, daß sie 1988 auf einer Computerausstellung öffentlich gezeigt wurden. Einziger Akteur auf den bizarren Videos war unser »Amstrad«. Zu jeder Sekunde befand sich das mit keiner Steckdose verbundene Kabel im Bild. Hughes hatte es neckisch um die PC-Konsole geschlungen.

Obgleich er keinen Saft hatte, produzierte sich der seltsame Hauptdarsteller auf das Beeindruckendste. Mit lautem elektrostatischem Knistern und rot leuchtender Anzeige schaltete er sich immer wieder ein und begann den Ladevorgang. Worte und Satzteile zuckten zuerst in der einen und dann in der anderen Bildschirmecke auf. Viele Zuschauer hatten den Eindruck, Traumsequenzen mitzuerleben, eine Assoziation, die von einschlägigen Fachleuten bestätigt wurde. Diese »elektronischen Träume« dauerten im Schnitt etwa eine halbe Minute. Danach seufzte der »Amstrad« tief auf und schaltete sich ab. Eine große Anzahl solcher Episoden sind auf dem Videomaterial festgehalten.

Zu irgendeiner Erkenntnis kam Ken Hughes durch sein aufwendiges Experiment nicht. Er leugnet dies auch gar nicht: »Ich bin verblüfft. Für all das gibt es keinen logischen Grund. Ich habe jede Möglichkeit der Einwirkung von statischer Elektrizität ausgeschlossen. Elektromagnetische Quellen wie Funkverkehr oder Flughafenradar gab es weit und breit nicht. Besonders beunruhigend finde ich die Worte, die von selbst erscheinen. Manche von ihnen sind sehr makaber. Man hat überhaupt den Eindruck, jemand in der Maschine versucht, mit der Außenwelt Verbindung aufzunehmen, aber es gelingt ihm nicht.«

## Botschaften aus dem 16. Jahrhundert

Andernorts scheint die Kommunikation, von der Hughes sprach, bereits gelungen zu sein. Der berichtete Effekt war jedoch um nichts weniger unheimlich.

Der Betriebswirtschaftslehrer Ken Webster aus Meadow Cottage in der englischen Grafschaft Cheshire unweit der Hauptstadt Chester lieh sich gelegentlich einen der BBC-Mikrocomputer der Schule aus, an der er unterrichtete, um mit seiner Freundin Debbie Oakes damit zu arbeiten. Das junge Paar verwendete lediglich das Textprogramm des Computers, für das ein spezieller Wordchip zuständig ist.

Anfang Dezember 1984 begann der Computer mit der Option Schindluder zu treiben, die ihm eine gewisse Kreationsfreiheit einräumt. Zu unregelmäßigen Zeiten erschienen regelrechte Botschaften auf dem Bildschirm. Einige davon erwiesen sich als verspätete Antworten auf abgespeicherte Fragen, die allerdings niemand abgerufen hatte. Der Großteil verkörperte jedoch so etwas wie einen eigenständigen Monolog des Computers. Die meisten der Botschaften waren umfangreich, 400 Worte und mehr stellten keine Seltenheit dar. Alle waren in antiquiertem Englisch gehalten. Im Englisch des 16. Jahrhunderts, wie Untersuchungen ergaben. Webster und seine Freundin glaubten zuerst, der Leihcomputer würde spinnen. Sie tauschten ihn gegen einen anderen. Auch dieser begann umgehend Nachrichten in Früh-Englisch auszuspucken.

Zwölf Computer und zwei Jahre später war klar, daß eine natürliche Erklärung nicht gefunden werden konnte. Selbst wenn die durch keinerlei Netzwerk verbundenen Geräte in absoluter Isolation in einem verschlossenen und bewachten Raum standen, kommunizierten sie ungestört vor sich hin. Elektronikfachleute tigerten vor der Türe auf und ab und zermarterten sich die Gehirne, ob dahinter etwas vor sich gehen würde, und, wenn ja, was.

Der Linguist Peter Trinder nahm eine umfangreiche semantische Analyse vor. Syntax, Diktion, Grammatik und viele andere Charakteristika erlaubten eine exakte Datierung auf die Mitte des 16. Jahrhunderts. Die altertümliche Sprache war konsistent und flüssig. Oft wurden Episoden aus der damaligen Epoche geschildert. Sie brachten keine wesentlich neuen Einsichten, stimmten aber exakt mit den geschichtlich bekannten

Zeitumständen überein. In den Botschaften wurden 2877 verschiedene Wörter verwendet, von denen 121 nirgendwo sonst zu finden sind. Ihr Sinn wird aus dem Zusammenhang erkennbar. Sie passen präzise in die verwendete Sprachform. Nach Fachmeinungen ist ein Betrug durch einen Hacker fast 100prozentig auszuschließen. Trinder begründete seine Überzeugung der Unmöglichkeit einer Fälschung mit den Worten: »Der Laie macht sich keine Vorstellung, welcher Aufwand notwendig wäre.«

Bei den Sofortantworten, die die Maschine auf direkte Fragen gab, hätte selbst der genialste Computerfreak und Sprachgenius das Handtuch werfen müssen. Hier blieb einfach keine Zeit für die notwendigen Manipulationen. Nicht einmal ansatzweise konnte vermutet werden, auf welche Weise die anachronistischen Nachrichten in korrektem Alt-Englisch in eine Reihe von nicht verbundenen Computern gelangen konnten. Auch wir wollen uns damit im Moment nicht zusätzlich belasten. Wenden wir uns statt dessen dem Fall von Stanton Powers aus Santa Cruz im amerikanischen Bundesstaat Kalifornien zu.

## Gebet an einen elektronischen Gönner

Über diesen sorgengeplagten US-Bürger ergoß sich aus heiterem Himmel ein wahres Füllhorn an unerwarteter Computer-Wohltätigkeit. Als ihm das Miniterminal an der Außenwand seiner Bankfiliale mitteilte, sein Guthaben sei auf exakt 1,17 Dollar geschrumpft, fühlte sich Powers mehr als lausig. Verzweifelt sank er auf die Knie und betete inbrünstig um Geld. Minuten später war sein Kontostand auf 281 Dollar angewachsen. Sofort setzte er seine Gebete mit doppelter Hingabe fort. Das Display zeigte bald darauf 6000 Dollar. Ungeachtet der seltsamen Blicke der Passanten flehte Powers seinen elektronischen Gönner eine ganze Stunde lang weiter an. Danach starrte er mit schmerzenden Knien auf den neuen Kontostand: 4,4 Millionen Dollar!

Der Beschenkte fragte nicht lange, sondern nützte die Gunst der Stunde. Er machte himmlische Mächte für den Geldregen verantwortlich – und kassierte. Frohgemut begann er Geld von seinem wundersam angewachsenen Konto abzuheben. Die Ausbeute betrug erst läppische 2000 Dollar, als irgendwer in der Bankfiliale aufmerksam wurde und die Notbremse zog. Powers Karte verschwand im Schlitz des Geldautomaten. Diese Maßnahme erweckte den heiligen Zorn des um »seine Gabe« Geprellten. Mit einer Unbekümmertheit, die wohl nur im Land der unbegrenzten Möglichkeiten zu finden ist, zog er um »sein Restguthaben« von 4 399 998 Dollar vor Gericht. »Das Geld gehört mir«, so seine feste

Überzeugung. »Ich haben darum gebetet, und meine Gebete wurden erhört.«

Da eine betrügerische Manipulation trotz eingehender Untersuchungen nicht festgestellt werden konnte, stand die Abwehr des Geldinstitutes von Anfang an auf wackeligen Füßen. Juristen hielten einen Sieg des Klägers durchaus für möglich. Bedenkt man die für Europäer originellen Bocksprünge der amerikanischen Rechtssprechung sowie den in den USA vorhandenen christlichen Fundamentalismus (Stichwort »Genesis statt Evolutionslehre im Unterricht«; eine Forderung, die heute, im 21. Jahrhundert, an immer mehr amerikanischen Schulen realisiert wird), so erscheint der Kommentar eines Anwalts nicht abwegig: »Die Bank kann wahrscheinlich nur gewinnen, wenn es ihr gelingt zu beweisen, daß Gott nicht existiert.« Wie der Prozeß nun ausging, wurde nicht berichtet, was unseren Überlegungen aber keinen Abbruch tut.

Fragen wir uns vielmehr: Welche Schlüsse, die nicht den »American Way of Life« betreffen, können wir aus dieser Story ziehen? Haben wir es mit einen neuen Höhepunkt in der Beziehung zwischen Mensch und Maschine zu tun? Kaum. Hat Powers PSI-Fähigkeiten? Schon eher. Dagegen spricht allerdings die Tatsache, daß sie weder vorher noch später jemals zutage getreten sind, und verzweifelt soll der Kalifornier oft genug gewesen sein. Die Sterntaler, besser Stern-Dollar, sind die einzige bekannte paranormale Manifestation in Powers Leben.

Wechseln wir den Blickpunkt, weg von Powers und von allen anderen, die mit »besessenen Computern« zu tun hatten. Betrachten wir derartige Phänomene als fremdartigen Schabernack, als das Wirken unserer mysteriösen Marionettenspieler aus dem Anderswo, dann passen die Puzzlesteine weit besser zusammen. Wem diese Überlegungen zu absurd erscheinen und wer meint, hier würden rare Einzelfälle herbeigezerrt und überbewertet, der irrt. Solche Fälle sind Legion, wie man einschlägigen Quellen entnehmen kann.

## PSI zwischen Mensch und Maschine

Eigenwillige PCs treten dermaßen verbreitet und häufig auf, daß im geschäftstüchtigen Amerika ein »Informationsservice für Computer-Besessenheit« eingerichtet wurde, wo man, so heißt es, über mangelnde Geschäftstätigkeit nicht klagen kann. Oft soll es wegen Überlastung einige Tage dauern, bis Auskünfte gegeben werden können. So groß soll die Nachfrage sein, daß sie zur Gründung weiterer Unternehmen dieser Art führen könnte (oder in der Zwischenzeit vielleicht schon geführt hat).

Doch nicht nur kommerzielle Serviceunternehmen haben die Widerborstigkeit von komplizierten Gerätschaften aufgegriffen, auch Universitäten scheinen nicht daran vorbeizukommen. Bereits im Jahr 1979 rief die *School of Engineering and Applied Science* an der Princeton Universität unter der Leitung ihres Dekans Robert G. Jahn ein Programm namens PEAR ins Leben (Princeton Engineering Anomalies Research; etwa: Erforschungsprogramm für Anomalien). Das Ziel der Experimente war die Auslotung der Anfälligkeit technischer, speziell elektronischer Systeme gegen schwer faßbare Einflüsse. Im Zuge der Versuche wandelte sich die Marschrichtung. Man mutmaßte, der menschliche Wille könnte auf einer unbewußten Ebene Einfluß auf die Prozesse nehmen, die in elektronischen Geräten ablaufen. Sozusagen eine mentale Wechselwirkung zwischen Mensch und Maschine.

So wurde das altehrwürdige Institut, in dessen Hörsälen die Stimmen wissenschaftlicher Giganten wie Albert Einstein erklungen waren, zur Heimstatt einer Forschungsgruppe, die man normalerweise eher an der Duke-Universität vermutet hätte, wo PSI-Forschung auf der Tagesordnung steht. PSI oder nicht PSI, das ist hier allerdings die Frage. Eine Frage, die auch für uns von Belang sein könnte. Warten wir's ab.

Die ersten Versuchsreihen waren geradezu klassisch zu nennen: Ein Zufallsgenerator produzierte elektrische Impulse, während in einiger Entfernung sitzende Testpersonen versuchen sollten, einen psychischen Einfluß darauf auszuüben. All dies fand in einer ungezwungenen Atmosphäre statt, und es blieb den Teilnehmern überlassen, ob und wann sie aktiv wurden. In dieser ersten Runde ergaben 250 000 Durchgänge, durchgeführt mit 33 Probanden, eine Schwankung des Impulsflusses, die um die zehn Prozent höher war als die statistische Schwankung.

Die zweite Anordnung rangierte nicht auf der elektronischen, sondern auf der makrokosmisch-mechanischen Ebene. Die Versuchspersonen waren durch eine Glasscheibe von einer Vorrichtung getrennt, die immer wieder 9000 Styroporbälle herabregnen ließ. Die Kügelchen mußten sich einen Weg durch einen Wald von 330 Kunststoffpflöcken suchen, ehe sie schließlich in 19 Behältern landeten. Eine Anordnung, die an Flipper, mehr noch an Lottoziehungen erinnert.

Solange der Prozeß auf sich allein gestellt ablief, ergaben sich die gängigen Zufallsverteilungen, bei denen die meisten Kügelchen im mittleren Bereich zur Ruhe kamen. Preßten jedoch die Testpersonen die Nase an die Scheibe und versuchten, wie es das Experiment verlangte, die Kugeln durch Willensanstrengung nach rechts oder links zu dirigieren, kam es bei 1000 Wiederholungen, an denen 22 Versuchspersonen teilnahmen, zu statistischen Abweichungen im Bereich von zehn bis 20 Prozent, ein mehr als signifikanter Wert.

Nach acht Jahren eingehender Studien und Experimente schlußfolgerten die Versuchsleiter Robert Jahn und Brenda Dunne, die Wechselwirkung zwischen Geist und Materie könne nicht geleugnet werden. Diesem Resümee fügten sie die Warnung hinzu: »Stellt man die wachsende Abhängigkeit und Bedeutung von Computernetzen, Schaltkreisen und immer feiner abgestimmten Mikroprozessor-Kontrollsystemen in Rechnung, so kann hier ein substantielles technisches Problem im Hintergrund lauern.« Nicht nur ein technisches Problem – aber gehen wir weiter schrittweise vor.

Die in solchen Studien dezent anklingende Einsicht, die maschinell-technische Welt sei eigentlich ein Universum für sich, Lichtjahre entfernt von simplen und durchschaubaren Dampfmaschinen, Uhrwerken oder anderen Konstrukten, die ausschließlich den klaren Gesetzen von Isaac Newton gehorchen, beginnt auch mehr und mehr ins Bewußtsein der wissenschaftlichen Gemeinde einzusickern. Wer hätte noch vor Jahren erwartet, daß ein Physiker in aller Öffentlichkeit über »die Heilung von Computern« sprechen würde?

## Maschinenheiler

Tatsächlich berichtete Michael Shallis, ein Physiker an der englischen Oxford-Universität, folgendes: »Ich kenne einen ›Computer-Heiler‹. Wenn ein Computer Schwierigkeiten macht, wird der Mann gerufen, und schon ist die Sache erledigt. Er schaltet die Maschine wieder ein, und sie geht. Das klappt immer. Originellerweise genügt in vielen Fällen bereits die Erwähnung seines Namens, um den Computer wieder zur Vernunft zu bringen. Die Programmierer sagen: ›Wenn Du nicht spurst, rufen wir Peter, und der steckt seinen kalten Schraubenzieher in Deine Schaltkreise.‹ Darauf wollen es die Computer nicht ankommen lassen und spuren tatsächlich.«

Eine skurrile Sache. Aber ist sie für unsere Überlegungen von Bedeutung? Haben wir nicht vielmehr den eingeschlagenen Weg bereits beim »PEAR«-Programm verlassen? Hier geht es eindeutig um PSI – wo sind unsere unsichtbaren Kräfte, Marionettenspieler und Spaßvögel?

Gemach. *Ein* Gedankengang kristallisiert sich nämlich heraus bzw. drängt sich eigentlich auf: Wenn es Resonanzen zwischen *unserem* Bewußtsein und dem vielfach bereits auf der Quantenebene angesiedelten

Innenleben unserer elektronischen Freunde und Helfer gibt, was spricht dann gegen ähnliche Einflußnahmen aus *anderer*, sagen wir einmal »nichtmenschlicher« Richtung ? Eine Reihe von Computerexzessen *kann* ihre Quelle nicht im menschlichen Geist haben, weder auf bewußter noch auf unterbewußter Ebene. Denken wir nur an die Fälle stromloser Besessenheit. Sie würden eine Kombination von PSI-Talenten mit anderen Fähigkeiten erfordern, die der Homo sapiens nun einmal nicht besitzt. Vielleicht aber jemand anders, oder *etwas anderes*?

Halt, vergaloppieren wir uns nicht trotz allem? Diese Hypothesen sind mehr als kühn, dafür aber keineswegs zwingend. Richtig, aber auch die Vorgänge sind alles andere als eindeutig und spielen sich in großer Zahl ab. Natürlich können wir völlig falsch liegen. Das Denkgebäude, das wir errichten wollen, besteht schließlich nicht aus Ziegeln, sondern aus Unwägbarkeiten der extremsten Art. Wie immer die Dinge nun wirklich liegen mögen, eines ist unbestreitbar: Wir wissen schon wieder nicht, was um uns und in unseren Erzeugnissen eigentlich vor sich geht. Oder möchte jemand allen Ernstes behaupten, die Tätigkeit des Polen Oskar Malecki aus Gdansk ließe sich mechanisch oder parapsychologisch befriedigend erklären? (Diese Frage gilt meiner Meinung nach auch für einen Teil der Leistungen von Uri Geller, Peter Sugleris und anderen, die defekte Maschinen durch Geisteskraft reparieren können. Interessanterweise sprach Uri Geller davon, ein »außerirdisches Wesen« würde hinter ihm stehen, wenn er mentale Kräfte mobilisiert.)

Malecki jedenfalls ist im strengen polnischen Winter ein vielgefragter Mann, denn er bringt jedes Auto zum Starten, das nicht anspringen will. Dazu verwendet er aber kein Ladegerät, sondern streicht mit den Händen über die Kühlerhaube, und schon klappt es, egal, ob die Batterie leer ist oder nicht. Als strenger Katholik verrichtet er diesen Dienst bei liegengebliebenen Kirchenbussen kostenlos.

Trotzdem – die Technik hat nun mal unbestreitbar ihre Tücken. Kehren wir daher den High-Tech-Produkten mit einem Blick auf jene Warnung den Rücken, die ein Spaßvogel auf einem Fotokopierer angebracht hatte und die 1988 von *Artifex* veröffentlicht worden sein soll:

»ACHTUNG. DIESE MASCHINE VERSAGT VERLÄSSLICH, WENN SIE AM DRINGENDSTEN GEBRAUCHT WIRD. Ein Spezialdetektor ermittelt den Grad der Wichtigkeit der Fotokopien und produziert sodann ein technisches Gebrechen, dessen Schwere umkehrt proportional zur Verzweiflung des Verwenders ist. Drohungen verschlimmern den Defekt nur. Der Versuch, einen anderen Fotokopierer zu verwenden, deaktiviert diesen automatisch. Die Maschinen halten nämlich zusammen.

Bewahren Sie Ruhe und sagen Sie dem Gerät nette Dinge. Alles andere funktioniert nicht.«

Ein Gag, aber er ist *der Realität entsprungen* und bringt diese im Grunde auf den Punkt. Man darf einer Maschine einfach nicht zu erkennen geben, daß man es eilig hat. Oder wie Norman Mailer in seinem Buch über das US-Mondlandeprogramm *Ein Feuer auf dem Mond* meint: »Die Angst vor der Technik bleibt. Entweder hat sie die Magie vertrieben, oder sie hat es nicht. Hat sie nicht, und die Magie existiert auch unter den Maschinen, dann kann die Beherrschung der Technik mit einem Schlag beendet werden.«

Haben wir damit eine Pattstellung erreicht? Ich glaube nicht, denn wir arbeiten unbeirrt an dem Zusammensetzbild, das zeigen soll, daß wir nur Spielbälle exotischer Kräfte sind, wobei die Kapriolen des scheinbar Leblosen ein wesentlicher Stein in diesem Puzzle sind. Es steht auch nirgendwo, daß hinter *allen* Absurditäten ein steuernder Wille verborgen sein *muß*.

Genug von hochgezüchteter Technologie. Kehren wir als Abschluß dieses Bereichs zu den Wurzeln zurück. In der Einfachheit zeigt sich das Unbekannte am deutlichsten. Das soll nochmals untermauert werden.

## Sich verändernde Bilder

Was könnte untechnischer und unveränderbarer sein als ein Gemälde? Man sollte meinen, daß ein Motiv, einmal auf Papier, Leinwand, Holz etc. niedergelegt, tatsächlich *verewigt* ist. Verfall, Vandalismus, Übermalungen und andere äußere Einwirkungen ausgenommen, hat ein Bild so zu bleiben, wie es nach dem letzten Pinselstrich war. Weit gefehlt.

In Wirklichkeit (ein Ausdruck, der hier mehr als deplaziert wirkt), sind auch die Hervorbringungen menschlichen Kunstsinns Zielscheiben unerklärlicher Manifestationen. Irgendwer oder irgendwas malt mit bzw. experimentiert später weiter herum. Manchmal erwachen Bilder zu einem nicht immer angenehmen Eigenleben. Kurz und gut – uns bleiben nur Verwirrung, Staunen und widerwilliges Zur-Kenntnis-Nehmen.

Bei einem Aufenthalt im Ottawa kaufte ein kanadischer Lehrer ein Bild, das ein Schloß auf einem bewaldeten Hügel zeigt, darüber ballen sich dunkle Wolkenmassen. Ein ziemlich düsteres Motiv. Den einzigen hellen Fleck stellt ein Licht in einem der Fenster des Schloßturms dar. Der Käufer nahm das Bild in sein Heimatdorf in Ontario am Rande der

Hudsonbucht mit und hängte es im Wohnzimmer über dem Klavier an die Wand.

Eines Abends im Jahr 1964 zeigte er Gästen seine Neuerwerbung. Zur Überraschung des Lehrers und seiner Kinder brannte kein Licht mehr im Turmzimmer. Ein Irrtum war unmöglich. Besonders die Kinder kannten das Bild in- und auswendig, weil es sie zu romantischen Vorstellungen inspirierte. Man nahm das Gemälde ab. Das vormals helle Fenster war nun im selben dunklen Farbton gehalten wie die anderen nicht erleuchteten Turmfenster. Die Farbe war ebenso alt und rissig. Es konnte kein Zweifel bestehen, daß der Künstler das Original so gemalt hatte. Wie kann ein gemaltes und jahrelang sichtbares Licht erlöschen, noch dazu in einer Weise, als wäre es nie dagewesen?

Gar nicht. Es kam noch besser.

Die Familie des Lehrers und seine Gäste diskutierten das Mysterium bis spät in die Nacht, dann verabschiedeten sich die Besucher. Mancher von ihnen sicher mit der geheimen Überzeugung, das Ganze sei reine Einbildung. Noch einmal untersuchte der Lehrer das Bild, dann hängte er es kopfschüttelnd wieder auf. Auch beim Frühstück am nächsten Morgen war das verschwundene Licht Thema Nummer eins. Da kam eines der Kinder mit den Worten »Das Bild, das Bild!« aufgeregt aus dem Wohnzimmer gelaufen. Alle sprangen auf und stürzten in den Nebenraum. Das kleine Schloßfenster war wieder hell erleuchtet. Sofort wurde das Gemälde abgenommen und genauestens untersucht.

Die Farbe des kleinen gelben Flecks, der das Licht darstellt, war ebenso alt und rissig wie gestern die der dunklen unbeleuchteten Fensterhöhle. Fälschung ausgeschlossen.

Die Frage, ob der lateinische Satz, der die Signierung ersetzt (»Jedes Jahrhundert wird seine Nacht erleben«), mit dem unerklärlichen Lichtspiel etwas zu tun hat, kann erst im Jahr 2064 beantwortet werden. Der Besitzer des Bildes nahm seinen Kindern und Enkeln jedenfalls das Versprechen ab, das Gemälde nicht zu verkaufen und am identischen September-Abend des Jahres 2064 mit Argusaugen zu beobachten. Desgleichen sollte die Anonymität gewahrt werden, damit Wissenschaftler, Experten oder Antiquitätenhändler nicht an dem Kunstwerk herumschnippelten oder Diebe angelockt wurden.

Nicht immer ist der Wunsch nach möglichst wenig öffentlichem Aufheben realisierbar. Als im Jahre 1978 in Madaba in Jordanien eine unsichtbare Hand einer Madonnendarstellung auf einer griechisch-orthodoxen Ikone einen dritten Arm dazupinselte, geschah dies vor den Augen der zahlreichen Angehörigen einer kirchlichen Kongregation. – Solche nachträglichen Veränderungen spotten zwar jeder Erklärung, sind aber im Grunde harmlos. Es gibt jedoch auch aggressive, ja sogar tödliche Vorgänge im Zusammenhang mit unerklärlichen Bilderphänomenen.

## Die Feuerwehr warnt vor dem »Weinenden Jungen«

Wenn Sie eine seltsame und völlig unerwartete Reaktion bei durch und durch normalen Zeitgenossen erleben wollen, so versuchen Sie, einem Feuerwehrmann aus der englischen Grafschaft Yorkshire ein Bild zu verkaufen oder auch zu schenken, auf dem ein weinender Junge abgebildet ist. Wenn Sie Glück haben, wird der Betreffende dankend ablehnen, es kann aber auch durchaus geschehen, daß er ausfällig wird oder Ihnen das Porträt nachwirft. Wie das?

Bevor wir die Frage beantworten, machen wir uns bewußt, daß *Yorkshire* (ähnlich Lincolnshire oder West Virginia) ein Brennpunkt rätselhaften Geschehens zu sein scheint – von mysteriösen »Wasserspielen« über Tierverstümmelungen bis zur »Belebung von Autos« (weiteren Phänomenen werden wir dort noch begegnen). Was nun die Frage betrifft, so lautet die Antwort: In dieser Gegend kann das Motiv des weinenden Jungen laut *Nature of Things* oder Charles Berlitz heftige Reaktionen auslösen, weil es mit Brandstiftung und Mord in Verbindung gebracht wird. Seit den 1980er Jahren spielen gemalte weinende Knaben nämlich eine zentrale Rolle bei einer Serie von rätselhaften Feuersbrünsten. Ans Tageslicht kam die ungeheuerliche Story 1985 durch einen Bericht in der Londoner Zeitung *Sun*.

Er befaßte sich mit einem Feuerwehrmann aus Yorkshire namens Peter Hall. Der Interviewte berichtete von einer regelrechten Brandepidemie, die mehrere Häuser bis auf die Grundmauern vernichtet hatte. Unversehrt war jedesmal nur ein Gegenstand geblieben: ein Bild, das einen weinenden Jungen zeigte. Wohlgemerkt: Es handelte sich nicht um ein und dasselbe Bild, das immer weitergegeben wurde, sondern um verschiedene Gemälde, die einen weinenden Knaben im Alter zwischen drei und sechs Jahren zeigten – ein in England ziemlich beliebtes Motiv, das auch exportiert wird. Selbst wenn die Gebäude rauchende Ruinen waren, so hing das jeweilige Bild unbeschädigt an einer geschwärzten Wand. Nach der Veröffentlichung wurde die *Sun* mit einer Flut von Anrufen und Briefen aus dem ganzen Land überschwemmt.

Dora Mann aus Mitcham erklärte: »Mein Haus wurde zur Gänze ein Opfer der Flammen. Keines meiner Gemälde blieb erhalten, nur das neugekaufte Bild mit dem schluchzenden Kind. Dem Ding ist überhaupt nichts passiert.«

Sandra Craske aus Kilburn gab an, ihre gesamte Familie und ein Freund würden von rätselhaften Bränden heimgesucht, seitdem sie ein solches Bild erworben hatten. Linda Flemming aus Leeds und Jane McCutcheon konnten mit einer identischen Leidensgeschichte aufwarten. Diese Berichte gingen am 4. September 1985 in der Redaktion der *Sun* ein.

Fünf Tage später vernichtete Brian Parks aus Boughton das völlig intakte Bild »Der weinende Junge«, nachdem ein Feuer seine Frau und die beiden Kinder schwer verletzt und großen Schaden angerichtet hatte. Ohne die geringste Beschädigung davongekommen war nur – wir ahnen es bereits – »Der weinende Junge«.

Am 9. Oktober 1985 wurde Grace Murray mit schweren Verbrennungen in das Stoke-Mandeville-Krankenhaus eingeliefert. Ein verheerendes Feuer war in ihrem Heim in Oxford ausgebrochen. Welches Objekt völlig unversehrt geblieben war, müssen wir wohl nicht extra erwähnen.

Am 21. Oktober zerstörte ein Feuersturm den »Pavillo Pizza-Palast« in Great Yormouth, nicht aber das darin aufgehängte Bild eines Knaben, dem die Tränen nur so aus den Augen schossen.

An 24. Oktober mußte Kevin Godber aus Herringthorpe, ein weiterer vom Schicksal geschlagener Bildbesitzer, mit ohnmächtigem Zorn mit ansehen, wie sein Haus in Flammen aufging. Das gewisse Bild hing hinterher nagelneu wie am ersten Tag an der Wand, umgeben von anderen Bildern, die durch die Bank bis zur Unkenntlichkeit verbrannt waren.

Kurz darauf gönnte sich ein Mr. Amos aus Merseyside dasselbe Vergnügen wie Brian Parks: er machte eigenhändig aus zwei Bildern mit weinenden Knaben Kleinholz. Es ist fast müßig zu erwähnen, daß diese Bilder das einzige waren, das er aus seinem, in rauchenden Trümmern liegenden Heim unbeschädigt retten konnte.

William Armitage war diese Rache verwehrt, denn er überlebte die pyromanischen Aktivitäten seines Bildes nicht (wenn wir den unheimlichen Vorgang einmal so definieren wollen). Armitage wurde in seinem noch glosenden Haus in Weston-super-Mare ein Opfer der Flammen. Neben seiner Leiche lag ein Bild mit dem bekannten Motiv auf dem Boden. Es war, wie könnte es anders sein, das einzige unbeschädigte Objekt.

Ein Feuerwehrmann meinte dazu: »Ich habe von der Sache gehört, aber es ist doch etwas anderes, wenn man tatsächlich so ein Bild in einem ausgebrannten Zimmer findet, und es ist nicht einmal angesengt.« So klare Stellungnahmen bekommt man nicht von allen Yorkshire-Feuerwehrmännern. Bei sich daheim aufhängen würde jedoch wohl keiner von ihnen ein Porträt eines weinenden Jungen …

Hier ist eine Atempause zur Standortbestimmung angebracht. Wo befinden wir uns eigentlich? Sind wir, ohne es zu bemerken, von der Domäne der »beseelten Dinge« in die Grauzone der Flüche und Unglücksserien gewandert? Zwei gleichwertig mysteriöse, aber doch verschiedene Bereiche des Unbekannten, wie man meinen will. Wirklich verschieden? Wer sagt, daß hier keine Querverbindungen bestehen, daß diese scheinbar unterschiedlichen Phänomene nicht vielleicht unter dem Oberbegriff vereinigt werden können, der dieses Kapitel überschreibt? (Die generelle Problematik der Katalogisierung von Unerklärlichkeiten einmal außer Acht gelassen.) Anhand eines Musterfalles, der sozusagen in beiden Bereichen angesiedelt ist, wollen wir diese Frage gezielt angehen.

## Marcellins tödliche Porträts

Machen wir uns mit den »tödlichen Porträts« des französischen Malers André Marcellin vertraut. In aller Welt existieren etwa 20 Gemälde dieses nicht sehr bekannten Künstlers, der 1907 in Paris zu malen begann und sich auf Porträts spezialisierte. Alle seine Bilder machen ihren Besitzern das Leben schwer, meist beendeten sie es. Das Bizarre ist nicht »nur« die Tatsache, daß die Tage eines jeden gezählt waren, der von Marcellin auf der Leinwand verewigt wurde, sondern daß dieser Effekt auch mit dem Tod des Malers nicht zum Stillstand kam. PSI kann also nicht im Spiel sein. Jetzt aber der Reihe nach.

Die erste Porträtbestellung bei Marcellin war die Abbildung eines französischen Filmmagnaten. Zwei Tage nach Fertigstellung starb der Porträtierte ohne medizinisch feststellbare Ursache.

Dieser Vorgang wiederholte sich bei der nächsten Auftragsarbeit, sogar die Frist von zwei Tagen blieb gleich. Daraufhin beschloß der Künstler, keine Lebenden mehr zu malen.

Diesen Vorsatz hielt Marcellin so lange durch, wie seine Weigerung ohne Fragen akzeptiert wurde. Ein besonders Hartnäckiger wollte es genau wissen. Nachdem der Meister mit der Geschichte herausgerückt war, warf ihm der Mann Aberglauben vor und bestand auf einem Porträt – Fluch oder nicht Fluch. Nach langem Zureden willigte der junge Künstler ein. Dieser Kunde lebte einen Tag länger als seine Vorgänger, er starb erst drei Tage nach der Ablieferung des Bildes.

In den Frühjahrstagen des Jahres 1913 feierte André Marcellin Verlobung mit Françoise Noel. Seine Auserwählte wollte unbedingt von ihm porträtiert werden. Zuerst versuchte er sich herauszureden. Als seine Ausflüchte nicht mehr fruchteten und das junge Mädchen mit Entlobung drohte, beschwor er Noel, ihn nicht weiter zu bedrängen, weil er sie nicht gefährden wollte. Er stieß bei ihr auf Unglauben, der nur noch verbisseneres Bitten zur Folge hatte. In die Enge getrieben, willigte Marcellin ein.

Eine Woche später – lang vor Vollendung des Bildes – starb Françoise Noel. Todesursache wie immer unbekannt. Völlig gebrochen beging der junge Maler den wohl originellsten Selbstmord aller Zeiten: Er porträtierte sich selbst. Vier Tage nach Fertigstellung des Selbstbildnisses, am 2. Januar 1914, schlug auch sein letztes Stündlein.

Eine unheimliche Story, doch wo zeigt sich der gesuchte Zusammenhang? Zuerst einmal in dem Umstand, daß unbewußte parapsychologische Fähigkeiten des Malers nicht hinter all dem stecken können, da sein Tod die Rätsel nicht enden ließ. Die letzten Opfer der bizarren Serie, die sich ohne abzureißen bis in unsere Tage fortsetzt, waren ein römischer Geschäftsmann und seine Familie. Der Mann erwarb einen Marcellin vor einigen Jahren bei einer Versteigerung in einem Mailänder Auktionshaus und hängte das Bild daheim in seinem Arbeitszimmer auf. Einen Monat später starb er, unmittelbar gefolgt von seiner Frau. Kurz darauf hatte der Sohn der beiden einen schweren Autounfall.

Seltsam, aber immer noch etwas konturlos. Es entspinnt sich, so scheint's, kein roter Faden. Vielleicht doch. *Ein* Ereignis im Rahmen der morbiden Vorgänge um die Gemälde von Marcellin weist signifikant in die bewußte Richtung. Hier könnte sich der bislang verborgene Konnex manifestieren.

1912 brannte in Turin ein Haus bis auf die Grundmauern nieder. Vier Menschen kamen in dem Inferno um. Das Feuer war in einem Raum aus ungeklärter Ursache ausgebrochen und hatte alle darin befindlichen Bilder restlos zerstört. Bis auf eines: Ein Porträt des Heiligen Christopherus, gemalt von André Marcellin.

Zu voreiligen Schlüssen besteht nach wie vor kein Anlaß, nur: Als passiv erweist sich das Leblose wieder einmal nicht – oder es ist der Brennpunkt dubioser Aktivitäten. Ein Dilemma, doch nur für fanatische Rationalisierer. Mehr als einen begründeten Zweifel am »gesicherten Wissen« zu wecken haben wir uns nicht vorgenommen. Läßt man alle Absonderlichkeiten Revue passieren, die in diesem Kapitel auf dem

Prüfstand sind, so drängt sich das diffuse Gefühl auf, irgendwie verhöhnt zu werden. Zeigt uns da nicht jemand (oder etwas) ungeniert, daß er (oder es) uns nach Belieben auf der Nase herumtanzen kann? Hat der Gedanke an einen »kosmischen Schabernack« nicht etwas Verführerisches? Nehmen wir ihn an und lassen diese Vorstellung sozusagen als Zwischenresümee im Raum stehen. Ein exemplarischer Fall soll das Plädoyer dafür beschließen, daß nichts und niemand davor gefeit ist, immer, überall und jederzeit Spielball unbekannter Mächte zu sein.

**Eine instabile Tonbandaufnahme**

1971 bereitete der englische BBC-Reporter Dick Tracey eine Reportage über Poltergeistphänomene vor. Im Zuge dieser Arbeit machte er eine Tonbandaufzeichnung von den Aussagen eines Ehepaars, in dessen Heim seltsame Dinge vor sich gingen. Als er die Aufnahme abhören wollte, war das Band im Rekorder leer. Einer Eingebung folgend versuchte es der BBC-Mann außerhalb des »verwunschenen Hauses« nochmals. Siehe da: Das Interview war laut und deutlich zu hören. Tracey ging zurück, und abermals drang kein Laut aus dem Gerät. Sofort trat er wieder vor die Türe. Dort konnte er es wie schon einmal abspielen. Mehrere Versuche bewiesen, daß die Aufnahme innerhalb der Hausmauern verschwunden und im Freien wieder da war. Erklärung: Null. Tracey gestand sich seine Hilflosigkeit ein und wandte sich dem nächsten Interview zu. Was beim besten Willen nicht zu erklären ist, kann man wohl nur ignorieren. Punktum.

Prägnanter läßt sich die generelle Haltung zu jenen Unerklärlichkeiten nicht charakterisieren, die wir bisher unter die Lupe genommen haben. Die Konsequenzen der Eingestehens wären allerdings weitreichend, irritierend und im höchsten Maße schwer verdaulich. Da Dinge, die wie lebendig agieren, kaum plötzlich eine Seele erhalten haben, muß etwas anderes für die dokumentierten Absonderlichkeiten verantwortlich sein. Geht man der Konfrontation mit dieser unliebsamen Vorstellung nicht aus dem Weg, so bleibt man auf einer peinlichen Schlußfolgerung sitzen. Sie lautet, überspitzt formuliert: Wir sind nicht allein, und *es* zeigt sich in vielen Gewändern. Im Grunde wären wir gut beraten, nicht nur den Unwägbarkeiten des Schicksals, des Zufalls und der Natur, sondern eigentlich allem und jedem – also auch unseren eigenen Erzeugnissen – reserviert gegenüberzutreten. Eine schmerzliche Einsicht. Wer will sich schon mit Mißtrauen, Staunen und dem Eingeständnis seiner Ignoranz auf allen Linien zufriedengeben? Leichter ist es da schon, die Fakten mit der Bemerkung »Wozu soll diese ganze Narretei eigentlich gut sein?« einfach wegzuwischen. Genau dieselbe Einstellung würden allerdings auch Laborratten an den Tag legen, hätten sie vage Kenntnis von den Versuchsanordnungen, die sie umgeben. Da der Homo sapiens sich weit über besagten Nagern wähnt, sollte er danach trachten, jenseits der Mauern seines möglichen Irrgartens zu blicken. Also gut, versuchen wir's: Stellen wir uns der weiterführenden Frage, wo die Grenzen zwischen belebt und unbelebt verlaufen. Dabei tritt Verblüffendes zutage. Weit mehr als »nur« ein Bruch mit allen Vorstellungen, die wir vom Anorganischen haben, sondern die Begegnung mit dem Unbekannten in den Tiefen der Molekülverbände und Atome, wie auch in den tiefsten Tiefen des Weltalls.

# Zwischenspiel: Der Geist in der Materie

*»Alle Materie ist Geist.«*
Sir Arthur Eddington (berühmter Physiker)

»Von nichts kommt nichts« – mit diesem Sprichwort pflegen besorgte Väter ihre Söhne zu besseren Leistungen in der Schule anzuspornen, Chefs ihre Angestellten zu motivieren und was der Trivialitäten noch mehr sind. Ein durchaus realitätsbezogenes Sprichwort. Es verliert allerdings seinen Wahrheitsgehalt, wenn man es leicht verändert. *Aus* dem Nichts kommt nämlich so manches. Beispielsweise *Information.* Salopper gesagt: *Geist.*

Diese Information erfüllt das Universum und durchtränkt sozusagen die Atome bzw. deren Bestandteile, wie sie in letzter Konsequenz auch beschaffen sein mögen. Die Weiterungen, die sich daraus ergeben, sind ebenso ungeheuerlich wie die Skepsis, die dem »Informations-Universum« entgegengebracht wird. Sie macht sich allerdings primär auf der Ebene des sogenannten »gesunden Menschenverstandes« breit. Mystiker und Vertreter der vielzitierten neuen Physik haben mit der Vorstellung eines »kosmischen Bewußtseins« keine Schwierigkeiten. Von der Öffentlichkeit weitgehend unbeachtet, hat die theoretische Physik in den letzten Jahrzehnten nämlich ein Weltbild gezimmert, das die »unmöglichen« Gebäude und Körper des faszinierenden holländischen Grafikers Maurits Cornelis Escher (1898–1972) als Ausbund an Einfachheit erscheinen läßt.

## Der kosmische Joker

Die Wissenschaftler Niels Bohr, Wolfgang Pauli, Enrico Fermi, Richard Feynman, Max Planck, Linus Pauling, Louis de Broglie, Nathan Rosen, Paul Dirac, John Wheeler, Erwin Schrödinger, David Bohm, John Bell, Alain Aspect, Basil Hiley, David Deutsch und viele andere, die sich durchaus mit Albert Einstein messen könnten, aber nicht so bekannt sind, haben der »kosmischen Uhr« des 19. Jahrhunderts den Garaus gemacht. Doch nicht nur das. Ihre Erkenntnisse liefern exakte Beschreibungen bis dahin rätselhafter Vorgänge; beispielsweise der Temperaturübertragung oder der elektrischen Leitfähigkeit. Das bedeutet: Wir müssen dem Universum der Schrauben und Hebel Lebewohl sagen. Von nun an ist alles schemenhaft, unscharf, nicht bestimmbar. Schlimmer noch: Ein Geist scheint hinter all dem sein Wesen zu treiben. Ein Etwas, auf das die von Esoterikern geschaffene nebulöse Bezeichnung »kosmischer Joker« gut passen würde. Leider übernimmt die Wissenschaft selten Begriffe aus der Okkult-Terminologie, auch wenn sie, wie der vorliegende, ein konkretes physikalisches Konzept auf den Punkt bringen.

Eine kühne Behauptung, möchte man meinen. Und wo ist der Beweis, wenn es überhaupt einen geben kann? Es gibt ihn, nur drängt er sich nicht so auf wie etwa das Gravitationsgesetz Isaac Newtons, als der Mathematiker den Fall eines Gegenstandes beobachtete. Oder vielleicht doch, schließlich hatte Newton die gewaltigen Implikationen eines Alltagsereignisses erkannt, die allen anderen entgingen, weil der Vorgang *zu* alltäglich war. Ähnliche Scheuklappen hindern uns anscheinend permanent, die Dinge *hinter* den Dingen wahrnehmen zu können oder zu wollen. Eine Unfähigkeit, die sich von den simpelsten Vorgängen bis zu den kompliziertesten erstreckt. Im ersteren Fall übersehen wir den Wald vor lauter Bäumen, und im letzteren bemerken wir den einzelnen Baum nicht.

Diese Ignoranz wird durch sogenannte »Erkenntnisse« einzementiert, die Phänomene beschreiben, aber nicht erklären. Nehmen wir nur statistische Vorgänge. Jeder Fachmann vermag auf mathematisch ebenso klare wie elegante Weise das Verhalten einer großen Zahl von Gasmolekülen, Billardkugeln oder was auch immer vorauszusagen. Laien sind über die wundersame Musterbildung und Dynamik stets verblüfft, die sich hier entfaltet. Eine naheliegende Frage wird allerdings nicht gestellt: Wieso *weiß* ein Teilchen, *wo* es *wann* zu sein hat?

Nicht einmal der bekannte englische Physiker James Clerk Maxwell (1831–1879), der die Geschwindigkeitsverteilung von Gasmolekülen feststellte, dachte an diese Frage. Sie schien ihm vielleicht zu naheliegend oder kam ihm überhaupt nicht in den Sinn. Auch »Maxwells Dämon« fand sie entweder zu banal, oder er war zu sehr beschäftigt, Moleküle zu zählen, damit er seine Aufgabe erfüllen konnte, dem ersten Hauptsatz der Thermodynamik eins überzuziehen bzw. ihn statistisch zu verfälschen. Besagter Dämon ist (wie »Schrödingers Katze«, »Wigners Freund« oder der »Laplace'sche Geist«) ein wissenschaftliches Gedankenexperiment. Maxwells Fabelwesen hockt als fiktiver Kontrolleur an der Übergangsstelle zwischen zwei Gefäßen. Im einen befindet sich heißes

Gas (das bedeutet, daß die Moleküle sich schnell bewegen), im anderen kühles (mit langsamer Molekülbewegung). Der erste Hauptsatz der Thermodynamik lautet »Wärme strömt von einem warmen Gas zu einem kalten« und schreibt einen Austausch vor, an dessen Ende ein Gasgemisch mit mittlerer Temperatur steht. Tückischerweise bewirkt nun der von Maxwell ausgedachte Dämon auf magische Weise, daß nur die schnellsten Moleküle von der kalten Seite auf die warme überwechseln und nur die langsamstem von der warmen zur kalten. Ergo: Das heiße Gas wird immer heißer und das kühle immer kälter – bis zur unvermeidlichen (gedanklichen) Katastrophe. Maxwell und andere, die derartige Gedankenakrobatik betreiben, um Naturkonstanten zu überlisten, akzeptieren das Mysterium hinter der Häufigkeitsverteilung ohne Murren. Vielleicht scheuten sie ganz einfach die philosophisch-erkenntnistheoretischen Weiterungen tiefergehenden Schürfens. Wie auch immer, die Problematik bleibt: Welcher Mechanismus sorgt für die Plazierung der einzelnen Teile in Raum und Zeit, damit sie den rigiden Forderungen entsprechen, die von der Statistik erhoben werden (oder vielleicht von etwas anderem)?

## Das Bewußtsein der Teilchen

»Viel Lärm um nichts«, wird so manchem durch den Kopf schießen, »die Zufallsgesetze diktieren die Verteilung, das weiß doch jeder.« Nun gut. Auch wenn wir den strittigen Begriff der Zufallsgesetze vorerst unwidersprochen hinnehmen: Wie *manifestieren* sie sich in völlig auf sich gestellten, isolierten und nicht-bewußten Einheiten wie etwa Billardkugeln oder Elektronen? Es gibt nur zwei Antworten: Die Einheiten sind entweder nicht isoliert, oder sie *wissen*, was um sie herum vorgeht, so daß sie sich systemkonform verhalten können. Die vielzitierte neue Physik beendet diese Pattstellung, indem sie die ebenso salomonische wie jeder Vernunft hohnsprechende Antwort gibt: »Teilchen kommunizieren miteinander *und* wissen, was um sie herum vorgeht.«

Diese Aussage ist weder leichtfertig, noch kommt sie von ungefähr. Sie ist die Kulmination einer neuen Sicht »der Welt an sich«, zu welcher der englische Physiker und Universalwissenschaftler Thomas Young (1773–1829) mit seinem berühmten Doppelspalt-Experiment im Jahr 1801 den Grundstein legte. Young war Mitarbeiter der britischen Admiralität, Parlamentsberater sowie Hieroglyphenentzifferer und führte bedeutende medizinisch-biologische Forschungen durch. 1801 sollte durch sein Experiment nur die Wellennatur des Lichts nachgewiesen werden, was auch gelang. Allerdings wurde damit das Tor zu einer Weltsicht aufgestoßen, die Alices Wunderland als ausgesprochen langweiligen und wohlgeordneten Ort erscheinen läßt.

In den mittlerweile vergangenen über 200 Jahren wurden die Versuchsanordnungen immer gigantischer, ausgefeilter und in zunehmenden Maße von Computern übernommen. Am Grundproblem der offenbar gewordenen völlig *irrealen Realität* (zumindest nach unseren Vorstellungen) konnten auch die phantasievollsten Arrangements nichts ändern.

Ehe wir uns der Frage stellen, worum es im Grunde eigentlich geht und welche Konsequenzen sich in der Folge aus all dem ergeben, erst einmal zum reinen Prozedere. Physiker werden zwar meinen, daß man das Experiment nicht losgelöst betrachten kann, sondern seine Bedeutung im Rahmen von Unschärferelation und Quantentheorie, der Kopenhagener Deutung, der Wahrscheinlichkeitsvektoren, der Viele-Welten-Theorie, der Einstein/Podolsky/Rosen-Hypothese, der verborgenen Variablen und was der exotischen Hypothesen noch mehr sind, betrachten muß, doch wir wollen diese Konzepte für den Moment außer Acht lassen. Die dürren Fakten sollen erst einmal für sich selbst sprechen.

## Wellen/Teilchen-Dualismus

Im täglichen Leben ist es für jedermann selbstverständlich, daß bewegte Objekte aller Art klar definierte Bahnen beschreiben, weder in gegenseitigem Gedankenaustausch stehen noch eigenständig entscheiden, wohin es gehen soll. Das gilt für Tennisbälle über Billardkugeln und Granaten bis hin zu Planeten und Milchstraßensystemen. Feuert man beispielsweise eine Maschinenpistole bei leichtem Schwenken des Laufs ab, so wird man jene Kette von Einschußlöchern erhalten, die den Zuschauern von Actionfilmen mittlerweile wohlvertraut ist. Worauf geschossen wird, ist dabei natürlich ohne jede Bedeutung (sofern man nicht selbst die Zielscheibe ist). In der geisterhaften Welt des Subatomaren liegen die Dinge etwas anders. Bizarr anders.

Man stelle sich einen Strom von Elektronen oder Photonen (Lichtquanten) vor, der durch einen Schirm mit zwei Öffnungen geht. Daher der Name »Doppelspalt-Versuch«. Hinter dem ersten Schirm ist ein zweiter, auf den die Elektronen oder Photonen treffen. Auf dem hinteren Schirm entsteht so ein sogenanntes Interferenzmuster aus dunkleren und helleren Streifen. Bereits dieses Phänomen ist seltsam genug, demonstriert es doch, daß Teilchen sich wie Wellen verhalten (und umgekehrt). Der hier offensichtlich gewordene ominöse *Wellen/Teilchen-Dualismus*, der zur Schaffung des widersprüchlichen Begriffs der *Materiewellen* geführt hat, soll im Augenblick unsere Sorge nicht sein.

Noch spannender wird es, wenn man die Intensität des Strahls so stark verringert, daß immer nur *ein* Korpuskel (Elektron oder Photon) dem Schirm mit den beiden Spalten zustrebt. Wenn es auf den zweiten Schirm trifft, gibt es einen Lichtblitz. Dabei entsteht ein geordnetes Interferenzmuster wie bei einem Teilchenstrom. Obgleich scheinbar frei und ungehindert in seiner Flugbahn, verhält sich das einzelne Teilchen so, als stünde es mit den anderen Partikeln in Verbindung und würde folgsam den ihm bestimmten Spalt und Aufprallort ansteuern. Schon das mutet seltsam an. Geschosse aus einem Schnellfeuergewehr würden sich *so* nicht verhalten. – Es kommt noch besser.

Schließt man vor Testbeginn eine der beiden Durchgangsöffnungen, gibt es kein Interferenzmuster. Es kann auch nicht durch Tricks, wie das Übereinanderlegen der Fotoaufnahmen, die man bei abwechselnd geöffneten Spalten erhält, wiederhergestellt werden. Die Muster gibt es *nur*, wenn *beide* Spalten offen sind. Das dafür verantwortliche Verhalten der Elektronen/Photonen ist nur dann erklärlich, wenn jedes einzelne Teilchen *weiß*, ob einer oder beide Schlitze geöffnet sind. Die Wellen/Teilchen haben die Entscheidung, uns bleibt nur eine Pseudowahl: Wir können sie entweder in Frieden lassen und uns als Dank dafür an ihren Interferenzmuster ergötzen oder ihre Flugbahnen unter die Lupe nehmen. Dann gibt es allerdings kein Muster.

Niels Bohr entwickelte aus dieser Konfusion das Prinzip der *Komplementarität* von Ort und Impuls: Wenn der Ort ermittelt wird, ist der Impuls unbestimmt und umgekehrt. Anschaulichkeit oder gar Begreifen vermittelt dieses Prinzip jedoch nicht. Im Gegenteil, es mutet eher wie eine Kapitulation an. Irgendwas in den Tiefen der Atome scheint höhnisch zu rufen: »Tut, was ihr wollt, mich erwischt ihr niemals!«

Physiker sind phantasievoll und hartnäckig. Man versuchte dies und das, um den Wellen/Teilchen die rätselhaften Bocksprünge auszutreiben. Es wäre doch gelacht, wenn es nicht gelingen sollte, ihr Verhalten vorherbestimmbar zu machen beziehungsweise zu beweisen, daß sie nicht wirklich wissen *können*, was um sie herum vor sich geht.

Wie ist es, wenn man einen Spalt verschließt, *während* das Elektron/Photon bereits unterwegs ist? Dann ist der Zug bereits abgefahren und das Objekt der Beobachtung angeschmiert. Gedacht, getan. Tatsächlich gab es ein Ergebnis, wenn auch ein unerwartetes: Das Interferenzmuster verschwand. Geradezu verschämt offenbart das Wellen/Teilchen seine

»persönliche« Kenntnis über beide Möglichkeiten nur dann, wenn wir nicht versuchen, ihm dabei zuzuschauen. Der Nobelpreisträger und Einstein-Freund Niels Bohr (1885–1962) wollte mit seiner »Kopenhagener Deutung« (so benannt nach Bohrs Heimatstadt, wo er auf dem Areal der Carlsberg-Brauerei in einem Haus lebte, das ihm der König geschenkt hatte) das Problem veranschaulichen. Sie läßt sich simpel auf eine Grundaussage reduzieren: »Das *Ding an sich* hockt unzugänglich im Hyperraum und präsentiert sich je nachdem, wie man es ansieht (sprich: welche Versuchsanordnung gewählt wird) als Welle oder Teilchen. Beide sind nichts anderes als die Schattenwürfe aus Platos Höhlengleichnis.«

**Der gesunde Menschenverstand verabschiedet sich**

Jetzt wollten es die Fachleuchte endgültig wissen. Der berühmte Physiker John Wheeler, dem die Wissenschaft Begriffe wie »Wurmlöcher«, »Quantenschaum« oder »Weiße Löcher« verdankt, brütete das Experiment der »verzögerten Wahlentscheidung« (delayed choice) aus. Die Grundgedanken waren folgende: Wenn uns Wellen/Teilchen zu der Entscheidung zwingen, ob wir lieber ihre Bahn oder ihr Interferenzmuster untersuchen wollen, so werden wir einfach den Spieß umdrehen. Wir warten, bis die Sache gelaufen ist, und treffen *dann* unsere Entscheidung.

Eine brillante Idee, doch nicht brillant genug für eine phantastische Wirklichkeit, die mit dem »gesunden Menschenverstand« nicht zu erfassen ist. Das Ergebnis des Versuchs erbrachte den schlagenden Beweis für die Unzulänglichkeit des »gesunden Menschenverstandes«.

In den 1980er Jahren bauten Caroll Alley und seine Mitarbeiter an der Universität von Maryland, USA, eine Versuchsanordnung auf, die mit dem letzten Schrei an High-Tech vollgestopft war. Das Modernste vom Modernen an Meßgeräten und Elektronik sollte Wheelers »verzögerter Wahlentscheidung« zum Sieg verhelfen. Man teilte Laserlicht durch halbversilberte Spiegel in zwei Strahlen. Damit war die Grundvoraussetzung des Doppelspalt-Versuchs von Young gegeben. Eine Reihe von Spiegeln leiteten die Laserstrahlen so um, daß sie einander schnitten und entweder auf den Photonendetektor *eins* oder *zwei* trafen. Dann schaltete man sporadisch, ganz nach Belieben, einen zweiten halbversilberten Spiegel dazwischen, wobei raffinierterweise so lange gewartet wurde, bis ein Lichtquant den Kreuzungspunkt *beinahe* erreicht hatte. Jedoch, es sollte trotz aller Raffinesse nicht sein.

Eine Beschreibung des gesamten unglaublich ausgetüftelten Systems, das mit Lichtgeschwindigkeit Phasen, Bahnlängen und viele andere Parameter willkürlich veränderte, würde zu weit führen, besonders unter dem Gesichtspunkt, daß bei der ganzen Angelegenheit ohnedies nichts herauskam. *Es* ließ sich nicht in die Karten schauen. Allen Vorkehrungen zum Hohn erfuhr man nichts Neues. Die Unklarheit, die schon im Youngschen Doppelspalt-Versuch zutage trat, ist *durch nichts* zu erschüttern.

Manchen werden solche Experimente als sinnlose Geldverschwendung erscheinen, vergleichbar mit dem Versuch, der alten Frage ernsthaft auf den Grund zu gehen, wie viele Engel auf einer Nadelspitze tanzen können. Hinsichtlich der Engel mögen Zweifel angebracht sein, nicht aber beim Doppelspalt und schon gar nicht beim Experiment der verzögerten Wahlentscheidung. Die Konsequenzen sind nämlich im wahrsten Wortsinn »welterschütternd«. Sie bedeuten nicht mehr und nicht weniger als einen völligen Abschied von allem, was wir für naturgegeben halten.

Wie sonst kann man den Umstand interpretieren, daß die Entscheidung, ob ein Photon die Apparatur auf einer oder auf beiden Bahnen durchqueren wird, zu dem Zeitpunkt fällt, *nachdem die Durchquerung bereits stattgefunden hat*?

Die »Beobachterhypothese der Quantenphysik« versucht diese Absurditäten irgendwie in ein wissenschaftliches Korsett zu zwängen. Ihre Grundaussage »Die Beobachtung verändert die Wirklichkeit« ist inhaltsschwer, aber kryptisch. Endgültig zur nichtssagenden Leerformel degeneriert die Beobachterhypothese bei einem Vorgang, der Raum und Zeit auf den Kopf stellt und das Caroll-Alley-Experiment zur Potenz erhöht.

## Zukunft verändert Vergangenheit

Zu den mysteriösesten Objekten im Weltall gehören die *Quasare* (Quasi Stellare Radioquellen). Sie finden sich zumeist in Entfernungen von Milliarden Lichtjahren am Rande des sichtbaren Universums. Obgleich von bescheidener Größe, sind sie von einer Leuchtkraft, die ganze Milchstraßensysteme um ein Vielfaches übertrifft. Die Frage, woher diese nicht allzu großen Gebilde die titanischen Energien nehmen, die sie konstant abstrahlen, beschäftigt die Astrophysiker seit langem. Zahlreiche Theorien existieren, darunter die Hypothese, Quasare seien »Weiße Löcher«, die mit »Schwarzen Löchern« durch den Hyperraum verbunden sind, so daß aus ihnen hervorsprudelt, was ihre unsichtbaren Gegenstücken verschlingen. Darum werden sie auch gelegentlich als »Materiequellen« bezeichnet. So weit, so seltsam.

Einen dieser mysteriösen Quasare mit der trockenen Katalogbezeichnung 0957+561 können wir wahrnehmen, obgleich sich eine ganze Galaxis zwischen ihm und uns befindet. Das wird durch die Gravitation besagter Milchstraße bewirkt. Sie krümmt den Raum, so daß die Lichtstrahlen des Quasars 0957+561 herumgeleitet werden. Man nennt diesen Effekt, durch den man hinter Milchstraßensysteme blicken kann, eine *Gravitationslinse*. Der Wissenschaftler John Gliedman zeigte in seinem Beitrag »Turning Einstein Upside Down« im *Science Digest* die erstaunlichen Folgen auf, wenn man das experimentelle Konzept des Doppelspalt-Versuchs auf die vergleichbare Anordnung übertragen würde, die durch die Verbindung von Quasar und Gravitationslinse in den Tiefen des Weltalls vorhanden ist. Allerdings in ungeheuer größeren Dimensionen.

Gliedman wies darauf hin, daß bei der gezielten Beobachtung eines einzelnen Lichtquants von 0957+561 mit einem Meßgerät, das auf die *Partikel*natur des Lichts anspricht, das Photon die Gravitationslinse entweder rechts oder links umrunden würde. Würde man eine andere Meßapparatur einsetzen, welche die *Wellen*natur registriert, so müßte man feststellen, daß die gemessenen Lichtstrahlen gleichzeitig um beide Seiten der Galaxis herumlaufen wie Wellen um einen Felsen. Da das Unschärfeprinzip es verhindert, beide Maßapparaturen gleichzeitig einzusetzen, ergibt sich folgende peinliche Konsequenz: Durch die Wahl des Meßgerätes *zwingt* der Wissenschaftler ein Lichtquant, sich entweder als Teilchen zu manifestieren, das die Gravitationsgalaxis rechts beziehungsweise links passiert, oder als Welle aufzutreten, die an beiden Seiten vorbeiströmt. Da unser Quasar viele Milliarden Lichtjahre entfernt ist, hat ihn das beobachtete Lichtteilchen/die Lichtwelle vor Milliarden Jahren verlassen. Trotzdem – ich bitte um gesteigerte Aufmerksamkeit – verändert der Forscher auf Erden durch die Wahl des Meßgerätes ein Ereignis, das bereits *in der Vergangenheit* stattgefunden hat, und zwar vor Milliarden Jahren!

Ein starkes Stück. Aber nichtsdestotrotz »die Realität«. Um sie mundgerecht zu machen, entwickelten die theoretischen Physiker bizarre Hypothesen von Mehrfachwelten, Wahrscheinlichkeitswellen, virtuellen Zuständen, einem Universum, das nur existiert, wenn man hinsieht, und manch andere Vorstellung, die glatt aus der Fantasy-Literatur stammen könnte. Originellerweise sind die begleitenden Berechnungen hieb- und stichfest. Mehr noch: Sie erfassen bis dato nicht geklärte Vorgänge, und mit ihrer Hilfe können durchaus greifbare Dinge wie Transistorradios, Kühlschränke oder Atomkraftwerke geschaffen werden. Was die Formeln nicht zu schaffen vermögen, ist ein anschauliches oder wenigstens vage verständliches Bild der Wirklichkeit.

David Bohm, der seit Jahrzehnten zu den führenden Autoritäten auf dem Gebiet der Quantenmechanik zählt, kommentierte das Doppelspalt-Paradoxon mit entwaffnender Ehrlichkeit: »Würde man sagen, es sei eine Welle, so wäre das eine Erklärung. Aber da die Elektronen als Teilchen in Erscheinung treten, handelt es sich dabei nicht um eine Erklärung, sondern nur um eine metaphorische Umschreibung. Eine Erklärung gibt es nicht. Wir müssen uns eingestehen, daß die Quantenmechanik überhaupt nichts erklärt, sondern lediglich eine Formel für bestimmte Ergebnisse liefert.« Auch wenn sie noch so grotesk sind.

Der österreichische Physiker Erwin Schrödinger (1887–1961), den viele nur durch sein berühmtes Katzen-Paradoxon kennen (wobei die meisten glauben, es würde sich um das Haustier des Wissenschaftlers handeln), schuf ein dermaßen umfassendes Ensemble von Gleichungen, daß die Gefahr, darüber die Suche nach dem »Wesen der Welt« zu vernachlässigen, sogar von manchen Kollegen beklagt wurde. »Seine Gleichungen«, so kann man gelegentlich vernehmen, »lassen sich so vielseitig und perfekt anwenden, daß man die Frage vergißt, welche grundsätzlichen Erkenntnisse sich aus all dem ableiten lassen.« Nicht selten werden die Schrödinger-Gleichungen als »Quantum Cooking« bezeichnet, »Kochrezepte«, die Vorgehensweisen definieren, ohne daß man versteht, was dabei eigentlich vor sich geht.

Wir hingegen wollen der Frage, was hinter so manchen Seltsamkeiten – nicht nur in der Welt der Atome – stehen mag, sehr wohl auf der Spur bleiben. Die Wissenschaft ist dafür unverzichtbar, aber man darf ihr weder wie einem Leithammel in alle Sackgassen folgen noch vor jedem wissenschaftlichen Tabu zurückschrecken. Die Vorstellung vom *Geist in der Materie* ist ein solches Tabu. Bewußtsein in den Tiefen der Atome, brrr – dann schon lieber Abstraktion pur. Die Tendenz der theoretischen Physiker und Mathematiker, im Zweifel lieber das Groteske durch endlose Reihen von Formeln zu zementieren, als dem Unakzeptablen auch nur näherzutreten, läßt sich nicht leugnen. Selbst berühmte Wissenschaftler können ein Lied davon singen.

## Kosmische Intelligenz

Als Sir Frederick Hoyle (1915–2001), der Gründer des Institutes für theoretische Astronomie in Cambridge, 1983 darauf hinwies, die Gesetze der Physik würden den mathematischen Beweis dafür liefern, daß das

Weltall von einer Art kosmischen Intelligenz geplant wurde, die Billionen Jahre älter sein muß als das Universum selbst, reagierte die Fachwelt nicht einmal mit Ablehnung. Sie reagierte überhaupt nicht.

Sicher, man kann Hoyle nicht zu den konventionellen Forschern zählen. Er schrieb einige Science-Fiction-Romane, die Bestseller wurden (der bekannteste davon dürfte *Die Schwarze Wolke* sein), und verfaßte das Libretto zu der Oper *The Alchemy of Love*. Auch in seinem ureigensten Bereich war er ebenso kreativ wie originell. Seine mit Sir Hermann Bondi und Thomas Gold und später mit seinem ehemaligen Studenten Jedahu Vishnu Narlikar als Alternative zum Urknall-Modell der Entstehung des Kosmos propagierte »Steady-State-Theorie« war zweifellos eine Marotte. Als solche wird besagte Theorie eines stationären (ewigen) Universums, das durch permanente Materieentstehung das Bild bietet, das wir beobachten können, von seinen Kollegen auch zur Kenntnis genommen.

Sir Fred Hoyles Reputation ist zu gewaltig, um von gelegentlichen Schrulligkeiten angekratzt zu werden. Seine Arbeiten zum Ursprung und Verständnis aller schweren Elemente haben ihm für alle Zeiten einen Platz in den Annalen der Wissenschaft gesichert. Trotzdem: Irgendwo gab es eine Grenze. Manches *mußte* man einfach ignorieren. Eine kosmische Intelligenz ging der wissenschaftlichen Gemeinde nun doch über die Hutschnur. Daß diese Vorstellung just von den *Kreationisten* in den USA, die darauf drängen, daß in den Schulen die Genesis anstelle der Evolutionstheorie gelehrt wird, unter dem an sich diskussionswürdigen Tarnbegriff vom »intelligenten Design« aufgegriffen wurde, und die im 21. Jahrhundert (!) auf dem Vormarsch sind, ist eine Auswirkung, über die Sir Frederick sicher todunglücklich gewesen wäre.

Dessen ungeachtet stellen wir uns der Frage: Warum wehren sich die meisten »seriösen« Wissenschaftler mit Händen und Füßen gegen das Konzept einer kosmischen Intelligenz? Ist es nicht die »neue Physik«, die in genau diese Richtung marschiert? Hat sie nicht eine Reihe von Konzepten geliefert, die – fügt man sie zusammen – ein neues Bild des Kosmos entwerfen? Eines Kosmos, in dem Absonderlichkeiten wie beispielsweise das Doppelspalt-Phänomen ihren Platz haben. Er gleicht allerdings mehr einem allumfassenden Gedanken als einem riesigen Uhrwerk und auch nicht einem universellen Meer aus sturmgepeitschtem Tohuwabohu, über dem der »Zufall« das Zepter schwingt.

Die »neue« Physik ist übrigens gar nicht so neu. Manche ihrer Konzepte entstanden in der Zwischenkriegszeit oder am Beginn des 20. Jahrhunderts. Dazu zählt ein für unsere Überlegungen bedeutungsvoller Gedankengang aus dem Jahr 1935.

Keine Geringeren als Albert Einstein, Boris Podolsky und Nathan Rosen hatten ihn in Princeton unter dem Titel *Kann die quantenmechanische Beschreibung der gegenständlichen Realität als vollständig gesehen werden?* veröffentlicht. Sie wollten damit der Unschärfe, der Herrschaft der Statistik und dem Niedergang der Kausalität im subatomaren Bereich den Kampf ansagen. Im Gegensatz zu vielen ihrer Kollegen nahmen Einstein, Podolsky und Rosen den nach der Wende vom 19. zum 20. Jahrhundert erfolgten Verlust einer physikalischen »Weltordnung« nicht als gottgegeben hin (man denke nur an Einsteins Ausspruch: »Gott würfelt nicht«).

Das nach seinen Urhebern E/P/R benannte Gedankenexperiment war ein Angriff auf die Quantentheorie, die 1900 von Max Planck begründet wurde und nach Meinung vieler Physiker eine voreilige Kapitulation vor dem Chaos darstellte. Das E/P/R-Experiment zielte auf die Wiedereinführung eines geordneten, sinnvollen Kosmos. Der Schlüssel zur Beantwortung der Frage »Ordnung oder Unordnung?« war das ausweichende Verhalten der elementaren Wellen/Teilchen (Stichwort »Doppelspalt-Experiment«). Solange man ausschließlich *entweder* ihren Ort *oder* ihren Impuls messen konnte, würde man auch nicht wissen, womit man es eigentlich zu tun hatte. Damit blieb das Universum weiterhin ein undurchdringlicher Irrgarten.

Unsicherheit und Wirrnis mußten jedoch sofort Klarheit Platz machen, wenn man *mehrere* Eigenschaften eines Wellen/Teilchens *gleichzeitig* messen könnte. Wie wäre es, so fragten sich die drei Giganten der Wissenschaft, wenn man sich dazu der Hilfe einer/s *zweiten* Welle/Teilchens bediente? Immerhin kommunizierten diese Einheiten anscheinend irgendwie miteinander, um der Doppelspalt-Falle zu entgehen. Allein diese Überlegung hätte den Ruf weniger bedeutender Forscher ein für alle Mal zerstört, basierte sie doch auf einer *überlichtschnellen*, akausalen und durch nichts begrenzten Verbindung *aller* elementaren Bausteine im Universum. Das Zufallschaos auf der Quantenebene würde dann in Wirklichkeit einer Meta-Kausalität auf der Sub-Quantenebene gehorchen – »Gottes Gehirn«, wie manche es episch ausdrückten. Dann würde Gott also doch nicht würfeln, sondern nur seine Hand verbergen.

Die De-facto-Existenz eines solchen geheimen Netzwerkes an Verknüpfungen mußte das etablierte Bild des Kosmos auf den Abfallhaufen der Geschichte befördern, dafür aber bislang störende Ungereimtheiten beseitigen, in erster Linie das bereits angesprochene Statistik-Paradoxon, das für Gasmoleküle ebenso gilt wie für Autokolonnen oder die Verteilung der Sterne in Spiralgalaxien. Dennoch: ein starkes Stück. Freilich aber hatten sich die berühmten Physiker all das nicht aus den Fingern gesogen, sondern ein Bündel von Gleichungen auf den Tisch gelegt, an denen bis heute gekaut wird. Glücklicherweise brauchen wir uns mit der abstrakten Mathematik nicht herumzuquälen. Das taten bereits Generationen von Wissenschaftlern, ohne jahrzehntelang einen handfesten Beweis dafür oder dagegen führen zu können. Im Zuge der Kontroverse tauchte jedoch ein Silberstreif am Horizont auf.

## Kosmischer »Kitt«

1964 postulierte John S. Bell, ein Physiker der Europäischen Organisation für nukleare Forschung, CERN, in der Schweiz, die Theorie des »Kosmischen Kitts«. Das nach ihm so benannte »Bell Theorem« vertiefte die E/P/R-Prämisse einer permanenten und überlichtschnellen Wechselwirkung von Elementarteilchen. Für ein praktisches Experiment fehlten noch die technischen Voraussetzungen.

1972 hielt man die Zeit für gekommen. Also schritten die Physiker John F. Clauser und Stuart Freedman vom Lawrence-Livermore-Laboratorium in Kalifornien zur Nagelprobe. Sie wichen vom Original-E/P/R-Szenario ab, das von *impuls*korrelierten Elektronen ausgeht, und griffen die Anregung des theoretischen Physikers David Bohm auf, der *polarisations*korrelierte Photonen (Lichtquanten) vorgeschlagen hatte. In der Zwischenzeit ist übrigens auch das ursprüngliche Konzept experimentell getestet worden. Man verwendet dazu eine sogenannte »Stern/Gerlach-Vorrichtung«. Sie produziert ein Magnetfeld, das auf den Spin zweier auseinanderstrebender Elektronen einwirkt. Allerdings ist die Manipulation und Untersuchung des Elektronenspins (der imaginären Drehung von Elektronen) weit schwieriger als eine Beeinflussung und Messung der Polarisation von Photonen.

Aber wir wollen nicht vorgreifen, eines nach dem anderen. Clauser und Freedman ließen Lichtquanten von einer Strahlungsquelle paarweise in entgegengesetzte Richtungen losfliegen. Nach einiger Entfernung mußte jedes Lichtteilchen einen Polarisationsfilter passieren. Schwenkte man einen der Filter, so beeinflußte dieser Vorgang auch das Verhalten des anderen Photons. Und das zwangläufig mit *Überlichtgeschwindigkeit!*

Einen Rettungsring konnte die wissenschaftliche Gemeinde damals noch ergreifen, der sie davor bewahrte, ihr gesamtes Weltbild über Bord werfen und neu zimmern zu müssen: Ungenauigkeit. Die Meßmethoden waren Anfang der 1970er Jahre für ein Experiment dieser Art nicht präzise genug. Auch noch 1976 konnte alles unter den Teppich gekehrt werden, als die Physiker Edward S. Fry und Randall C. Thompson in Texas auf den Spuren des Clauser/Freedman-Experiments wandelten. Es gab kein eindeutiges Resultat, da ihr Signal zu schwach war. Vorerst. Sechs Jahre später schlug allerdings die Stunde der Wahrheit.

### Ein neuer »Aspect« als Sargnagel der Physik

Unter der Federführung des französischen Physikers Alain Aspect wurde 1982 der Beweis erbracht, daß Raum und Zeit eine harmonische Einheit sind. Alles und jedes hängt auf einer *sehr* tiefen Ebene miteinander zusammen. Wie konnte ein solcher Beweis überhaupt erbracht werden?

Gemeinsam mit seinen Kollegen Jean Dalibard und Gerard Roger hatte Aspect am *Institut d'Optique Theoretique et Aplique* in Orsay beziehungsweise an der Universität von Paris Lichtquanten auf die Reise geschickt. Diesmal war die Meßanordnung ausreichend empfindlich und das Signal intensiv genug. Das Ergebnis war eindeutig: Beeinflußt man ein Photon, so teilt sich das augenblicklich auch seinem »Zwilling« mit. Das heißt: Das Universum ist ein großes zusammenhängendes Etwas, in dem weder Distanzen noch Vergangenheit und Zukunft irgend etwas begrenzen, sondern alle Teile durch den »kosmischen Kitt« von John Bell verbunden sind. Der »Aspectsche Aspekt«, wie er manchmal genannt wird, hatte Eingang in die Terminologie der Physiker gefunden. Nobelpreisträger Brian Josephson meinte 1982: »Daraus ergibt sich die Möglichkeit, daß ein Teil des Universums Kenntnis von einem anderen Teil besitzt.« Das Experiment ist eine posthume Bestätigung dafür, daß Albert Einstein wieder einmal mit einer Ansicht Recht behalten sollte, nämlich mit jener, daß die »chaotische Quantenspringerei« nicht der Weisheit letzter Schluß sei, sondern nur der verhüllende Vorhang vor einer tieferliegenden Meta-Ordnung. Das Universum war durch das Zurückziehen dieses Vorhang zwar kein anderes geworden, wohl aber unser Verständnis davon.

Warum weder die wissenschaftliche Welt noch Medien und Öffentlichkeit dieses wahrhaft historische Experiment *gebührend* zur Kenntnis nahmen, darüber kann sich jeder seine persönlichen Gedanken machen. In den Jahren 1982 bis 1985 gab es gelegentliche Veröffentlichungen in Fachzeitschriften, die sich meist auf ein Lob der präzisen Arbeit des Aspect-Teams beschränkten.

Im Januar 1986 wiesen einige Teilnehmer der »Konferenz für Neue Techniken und Ideen in der Quantentheorie« dezent darauf hin, daß Aspects Experiment für die Zukunft der Wissenschaft sehr schwerwiegend sei. Der Quantenphysiker Dr. Nick Herbert äußerte sich deutlicher: »Wenn sich die Quantentheorie auf dem Müllplatz der Physik zu Kalorik, Phlogiston und dem Lichtäther gesellt hat, wird das Bellsche Theorem immer noch seine Gültigkeit haben. Weil es sich auf harte Tatsachen stützt, ist das Bellsche Theorem zum Bleiben bestimmt.«

Für den bekannten britischen Physiker und Sachbuchautor Paul Davis ist der »Aspectsche Aspekt« nicht mehr und nicht weniger als »der Sargnagel der Physik des gesunden Menschenverstandes.«

## Das Universum: ein riesiges Gehirn

So weit, so gut. Wo stehen wir mit unseren Überlegungen? Sind wir überhaupt noch auf Kurs, oder ist uns der ohnedies sehr dünne »rote Faden« aus den Händen geglitten? Keineswegs. Rekapitulieren wir: Begonnen haben wir mit dem Doppelspalt-Mysterium. Es hat uns zum unerklärlichen Wissen der Elementarteilchen über ihre Außenwelt (die jeweils installierte Versuchsanordnung) geführt und zur rätselhaften überlichtschnellen Kommunikation in den Tiefen der Atome – und wer weiß noch wo.

Mehr und mehr schält sich die Vermutung heraus, die Grundbausteine des Universums könnten irgendwie bewußte Einheiten sein, die Informationen verarbeiten (ein Verdacht, der interessanterweise auch von den modernen Physikern geäußert wird. Anders ließe sich nämlich weder der mysteriöse Tunneleffekt noch der Aspectsche Aspekt und vieles andere erklären). Damit fällt die Vorstellung nicht ganz so schwer, die Wellen/Teilchen würden auf ungeklärte Art und Weise miteinander kommunizieren – ein Vorgang, den manche als Denkprozeß eines kosmischen Gehirns ansehen.

Darüber hinaus scheint sogar eine Verbindung von der Welt der Atome zur Welt der Menschen auf der Hand zu liegen. Immerhin gibt es auch bei Lebewesen, primär solchen der Gattung Homo sapiens, einen paranormalen Informationsaustausch, der Raum und Zeit durchbricht. Er fällt unter den Sammelbegriff »PSI-Phänomene«, »Macht des Geistes« oder ähnliches. Solche Vorfälle finden in der Medienwelt regen Widerhall, was wenig verwundern muß, denn Uri Gellers Löffelbiegen oder dokumentierte Botschaften aus der Zukunft (beispielsweise eine Kurzgeschichte über den Untergang der *Titanic*, die 14 Jahre vor der Katastrophe erschien und über die ich in *Neue Unerklärliche Phänomene* berichte) haben nun mal etwas Sensationelles an sich.

Im Vergleich damit ist die Wissenschaft eine trockene Angelegenheit. Noch so revolutionierende Erkenntnisse werden von den damit befaßten Forschern meist nicht reißerisch an die Öffentlichkeit gebracht. Und selbst wenn, ist die Materie viel zu kompliziert, um vom durchschnittlichen Medienkonsumenten als Sensation wahrgenommen zu werden.

Na schön, sollen Korpuskel bewußte Gebilde sein, die miteinander in Verbindung stehen und Informationen sogar auf einer Art PSI-Ebene austauschen – wie unsereiner auch, zumindest manche von uns. Ja, sogar mit einer Wechselwirkung aus der Gegenwart in die Vergangenheit oder meinetwegen aus der Zukunft in die Gegenwart wollen wir uns abfinden. Caroll Alleys Versuchsanordnung der verzögerten Wahlentscheidung (delayed choice) in Maryland und das Experiment mit dem Quasar 0957+561 hinter der Gravitationslinse einer ganzen Milchstraße demonstrieren eindeutige Parallelen zwischen menschlichen und subatomaren PSI-Erscheinungen. Wie es den Anschein hat, fügen sich Bells Theorem und seine Verifizierung (der »Aspectsche Aspekt«) harmonisch in das weite Feld des Paranormalen ein, mit dem sich noch so »neue« Physiker wenig anfreunden können. Erschwerend für eine unvoreingenommene Gesamtsicht ist zudem der Umstand, daß all das frappante Ähnlichkeit mit einem Grundprinzip hat, dem Mystiker/Okkultisten/Esoteriker anhängen und das da lautet: »Wie oben, so unten«. Oder modern ausgedrückt: Das Universum scheint eine einzige, unbegreifliche Entität zu sein.

Alle Teile des kosmischen Gehirns gehören zusammen, auch wenn wir diese Verbindungen nicht unmittelbar wahrnehmen können (als unmittelbares Wahrnehmen läßt sich Aspects Experiment kaum bezeichnen). Das erinnert an eine Hand, über die man ein Tuch breitet. Die Finger bilden Ausbuchtungen in dem Tuch, man könnte sagen: Berge. Für Lebewesen, deren Heimstatt die Fläche des Tuchs ist, sind die »Berge« ohne Zusammenhang. Sie können die Hand unter dem Tuch nicht erkennen, bestenfalls vermuten. So ähnlich wird es wohl auch uns ergehen. Was wir für Elementarteilchen halten, können die Spitzen von »Tentakeln« sein, die aus dem Hyperraum – oder woher auch immer – in unsere Seinsebene ragen. Besagte Tentakeln gehören zum verborgenen »Körper« der Realität. Fuhrwerken wir an einem Teilchen herum, wie im Aspectschen Experiment, so rütteln wir in Wirklichkeit am ganzen Gebilde. Fernwirkungen wären die logische Folge. Zumindest für den Autor dieses Buches. Das Bild der Realität als eine Art Hyperraumpolyp mag prosaisch erscheinen, bringt aber meiner Ansicht nach all das Gesagte auf den Punkt: Kopenhagener Deutung und Bells »kosmischer Kitt«/ »Aspectscher Aspekt« in harmonischer Verbindung.

Spinnen wir die Argumentationskette weiter. Wenn das Universum so etwas wie ein Supergehirn darstellt – eine Vorstellung, mit der sich immer mehr Physiker und Kosmologen anfreunden –, was befindet sich dann klarerweise *innerhalb* unseres kosmischen Gehirns? Wissen. Korrekter: *Information*, ein Aspekt, der bei unseren Erörterungen noch besondere Bedeutung erlangen wird.

Das mag alles seine Richtigkeit haben. Human-Präkognition hin, rückläufige Kausalität in der Physik her, die Frage bleibt: Was soll das Ganze eigentlich? War es wirklich notwendig, ohne Vorwarnung so schonungslos in die Untiefen abstraktester Physik zu tauchen?

Ich denke schon. Dieser Abstecher ist in mehrfacher Hinsicht aufschlußreich. Er demonstriert, daß die Wissenschaft mystische Züge angenommen hat, wenn auch von der Öffentlichkeit weitgehend unbemerkt. Gleichzeitig wurde offenbar, wie haarsträubend und unakzeptabel die »Realität« des Universums ist, in dem wir leben. Nicht nur zwischen Himmel und Erde gibt es, um Shakespeare zu bemühen, mehr Dinge, als die Schulweisheit sich träumen läßt, sondern überall: unter unseren Schädeldecken, im Inneren der Atome, in den Tiefen des Weltalls. Wie unten, so oben …

Wenn wir also akzeptieren müssen, daß Magie und Wissenschaft im Begriff sind, die Plätze zu tauschen, daß Elementarteilchen Parafähigkeiten an den Tag legen und der Kosmos mehr und mehr einem riesigen Gehirn mit PSI-Eigenschaften zu ähneln beginnt, dann, ja dann, ist es wohl legitim, nach geheimen, gelegentlich manipulativen Mächten und/oder Kräften im Hintergrund Ausschau zu halten. Auf ihr Wirken stoßen wir schließlich auf Schritt und Tritt. Und wenn wir darin nichts anderes erkennen können als ein »Nicht-Chaos«, so ist das schon sehr viel. Erinnern wir uns, daß Einstein und seine Mitstreiter das E/P/R-Experiment gegen das Quantenchaos konzipierten, wobei Einstein in dem Zusammenhang meinte, jedwede überlichtschnelle Teilchenkommunikation könne nur eines sein: Telepathie. Derselbe Einstein sagte übrigens auch, PSI hätte ganz sicher mehr mit *Physi*k zu tun als mit *Parapsychologie*.

Die Fachwelt bemüht sich allerdings, jeglichem Verrutschen der liebgewordenen Scheuklappen vehement entgegenzuwirken. Enthusiastisch stürzt man sich auf jeden Beweis für Etabliertes, sei er an den Haaren herbeigezogen oder nicht, wobei man etwaigen Kräften, Marionettenspielern, Experimentatoren oder wer oder was auch immer im Hintergrund agieren mag, unwillentlich in die schattenhaften Hände arbeitet, so sie welche besitzen. Dabei gibt uns der menschliche Verstand das Rüstzeug zum Erspüren einer größeren Realität, ganz im Gegensatz zu Versuchstieren, die wenig Aussicht haben, mehr über ihr Labor und seine Gesetze in Erfahrung zu bringen. Wir aber sind dazu in der Lage. Das gibt uns die Chance, unseren forschenden Blick nicht nur in die Tiefen der Atome und in die Weiten des Weltalls zu richten, sondern auch hinter den Schleier der Zeit – ins Morgen …

# Im Zaubergarten der Vierten Dimension

## Die Fußangeln der Zeit

Für Mathematiker und Physiker ist die Zeit die Vierte Dimension. Das klingt eher verwirrend als erhellend. Mit Recht, denn die Zeit rinnt einem nicht nur durch die Finger, sondern sie repräsentiert auch eines der größten Mysterien überhaupt – sowohl für Philosophen, Esoteriker und Mystiker als auch für Naturwissenschaftler. Sie ist plastisch. Sie verändert sich je nach Bezugssystem (in einem bewegten System durch die Geschwindigkeit und in einem ruhenden durch Gravitation, manchmal auch beides kombiniert). Sie hat keinen Anfang und kein Ende. Sie wurde im Urknall geschaffen oder sie ist ein reines Produkt unseres Geistes. Fast wäre man versucht, es jedem einzelnen freizustellen, was die Zeit für ihn darstellt, aber ganz so liberal ist die Sache leider nicht.

Wie nicht anders zu erwarten, hat die Hinterhältigkeit der Zeit es nicht nur Wissenschaftlern, sondern auch Science-Fiction-Autoren angetan. Einige von ihnen, meist mit einem wissenschaftlichen Background, zeigen in Stories, daß alles noch viel schlimmer sein könnte, als man immer schon befürchtet hat – ebensogut aber auch völlig ungefährlich. Einige besonders signifikante Beispiele machen Eckpfeiler deutlich und sprechen bizarre Aspekte des Umgangs mit dem Phänomen Zeit an.

Fredric William Brown (1906–1972), der unangefochtene Meister der »Kürzest-Kurzgeschichte mit Knalleffekt«, schildert in der Story *Das Experiment* aus dem Jahre 1954 die Tücken, die schon einem kleinen Zeitmaschinenmodell innewohnen können. Ein Universitätsprofessor stellt seinen Kollegen besagtes Modell vor, das entfernt an eine Briefwaage erinnert. Er legt einen Messingwürfel auf eine Schale am oberen Teil der Maschine und erklärt, das Objekt werde fünf Minuten in die Zukunft geschickt. Der Würfel verschwindet und erscheint tatsächlich fünf Minuten später wieder. Nun zum umgekehrten Experiment: Der Würfel soll in die Vergangenheit geschickt werden.

Das erfordert eine etwas kompliziertere Prozedur. Zuerst muß der Würfel erscheinen, um fünf Minuten später zurücktransportiert zu werden. Der Würfel erscheint. Fünf Minuten vergehen. Als der Professor ihn zum Transport in die Vergangenheit auf die Schale legen will, fragt ein Kollege, ob der Würfel auch verschwinden würde, wenn er nicht auf der

Schale läge, oder ob es zu einem Paradoxon käme. Der Erfinder ist fasziniert. Er plaziert den Würfel zum erforderlichen Zeitpunkt *nicht* auf der Schale. Tatsächlich verschwindet der Würfel nicht – wohl aber *das gesamte restliche Universum.*

Das Paradoxon kann sich auch weniger spektakulär zeigen. Es kann den Betroffenen sogar völlig verborgen bleiben. In William Tenns (Pseudonym von Philip Klass) *Brooklyn Projekt* aus dem Jahr 1948 halten Wissenschaftler die Gefahr einer Gegenwartsveränderung durch Zeitreise für praktisch Null, zumindest eine Fraktion von Wissenschaftlern, die das betreffende Projekt durchführen.

Eine Zeitmaschine namens *Chronar* soll zur Sammlung von Informationen vier Milliarden Jahre in die Vergangenheit geschickt werden und sich in mehreren Pendelbewegungen mit Hilfe einer Art Zeitzwilling vorsichtig bis etwa vor 15 000 Jahren in Richtung Gegenwart bewegen. Dabei wird sie in einer sicheren Höhe über der Erde schweben.

Das Experiment trägt den Namen *Operation Periskop*, da sozusagen ein solches in die Vergangenheit geschoben wird. Es findet vor Journalisten statt, die auf einem Großbildschirm die Sammlung der Daten mitverfolgen können. Nach Meinung der leitenden Wissenschaftler und der staatlichen Stellen, die den *Chronar* auch als Wunderwaffe einsetzen wollen, kann so gut wie nichts geschehen. Nichts wird sich verändern. Die Operation beginnt.

I: Der *Chronar* schwebt vor vier Milliarden Jahren in einer Wolke über der brodelnden Proto-Erde. Er verdrängt Luft, dadurch entsteht Regen …

II: Der *Chronar* schwebt vor zwei Milliarden Jahren über der Erde. Gasmassen umpeitschen ihn. Einige komplexe Moleküle kollidieren mit ihm und verlieren dabei ihre Basisstruktur …

III: Der *Chronar* erscheint vor einer Milliarde Jahren über der Erde und vernichtet dabei einen Dreilappkrebs …

Und so geht es dahin, 19 Pendelschläge lang. Zwischen den einzelnen Phasen verstummen immer mehr von jenen, die eine Veränderung der Gegenwart für möglich gehalten hatten. Schließlich ist der Versuch abgeschlossen. Der geschäftsführende Leiter des Dezernats für Pressewesen trumpft auf: »Wir haben uns nicht verändert!« Und er streckt 15 purpurrote Fühler voller Triumph von sich: »Nichts hat sich geändert!« Es kann natürlich auch genau umgekehrt sein.

»Die Mörder Mohammeds« in Alfred Besters (1913–1987) gleichnamiger Story von 1958 wollen etwas verändern, indem sie in ihrer

Verblendung den bedeutenden Mohammed töten. Allein, es tut sich nichts. Die Gegenwart bleibt, was sie war. Frustriert lassen die Zeit-Attentäter jegliche Hemmung fallen und meucheln eine geschichtliche Persönlichkeit nach der anderen, zum Teil nur noch aus dem verbissenen Wunsch, *irgend etwas* zu verändern, egal was. Vergeblich. Sie scheitern an David Finklesteins »Chronon«-Theorie, die in der theoretischen Physik ihren Platz hat.

## »Chrononen«: Lücken in der Zeit

Nach dieser Theorie besagten amerikanischen Physikers ist die Zeit nicht kontinuierlich, sondern besteht aus »Chrononen« – vergleichbar mit den Quanten –, die wie Perlen einer Kette aufgereiht sind. Diese Vorstellung findet ihre reale Entsprechung in der Energieübertragung, die auch nicht kontinuierlich, sondern in »Paketen« – den altbekannten und wenig verstandenen *Quanten* – vor sich geht. Das Faszinierende an der Chronon-Theorie sind die Lücken zwischen den Zeitquanten, die von anderen elementaren Einheiten besetzt werden können. Zwischen diesen »Zeitquanten« wäre unendlich viel Platz, in dem sich Paralleluniversen tummeln könnten. Was in ihnen vorgehen mag, wissen nur die Götter. Auf jeden Fall gäbe es bei gültiger Chronon-Hypothese keine Zeitparadoxien, denn egal, was jemand an den Zeitperlen der Vergangenheit auch verändern mag, es kann aufgrund ihrer quantenmechanischen Isoliertheit die Gegenwart nicht tangieren. Stimmt die Chronon/Quanten-Theorie, würden Zeitreisen keine Kausalitätsprobleme aufwerfen, da Paradoxien nicht stattfinden, egal, wie man mit den Zeitperlen der Vergangenheit herumfuhrwerkt.

Diese frustrierende Erfahrung machen auch »Die Mörder Mohammeds.« So sehr sie auch wüten, sie tun es immer nur in einem isolierten Zeitabschnitt, der keine Auswirkung auf die Zukunft hat. Das wäre der ideale Ausweg aus dem Paradoxien-Dilemma (Stichwort »Ermordung des eigenen Großvaters« mit anschließender ewiger Oszillation beziehungsweise Zeitschleife).

Sogar noch Absurderem, aber in sich Logischem, wie der »Ur-Selbstzeugung« aus Robert A(nson) Heinleins (1907–1988) ultimativer Zeitparadoxie-Story *All You Zombies* von 1959, wäre ein Riegel vorgeschoben. In dieser SF-Geschichte reist der Protagonist in die Vergangenheit, macht eine Geschlechtsumwandlung durch, heiratet sein dort vorhandenes früheres (männliches) Selbst, so daß er schließlich zu seinen eigenen Eltern wird. Starker Tobak, das muß man schon sagen. Aber noch nicht bizarr genug, denn die Zeit selbst könnte als bewußter, kreativer Faktor auftreten.

Eine Frage: Woher *stammt* der Terminator-Chip in den Terminator-Filmen? Zur Erinnerung: Die Technologie, die jenen Supercomputer namens *Skynet* möglich machte, basiert auf dem Chip, den man aus dem *Terminator 1* barg, der in die Vergangenheit geschickt wurde. Wer also hat den Chip erfunden, wenn nicht »die Zeit« selbst? Rückläufiger kann Kausalität wohl kaum sein.

Wäre es möglich, durch den Schleier der Zeit nach vorne zu linsen, könnte eine Grenze überschritten werden, hinter der Paradoxien aller Art und Größenordnungen lauern. Vielleicht aber auch nicht.

Möglicherweise macht ein Naturgesetz, das man – analog zum »kosmischen Zensor« der Astrophysik, der den Zugang zu »nackten Singularitäten« im Kern von Schwarzen Löchern verhindern soll – »temporalen Zensor« nennen könnte, derartigen Horror unmöglich. Vielleicht wartet aber auch das nach Larry Niven benannte »Nivens Law« nur darauf, dem Problem ein für alle Mal den Garaus zu machen. Der amerikanische SF-Autor Niven, der Mathematik und Physik studiert hat, meinte, selbst wenn Zeitreisen und die Gegenwart beeinflussende Vergangenheitsänderungen möglich wären, würde bei der dauernden Neuschaffung von Gegenwart einmal eine solche entstehen, in der ein Naturgesetz Zeitreisen unmöglich macht. Dann wäre endgültig Schluß. Zu all dem kann man nur passend wie selten bemerken: Time will tell.

Theoretische Physiker vermuten, daß man das Konstrukt eines »temporalen Zensors« vielleicht gar nicht einführen muß. Möglicherweise verhindern bereits bekannte Konzepte der Physik den Zusammenbruch von Kausalität und Wissenschaftlern.

Das »Mehrfach-« oder »Viele-Welten-Modell« der berühmten Princeton-Physiker Hugh Everett, John Archibald Wheeler und Neil Graham könnte ein solches Konzept sein. Es entstand aus der für Wissenschaftler unbefriedigenden Tatsache, daß eine in die Luft geworfene Münze nur eine Seite zeigen kann. Die Parität verlangt jedoch Ausgeglichenheit. Daher muß die Münze auch mit der anderen Seite noch oben zum Liegen kommen. Das kann sie aber nur in einem Paralleluniversum.

Man wird dabei an den berühmten Satz aus der Erzählung des argentinischen Schriftstellers Jorge Luis Borges *Der Garten der Pfade, die sich verzweigen* aus dem Jahr 1944 erinnert: »Ich hinterlasse den verschiedenen Zukünften (nicht allen) meinen Garten der Pfade, die sich verzweigen.«

Die »Viel-Welten-Theorie« besagt nicht mehr und nicht weniger, als daß es an jedem Entscheidungsknotenpunkt – vom Explodieren einer Sonne bis zum subatomaren Quantensprung – zu einer Gabelung kommt: Ein komplettes neues Universum entsteht. Dann gibt es eines, in dem die Münze mit dem Wappen nach oben liegt, und ein anderes, in dem die Zahl oben ist. Damit sind alle möglichen Varianten abgedeckt – von einem Alternativuniversum, das sich von unserem nur durch eine mikroskopische Winzigkeit unterscheidet, bis hin zu einem solchen, das mit unserem Kosmos überhaupt keine Ähnlichkeit hat.

Das wissenschaftlich anerkannte Mehr-Welten-Modell könnte die Problematik der Präkognition, sei es durch Geisteskraft oder mittels eines Gerätes, entschärfen. Die Problematik besteht in dem Paradox, daß man ein Ereignis, das man aufgrund von Vorauswissen ändert, gar nicht vorhersehen konnte. Daraus entsteht eine ewige Schleife: Voraussehen und ändern, daher Voraussehen nicht möglich. In dem Fall Eintreten des Ereignisses mit der Möglichkeit, es vorherzusehen, womit der ganze Zirkus von vorne beginnt, ad infinitum … (dasselbe ewige Hin-und-her wie bei der Liquidierung eines Vorfahren). Die Mehr-Welten-Theorie wäre ein ebensolcher Schutz vor diesem Teufelskreis wie Finklesteins Zeitquantentheorie. Zu Peinlichkeiten, wie sie in Browns *Das Experiment* oder Tenns *Brooklyn Projekt* geschildert werden, käme es nicht. Auch Mohammeds Mörder würden lediglich ununentwegt neue Universen produzieren.

Philosophen und manche Wissenschaftler meinen, unser Schicksal sei nichts anderes als der individuelle Pfad, den sich jeder von uns durch eine unendliche Zahl möglicher Universen bahnt. Die Frage, ob unser freier Wille oder die Vorherbestimmung entscheidet, welche Gabelung wir nehmen, oder vielleicht eine Mischung von beiden, wartet noch auf eine Klärung.

Die logischen Konsequenzen, die sich aus der scheinbar simplen Frage »Sind Zeitreisen möglich?« ergeben, können somit zur fundamentalen Frage führen, ob alles vorausbestimmt ist, weil ohnedies schon alles passiert ist, oder ob unser Wille nicht doch ein Wörtchen mitzureden hat. Viele Wissenschaftler sind der Meinung, er hätte etwas mitzureden. Sie postulieren eine gewisse Entscheidungsfreiheit aufgrund der quantenmechanischen Vorgänge in unseren Gehirnen. Da solche Prozesse der Unschärferelation unterliegen, würden sie wahrscheinlich eine gewisse Nicht-Determinierung zulassen und darüber hinaus für spontane Erleuchtungen, also Intuitionen, verantwortlich sein.

Genug der krausen Theorien und ihrer storyhaften Umsetzungen. Was durch sie klar gemacht werden sollte, dürfte hinreichend etabliert sein, nämlich, daß »die Zeit« die kuriosesten Gedankenkonstrukte erlaubt. Wie aber sieht es mit *handfesten* Zeitphänomenen aus?

## Gestern und Morgen sind jetzt

*»Die Zeit ist aus den Fugen.«*
Shakespeare, *Hamlet*, 1,5

Mit schöner Regelmäßigkeit versuchen Wissenschaftler, Forscher aller möglichen Disziplinen, Privatgelehrte und schlichtweg Spinner, in den Dramen William Shakespeares bewußt eingebaute »geheime Informationen« zu entdecken. Ohne Zweifel beinhalten die Werke dieses Giganten unter den Dichtern Wahrheiten und Erkenntnisse – speziell über die Natur des Menschen –, die weit über die an sich schon komplexen Rahmenhandlungen hinausgehen. Die Psychologie hat Shakespeare mit Sicherheit so manchen Denkanstoß zu verdanken und wird es auch weiterhin. Fragwürdiger sind allerdings die Versuche, verborgene Hinweise esoterischer oder anachronistischer Natur ans Licht zu befördern. Dennoch: Nicht nur die Untiefen der menschlichen Seele scheinen den weltberühmten, 1564 in Stratford-upon-Avon geborenen englischen Dichter und Schauspieler fasziniert zu haben, sondern auch die Vielschichtigkeit der sogenannten Realität und, nicht zuletzt – *die Zeit*.

Möglicherweise ist es mehr als weit hergeholt, eine Verbindung zwischen Shaekespeares *Macbeth* und einem schwer erklärbaren Gebilde herzustellen, das sich im schottischen Cawder Castle befindet, jener Burg, in der Macbeth König Duncan in Jahr 1040 ermordet haben soll. Den Kamin einer Halle ziert ein Steinrelief, auf dem die Jahreszahl 1510 eingemeißelt ist. Es stellt einen Fuchs dar, der selbstbewußt herunterblickt. Ungewöhnlich an diesem, im Mittelalter sehr beliebten Motiv ist der Umstand, daß Meister Reineke eine Pfeife raucht, exakt so, wie dies ein Mensch auch tut. Die Darstellung ist unmißverständlich. Damit kollidiert sie allerdings mit folgender Tatsache, an der nicht gerüttelt werden kann: Tabak wurde erst im Jahre 1585 von Sir Walter Raleigh (1552–1618), dem Gründer der ersten englischen Kolonie »Virginia«, in England eingeführt – 75 Jahre nach der Entstehung des »rauchenden Fuchses«.

Das ist zwar seltsam, mag sich aber mit dem Universal-Argument wegrationalisieren lassen, das oft gegen Anachronismen ins Feld geführt wird: Wenn irgend etwas »zu früh« irgendwo auftaucht, wurde es eben früher dorthin gebracht. Punktum. Eine erfolgreiche Taktik, die beispielsweise das unliebsame Faktum vom Tisch gefegt hat, daß aztekische Federmäntel mit Pferdeabbildungen existieren. Lästigerweise wurden sie Jahrzehnte bis Jahrhunderte vor der spanischen Conquista angefertigt, in deren Verlauf das Pferd erstmalig (als kampfentscheidender Faktor auf Seiten der Eroberer) in diese Gegend unseres Planeten gelangt sein soll.

Nun gut, solche historischen Ungereimtheiten muten zwar eigenartig an, aber kann man gleich von Rissen im Vorhang der Zeit oder ähnlich Dramatischem sprechen? Pferde können schon vor Fernando Cortez in Mexiko vorhanden gewesen sein, und Tabak mag vor Raleigh seinen Weg nach Schottland gefunden haben. Es bedarf schon handfesterer Beweise, um unsere Vorstellung von Vergangenheit, Gegenwart und Zukunft über Bord zu werfen. Beweise, die es wohl nicht geben dürfte, oder? Es gibt sie, und das nicht zu knapp.

## Zeitsprung einer Kampfrakete

Beginnen wir mit einem Vorfall, der kein lebendes Wesen betraf, wodurch der mögliche Faktor »Sinnestäuschungen« ausgeschaltet wird. Die »Hauptperson« war ein Gegenstand, von dem man nicht viel Gutes, auf keinen Fall aber temporale Bocksprünge erwarten konnte: eine Interkontinentalrakete (ICBM = Intercontinental Ballistic Missile) vom Typ *Minuteman*. Das mittlerweile überholte dreistufige Geschoß mit Feststoffantrieb war lange Zeit eine Trumpfkarte im Gleichgewicht des Schrekkens. Die erste *Minuteman*-Generation trat 1958 in Dienst, wurde in den 1970er Jahren mit Dreifachsprengköpfen ausgerüstet, in MIRV (»multiple independently targetable reentry vehicle«) umbenannt und in den 1980er Jahren schließlich durch die stärkeren und mobilen »M-X-I«-CBMs ersetzt.

Wie Tausende andere ihrer Art hockte unsere spezielle *Minuteman* in ihrem Silo auf der *Vandenberg Air Force Base* in Kalifornien, bis sie am 4. Januar 1974 zu Testzwecken abgefeuert wurde. Die gefürchtete Lenkwaffe verließ ihren Startplatz wie vorgesehen. Von Hunderten von Zeugen beobachtet und auf den Radarschirmen klar erkennbar, donnerte sie mit einem orangefarbenen Feuerschweif in den Himmel. Noch ehe sie eine größere Höhe erreicht hatte, verschwand sie. Einfach so.

Die Verwirrung in der Luftwaffenbasis war beträchtlich, doch es nützte alles nichts. Die Kampfrakete hatte sich in Nichts aufgelöst. Die

Fachleute schüttelten die Köpfe, und die Wissenschaftler waren ratlos. Die echte Überraschung stand ihnen jedoch noch bevor.

Drei Tage später erschien der bereits abgeschriebene Flugkörper wieder. Exakt an der Stelle, wo er durch ein unsichtbares (Zeit-)Portal verschwunden war, spuckte ihn das Irgendwo wieder aus, und er flog weiter, als sei nichts geschehen. Ein absolutes Mysterium, denn eine Flugzeit von mehreren Tagen war unmöglich, sogar eine von Stunden. Ein Zeitsprung von drei Tagen ist beeindruckend genug, sollte man meinen, doch es kommt noch besser.

## Hilferuf aus der Vergangenheit

Zu der Erkenntnis, daß die Zeit einem böse Streiche spielen kann, mußte sich der Versicherungsangestellte und Funkamateur Gordon Cosgrave in den Monaten Juni und Juli 1936 schmerzlich durchringen. Schließlich kostete sie ihn unter anderem seinen Job. Cosgrave war Funkamateur und lebte für sein Steckenpferd. Auf dem Dach seines Hauses in dem südlich von der Themse gelegenen Londoner Stadtteil Woolwich sprießten die Funkantennen nur so, und auch der Garten war voll mit ihnen. Seine Anlage gehörte zu den besten ihrer Art. Ihr Besitzer hatte im Lauf der Jahre mehr als 200 Pfund in sie investiert. Eine stattliche Summe für einen Mann, der nur fünf Pfund die Woche verdiente.

An einem Samstagmorgen im Juni begann sein persönliches Desaster, ausgelöst durch eines der seltsamsten Phänomene. Cosgrave hatte den Rasen gemäht und begab sich ins Schlafzimmer, um seinem Hobby zu frönen. Er wollte die Signale eines Funkfreundes in Nova Scotia in Kanada auffangen. Auf der benutzten Frequenz überlagerte jedoch ein ungewöhnlich starkes Morsesignal alle anderen. Automatisch griff Cosgrave nach dem Schreibblock, um dem Funkspruch festzuhalten, der von einem Linienschiff mit Namen *Carpathia* kam. Die Meldung besagte: »Wir sind noch 70 Seemeilen entfernt und werden durch Eis behindert, bewegen uns aber mit Höchstgeschwindigkeit.« Dann wurde eine Position bekanntgegeben. Nun mischte sich ein altertümlicher Hilferuf in die Übertragung, wie er vor der Einführung des »SOS« gebräuchlich gewesen war. Er stammte offensichtlich von einem in Seenot befindlichen Schiff. Dessen Namen konnte Cosgrove nicht entziffern, da starke statische Störungen auftraten. Danach verebbten die Durchgaben.

Mit angehaltenem Atem hatte der Funkamateur die Meldung hingekritzelt. Als nichts mehr zu vernehmen war, rannte er zur nächstgelegenen Telefonzelle am Ende der Straße, um die Behörden zu verständigen. Die Polizei war nicht zuständig. Man verwies Cosgrave an den diensthabenden Offizier der englischen Admiralität.

Endlich hatte der Funkamateur den richtigen Mann an der Strippe. Hastig berichtete er von der aufgefangenen Nachricht und drängte auf sofortige Einleitung einer Rettungsaktion. Am anderen Ende der Leitung herrschte für kurze Zeit Stille, dann meinte der Offizier sarkastisch: »Lieber Freund, Sie sind 24 Jahre zu spät dran. Die *Titanic* ist schon 1912 untergegangen. Machen Sie Ihre Scherze mit jemand anderem.« Danach wurde eingehängt.

Cosgrave war wie vor den Kopf geschlagen. Was hatte er empfangen? Verschlüsselte Mitteilungen der Marine im Zuge einer militärischen Übung? Unwahrscheinlich, nicht auf dieser gängigen Frequenz. Konnte es sich um eine Radiodokumentation der BBC handeln? Ein naheliegender, aber unzutreffender Gedanke. Seine Anfragen bei Sendeanstalten ergaben, daß nichts Derartiges ausgestrahlt worden war. Schließlich beschloß der Funkamateur, die ganze Sache zu vergessen. Es war wohl eine Halluzination gewesen. Vier Tage lang konnte er diese Selbsttäuschung aufrechterhalten.

Am Abend des vierten Tages drang ein weiterer Hilferuf aus seinen Geräten. Die Botschaft kam aus demselben Seegebiet und wies die gleichen Charakteristika auf wie die vorhergegangene. Sie besagte, man habe alle 22 Rettungsboote zu Wasser gebracht, es befänden sich jedoch noch über 1000 Personen an Bord. Nach der Chronologie der wohl berühmtesten aller Schiffskatastrophen mußte dieser Funkspruch etwa eineinhalb Stunden nach der Kollision mit dem Eisberg abgesetzt worden sein, der die doppelte Rumpfhülle aufgerissen hatte, wodurch der »unsinkbare« 66 000-Bruttoregister-Tonnen-Luxusliner der *White-Star-Line* in kürzester Zeit wie ein Stein in den eisigen Fluten des Nord-Atlantik versank. Dabei fanden 1531 Personen den Tod durch Ertrinken.

Da ihm diese mysteriösen Botschaften aus der Vergangenheit keine Ruhe ließen, machte sich Cosgrave über den Fall sachkundig. Nachdem er in der Stadtbibliothek den gesamten Hergang des *Titanic*-Desasters, Zeit und Ort des Untergangs und alle Begleiterscheinungen eruiert und sie mit seinen Aufzeichnungen verglichen hatte, stellte er verblüfft eine absolute Übereinstimmung fest; selbst in den kleinsten Details, einschließlich des unmodernen Hilferufs. Das vertraute »SOS« der Schifffahrt war nämlich erst nach dem Untergang der *Titanic* eingeführt worden, wie Cosgrave bei seinen Nachforschungen erfuhr.

Was tun? Während Cosgrave noch damit zögerte, die Katze aus dem

Sack zu lassen, trafen weitere Signale von der zu Hilfe eilenden *Carpathia* ein. Daraufhin nahm er mit dem Herausgeber einer Rundfunkzeitung Verbindung auf. Obgleich Cosgrave nur den Rat des Zeitungsmannes wollte, glaubte der Kontaktierte zuerst, von einem Publicitysüchtigen oder einem totalen Wirrkopf belästigt zu werden. Cosgrave ließ nicht locker. Schließlich willigte der Herausgeber ein, mit einem weiteren Redaktionsmitglied in die Funkbude des hartnäckigen Zeitgenossen zu kommen.

Eine Stunde lang ereignete sich nichts. Der Chefredakteur und sein Mitarbeiter wurden zunehmend unwilliger. Schließlich wollten sie gehen. In dem Moment erwachte das Funkgerät wie auf ein Stichwort hin zum Leben. Cosgrave gab dem Herausgeber die Kopfhörer, der die Morsezeichen notierte und sogleich in Klartext übertrug. Auf der *Titanic* waren die letzten Signalraketen abgefeuert worden, und man ging nun daran, den Dampf aus den Kesseln abzulassen, um eine Explosion zu verhindern.

Die beiden Journalisten waren fasziniert. In den darauffolgenden Wochen gingen sie bei Gordon Cosgrave ein und aus, wobei sie Zeugen weiterer Übertragungen aus dem Gestern wurden. Mittlerweile war die Tagespresse aufmerksam geworden. Der Funkamateur stand plötzlich im Licht der Öffentlichkeit, doch nicht zu seinem Vorteil. Er erntete Spott und Hohn, Fachwelt und Zeitungen zogen seine Seriosität und seinen Verstand in Zweifel. Schließlich setzte ihn sein Arbeitgeber vor die Türe. Eine Versicherungsgesellschaft konnte es sich nun einmal nicht leisten, Spinner zu beschäftigen. Verbittert gab Cosgrave die Funkerei auf und zog in einen anderen Stadtteil von London. Bis zu seinem Tod im Alter von 64 Jahren konnte er die Enttäuschung nicht verwinden.

Experten, die sich später mit seinen Aufzeichnungen sowie mit allen Begleitumständen des seltsamen Geschehens auseinandersetzten, kamen zu der Ansicht, die Signale seien echt gewesen, wenn auch ihr über Jahre verzögertes Auftreten ein Rätsel war. Ein Rätsel, mit dem verglichen die eingefrorenen Töne des Posthorns aus Münchhausens Lügenerzählungen nachgerade plausibel wirken.

Dennoch: Ein mit ungeheurem Aufwand ins Szene gesetzter Betrug größten Ausmaßes kann nicht mit absoluter Sicherheit ausgeschlossen werden, obgleich er wenig sinnvoll erscheint.

Konzentriert man sich jedoch weniger auf den Vorgang, sondern auf das *Objekt*, das die Hauptrolle spielt, so sehen die Dinge etwas anders aus. Die *Titanic* scheint im Gefüge der Zeit mehr Turbulenzen hervorgerufen zu haben als sonst etwas. Worauf das zurückzuführen ist, kann nicht einmal spekuliert werden. Getreu unserer Grundüberlegungen ließe sich vielleicht die Frage stellen, ob irgendwer oder irgend etwas für das berühmte Unglücksschiff ein besonderes Faible hatte. Warum das so sein sollte, bleibt im Dunkel. Weder die Größe des Unglücks noch die rücksichtslosen Brutalitäten, die sich beim Kampf um und in den Rettungsbooten abspielten, sind außergewöhnlich – weder damals noch in der Zwischenzeit und heute schon gar nicht, wofür die täglichen Nachrichten ein blutiges Zeugnis ablegen. Bleiben wir also bei den nackten Tatsachen. Sie sind exotisch genug.

Von allen Katastrophen, die ihren Schatten durch die Zeit zurückgeworfen haben, hat dies der Untergang der *Titanic* am 14. April 1912 auf die intensivste und mannigfaltigste Weise getan. Die berühmteste (weil schriftlich niedergelegte und damit unleugbare) diesbezügliche Vorhersage ist die 1898 erschienene Novelle *The Wreck of the Titan* beziehungsweise auch *Futility*. 14 Jahre vor der *Titanic*-Katastrophe schilderte der amerikanische Schriftsteller Morgan Robertson in besagter Story den Untergang des Superliners *Titan*, der mit einem Eisberg kollidiert und im Nord-Atlantik untergeht. Die Parallelen zwischen dem *Titan* und der *Titanic* (Tonnage, Schiffslänge, Anzahl der Schrauben, der Rettungsboote, der wasserdichten Abteilungen, der Passagiere, der Opfer bis hin zur Geschwindigkeit beim Aufprall) sind so frappierend, daß eine zufällige Übereinstimmung eine (Un-)Wahrscheinlichkeit von eins zu mehreren Trillionen aufweist.

Interessanterweise bestritt Robertson die alleinige Urheberschaft der Geschichte, die ihn 14 Jahre nach ihrer Veröffentlichung schlagartig berühmt machte, was ihm vorher durch 200 Erzählungen und neun Bücher nicht gelungen war. Der echte Ideengeber der Story, so behauptete Robertson Zeit Lebens, sei ein »astraler Co-Autor« gewesen.

## Furcht und Schrecken

Schriftlich niedergelegte Vorausschauen gibt es einige, auch wenn sie weniger bekannt sind als Robertsons Story. Beispielsweise die vor dem welterschütternden Ereignis in einer US-Zeitung abgedruckte Beschreibung der Vulkankatastrophe auf der zwischen Sumatra und Java gelegenen Insel Krakatau vom August 1883, worüber ich in *Neue Unerklärliche Phänomene* berichte. Nur wenige Jahre davor, nämlich 1877, war eine andere Schwarz auf Weiß niedergelegte Vorausschau der Grund dafür, daß der amerikanische Astronom Asaph Hall (1929–1907) bei der Entdeckung der beiden Mars-Monde zu Tode erschrak. Er wurde bei ihrem Anblick dermaßen von Panik ergriffen, daß er sie »Furcht« und »Schrekken« (*Phobos* und *Deimos*) nannte. Normalerweise werden Astronomen durch die Entdeckung von Himmelskörpern nicht derart heftig berührt, sofern das betreffende stellare Objekt nicht gerade auf die Erde zurast. Asaph Halls Entsetzen hatte andere Gründe. Es war seiner rationalen Denkweise zutiefst unheimlich, daß der englische Schriftsteller Jonathan Swift (1667–1745, Autor von *Gullivers Reisen*) in seiner bekannten Story *A Journey to Laputa* von zwei Mars-Monden geschrieben und ihre Entfernung und Umlaufbahn exakt so angegeben hatte, wie sie tatsächlichen waren. Fakt ist: Es *gibt* Swifts Story, und es *gibt* Phobos und Deimos, jedoch *keine* Erklärung für dieses besonders exotische Rätsel. Nichtsdestotrotz können sich selbst solche verblüffenden und nicht zu widerlegenden Vorausschauen in keiner Weise mit der wahren Orgie an Vorausahnungen messen, die dem Untergang der *Titanic* vorausgegangen sind.

**Brennpunkte temporaler Phänomene**

Die *Titanic* erweist sich, aus welchen Gründen auch immer, als eine Art Brennpunkt für temporale Phänomene. Morgans Story und die zahllosen anderen *Titanic*-Präkognitionen sowie Cosgraves Funksignale demonstrieren, daß die Zeit keine Einbahnstraße ist. Und das mit einer Deutlichkeit, die wenige ähnlich gelagerte Fälle auszeichnet. *Es* geht in der Zeit nach vorne oder zurück, ganz nach Belieben.

Enthalten wir uns vorerst weiterer Spekulationen und lassen wir erst einmal einige signifikante Beispiele der ungeheuren Welle von dokumentierten Vorausahnungen Revue passieren, die der *Titanic*-Katastrophe vorausgingen. Mehr als zwei Dutzend davon wurden eingehend analysiert. Das Ergebnis: Es handelt sich eindeutig um *Präkognition.* Aber urteilen Sie selbst.

Der englische Geschäftsmann J. Connon Middleton, der am 23. März 1912 auf der *Titanic* gebucht hatte, träumte mehrere Nächte hindurch, wie das Schiff Kiel oben im Meer trieb, umgeben von Ertrinkenden, deren Schreie er hören konnte. Middleton selbst schien körperlos über dem Ort des Unglücks zu schweben. Vier Tage nach dem ersten Traum ließ er seine Buchung streichen.

Zwei Tage vor dem Unglück standen Mr. und Mrs. Jack Marshall mit ihren Angehörigen auf dem Dach ihres Hauses, um die aus Southampton ausgelaufene *Titanic* in der schmalen Rinne vorbeidampfen zu sehen, die

England von der Insel Wight trennt. Völlig unerwartet packte Mrs. Marshall ihren Mann am Arm und rief: »Das Schiff wird untergehen, bevor es Amerika erreicht!« Der Mann wollte seine Frau mit dem Hinweis beruhigen, das Schiff sei unsinkbar (eine Überzeugung, die damals die Größenordnung eines Naturgesetzes hatte), was seine Frau nur noch heftiger werden ließ. Wütend schrie sie: »Steht nicht da und starrt mich an! Unternehmt etwas, Ihr Narren! Ich sehe Hunderte von Menschen im eiskalten Wasser! Seid Ihr denn alle derartig vernagelt, daß Ihr sie einfach ertrinken laßt?« Für diese Warnung, die natürlich keinerlei Beachtung fand, gab es mehrere Zeugen.

Der Schiffstechniker Colin MacDonald schlug drei mehr als verlockende Angebote aus, auf der *Titanic* die hochdotierte Position des Zweiten Ingenieurs anzutreten. Er hatte zu starke Vorahnungen von einem Unheil, das drohend über dem Schiff schwebte. Der Techniker J. Jesketh, der an MacDonalds Stelle anheuerte, kam bei der Katastrophe ums Leben.

Im Gegensatz dazu ließ sich der Herausgeber der britischen Zeitung *Pall Mall Gazette*, William T. Stead, nicht irritieren. Weder die Warnung mehrerer Hellseher, er würde eine Schiffsfahrt nach Amerika nicht überleben, noch der Brief eines hohen anglikanischen Geistlichen, in dem ausdrücklich stand, die *Titanic* werde untergehen, wirkten nachhaltig genug. Als Stead eine Einladung des US-Präsidenten William Howard Taft zu einem Vortrag in den USA erhielt, machte sich der Londoner Publizist als Passagier der *Titanic* auf den Weg in die Vereinigten Staaten und damit zu seinem tödlichen Rendezvous mit dem Schicksal.

Irgendwie scheint eine mysteriöse Verquickung dieses Mannes durch Raum und Zeit mit der *Titanic* bestanden zu haben, denn Stead veröffentlichte bereits 1880 eine dramatische Story über einen Schiffsuntergang von nie zuvor dagewesenen Dimensionen. Makabererweise war ein Schlüsselelement der Geschichte der Kampf um die Plätze in den unzureichend vorhandenen Rettungsbooten. Steads Erzählung schloß mit den Worten: »Genau das kann und wird geschehen, wenn Liner nicht über genügend Rettungsboote verfügen.« Er selbst fand exakt aus diesem Grund den Tod. Es kommt noch bizarrer: Im Jahre 1892 verfaßte Stead einen Beitrag für die *Review of Reviews*, in dem er den Untergang eines Dampfers schildert, der mit einem Eisberg kollidiert. Der einzige Überlebende wird – in dem Artikel – durch ein Schiff namens *Majestics* gerettet, das, wie die *Titanic,* der *White-Star-Line* gehört.

In der Tat gab es ein Schiff dieses Namens, dessen Kapitän später Kapitän der *Titanic* wurde und mit ihr unterging.

1909 schilderte Stead bei einem Vortrag vor dem *Cosmos Club* eine Vision, in der er sich selbst als schiffbrüchigen Passagier erlebt hatte, der in den eisigen Fluten um Hilfe rief.

Nicht alle *Titanic*-Vorausahnungen sind dermaßen komplex, wohl aber ebenso konkret. Stunden vor dem Zusammenstoß mit dem Eisberg bemerkte einer der Passagiere, der Präsident der »Grand Trunk Eisenbahngesellschaft«, Charles M. Hays, zu einem anderen Passagier, der zu den wenigen Geretteten gehören sollte, »daß demnächst das größte und schrecklichste Unglück, das jemals auf dem Meer passiert sei, stattfinden werde«. Der Angesprochene konnte sich diese kryptische Bemerkung nicht erklären, bezog sie jedoch keinen Moment auf die von pulsierendem Leben erfüllte »unsinkbare« *Titanic*.

Der englische Sensitive V. N. Turrey, der schon beim Auslaufen des Schiffes vor einer Katastrophe gewarnt hatte, teilte seiner Bekannten, Mrs. de Steiger, brieflich mit, die *SS Titanic* werde in zwei Tagen untergehen. Der Brief traf am 15. April 1912 ein, geschrieben und aufgegeben war er jedoch einen Tag vor dem Untergang.

Major Archibald Butt, der Militärberater von US-Präsident Taft, schrieb am 23. Februar 1912 vor einer Europa-Reise an seine Schwägerin Clara Butt: »Vergiß nicht, daß sich meine Papiere im Depot befinden. Wenn das Schiff untergeht, wirst Du alle meine Angelegenheiten in tadelloser Ordnung vorfinden. Keine Sorge, Du weißt ja, daß ich Dir dies immer mitteile, wenn ich verreise.« Der Nachsatz dürfte nur der Beruhigung der Angeschriebenen gegolten haben, denn tatsächlich hatte Butt bei allen seinen vorhergehenden Seereisen seiner Schwägerin nichts Derartiges mitgeteilt, wie Nachforschungen ergaben. Major Archibald Butt reiste aus den Vereinigen Staaten mit der *SS Berlin* in die Alte Welt und mit der *SS Titanic* wieder zurück. Er ertrank.

Zwischen dem 3. und 10. April 1912 kam es zu einer regelrechten Stornierungs-Welle von Buchungen auf der *Titanic*. Viele der im letzten Moment Zurücktretenden gebrauchten eindeutig unwahre Ausreden, andere flüchteten in fadenscheinige Erklärungen wie »Es bringt Unglück, an einer Jungfernfahrt teilzunehmen«.

Die im Zusammenhang mit der *Titanic*-Katastrophe aktenkundigen Vorahnungen von Personen, die mit dem Unglück nichts zu tun hatten, sind Legion. Sie begannen schon Jahre vor dem Untergang des »unsinkbaren« Schiffes und häuften sich in den Wochen und Monaten vor dem Ereignis dramatisch.

## W. E. Cox' erstaunliche Unglücksstatistik

Der Gedanke, daß viele, möglicherweise sogar die meisten Menschen präkognitive Fähigkeiten haben, ohne sich dessen bewußt zu sein, drängt sich hier geradezu auf. Erhärtet wird er noch durch weitere Indizien. Beispielsweise das verblüffende Ergebnis einer massenstatistischen Untersuchung, die der amerikanische Mathematiker William E. Cox in den 1960er Jahren im Zusammenhang mit Eisenbahnkatastrophen anstellte. Seine Analysen, die einen Zeitraum von mehreren Jahre umfaßten, zeigten erstaunlicherweise, daß Unglückszüge eine deutlich geringere Passagieranzahl befördern, als es die Norm ist. Mehr noch: Bei den Garnituren, die entgleisen oder in Zusammenstöße verwickelt sind, läßt sich in den direkt betroffenen Waggons eine nochmals extrem reduzierte Passagieranzahl feststellen. Zusammengefaßt: Katastrophenzüge werden gemieden, und in den zerstörten oder beschädigten Waggons finden sich signifikant weniger Personen als im gesamten bereits unterbelegten Zug. Der ominöse »Zufall« kann nicht als rettende »Deus ex Machina« beschworen werden, denn hier haben wir es mit statistischen Abweichungen in einer Größenordnung von eins zu 100 und mehr zu tun.

Nach der berüchtigten Aberfan-Katastrophe im Jahr 1966, als eine riesige Schlackenhalde ins Rutschen kam, die große Teile des walisischen Ortes Aberfan unter sich begrub und 144 Menschen tötete, sammelte der englische Psychiater J. C. Barker 35 zuverlässige Berichte über entsprechende Vorahnungen. Dergleichen tritt immer wieder auf, nicht selten hieb- und stichfest belegbar.

Jedoch: Irgend etwas kann da nicht stimmen. Es ist die bereits erwähnte *Größenordnung*, die Verhältnismäßigkeit. So schlimm das *Titanic*-Unheil, ein Zugzusammenstoß oder ein Erdrutsch für jeden Betroffenen auch ist, diese Vorfälle sind geradezu bescheiden, verglichen mit anderen Naturkatastrophen oder gar mit den Blutbädern in der an Ungeheuerlichkeiten überreichen menschlichen Geschichte. Die Hölle der Konzentrationslager, der atomare Untergang von Hiroshima und Nagasaki, der Feuersturm von Dresden, die Killing Fields von Kambodscha und Ruanda, die nicht enden wollenden Kriege, und was der menschengemachten Infernos noch mehr sind, haben anscheinend keinen Schatten in die Vergangenheit geworfen. Niemand ahnte etwas voraus, von berechtigten Befürchtungen genereller Natur einmal abgesehen.

Es muß noch ein anderer Faktor im Spiel sein, den wir der Einfachheit halber »Faktor X« nennen wollen.

## »Faktor X«

Ob unser Zug-Analytiker Cox genau diesem »Faktor X« mit einer eigenwilligen Versuchsanordnung auf die Spur kommen wollte, ist unbekannt. Sein Experiment ist jedoch sehr interessant und berührt manches, das von mir angesprochen wurde bzw. noch wird, so daß es eine kurze Erwähnung verdient. Darüber hinaus berührt es unser Generalthema zumindest peripher.

Der Versuch fand im Keller eines Einfamilienhaus in Missouri statt, in dem Cox ein »Mini-Laboratorium« eingerichtet hatte. Dabei handelte es sich um einen großen Glasbehälter, in dem der Statistiker eine Reihe von sogenannten »Zielobjekten«, z. B. Metallringe, Füllfedern, Briefumschläge, Uhren und ähnliches, malerisch drapiert hatte. Jedes einzelne Stück aus diesem bunten Allerlei des Alltäglichen war mit einer Kamera und einem Lichtschalter verbunden. In dem Augenblick, da irgend etwas mit dem (oder den) Objekt(en) geschah, wurde der Kellerraum erleuchtet, und die Kamera startete. Der dem Paranormalen gegenüber aufgeschlossene Cox wollte damit zur Klärung der auch uns bewegenden Frage beitragen, ob unbekannte Mächte oder Kräfte nach Lust und Laune auf »unserer« Erde herumfuhrwerken.

Nach Auswertung des belichteten Materials verfügte der amerikanische Mathematiker über viele Meter Film, auf denen Bemerkenswertes zu sehen ist: Ringe verbinden und trennen sich wie in den bekannten Zaubernummern, nur daß keine Hand sie berührt, Uhren laufen rückwärts, Gegenstände »befreien« sich aus verschlossenen Umschlägen, und Füllfedern schreiben selbsttätig.

Die Experimentalanordnung wurde Jahre später von Julian D. Isaacs in England wiederholt. Der englische Wissenschaftler setzte Videokameras zur Beobachtung der abgeschlossenen Objekte ein. Die Aufnahmegeräte verzeichneten ebenfalls unerklärliche Bewegungen und eigenständiges Biegen von Metallgegenständen. War da der von uns gesuchte »Faktor X« am Werke? Wer kann das sagen? Auf jeden Fall handelte es sich um eine bizarre Angelegenheit.

Kehren wir nach diesem Abstecher wieder zu den eindeutigen Zeitphänomenen zurück, deren selektive Natur zwar nach wie vor rätselhaft ist, aber unbestritten sein dürfte.

## *Die Stimme Amerikas* aus der Zukunft

Da gibt es beispielsweise den kuriosen Fall der Engländerin Juliet, Lady Rhys Williams, die mit schöner Regelmäßigkeit Nachrichten aus der

Zukunft in ihren Rundfunkgeräten empfing. Nur in *ihren* Radios, wohlgemerkt. Die respektable Dame – sie war Mitglied der Liberalen Partei, Vizepräsidentin des *Economic Research Council* und Leiterin des BBC – hörte um vier Uhr morgens des 17. Januar 1964 in ihrem Landsitz in Wales *Die Stimme Amerikas*. Die Nachrichten befaßten sich mit schweren Rassenunruhen in Atlanta im US-Bundesstaat Georgia. Mitglieder des *Ku Klux Klan* und eine größere Zahl Schwarzer waren heftig aneinander geraten. Da Lady Juliet sich dafür interessierte, schaltete sie im Lauf des Tages den Sender BBC ein, um Näheres zu erfahren. Aber es wurde kein Wort darüber gemeldet. Auch in den Zeitungen stand keine Zeile. Das verwunderte sie. So unbedeutend waren die Vorfälle schließlich doch nicht, daß sie lediglich in einer einzigen Meldung kurz erwähnt wurden. Dieses Befremden äußerte sie ihren beiden Töchtern und einem Nachbarn gegenüber.

Am 26. Januar kehrte Lady Rhys Williams nach London zurück. An diesem Tag gab es mehrere BBC-Meldungen über Rassenausschreitungen in Atlanta. Auch englische und amerikanische Zeitungen berichteten ausführlich davon. Da es sie interessierte, von welchen Unruhen neun Tage vorher in der *Stimme Amerikas* die Rede gewesen war, schrieb Lady Juliet an den Sender in Washington. Die Antwort besagte, daß es bereits am 20. Januar in Atlanta zu ersten Krawallen gekommen war, die sich am Abend des 18. Januar abzuzeichnen begonnen hatten. Damals mußte die Polizei das erste Mal ausrücken. *Die Stimme Amerikas* hatte über diese Warnzeichen frühzeitig berichtet, allerdings nicht *so* frühzeitig, wie die Engländerin von ihnen gehört hatte, nämlich genau 48 Stunden vor der *allerersten* Meldung aus den USA.

Das war nicht die erste und auch nicht die letzte der Rundfunksendungen von diesem Morgen, die bei Lady Rhys Williams eingingen, aber sie gehört neben der nun folgenden zu jenen, die nicht geleugnet werden können.

Um acht Uhr dreißig am Morgen des 3. Juni 1964 saß Lady Juliet mit ihren beiden Töchtern beim Frühstück in ihrem Heim im Londoner Stadtteil Belgravia. Gesprächsthema war die Vorentscheidung im US-Wahlkampf. Lady Juliet informierte ihre Töchter, daß die Entscheidung zugunsten des Exzentrikers Senator Barry Goldwater gefallen war. Sie hatte den Ausgang des Kampfes zwischen Goldwater und Gouverneur Nelson Rockefeller eben erst im Radio gehört. Die Stimme des Ansagers klang ihr noch ihm Ohr. Der Mann war ziemlich aufgeregt gewesen und hatte mehrmals betont, das schnelle Ergebnis sei nur durch die Tatsache möglich gewesen, daß es sich hier um die erste computerausgewertete Wahl der Welt gehandelt hatte. Auch an die eingeblendeten Detailmeldungen mit Stimmengewirr im Hintergrund konnte sie sich genau erinnern: Nelson Rockefeller gestand seine Niederlage ein, Goldwater konnte nicht interviewt werden, da er zum Friseur gegangen war, um sich wieder auf Vordermann bringen zu lassen. Lady Rhys Williams schilderte ihren Töchtern die gesamte Rundfunkübertragung mit allen Einzelheiten. Der Einsatz von Stimmauszähl-Computern war jedoch nicht die einzige Besonderheit bei dieser Wahlberichterstattung. Die Sendung hatte nicht nur den Weg in Abermillionen Haushalte auf dem amerikanischen und auf anderen Kontinenten gefunden, sondern auch *in die Vergangenheit*. Der erste Bericht ging nämlich sieben Stunden *nach* dem Gespräch zwischen Lady Juliet und ihren Töchtern vom US-Network CBS aus über den Äther. Die BBC erwies sich ihrer ehemaligen Leiterin mit direktem Draht in die Zukunft in keiner Weise ebenbürtig, denn der englische Sender berichtete noch um 17.30 Uhr desselben Tages unverdrossen vom Durchhalteentschluß Nelson Rockefellers.

Botschaften durch die Zeit sind schon erstaunlich genug. Der Gipfel des Unerklärlichen aber wären Zeitsprünge von lebenden Menschen (nicht von Interkontinentalraketen oder rauchenden Füchsen). Ist eine solche Forderung überhaupt zu erfüllen? Wie es scheint, ist sie es, auch wenn sie einer infiniten Anzahl von Paradoxien Tür und Tor öffnet, dem »gesunden Menschenverstand« ins Gesicht schlägt und der Kausalität den Garaus macht (aber das tun manche »seriöse« Konzepte der theoretischen Physik auch).

Genug der Theorie. Stellen wir uns statt dessen der Frage, ob es Indizien für tatsächliche Wanderungen zwischen den Zeiten gibt. Der Mann, der im Juni 1950 in New York von einem Taxi angefahren und getötet wurde, könnte ein solches Indiz sein.

### Der Mann aus dem 19. Jahrhundert

Die New Yorker genießen nicht den Ruf extremer Feinfühligkeit. So starrten zahlreiche Passanten den seltsam gekleideten Mann unverhohlen an, der an einem Juni-Abend des Jahres 1950 offensichtlich verwirrt auf dem Times Square herumtaumelte. Seine Kleidung war extrem altmodisch. Wer trug schon im Jahre 1950 einen glänzenden Zylinder, ein Prince-Albert-Jackett, karierte Hosen von englischem Zuschnitt und geknöpfte Schuhe mit Stoffbesatz? Der Mann hätte einem Film oder einem Broadway-Musical entstiegen sein können. In der brodelnden US-Metropole wirkte er so deplaziert, wie ein englischer Lord unter Hells Angels.

Er starrte die Autos, die Wolkenkratzer und die leuchtenden Neonreklamen mit einem entgeisterten Ausdruck an, als hätte er Derartiges noch nie zu Gesicht bekommen. Offensichtlich wußte er selbst nicht, was um ihn herum vorging. Als er wie ein Schlafwandler plötzlich vom Gehsteig auf die Fahrbahn trat, erfaßte ihn ein vorbeirasendes Taxi voll, was er nicht überlebte.

Die Identität des Unbekannten wurde festgestellt, wenn auch nicht ohne Mühe und Überraschungen. Der Tote hieß Rudolph Fentz, war verheiratet und stammte aus Florida. Da ihm seine bessere Hälfte anscheinend das Leben zur Hölle machte, hatte er anläßlich eines Streites beschlossen, dem trauten Heim für immer den Rücken zu kehren und in New York sein Glück zu suchen. Als seine Frau die Vermißtenanzeige machte, gab sie an, ihr Mann sei nicht mehr zurückgekommen, nachdem sie ihn aufgefordert hatte, das Haus nicht mit seinen Zigaretten zu verpesten, sondern im Freien zu rauchen. So weit nichts Ungewöhnliches. Der Knalleffekt bestand allerdings darin, daß dieser alltägliche Ehekrieg nicht im Jahr 1950, sondern 1876 stattgefunden hatte!

Der »Zeitreisende« trug 70 Dollar in Noten bei sich, die schon lange nicht mehr gültig, aber nagelneu waren. Visitenkarten mit einer Adresse in der Fifth Avenue bewiesen, daß er in New York Fuß gefaßt hatte, allerdings vor 74 Jahren. Ferner fand sich die von damals datierte Rechnung eines Mietstalles in der Lexington Avenue für das Einstellen und die Fütterung eines Pferdes sowie das Waschen eines Pferdewagens. Gründliche Nachforschungen bestätigten, daß die Einzelteile des bizarren Puzzles den Tatsachen von 1876 entsprachen. Die Adresse in der Fifth Avenue hatte ebenso ihre Richtigkeit wie die des Pferdestalles in der Lexington Avenue. Vergilbende Akten aus dem 19. Jahrhundert bestätigten das Verschwinden eines Mr. Rudolph Fentz aus Florida. In ihnen ist auch die Aussage von Mrs. Fentz festgehalten.

Ein groß angelegter Betrug? Kaum. Bereits das Inszenieren des »Kurzauftritts« von Mr. Fentz hätte einen riesigen Aufwand erfordert, seinen Unfalltod eingeschlossen. Mit einem lebenden Akteur wäre eine Täuschung schnell aufgeflogen, so daß man sich zu der absurden Vermutung versteigen müßte, der vorgebliche Zeitreisende hätte sich als Teil des »Plans« freiwillig überfahren lassen. Zudem bliebe die Frage: Wozu das Ganze?

Enthüller haben Parallelen des Geschehens in einer Story des amerikanischen Science-Fiction-Schriftstellers Jack Finney (1911–1995), Autor der »Körperfresser/Bodysnatcher«, aus dem Jahr 1951 entdeckt und als Quelle des Ganzen geortet – für manche eine geradezu klassische Umkehrung von Ursache und Wirkung, ganz in Sinne des Zeitreisegedankens.

## Ein springender Zeitreisender?

Der berüchtigte »Springende Mann« entspricht schon eher den klassischen Vorstellungen eines Raum- oder Zeitreisenden. Er trug ein einteiliges Kleidungsstück, das spätere Generationen an eine Fliegerkombination erinnerte, und einen transparenten Helm, hinter dem durchdringende Augen brannten. Eigentlich fast zu schön, um wahr zu sein, aber nehmen wir erst einmal die dürren Fakten unter die Lupe.

Spät in einer Oktober-Nacht des Jahres 1837 läutete jemand an der Gartentüre des Hauses der Familie Alsop nahe den Londoner Docks. Die Straßenbeleuchtung war in diesem Tagen ziemlich spärlich, darum näherte sich die junge Jane Alsop mit einer Kerze in der Hand dem Gartentor. Als der schwache Schein auf den Besucher fiel, schrie das Mädchen unwillkürlich auf. Der Fremde war groß und trug einen langen Umhang, unter dem jedoch die seltsame Kombination zu erkennen war. Der durchsichtige Helm krönte den unheimlichen Gesamteindruck. Obgleich Jane Alsop keiner der Gedanken durch den Kopf schießen konnte, der einem mit Raumfahrt, UFOs und anderen Dingen vertrauen Menschen unserer Tage sofort gekommen wäre, war sie zutiefst erschrocken. Sie schrie voll Entsetzen auf. Der Unheimliche drehte auf dem Absatz um, sofern er einen solchen besaß, und lief davon. Die Dunkelheit und der Themse-Nebel verschluckten ihn.

Die Alsops verständigten die Themse-Polizei. Dort hielt man nicht viel von der Sache. Für die Beamten handelte es sich um die Einbildung eines hysterischen Mädchens. Diese Meinung änderte sich jedoch schlagartig, als eine weitere Anzeige über den »Springenden Mann« einging. Ein junger Fleischergehilfe, der bei einem Metzger unweit dem Haus der Alsop-Familie arbeitete, hatte einen seltsam gekleideten Mann daran gehindert, zwei junge Frauen zu überfallen. Zumindest meinten die Betroffenen, der Fremde hätte sich ihnen mit eindeutig bedrohlicher Absicht genähert. Ob der Unbekannte einen Überfall, eine Kontaktaufnahme oder was auch immer im Schilde führte, bleibt unbeantwortet, denn er ergriff auch diesmal die Flucht. Der Fleischergeselle folgte ihm bis in eine Allee, wo der Gejagte eine viereinhalb Meter hohe Mauer mit einem einzigen Satz übersprang. Dieser übermenschlichen Fähigkeit, die er noch oft demonstrierte, verdankt er den Namen, unter dem er in die Annalen des Unerklärlichen eingehen sollte.

Die Boulevardpresse verpaßte ihm den Namen »Spring-heeled Jack« (Sprungfedern-Jack), obgleich man auch mit Sprungfedern an den Schuhsohlen nur relativ bescheidene Sprünge vollführen kann. Groschenromane rankten sich um seine Aktivitäten, melodramatische Theaterstücke und später auch Filme machten ihn zur Hauptfigur. Er löste eine ganze »Spring-heeled Jack«-Welle aus, allerdings nicht sofort.

Acht Jahre lang ließ er nichts von sich hören. 1845 begann er in den nebeneinander liegenden Londoner Vororten Ealing und Hanwell hemmungslos herumzuspringen. Diesmal gab es eine endlose Reihe von Sichtungen.

In den folgenden zwei Jahrzehnten verlegte er sein Betätigungsfeld in ländliche Regionen. Manche davon (Surrey, Lancashire, *Lincolnshire* [schon wieder!] und Warwickshire) waren weit entfernt von der englischen Hauptstadt, andere wiederum sehr nahe bzw. gehörten dazu, wie die Grafschaft Middlesex, die in diesen Tagen einen Teil Londons umfaßte. Offensichtlich hatte der »Springende Mann« nun alle Hemmungen fallen lassen. Er zeigte sich ungeniert öffentlich und vollführte Sprünge von an die zehn Meter Höhe.

Im Jahre 1877 lieferte er seine spektakulärsten Aktionen. Die erste fand vor dem Pulvermagazin in Aldershot in der Grafschaft Hampshire statt, dem damals wichtigsten militärischen Depot in England, das heute ein militärisches Testgelände ist.

Aus dem Nichts erschien er vor den Wachsoldaten. Die beiden Uniformierten waren vollkommen verwirrt, als diese bizarre Gestalt in seltsamer Kleidung und mit einem »Goldfischglas« auf dem Kopf vor ihnen auf und ab sprang, und das viele Meter hoch. Soldaten ihrer königlichen Majestät Königin Victoria waren jedoch nicht so leicht aus der Fassung zu bringen. Streng nach Vorschrift forderten sie die groteske Erscheinung auf, sich zu identifizieren und das gültige Losungswort zu sagen. Nichts davon geschah. Daraufhin eröffneten die beiden – gleichfalls streng nach Vorschrift – das Feuer. Die durchschlagskräftigen Geschosse aus den bewährten Martin-Henry-Gewehren trafen den Unbekannten voll. Wirkung: Null. Der Getroffene sprang völlig unbeeindruckt weiter.

Das war der Augenblick, an dem die Wachen Dienstreglement, Ausbildung und Fahneneid vergaßen. In heller Panik ließen sie ihre Waffen fallen und rannten, was das Zeug hielt. Als Einheiten der Armee anrückten, war der mysteriöse Besucher längst wieder verschwunden. Obgleich er weder in das Depot eingedrungen war noch sonst irgend einen feststellbaren Schaden verursacht hatte, kamen die beiden Wachsoldaten vor ein Kriegsgericht.

Es wirft ein bezeichnendes Licht auf den Bekanntheitsgrad des »Springenden Mannes«, daß er vor diesem Tribunal nicht nur zur Sprache kam, sondern tatsächlich als Schuld-Ausschließungsgrund akzeptiert wurde. Das Phänomen war den Militärrichtern durchaus bekannt – wenn auch nicht persönlich – und erweckte Verständnis für die unsoldatische Flucht der Beschuldigten. Sie hatten doppeltes Glück gehabt.

Etwas später im selben Jahr zeigte sich der fröhliche Springer in Newport, Monmouth, einem etwa 150 Kilometer nordwestlich von Aldershot gelegenen Ort, in aller Öffentlichkeit. Wie Batman mit seinem Cape stand er auf einem Hausdach und blickte in die darunterliegende Straße. Menschen wurden aufmerksam. Sie starrten zu der anachronistischen Figur hinauf, eine Menge versammelte sich. Diese Aufmerksamkeit schien dem Unheimlichen dann doch zuviel zu werden, denn er entfernte sich mit Riesensprüngen von Dach zu Dach.

Sein letzter offiziell dokumentierter Auftritt erfolgte 1904 in Liverpool. Ein Abgang, wie man ihn sich dramatischer kaum vorstellen kann. Am hellen Mittag vollführte er in den Straßen des Stadtzentrums seine mittlerweile berühmten Sprünge. Vor Hunderten erstarrten Passanten verschwand er mit einem letzten Supersprung über den Dächern (!) der Salisbury Street. Viele der Zeugen spürten instinktiv, daß dies das letzte Erscheinen der seltsamen Gestalt gewesen war. Damit sollten sie Recht behalten. Manche sagten, sie hätten erwartet, daß er ihnen noch einmal zuwinken würde.

Ob »Jack« mit dem Mann im weißleuchtenden Kostüm identisch war, der 1920 von mehreren Zeugen beobachtet wurde, als er in der Warrington's Housemarket Street mehrmals vom Pflaster auf das Dach und wieder zurück sprang, bis er schließlich in einem Supersprung über den Zentralbahnhof hinweg im Dunkel verschwand, ist unklar. Dasselbe gilt für die Gestalt, die 1948 in Monmouth in Südwales beim Sprung über einen Fluß nahe Watery Lane gesehen wurde.

Am 29. Oktober 1929 veröffentlichte die Londoner *Morning Post* ohne erkennbaren Anlaß einen Artikel über unseren Freund. Darin kam sie zu der Schlußfolgerung: »Der ›Springende Mann‹ ist mit Sicherheit kein normaler Sterblicher, vielleicht sogar nicht einmal von dieser Welt.« Die Fragestellung hätte der Vollständigkeit halber auf »vielleicht nicht aus *unserer Zeit*« erweitern werden müssen, doch solche Überlegungen kann man für das Jahr 1929 wohl nicht erwarten. Erstaunlich ist dennoch, daß eine Zeitschrift vom Zuschnitt der *Morning Post* ein derartig obskures Thema aufgriff, noch dazu im Jahr des großen Börsenkrachs mit seinem »Schwarzen Freitag« an der Wall Street.

Können wir den »Springenden Mann« nun mit erheblichen Vorbehalten in die Kategorie möglicher Zeitreisenden einreihen oder nicht? Darauf läßt sich klar und präzise antworten: Keine Ahnung.

Wenn wir seiner utopischen Adjustierung ebensowenig Beachtung schenken wie den rätselhaften Sprüngen (Science-Fiction-Fans würden keinen Moment zögern, auf »Antigravitationsstiefel« oder ähnliche Standardausrüstungen aus *Raumschiff Enterprise* etc. zu verweisen), so verbleibt als unumstößliche Tatsache, daß der fremdartige Springer über einen Zeitraum von *fast siebzig Jahren* sein Unwesen trieb. In dieser durchschnittlichen Lebenszeit eines Menschen schien er sich nicht zu verändern.

Natürlich könnte es mehrere »Springende Männer« geben, womit wir vom Thema Zeit unversehens in die UFO-Thematik gerutscht sind. Das wollten wir eigentlich nicht. Lassen wir den »Springenden Mann« als großes Fragezeichen im Raum stehen. Er könnte ein Zeitreisender sein, aber auch etwas ganz anderes. Eines ist er aber auf jeden Fall: ein weiterer Beweis für mysteriöse Umtriebe auf unserer Erde, der auch nicht durch verbissene Versuche entkräftet werden kann, den Springer als verkleidetes Känguruh, verrückten Zirkusartisten, wettbesessenen Adeligen oder als eine ganze Dynastie von seltsamen Spaßvögeln zu entlarven, deren groteske Aktivitäten sich über Generationen erstreckten. Der einzige, namentlich als »Jack« Verdächtige war Henry, der Marquis von Waterford, der für seine sadistischen Späße berüchtigt war. Er war nachweislich zur Zeit mehrerer Angriffe an den betreffenden Orten. Als nach seinem Tod im Jahr 1859 die Attacken von »Spring-heeled Jack« weitergingen, war der Marquis nicht länger auf der Verdächtigenliste.

Der Volksmund scheint ein besseres Gespür für das Exotische haben, hieß es doch mehr als ein ganzes Jahrhundert lang: »Sei brav, oder Spring-heeled Jack holt dich!«

Damit wieder zurück zur eigentlichen Zeitreisefrage. Gehen wir sie einmal von der Seite der Betroffenen an. Es gibt nämlich Wanderer ins Morgen oder ins Gestern, die ihre Story selbst erzählen – und durch Beweise untermauern können. Kaum zu glauben, aber hieb- und stichfest.

**Flug in die Zukunft**

Im Jahr 1935 verbrachte der spätere englische Luftmarschall Sir Victor Goddard – damals war er Wing Commander – ein Wochenende mit Freunden im schottischen North Berwick. Er hatte ein Flugzeug der *Royal Air Force* von Andover kommend geflogen, wo er stationiert war. Nun stand es am Turnhouse-Flugfeld (heute Flughafen Edinburgh). Am frühen Montag wollte er zum Dienst zurückfliegen. Es wäre ein großer Zeitgewinn gewesen, das Flugzeug von Turnhouse am Sonntag zum nahegelegenen Drem zu bringen. Sir Goddard kannte das Drem-Flugfeld aus dem Ersten Weltkrieg. Er wußte, daß es in der Zwischenzeit stillgelegt war, aber eine Landung und einen Start sollte es doch verkraften können. Gemeinsam mit der Gastgeberin, Mrs. Peploe, fuhr der Wing Commander nach Drem, um die Anlage zu inspizieren. Der Farmbesitzer, auf dessen Gebiet das Flugfeld samt Einrichtungen lag, hatte nichts dagegen. Die drei Doppelhangars und der Einzelhangar (alle in Standardbauweise des Ersten Weltkriegs) standen so da, wie Goddard sie in Erinnerung hatte. Sie befanden sich jedoch in bejammernswertem Zustand. Die Dächer waren eingebrochen. Auch der Flugplatz konnte nicht als solcher bezeichnet werden. Der Belag der Rollbahn wies riesige Löcher auf, und das Flugfeld war mit Stacheldrahtzäunen in einzelne Weideflächen unterteilt. Auf diesen graste Vieh. Das einzige, das in Drem landen und wieder aufsteigen konnte, war ein Vogel.

So kam es, daß Goddard am Montagmorgen seinen *Hawker-Hart*-Doppeldecker von Flugfeld Turnhouse in die Lüfte schwang. Seine Laune befand sich am Nullpunkt. Das Wetter war schlecht. Die Wolken hingen tief, und es regnete ziemlich. Kein angenehmer Flug in einer Maschine mit offener Kanzel, wie sie damals an der Tagesordnung waren. Zudem führte seine Route über schwieriges Bergland, und seine *Hawker* besaß weder funktechnische Navigationshilfen noch Instrumente zur Orientierung in Wolkenbänken. Trotzdem zweifelte er keinen Moment daran, daß alles glattgehen würde, wenn es auch kein Honiglekken war. Der erfahrene Pilot beschloß, seinen Kurs zwischen der untersten und der darüberliegenden Wolkenschicht zu wählen. Das war eine bewährte Praxis. Nur: Es gab diesen Korridor nicht, obgleich er hätte da sein müssen. Während er das Flugzeug höher und höher steuerte, wurden die Wolken immer massiver. Eine ungewöhnliche und unheimliche Erscheinung. In einer Höhe von 2500 Metern war ihm klar, daß die Wolken sich anscheinend bis ins Weltall erstreckten – und daß er keine Kontrolle mehr über das Flugzeug hatte. Ohne sein Zutun senkte sich die Nase des

Doppeldeckers, und er begann in Spiralen abwärtszustürzen. Der Pilot war nicht länger Herr der Lage.

In der britischen Zeitschrift *Light* schilderte Sir Victor Goddard sein Erlebnis so: »Ich konnte die Trudelbewegung verlangsamen oder beschleunigen, aber das war auch schon alles. Die ganze Zeit drehte sich die Kompaßnadel wie wild. Dagegen konnte ich auch nichts tun. Ich hatte keine Ahnung, wo ich mich befand, und verlor rapide an Höhe. Meine größte Angst war, daß ich an einem Berg zerschellen würde, den die Wolken verbargen. Als der Höhenmesser 1000 Fuß (etwa 300 Meter) anzeigte, steckte ich immer noch in dem Wolkenbrei. Seltsamerweise wurde es stetig dunkler. Die Wolken hatten eine gelbbraune Färbung angenommen, und der Regen war schon mehr eine Wasserwand. Nach wie vor ging es in Spiralen in Richtung Boden. Er war keine 100 Meter mehr entfernt, als ich eine steinerne Ufermauer mit Schienen, einer Straße und einer Esplanade wahrnahm. Das Ganze rotierte durch die Bewegung der *Hawker Hart* um mich. Einen Augenblick später befand ich mich neben der Mauer und raste direkt darauf zu. In einem Akt der Verzweiflung versuchte ich die Maschine hochzureißen. Diesmal folgte sie. Ich donnerte so knapp über die Oberkante dahin, daß ein junge Frau, die mit ihrem Kinderwagen durch den Regen lief, den Kopf einziehen mußte, um nicht von meiner Tragfläche getroffen zu werden.

Die *Hawker* gehorchte mir wieder. Nun konnte ich versuchen, meine Position zu bestimmen, und das so schnell wie möglich. Sie werden sich denken können, daß es kein ausgesprochenes Vergnügen ist, im peitschenden Regen mit 150 Meilen in der Stunde in einer offenen Maschine zu fliegen. Doppelt schwierig wurde das Ganze noch durch den Umstand, daß ich aufgrund der extrem tief hängenden Wolkendecke nicht höher gehen konnte, als sechs bis neun Meter. Es war fast so dunkel wie in der Nacht. Kurzum: ein Alptraum, dem ich schleunigst entkommen wollte. Da mein Kompaß hin- und herpendelte, entschloß ich mich zu einem Kurs parallel zur steinigen Uferböschung. Nach meiner Schätzung mußte ich so früher oder später in Sichtweite des ehemaligen Flugfeldes von Drem kommen. Nach wenigen Minuten erkannte ich die Straße nach Edinburgh und wenig später die dunklen Umrisse der Hangars von Drem. Noch während ich mich beglückwünschte, die Orientierung wiedergefunden zu haben, überflog ich die Begrenzung von Drem. Dabei geschah etwas Unerklärliches. Im einen Moment hatte ich mich inmitten eines der schlimmsten Unwetter befunden, die ich je erleben mußte, und im nächsten flog ich in einem wolkenlosen blauen Himmel. Kein Regentropfen fiel auf die unter mir befindlichen Anlagen von Drem. Sie waren vom strahlenden Sonnenlicht hell erleuchtet. Nicht nur das. Alles sah völlig anders aus, als ich es von gestern in Erinnerung hatte. Die Hangars erstrahlten im frischen Bitumenanstrich. Grasende Kühe und Schafe gab es ebensowenig wie Stacheldrahtzäune. Der Rasen des Flugfeldes war gepflegt und kurz geschnitten. Die Rollbahn wies keine Löcher auf und wirkte wie neu. Auf ihr standen vier Flugzeuge. Drei Trainingsdoppeldecker – die wohlbekannten *Avro 504N* – und ein Eindecker unbekannten Typs. Das erstaunte mich, denn zu der Zeit verfügte die RAF über keine Eindecker. Eine weitere Absonderlichkeit war die Farbe der vier Maschinen. Sie prangten in leuchtendem Gelb. 1935 gab es keine gelben Flugzeuge bei der *Royal Air Force*. Alle Maschinen waren einheitlich im Aluminium-Farbton gehalten.

Mechaniker in blauen Overalls waren eben dabei, einen weiteren Eindecker aus dem Hangar zu schieben, dem ich am nächsten war. Auch ihr Anblick irritierte mich, trugen RAF-Mechaniker doch ausschließlich khakifarbene Overalls. Blaue Overalls hatte ich noch nie gesehen. Ich überflog die Männer und den Hangar, wobei meine *Hawker* ziemlichen Lärm machte. Seltsamerweise blickte keiner von ihnen nach oben. Das fügte dem Rätsel eine weitere Facette hinzu, denn solche Manöver im Flughafenbereich waren streng verboten und würden jeden Piloten vor ein Kriegsgericht bringen. Trotzdem beachtete mich niemand.

Ich habe sicherlich noch eine ganze Reihe von Anomalien im Unterbewußtsein. Wäre alles nicht so schnell gegangen, hätte ich sie auch bewußt registriert. So kann ich meinen Gesamteindruck nur so zusammenfassen: Irgend etwas stimmte hier ganz und gar nicht. Das war nicht der Flugplatz von Drem, von dessen desolatem Zustand ich mich am Vortag überzeugt hatte. Worüber ich jetzt dahinflog, war ein erstklassiger Flugplatz mit einer speziellen Startbahn, die gestern auch noch nicht dagewesen war.

Ich hatte nur Sekunden Zeit, um diese Ungereimtheiten zu verdauen, dann war ich über Drem hinausgeflogen. Sofort verschwand der Sonnenschein. Düsternis umhüllte mich. Der widerwärtige Regen ergoß sich wieder in mein offenes Cockpit, und Windböen schüttelten meine Maschine durch. Verwirrt nahm ich Kurs nach Andover, wo ich nach einem Flug über die Berge gegen elf Uhr vormittag landete. Sie werden sich, beziehungsweise mich, jetzt fragen, warum ich mir den Weiterflug angetan habe, statt umzukehren und in Drem niederzugehen, einem Landeplatz, wie er idealer nicht sein konnte.

Die Antwort ist einfach: Ich zweifelte an meinem Verstand. Es konnte sich nur um eine Halluzination gehandelt haben, darum flog ich weiter.«

Soweit der Bericht des späteren Luftmarschalls Sir Victor Goddard, der von mehreren Luftwaffenoffizieren bestätigt werden konnte, die in der Offiziersmesse von Andover frühstückten. Goddard hatte ihnen nach seiner Landung in allen Einzelheiten von seinem Erlebnis berichtet. Besonderen Glauben fand er verständlicherweise nicht.

Mittlerweile verfügen wir über eine Reihe von Fakten, die Einbildung als Erklärung nicht länger zulassen: Kurz nach Ausbruch des Zweiten Weltkriegs entschloß sich die Führung der *Royal Air Force*, stillgelegte Flugplätze zu reaktivieren und mit modernsten Einrichtungen auszustatten. Das geschah auch in Drem, wo 1939 eine Flugschule für RAF-Piloten eingerichtet wurde. Die Übungsmaschinen waren *gelbe Avro 504N* (zahlreiche Unfälle hatten ab 1938 zu einem gelben Anstrich von Trainingsmaschinen geführt) und ein neuer Typ mit dem Namen *Miles Magister*. Sir Goddard identifizierte Jahre später den unbekannten Eindecker von Drem als eine solche *Magister*. In den Kriegstagen trugen die Mechaniker auch keine braunen Overalls mehr, sondern blaue. Vier Jahre nach seiner »Zeitreise« kam der Luftmarschall nach Drem und fühlte sich in jenen Tag des Jahres 1935 zurückversetzt. Alles war exakt so, wie er es persönlich vor sich gehabt hatte.

Das ist ein kaum zu entkräftender Fall einer Art von Reise in die Zukunft. Über ihren materiellen Aspekt kann man streiten. Die Nichtbeachtung, mit der das Personal von Drem auf die wild herumkurvende Maschine reagiert hatte, würde eher dafür sprechen, daß Goddard sich wie eine geistige Projektion im Jahr 1939 – oder später – befand. Unter diesem Aspekt hätte ihm eine Landung auch nicht viel gebracht. Jedoch empfand der Wing Commander seine Anwesenheit dort sehr wohl physisch. Er fühlte den Fahrtwind und die warmen Sonnenstrahlen, er wurde in den Sitz gepreßt, als er die *Hawker* über den Hangar zog, und hatte noch andere körperliche Wahrnehmungen. Wer sich nun in welchen Grauzonen der Realität befand, wird kaum zu klären sein. Eines aber ist evident: Eine »normale« Erklärung gibt es nicht.

Sir Victor Goddard hatte eindeutig einen Blick hinter den Schleier gemacht, der üblicherweise das Morgen verhüllt. Und wie sieht es mit Abstechern in die Vergangenheit aus?

## Zwei Ladys aus dem 20. Jahrhundert besuchen das Versailles Ludwigs XVI.

Am 10. August 1901 machten die Engländerinnen Charlotte Moberly und Dr. Eleanor Jourdain exakt einen solchen Ausflug ins Gestern. Auch dieser Fall ist exemplarisch. Er wurde von allen Seiten aufgerollt, nach Schwachstellen abgeklopft und nachgerade fanatisch zu widerlegen versucht. Bislang ist er nach wie vor ein Rätsel und war es am Tag seiner hundertsten Wiederkehr im Jahr 2001 immer noch.

Die beiden Damen besuchten die Anlage von Schloß Versailles. Nachdem sie den prunkvollen Riesenpalast von Ludwig XIV. bestaunt hatten, wollten sie zum »Petit Trianon« spazieren. Sie waren das erste Mal in Versailles, und so verfehlten sie den direkten Weg zu dem Schlößchen, das einmal der bevorzugte Sommersitz von Königin Marie Antoinette gewesen war. Plötzlich befanden sie sich auf einem dunklen, schattigen Gartenweg. Unsicher gingen sie weiter und kamen wieder ins Freie. Zu ihrem Erstaunen sahen sie einige verfallene landwirtschaftliche Gebäude, vor denen ein verrosteter Pflug stand. Dann kamen sie zu einem kleinen Haus aus Stein, vor dem eine Frau einem jungen Mädchen eben einen Krug reichte. Die altmodische Kleidung dieser Menschen verwunderte die beiden Engländerinnen. Zwei distinguiert wirkende Herren kamen ihnen entgegen. Auch ihre Bekleidung war aus fernen Tagen: Sie trugen lange grüngraue Röcke sowie Dreispitze auf den Köpfen und schwangen verspielte Spazierstöcke. Möglicherweise waren sie Gärtner, denn in der Nähe standen Gartengeräte sowie ein Karren und ein Pflug. Jedoch strahlten die Männer dafür zuviel Autorität aus.

Miß Moberly und Jourdain fragten die Herren in perfektem Französisch nach dem Weg. Die Angesprochenen wiesen auf einen kleinen Musikpavillon in Rundbauweise, auf dessen Stufen ein Mann mit einem schweren schwarzen Mantel und einem Schlapphut saß. Sein Antlitz war dunkel und pockennarbig. Er wirkte irgendwie furchterregend. Die beiden englischen Ladies beschrieben seinen Gesichtsausdruck später als »bösartig und seltsam leer«. Zögernd hielten sie in einiger Entfernung vor dem kleinen Gebäude an und wagten sich nicht näher. Als sie so dastanden, hörten sie hastige Schritte hinter sich. Ein junger Mann erschien. Auch er trug einen dicken Mantel und einen breiten Hut sowie Schnallenschuhe. An ihm war jedoch nichts Unheimliches. Er machte den Eindruck eines perfekten Gentleman.

In einem altertümlichen Französisch wies er den Besucherinnen den Weg zum »Petit Trianon«, das er allerdings »La Maison« nannte, wie es auch Marie Antoinette zu tun pflegte. Bei aller Liebenswürdigkeit wirkte er aufgeregt und in Eile. Kaum hatte er die Information gegeben, stürmte er davon.

Nach seinen Direktiven gingen Miß Moberly und Jourdain über eine kleine Brücke, die eine schmale Schlucht überspannte. Sie gelangten in einen Garten, der an eine englische Landschaft erinnerte. Nun sahen sie das »Petit Trianon«. Die Fenster waren mit Läden verschlossen. Auf der Terrasse saß eine blonde Frau in mittleren Jahren, die an der Zeichnung einer Baumgruppe arbeitete. Sie trug ein leichtes Sommerkleid und einen breitkrempigen Hut. In dem Moment kam der junge Mann herbeigeeilt, der den Engländerinnen höflich, aber hastig den Weg gewiesen hatte. Er verbeugte sich tief vor der Malerin und erstattete offensichtlich eine Meldung.

Die beiden Touristinnen wollten das Schlößchen von innen besichtigen. Sie gingen um den Westflügel herum bis zu einer Terrasse, von der aus ein Zugang möglich war. Aus einem Nebengebäude des »Petit Trianon« trat ein Bediensteter. Mit zuvorkommender Miene erklärte er, der Zugang zu »La Maison« wäre durch den Hof auf der anderen Seite der Küche möglich, und bot sich an, die Damen zu geleiten. Als sie ihr Ziel erreichten, verließ er sie. Die Engländerinnen mischten sich unter eine französische Hochzeitsgesellschaft, die dort ausgelassen feierte. Nach einiger Zeit machten sie sich wieder auf den Rückweg. Irgendwo überschritten sie eine unsichtbare Trennlinie und befanden sich wieder im Jahr 1901, ein Vorgang, der ihnen damals nicht bewußt war.

Sehr wohl bewußt war ihnen allerdings der Umstand, daß sich etwas Seltsames zugetragen haben mußte. Was genau, hätten sie nicht anzugeben vermocht. Auf jeden Fall brachten sie ihr Erlebnis zu Papier. Die Ladys neigten weder zur Hysterie noch zu Einbildungen. Sie waren im Gegenteil echte Britinnen mit kühler Beobachtungsgabe und konnten sich präzise ausdrücken. Charlotte Moberly, die ältere der beiden, war 15 Jahre lang Vorsteherin von *St. Hugh's Hall* gewesen, dem späteren College an der Universität Oxford. Dr. Eleanor Frances Jourdain war ihre Nachfolgerin und leitete zudem eine Privatschule nahe London. Ihre getrennt niedergeschriebenen Berichte waren exakt, detailgenau und leidenschaftslos. Was darin festgehalten ist, gehört nach wie vor zu den ungelösten Rätseln unserer Zeit und über die Zeit.

In den darauffolgenden Jahren machten die beiden Damen, einzeln und gemeinsam, eine Reihe von Reisen nach Versailles, um der Sache auf den Grund zu gehen. Die Diskrepanzen zwischen ihrem Erlebnis und den

Gegebenheiten, die sie nun antrafen, verblüfften sie. Baufällige, viele Jahre nicht geöffnete Gitter blockierten die Pfade, auf denen sie ungehindert gegangen waren. Das Steinhaus, der Rundpavillon und die kleine Brücke gab es nicht. Vor der Terrasse mit der zeichnenden Frau erstreckte sich keine weite, gepflegte Gartenanlage, sondern eine kiesbestreute Auffahrt. Wo die Frau gesessen hatte, breitete sich ein Rhododendron-Gebüsch aus. Die Einsamkeit, die sie bei ihrem Spaziergang umfangen hatte, war hektischer Betriebsamkeit gewichen. Besuchergruppen lärmten zuhauf, überall standen Verkaufsstände und Gartenstühle. Mehr und mehr drängte sich der bizarre Verdacht auf, sie könnten sich *in der Vergangenheit* befunden haben.

Wann immer ihr Beruf ihnen Zeit dafür ließ, setzten die Ladies ihre Forschungen mit unermüdlicher Energie fort. Dabei wurden sie Expertinnen für diese Epoche der französischen Geschichte, von der sie vorher nicht besonders viel gewußt hatten. Sie fanden heraus, daß Grün eine der Farben der längst verschwundenen königlichen Livreen gewesen war. Die beiden Herren mit den Spazierstöcken dürften demnach tatsächlich keine Gärtner gewesen sein, sondern relativ hochgestellte Hofbedienstete. Pflüge, wie ihnen einer aufgefallen war, wurden schon lange nicht mehr verwendet. Ein Exemplar aus der Regierungszeit von Ludwig XVI. und Marie Antoinette gab es noch. Es war identisch mit dem gesehenen Pflug. Uralte Karten, Bilder und Stiche der Gärten zeigten jene verschwundenen Anlagen, in denen die beiden Engländerinnen herumgewandert waren. Während der Französischen Revolution waren sie dermaßen verwüstet worden, daß sie praktisch nicht mehr existierten. Die Türe, durch die der Bedienstete auf sie zugetreten war, ließ sich seit vielen Jahren nicht mehr öffnen. Die Treppen und Durchgänge hinter der Türe waren zerstört und völlig unbenutzbar. Nachdem sie alle Schlußfolgerungen selbstkritisch Punkt für Punkt überprüft hatten, veröffentlichten sie ihr Zeitreiserlebnis und das Ergebnis ihrer Untersuchungen 1911 unter dem Titel *An Adventure*. Mehr brauchten sie nicht, um Ziel von Hohn und Spott zu werden. Seither ist die Reihe der »Entlarvungsversuche« nicht abgerissen. Sie dauern immer noch an und sind nach wie vor nicht von Erfolg gekrönt. Zu befriedigenderen Resultaten kamen hingegen Analysen, die nicht a priori von der Unmöglichkeit des Berichteten ausgingen.

In den 1970er Jahren durchleuchtete der Autor Arnold O. Gibbons den Fall in seinem objektiv gehaltenen Buch *The Trianon Adventure* nach allen Regeln der Kunst. Bei seinen Recherchen beförderte er weitere historische Tatsachen ans Tageslicht, die Miß Moberly und Jourdain ebenso unbekannt gewesen sein mußten, wie die Fakten, auf die sie bei ihren eigenen Erkundungen gestoßen waren. Damit wurden konstruierte Erklärungsversuche (wie z. B. die Engländerinnen wären einer Touristenattraktion aufgesessen oder versehentlich in eine Theateraufführung geraten) ein für alle Mal ad absurdum geführt.

Gibbons und seine Mitarbeiter brachten das detektivische Kunststück zustande, einige der Personen, mit denen die beiden Frauen gesprochen hatten, zweifelsfrei zu identifizieren. Beispielsweise Claude Richard und seinen Sohn Antoine. Beide waren Obergärtner des »Petit Trianon« gewesen. Richards Tätigkeit fiel in die bewegte Zeit von 1765 bis 1795. Sein beherztes Eingreifen hatte die Gebäude vor der Zerstörung durch den revolutionären Mob bewahrt. Der narbige Mann mit der beunruhigenden Ausstrahlung konnte kein anderer als Graf de Vaudreuil sein.

Die minutiöse Rekonstruktion erlaubte eine ziemlich verläßliche Schätzung des Datums, an welches Miß Moberly und Jourdain in der Zeit zurückversetzt worden waren. Es handelte sich um den 5. Oktober 1789, den letzten Tag, den Marie Antoinette in ihrem geliebten Schlößchen verbringen sollte. Mit Sicherheit war die aus Österreich stammende Monarchin die zeichnende Frau. Die Botschaft, die ihr der eilige Page überbrachte, dürfte eine Warnung gewesen sein, verbunden mit dem Vorschlag, sich sofort zum »Grande Trianon« zu begeben, wo sie in Sicherheit sein würde.

Der bekannte britische Autor Colin Wilson (Verfasser des Standardwerkes *Das Okkulte*) räumt dem Abenteuer der beiden Ladies in seinem Buch *Mysteries* breiten Raum ein. Für ihn ist es ein primär lokales Phänomen, eine Wechselwirkung zwischen einem spezifischen Ort und bestimmten Personen. Als Indiz für diese Hypothese betrachtet er die gelegentlichen Abweichungen in den Schilderungen der Engländerinnen (beispielsweise nahm Miß Moberly die Frau nicht wahr, die dem jungen Mädchen den Krug gereicht hatte). Völlig befriedigend ist sie allerdings nicht, da es sich beim »Trianon-Abenteuer« um weit mehr als um eine Art Fata Morgana aus der Vergangenheit gehandelt haben muß. Schließlich reagierten die Menschen aus dem Gestern auf die Besucher aus der Zukunft und umgekehrt. Man sprach miteinander, und die Damen befolgten Richtungshinweise, die sie über eine durchaus materielle Brücke gehen ließen, die eigentlich nicht da war. Das scheint mir kaum der Stoff zu sein, aus dem Visionen gestrickt werden.

Auf jeden Fall zitiert Wilson als Resümee den Evolutionisten Professor Dr. C. E. M. Joad, der während des Zweiten Weltkrieges dem berühmten BBC-Brain-Trust-Team angehörte. Besagter Wissenschaftler setzte sich in seinem Buch *Guide to Modern Tought* mit der Versailles-Episode auseinander und meint dazu unter anderem: »Mehr und mehr scheint es sich zu beweisen, daß die menschliche Auffassung von der Zeit als Einbahnstraße reine Illusion ist.«

Eine Ansicht, der man sich wohl nur anschließen kann.

## Regelmäßige Präkognitionsexperimente und das »Zentrale Vorausahnungs-Register«

Interessanterweise und wenig bekannt hat die Wissenschaft sich Joads Ansicht längst angeschlossen. Präkognitionstests gehören seit mehreren Jahrzehnten zu den Standardversuchen an Universitätsinstituten mit »seriösen« Forschungsrichtungen wie Psychologie oder Statistik – Pragmatismus des Unerklärlichen.

Harold E. Puthoff und Russel Targ, zwei Laserphysiker vom renommierten *Stanford Research Institute* (SRI) in Kalifornien, führten seit dem Ende 1970er Jahre regelmäßig Experimente durch, bei denen Testpersonen Zielorte, Gegenstände und vieles anderes nennen sollten, *bevor* diese von jemand anderem *willkürlich* ausgewählt wurden. Die Trefferquoten sind signifikant.

Den Vogel schießt zweifellos das Central Premonitions Registry – CPR (Zentrales Vorausahnungs-Register) ab. Es wurde von Wissenschaftlern in New York zur Registrierung von Präkognitionen eingerichtet. Im Interesse sachlicher Forschung finden persönliche Voraussagen keine Berücksichtigung. Festgehalten werden nur Prophezeiungen über Vorkommnisse, die Aufmerksamkeit in der Öffentlichkeit erregen. Die Präkognitionen müssen *vor* dem Ereignis *schriftlich* vorliegen und exakt genug sein, um zufällige Übereinstimmungen auszuschließen. Erstaunlicherweise sind Hunderte von Meldungen beim CPR eingegangen, die diese rigiden Forderungen erfüllen. Unter ihnen nimmt das originelle Telegramm einer Mrs. Katherine Sabin aus San Diego eine Sonderstellung ein. Sie sandte es am 5. Oktober 1968 an das *Central Premonitions Registry* ab. Ihre Voraussage war, gelinde gesagt, bizarr. Sie lautete: »In San Diego kommt es im Oktober oder November zu einem Angriff ausländischer Mächte.«

Absurder ging es wohl kaum. Wer sollte die kalifornische Hafenstadt San Diego attackieren und sich mit dem dort stationierten starken Kontingent der US-Marine anlegen? Tatsächlich steuerte vor San Diego im

November 1968 ein mexikanisches Schiff ein US-Thunfischerboot an und feuerte eine Salve 50kalibriger Geschosse über den Bug des Bootes hinweg. Gegen alle Erwartungen hatte eine ausländische Macht einen feindseligen Akt provoziert.

Die Wirklichkeit erwies sich wieder einmal verrückter als jede Phantasie und die Zeit in der Tat als keine Einbahnstraße. In ihr sind wir kreuz und quer herumgereist. Das sollte genügen.

Das Gebäude einer größeren Realität hat ein weiteres Stockwerk erhalten. Also können wir den Bau fortsetzen. Dazu muß abermals ein wesentlicher Bestandteil unserer Weltsicht hinterfragt, korrigiert und vielleicht von Grund auf neu definiert werden. Nun ist *das Wesen des Lebendigen* an der Reihe …

# TEIL II

# Rätsel des Lebendigen

## Wunderwesen Mensch: Frei von den Banden der Materie

*»Das global im Raum und in der Zeit vorhandene Bewußtsein ist die verborgene Variable, die alles ordnet.«*
Dr. Nick Herbert, Quantenphysiker

### Die doppelte Lehrerin

Die attraktive, hochqualifizierte französische Sprachlehrerin Mademoiselle Emilie Sagée aus Dijon hatte in 16 Jahren 18 Mal ihre Lehrstelle verloren. Wie ein Wanderpokal zog sie im 19. Jahrhundert durch die Unterrichtsstätten Europas. An einem Mädchenpensionat im damaligen Ort Neuwelcke in Livland, das 1918 zwischen Estland und Lettland aufgeteilt wurde, 65 Kilometer vom lettischen Riga entfernt, hatte sie schließlich wieder eine Anstellung erhalten. Das Glück sollte nicht lange währen. Im Jahre 1845 – Emilie war eben 32 Jahre alt geworden – kündigte die Schulleitung ihren Vertrag nach erst eineinhalb Jahren Lehrtätigkeit.

Das Direktorium tat dies nur sehr ungern. Rektor Buch fällte diese Entscheidung mit äußersten Widerwillen, denn die junge Lehrerin machte ihre Sache ausgezeichnet. Niemand vor ihr hatte es fertiggebracht, den jungen Mädchen ein so fundiertes Wissen zu vermitteln. Trotzdem mußte man sie gehen lassen. Die Eltern der Schülerinnen bestanden darauf. Als erste Beschwerden nicht fruchteten, begannen sie, ihre Kinder aus der Schule zu nehmen. Nun mußte sich die Schulleitung wohl oder übel fügen. Emilie Sagée war zum 19. Mal arbeitslos.

Wodurch hatte sie diese Ablehnungsfront ins Leben gerufen? Machte die junge Französin die wohlbehüteten Töchter aus gutem Haus mit den Unsitten des dekadenten Westeuropa bekannt, oder konnten ihr andere Verfehlungen zur Last gelegt werden? Was man herkömmlich als Verfehlung bezeichnet, hatte sie sich nicht zu Schulden kommen lassen. Ihr »Delikt« bestand schlicht und einfach in der grotesken Tatsache, daß sie regelmäßig *in zweifacher Ausführung* auftrat.

Vor der entsetzten Klasse standen zwei Emilies Schulter an Schulter an der Tafel oder aßen in harmonischem Zweiklang ihre Frühstücksbrote. Gelegentlich setzte sich eine von ihnen nieder und betrachtete die andere gelangweilt. Hin und wieder trennte sich das unheimliche Doppel. Eine der jungen Frauen wanderte durch die Gänge der Schule oder schlenderte ins Freie, während die andere den Unterricht weiterführte, als sei nichts geschehen. Einmal half die Lehrerin der Schülerin Antoinette de Wrangel mit ihrem Kleid. Dabei sah das Mädchen in einen Spiegel und entdeckte eine zweite Mademoiselle Sagée, worauf sie ohnmächtig zu Boden sank. Ein anderes Mal trafen einige Schülerinnen die junge Lehrerin beim Blumenpflücken an. Da es ein warmer Sommertag war, fragten sie, ob der Unterricht vielleicht im Freien stattfinden könnte. Emilie stimmte dem zu und wollte die Einwilligung der Direktorin einholen. Seltsamerweise saß eine zweite Emilie Sagée währenddessen in der Handarbeitsklasse.

Als sich diese Vorfälle zu häufen begannen, bekam die Öffentlichkeit Wind davon. Mehr und mehr Eltern holten ihre Kinder mitten im Jahr aus dem Internat. Damit war das Schicksal der »doppelten Lehrerin« besiegelt. Sie zog zu ihrer Schwägerin, wo sie sich einige Zeit aufhielt. Danach verliert sich ihr Weg im Dunkel der Geschichte.

Der Fall Emilie Sagée wurde von dem amerikanischen Para-Forscher walisischer Abstammung Robert Dale Owen genau recherchiert und ausführlich dokumentiert. Zahlreiche Detailinformationen erhielt er von der Baronesse Julie von Güldenstubbe, die zu Mademoiselle Sagées aristokratischen Schülerinnen gehört hatte. Die Baronesse wußte unter anderem davon, daß Emilies Doppelnatur in ihrer Familie wohlbekannt war. Speziell die Schwägerin fand nichts mehr dabei, daß sich von Zeit zu Zeit die Zahl ihrer Logiergäste von eins auf zwei verdoppelte, wenn Emilie bei ihr weilte. Auch ihre beiden Kinder sprachen immer von »zwei Tanten Emilie«. Owen, der später Kongreßmitglied wurde, berichtet in seinem 1859 erschienenen Buch *Footfalls on the Boundary of Another World* (*Schritte an der Grenze zu einer anderen Welt*) über seine

Gespräche mit Julie über den Fall von Emilie. Auch der berühmte französische Astronom Camille Flammarion berichtete über den kuriosen Fall, ebenso der russische Physiologe und Schriftsteller Alexander Aksakow in seinem 1890 in Leipzig erschienenen Buch *Animismus und Spiritismus*. In den 1970er Jahren wurde das Rätsel Emilie Sagée von der BBC in der Serie *Leap in the Dark* (*Sprung ins Dunkel*) in Form einer Spieldokumentation präsentiert.

## Erkson Goriques Vorläufer

Doppelgänger-Phänomene ereignen sich immer wieder. Beispielsweise mußte der New Yorker Importeur Erkson Gorique verblüfft feststellen, daß sein zweites Ich ihm vorausgereist war. Im Jahre 1955 wollte Gorique nach Norwegen expandieren. Er war noch nie in diesem nördlichen Land gewesen, versprach sich aber gute Chancen, da er interessante Produkte anzubieten hatte und die Sprache beherrschte. Die erste Überraschung erwartete den Amerikaner im Juni 1955 bereits im Hotel in Oslo. Der Empfangschef gab seiner Freude darüber Ausdruck, Mr. Gorique so schnell wiederzusehen. Erkson, für den der Mann und das Hotel neu waren, glaubte an eine Verwechslung. Eine seltsame Verwechslung allerdings. Wenig später wußte er nicht mehr, was er glauben sollte. Ein Großhändler namens Olsen und andere sprachen gleichfalls von einer vorhergegangenen Begegnung. Nun dachte der Geschäftsmann aus den Staaten an ein Betrugsmanöver. Irgendwer mußte ihn imitiert haben, doch wozu? Der mysteriöse Doppelgänger hatte weder Geld noch andere Vorteile erschlichen, sondern im Gegenteil den Weg für den »echten« Gorique geebnet. – Ein anderer Doppelgänger wurde sogar zum Entlastungszeugen bei einem Strafprozeß.

## Verdoppelung als Freispruchsgrund

Diese bizarre Verhandlung fand am 8. Juli 1896 vor einem Gericht von New York City statt. Ein William McDonald wurde beschuldigt, in ein Haus in der Second Avenue eingebrochen zu sein. Leugnen nützte ihm nichts, denn sechs Zeugen identifizierten ihn eindeutig als den Mann, den sie beim Einpacken von Diebesgut in flagranti überrascht hatten. Der Täter konnte zwar flüchten, wurde aber aufgrund der Personenbeschreibung wenig später festgenommen. Eine klare Sache, doch nur bis zur Aussage des Zeugen Professor Dr. Wein.

Dieser Arzt war kein Unbekannter, da er von Zeit zu Zeit öffentliche Hypnoseexperimente durchführte. Seine Integrität stand außer jeder

Frage. Zudem konnte er einige hundert weitere Zeugen benennen: Die Zuschauer eines Theaters von Brooklyn, das acht Kilometer vom Tatort entfernt war. Auf dessen Bühne hatte Professor Wein einen Freiwilligen zum Zeitpunkt des Einbruchs in Trance versetzt. Dieser Mann aus den Publikum war niemand anderer als der angeklagte William McDonald. Der Mediziner erinnerte sich ganz genau an McDonald, da er sich als besonders empfänglich für die Hypnose erwiesen hatte. Den Zuschauern ging es nicht anders. Pattstellung.

»Wäre es denkbar«, wollte ein Rechtsanwalt wissen, »daß der Geist dieses Mannes möglicherweise im Zustand der hypnotischen Trance herumwanderte?«

Der Professor antwortete, er halte dies für durchaus möglich. Da alle Zeugen die Wahrheit gesagt hatten, mußte der Beschuldigte freigesprochen werden. Eine Verurteilung mit der Begründung, ein Mann habe seinen feinstofflichen Leib ausgesandt, um etwas zu stehlen, während sein Körper ganz woanders weilte, wäre mit Sicherheit aufgehoben worden. Von den höhnischen Kommentaren der skeptischen Presse ganz abgesehen.

## Out-of-Body-Erlebnisse

Wie man nicht nur am Fall McDonald erkennen kann, dürfte es sich beim Doppelgänger-Phänomen und bei den Astralreisen, die heute Out-of-Body-Erlebnisse (OOB) genannt werden, um zwei Seiten *einer* Medaille handeln. Es ist bezeichnend, daß die vom Unglück verfolgte Emilie Sagée bei der Schulleitung angab, sie könnte sich durch Willenskraft verdoppeln. Auf die Frage, warum sie dies vor den Internats-Zöglingen getan habe, rechtfertigte sie sich: »Um die Disziplin zu stärken. Die Mädchen sollten sich nicht unbeobachtet fühlen.« Vor der Entlassung konnte diese Verantwortung Emilie jedoch nicht bewahren.

Der astrale Doppelgänger hat heimlich, still und leise, nicht selten mit neuen Etikettierungen (»Alter Ego« etc.), sowohl seinen Platz in der Literatur gefunden (beispielsweise bei Goethe) als auch Einzug in die Psychologie gehalten (man denke an C. G. Jungs »Schatten«). Seine Wurzeln reichen allerdings viel weiter in die Vergangenheit zurück.

Die Vorstellung, daß wir einen zweiten, geistigen Körper haben, der manchmal von anderen wahrgenommen werden kann, ist so alt wie die Menschheit. 1978 zeigte eine völkerkundliche Studie von Dan Sheils, daß es bei 57 von 60 unterschiedlichen Kulturen den traditionellen Glauben gibt, ein Teil der Persönlichkeit sei unabhängig und könne sich vom stofflichen Körper lösen. Diese Überzeugung ist die *einzige* Übereinstimmung.

In Burma wird der Geistkörper »Schmetterling« genannt, während das südamerikanische Volk der Bacairi vom »andadura« spricht, dem Schatten, der seine materielle Hülle abstreifen kann. Für das afrikanische Volk der Azande hat jeder Mensch zwei Seelen. Eine davon, man nennt sie »mbisimo«, verläßt den Körper während des Schlafs. Sie erlebt eigenständige Abenteuer und trifft mit ihresgleichen zusammen. Nach den Vorstellungen der Azande bewohnt die Menschheit unseren Planeten in zwei Formen: einer körperlichen und einer astralen.

In Schottland und Norwegen ist der »Vardögr«, der nichtkörperliche »Vorläufer«, ein alter Bekannter. Bei ihm handelt es sich um eine astrale Projektion, die uns vorhergeht. Das Erlebnis von Erkson Gorique ist ein geradezu klassischer Vardögr-Fall.

Der Osloer Physikprofessor W. Wereide scheute sich nicht, offen auszusprechen, es sei in Norwegen eine fast alltägliche Erscheinung, daß die Ankunft einer Person durch einen Vardögr angekündigt wird. Man hört, wie er die Haustüre aufschließt, die Treppe heraufkommt und alle anderen Handlungen vorwegnimmt, die der Erwartete üblicherweise beim Nachhausekommen ausführt. Untersuchungen haben gezeigt, daß die Vardögr-Geräusche beginnen, wenn der Betreffende sich auf den Weg macht oder sich dazu entschließt. Es gibt eine große Zahl von Fällen, in denen dieses Phänomen mit solcher Regelmäßigkeit und Verläßlichkeit auftritt, daß Hausfrauen sich mit dem Zubereiten der Mahlzeit danach richten.

Den OOB-Erscheinungen wird seit langem von Forschern zahlreicher Disziplinen aus den unterschiedlichsten Motiven heraus nachgegangen. Nicht selten ist die Zielsetzung hinter den Recherchen der Wunsch, die ganze Sache ins Reich der Einbildung zu verweisen. Das Unter-den-Teppich-Kehren ist allerdings nicht ganz einfach. Immerhin archivierte bereits 1886 Edmund Gurney 350 einschlägige Fälle. Ab dem 20. Jahrhundert türmen sich die einschlägigen Unterlagen geradezu.

Von 1961 bis 1978 füllte der Engländer Dr. Robert Crookall neun Bücher mit Tausenden von Fällen. Der südafrikanische Biologe Dr. John C. Poynton von der Universität Natal forderte die Leser einer Zeitschrift auf, über persönliche Astralreisen zu berichten. Darauf ging eine Flut von Zuschriften ein, aus denen Poynton 122 ernstzunehmende Vorfälle herausfilterte. Dieselbe Vorgehensweise der englischen Mathematikerin Celia Green führte im Jahre 1968 schlußendlich zu 326 glaubwürdigen Berichten. Dr. J. H. M. Whitman stellte 1956 nach der Analyse von 550 von ihm gesammelten und veröffentlichten Fällen jeden mystischen oder halluzinatorischen Effekt in Abrede. Er begründete dieses mutige Urteil mit dem Hinweis, daß die betreffenden Personen von ihren astralen Ausflügen Informationen mitgebracht hatten, über die sie normalerweise nicht verfügen konnten.

Großangelegte Erhebungen, darunter die bedeutende Untersuchung von Professor Hornell Hart vom soziologischen und anthropologischen Institut der Duke-Universität in Durham im US-Bundesstaat North Carolina, erbrachten die unglaubliche Tatsache, daß zehn Prozent der Bevölkerung in den meisten Zivilisationsländern außerkörperliche Erlebnisse gehabt haben oder regelmäßig haben. Noch frappierender ist eine Studie, die der Psychiater Fowler Jones von der Universität Kansas 1982 durchführte. Um einen absolut repräsentativen Bevölkerungsquerschnitt zu erhalten, wählte er 420 Testpersonen nach dem Zufallsprinzip aus und stellte jedem einzelnen die Frage, ob er außerkörperliche Erfahrungen gemacht habe. Unglaubliche 339 Personen aus dieser Gruppe bejahten dies.

Das klingt alles ganz überzeugend, aber auch der Hohlweltlehre und dem geozentrischen System kann man gewisse Plausibilität nicht absprechen. Am besten ist, wie immer, der praktische Beweis.

Gibt es OOB-Fälle, die *greifbare* Resultate produzierten? Es gibt sie, und das nicht zu knapp. Zwei wollen wir herausgreifen, und zwar – im Interesse der Ausgewogenheit – einen von geradezu trivialer Alltäglichkeit (schließlich hat auch der vielgeschmähte Alltag seine phantastischen Seiten) und einen spektakulären.

## Das gefundene Buch

Der amerikanische Physiker Michael Talbot berichtet in seinem Buch *Beyond the Quantum* von einem eigenen OOB-Erlebnis in seiner Jugend, das ich komprimiert wiedergeben möchte. So schildert er es:

»Eines Nachts hatte ich einen ungewöhnlich lebhaften Traum. Ich schwebte über meinem Körper und blickte auf mich selbst hinunter. Das war irgendwie bestürzend, denn diese Wahrnehmung, wie auch mein Schlafzimmer, wirkten absolut real und vertraut. Gar nicht wie in einem Traum.

Ich beschloß, das Beste daraus zu machen und körperlos herumzugeistern. Also schwebte ich ins Wohnzimmer. Die ganze Zeit hindurch erstaunte es mich, daß dieser Erfahrung nicht die losgelöste Qualität eines Traums anhaftete. Im Gegenteil. Nichts war schemenhaft, verschwommen oder irreal. Jeder einzelne Gegenstand, jedes Möbelstück und auch sonst alles, befanden sich am richtigen Platz. Es war, als würde ich tatsächlich durch das Haus wandern.

Das Gefühl des Schwebens war so glückhaft, daß ich die Ungereimtheiten beiseite ließ und einfach weitermachte. Als ich so wie ein Fisch durch die Luft schwebte, trieb ich auf eines der großen Aussichtsfenster zu. Ehe ich den Kurs wechseln konnte, glitt ich mühelos einfach hindurch und befand mich im Freien. Ich blickte über meine Schulter, um zu sehen, ob ich das Fenster beschädigt hatte. Es war völlig intakt. Das verwunderte mich. Verwirrt schwebte ich weiter. Dabei blickte ich hinunter auf das feuchte Gras. Plötzlich sah ich das Buch.

Ich ging tiefer, damit ich den Titel lesen konnte. Es war eine Kurzgeschichtensammlung von Guy de Maupassant, die aus dem 19. Jahrhundert stammte. Natürlich kannte ich den Namen des berühmten französischen Autors. Er hatte mich allerdings nie sonderlich interessiert, so daß ich mir nicht erklären konnte, welche Bedeutung seine Anthologie für mich haben sollte.

Bekanntlicherweise geben einem Träume gelegentlich Hinweise, wenn auch zumeist in symbolhaft verschlüsselter Form. Derartiges konnte hier nicht der Fall sein. Andererseits erblickte ich im unmotivierten Auftauchen des Buches jene für Träume charakteristische Absurdität, die ich bisher vermißt hatte. Mit dieser Erkenntnis endete mein nächtlicher Außerkörperausflug. Meine nächste Erinnerung war das Erwachen am Morgen.

Als ich etwas später auf dem Weg zur Schule war, kam ich mit der Nachbarin ins Gespräch. Sie erzählte mir, sie sei im Wald nahe bei unserem Haus spazierengegangen. Dabei hätte sie ein Buch aus der Leihbücherei verloren. Das war ihr sehr unangenehm, denn es handelte sich um eine ziemlich wertvolle Kurzgeschichtensammlung von Guy de Maupassant aus dem vorigen Jahrhundert. Sie fragte mich, ob ich das Buch bemerkt hätte. Meine Verblüffung war grenzenlos. Damit sie den Grund dafür verstand, erzählte ich ihr von meinem ›Traum‹. Ohne Umweg gingen wir gemeinsam zu der Stelle, wo ich das Buch aus der Vogelperspektive gesehen hatte. Genau dort lag es auch.

Für mein Erlebnis gibt es mehrere Erklärungen. Die für mich wahrscheinlichste ist jene, daß mein Bewußtsein oder ein Teil davon meinen Körper im Schlafzustand verließ und ich das Buch tatsächlich sah. Damals kam mir zum ersten Mal die beunruhigende und wissenschaftlich unerhörte Idee, das Bewußtsein und alle Empfindungen und Wahrnehmungen, die als ›das Ich‹ definiert werden, könnten nicht in dem Maße mit dem biologischen Gehirn verbunden sein, wie ich dies bisher angenommen hatte.«

Eine verblüffende Sache, aber vielleicht doch »nur« eine groteske Verknüpfung unglaublichster Zufälle. Beim OOB-Fall Nummer zwei (dem spektakulären) muß jedoch selbst der bis zum Äußersten strapazierte Zufall kapitulieren.

## Die schriftliche Botschaft des Astralreisenden

Im Jahr 1828 war ein britisches Schiff aus Liverpool schon einige Wochen in den eisigen Gewässern des Nordatlantik unterwegs. Eines Tages entdeckte der erste Maat Robert Bruce einen Fremden in der Kapitänskajüte. Der Unbekannte schrieb etwas auf die Tafel. Bruce wußte, daß der Mann kein Besatzungsmitglied war, also hielt er ihn für einen blinden Passagier. Er eilte davon, um den Kapitän zu holen. Als die beiden in die Kajüte zurückkehrten, war da niemand. Nur noch die Nachricht des Besuchers. Sie lautete: »Nehmen Sie Kurs Nordwest.«

Das Schiff wurde von oben bis unten durchsucht. Kein blinder Passagier war zu finden. Daraufhin ließ der Kapitän die gesamte Mannschaft antreten und jeden die Nachricht schreiben. Keine der Handschriften wies auch nur die geringste Ähnlichkeit mit jener der geheimnisvollen Botschaft auf. Das Vorkommnis war so befremdlich, daß der Kapitän beschloß, der Aufforderung zu folgen. Das Schiff, das nach Neuschottland unterwegs gewesen war, änderte seine Richtung auf Nordwest.

Bald nach der Kursänderung entdeckte der Ausguck ein weiteres Schiff. Es steckte im nordatlantischen Eis fest. Auf sich gestellt wären das eingeschlossene Schiff und alle Männer an Bord verloren gewesen. Da nun unerwartet Hilfe eingetroffen war, konnten die im Eis Gefangenen gerettet werden. Besatzung und Passagiere setzten auf das britische Schiff über. Dabei fiel Bruce ein Mann auf, der dem geheimnisvollen Schreiber wie aus dem Gesicht geschnitten war. Man ersuchte ihn um eine Schriftprobe. Diesmal waren beide Schriftzüge identisch.

Der Mann erzählte, er sei eingeschlafen, nachdem sein Schiff im Eis festgefahren war. Sein Traum hatte ihn an einen anderen Ort geführt, und nach dem Erwachen wußte er, daß Rettung unterwegs war …

## Durch Folter aus dem Körper getrieben

Zu außerkörperlichen Erlebnissen kommt es in den unterschiedlichsten Zusammenhängen und aus den mannigfaltigsten Anlässen. Ihre Erscheinungsformen variieren ebenso wie die Auslösemechanismen. Wer hätte beispielsweise gedacht, daß Folter ein solcher Auslöser sein könnte?

Es ist wohl eine der bedauerlichsten Tatsachen, daß rings um die Welt Tag für Tag zahlreiche Seelen menschliche Körper während einer Tortur verlassen, weil der Unglückliche die Schinderei nicht überlebt. Seit dem 11. September 2001 auch in den Foltergefängnissen, die von oder im Auftrag des »größten Demokratiebringers« aller Zeiten betrieben werden. Bei Ed Morrell würden die Folterknechte unserer Tage allerdings ebenso versagen wie ihre Kollegen am Anfang des 20. Jahrhunderts.

Der glühende Antikapitalist und Buchautor Morrell, den Jack London so sehr bewunderte, daß er ihn zum Helden seines 1915 erschienenen letzten Romans *The Star Rover* (*Die Zwangsjacke*) machte, legte sich in jüngeren Jahren immer wieder mit der Staatsgewalt an. Dadurch lernte er so manches amerikanische Gefängnis von innen kennen.

In seinem Buch *The Twenty-Fifth Man* beschreibt Morrell eine verblüffende Erfahrung aus seiner Haftzeit. In seinen Tagen machte man mit widerspenstigen Häftlingen nicht viel Federlesens. Durch Folter wurden sie meist schnell wieder kooperativ. Diesen »Erziehungsprozeß« mußte der unbequeme Ed Morrell mehrmals über sich ergehen lassen. Die Wärter schworen auf die heilsame Wirkung »wohldosierten Drucks«. In der Praxis ging das so vor sich: Gefangene wurden auf bestimmte Weise in Zwangsjacken festgezurrt und mit Wasser übergossen. Beim Trocknen zog sich diese Umhüllung zusammen. Der Unglückliche fühlte sich wie von einer Anakonda zu Tode gequetscht. Eine bestialische Methode, deren Prinzip man von den Indianern übernommen hatte.

Beim ersten Mal ging es Morrell wie allen anderen. Er glaubte zerdrückt zu werden, Funken explodierten in seinem Kopf, vor seinen Augen drehte sich alles. Plötzlich wich der unerträgliche Druck. Er stand völlig schmerzfrei neben seinem geschundenen Körper. Für die anwesenden Wärter schien er zu schlafen. Das hatten sie noch nie erlebt. Während sie ratlos um den Mann herumstanden, der eigentlich schreien oder wenigstens röcheln sollte, wanderte Morrells Geist in die Ferne. Wie ein interessierter Tourist glitt er durch die Straßen von San Franzisko. Dabei fiel ihm das eine und andere auf, darunter ein Wrack in der Bucht von San Franzisko, von dem er nichts wissen konnte. Gouverneur George W. P. Hunt bestätigte später, daß Morrell mit einer Vielzahl von

Informationen über Vorgänge und Einzelheiten in der Außenwelt aufwartete, zu denen er mit Sicherheit in der Haftanstalt keinen Zugang hatte.

Ein interessantes Detail: Als man Ed Morrell nicht mehr folterte, verschwand seine Fähigkeit, den Körper zu verlassen. Dieser Prozeß ist ein weiteres Indiz in einer langen Reihe von Fingerzeigen dafür, daß im Homo sapiens mehr steckt, als sich die Schulweisheit träumen läßt.

Davon abgesehen manifestiert sich hier ganz klar die Krux bei OOB-Erlebnissen, an der sich »Rationalisierer« permanent die Zähne ausbeißen: die Tatsache von Wissen, das es nicht geben darf. Dies tritt besonders frappant bei Operationen zutage.

## Unmögliches Wissen

Der Zahnarzt Dr. Barney Clark, der 1982 in Seattle zum ersten Empfänger eines künstlichen Herzens wurde, fügte dieser medizinischen Großtat eine phantastische Facette hinzu: Er beobachte sie bewußt von einem Punkt außerhalb seines narkotisierten Körpers, an dem das Chirurgenteam arbeitete. Clarks präzise Schilderungen der Vorgänge während des Eingriffs (einschließlich von Einzelheiten jenseits der chirurgischen Routine, die zu dem Zeitpunkt bei Herzeinpflanzungen noch gar keine Routine war) sind schlichtweg unerklärlich. Einmalig ist diese Erfahrung allerdings nicht.

Der Herzspezialist Michael B. Sabom, Professor an der Emory-Universität und Mitglied des *VA Medicial Center* in Atlanta, hielt von all dem weniger als nichts. Um solchen »Mythen« den Boden zu entziehen, führte er einen streng seriösen Versuch durch. Danach sollte aus dem Saulus allerdings ein Paulus werden.

Professor Sabom stellte eine Kontrollgruppe von 25 Patienten zusammen, die schon oft wegen Herzanfällen ins Krankenhaus mußten. Alle waren ins Leben zurückgeholt worden und hatten Erfahrung mit ihrer Situation. Sabom achtete sorgfältig darauf, daß niemand mit einem Außerkörper-Erlebnis bei dieser Gruppe war. Der Herzspezialist forderte die Patienten auf, sich vorzustellen, sie hätten ihre eigene Wiederbelebung als Außenstehende miterlebt, und bat um eine möglichst genaue Beschreibung des Vorgangs. 20 der Befragten gaben reine Phantasien von sich, die mit einer realen Wiederbelebung nichts zu tun hatten. Drei verfügten offenbar über gewisse medizinische Kenntnisse, da sie die Sache prinzipiell richtig, aber gänzlich allgemein schilderten. Zwei hatten überhaupt keine Ahnung, was mit ihnen geschehen war.

Nun formierte der Professor eine Kontrollgruppe. Er trieb 32 Personen auf, die von OOB-Erfahrungen während ihrer Herzanfälle berichtet hatten. Auch diese bat er um genaue Einzelheiten. 26 beschrieben den Prozeß korrekt, aber nicht detailreich genug, um ein Urteil zu fällen. Sechs machten erstaunlich genaue und später verifizierte Angaben über ihre kardiopulmonäre Wiederbelebung. Einer davon präsentierte eine *exakte* Darstellung, mit der niemand gerechnet hatte. Professor Sabom gibt sie in seinem 1982 veröffentlichten Buch *Recollections of Death* (*Erinnerungen an den Tod*) zusammen mit einem eigenen Kommentar wieder: »Niemals fand ich ein Anzeichen dafür, daß der Patient mehr medizinisches Wissen besaß als der durchschnittliche Laie. Auch der Umstand, daß er mit den Details erst nach meinem fortgesetzten Drängen herausrückte, spricht gegen einen Halbgebildeten, der mit seinem Wissen protzen oder die Sache aus eigener Kraft ›rekonstruieren‹ will. Als ich den gebräuchlichen medizinischen Ausdruck ›Paddel‹ für ein Instrument zur elektrischen Herzmassage verwendete, korrigierte mich der Mann sofort mit den Worten ›Da waren keine Paddel, Herr Doktor, nur Scheiben mit einem Griff‹. Er wußte eindeutig nicht Bescheid, obwohl er den Vorgang selbst genauestens beschreiben konnte.« Sabom kommt in seinem Buch zu der Schlußfolgerung, »... daß die außerkörperliche Hypothese am besten zu den vorhandenen Daten paßt«.

Der Erlebnisbericht des amerikanischen Schriftstellers Harold Sherman ist noch um einen Grad signifikanter. Er überschreitet, so meine ich, endgültig die Grenze zwischen dem gerade noch Möglichen und dem normal nicht mehr Erklärbaren. Der Autor beobachtete nämlich einen ärztlichen Kunstfehler an sich selbst von irgendwo unterhalb des Decke des Operationssaals aus.

Der Eingriff, dem sich Sherman unterziehen mußte, war relativ harmlos, dennoch hätte es beinahe eine fatale Panne gegeben. Da kein Anästhesist zur Verfügung stand, führte ein rasch herbeigeholter Zahnarzt die Narkose durch. Dabei verabreichte er dem Patienten eine Überdosis Chloroform. Sherman, der sich plötzlich oberhalb seines Körpers befand, sah mit wachsendem Entsetzen, wie die Ärzte hektische Belebungsversuche machten. Kurze Zeit später vereinigten sich sein Körper und sein Geist wieder. Die Sache war noch einmal gut gegangen.

Zur größten Peinlichkeit der zwei betroffenen Mediziner zeigte sich der haarscharf am Tode vorbeigegangene Patient haarklein über die Vorgänge während der außer Kontrolle geratenen Operation informiert. Er konnte sogar die Unterhaltung zwischen dem Operateur und dem

Aushilfs-Anästhesisten rekapitulieren. Wissenschaftler, die Projekte zur Untersuchung (oder Verunglimpfung) der OOB-Phänomene durchführen, stoßen mit schöner Regelmäßigkeit auf ähnlich gelagerte, ebenso hieb- und stichfeste Fälle.

## Ingo Swanns Mandeln ...

So meldete sich im Jahr 1971 bei der Forschungsdirektorin der *American Society for Psychical Research* (Amerikanische Gesellschaft für psychische Forschung), Dr. Karlis Osis, ein junger Künstler und Schriftsteller namens Ingo Swann. Als Kind waren ihm die Mandeln herausoperiert worden. Mit kindlichem Interesse hatte der kleine Patient dem Arzt die ganze Zeit von außerhalb seines Körpers über die Schulter gesehen. Der Mediziner fluchte vor sich hin, während er die Mandeln herausholte. Dann ließ er sie in einen Glasbehälter fallen. Er stellte ihn auf ein Brett und schob zwei Rollen Verbandmull davor, die ihn zur Gänze verdeckten.

Minuten später erwachte Jung-Swann aus der Narkose. Sein erstes Interesse galt den Mandeln. Er wollte sie haben und deutete auf den Platz, wo der Glasbehälter hinter der Gaze verborgen war. Dabei bemerkte er mit unschuldiger Offenheit, daß der Arzt während des Eingriffs »Scheiße« gesagt hatte.

Ein beeindruckender Bericht, doch in diesem Fall nur die Spitze des Eisbergs. Der amerikanische Künstler gehört nämlich zu einer besonderen Spezies, und zwar zu jenen Individuen, die OOB willentlich, wiederholt und ganz gezielt praktizieren. Diese Personen, für die es keinen Fachterminus gibt, können ihren Körper an jedem Ort und jederzeit verlassen.

Für Ingo Swann war diese Fähigkeit seit frühester Kindheit eine Selbstverständlichkeit. Besonderen Spaß machte ihm das »Spiel«, mit seinem Astralkörper in die Erde einzudringen. Als Sohn der Rocky Mountains, wo er das Licht der Welt erblickt hatte, war es für ihn das größte Vergnügen, den Metalladern zu folgen.

## ... und sein Ausflug zum Merkur

Um seinen 20. Geburtstag herum legte Swann die Kindereien ab und begann, Außerkörper-Reisen ernsthaft und mit wachsendem Erfolg zu trainieren. All seine Berichte über körperloses Herumwandern seines Geistes konnte er im Zuge der Versuchsreihe von Dr. Osis mühelos beweisen, indem er hinterher alles und jedes bezeichnete, was er dabei gesehen hatte, ohne körperlich vor Ort gewesen zu sein. Im Gegensatz zu ähnlich Begabten schien es für Swann keine örtliche Begrenzung zu geben. Er behauptete sogar, seinen Geistkörper zum sonnennächsten Planeten unseres Systems, Merkur, gesandt zu haben. Das wollte ihm niemand abnehmen. Allerdings konnte sich auch niemand erklären, woher Swann die von ihm gelieferten exakten astrophysikalischen Informationen hatte, über die seinerzeit nicht einmal die NASA verfügte (darunter die extravagante Form von Merkurs Magnetfeld, die er zu einem Zeitpunkt beschrieb, als man noch glaubte, Merkur habe gar keines). Fakt ist, daß die später ins Innere des Sonnensystems gesandte Sonde *Mariner-10 genau die von Swann vorgelegten Merkur-Daten* zur Erde funkte.

## Die Alltags-Astralreisen des Oliver Fox

Nicht so bekannt wie Swann ist der 1885 geborene Engländer Oliver Fox, der in seiner Jugend, kurz nach Beginn des 20. Jahrhunderts, seinen Geist auf Reisen zu schicken begann. In einer Periode gesundheitlicher Schwäche träumte Fox sehr intensiv und konnte sich (vielleicht deswegen) auch an seine Schlaferlebnisse erinnern. Als er sich einmal im Traum an der Küste befand, überkam ihn ganz stark der Wunsch, wirklich dort zu schlendern. Daraufhin entbrannte in seinem Bewußtsein ein bizarrer innerer Kampf, bei dem ein Teil seines Selbst mit einem anderen rang. Es kam zu seltsamen Oszillationen des Schauplatzes: Die Küste verschwand und machte dem Schlafzimmer Platz und umgekehrt. So ging es einige Male. Plötzlich gab es einen Ruck, als würde ein unsichtbares Band reißen. Fox befand sich wieder an dem Küstenstreifen, nur diesmal schien alles völlig real. Er fühlte sich frei von den Banden des Körpers, war aber nicht ganz sicher, was vor sich ging.

In den darauffolgenden Wochen und Monaten begann er, vorsichtig zu experimentieren. Er wollte ausprobieren, ob er sich auf astralem Wege Informationen beschaffen konnte, die ihm sonst verborgen waren. Am Vorabend eines Examens sandte er seinen Geist aus, um die Prüfungsfragen in Erfahrung zu bringen. Das gelang ihm, und siehe da: Es handelte sich tatsächlich um die Aufgaben, mit denen sich die Kandidaten am nächsten Tag herumschlagen mußten. Eine davon wurde so selten gestellt, daß es schlichtweg unmöglich war, sie im vorhinein zu erraten.

Die Geschichte von Oliver Fox ist gut dokumentiert, aber nicht so spektakulär wie die seiner meisten Kollegen, da Fox so etwas wie eine Art von »Alltags-Astralreisen« praktizierte und kaum an die Öffentlichkeit trat. Hätte er nicht gelegentlich andere dazu aufgefordert, ihre Astralkörper auszusenden, um sich mit seinem zu treffen, wäre er wahrscheinlich gänzlich unbeachtet geblieben. Einmal gelang eine solche spirituelle Zusammenkunft tatsächlich, und zwar auf dem Gebiet der *Southampton Common School*.

Fox behielt seine Gabe bis zu seinem Tod. Er bewerkstelligte die Trennung von Körper und Geist durch eine Methode, die große Ähnlichkeit mit tantrisch-hinduistischen Meditationstechniken aufweist. Im Alter wurde ihm das zu mühsam. Trotzdem gelangen ihm nach wie vor Astralreisen auf »die alte Art«, indem er bewußt träumte. Ganz anders verlief das Leben des Amerikaners Sylvan J. Muldoon, der ein Standardwerk zum OOB-Phänomen verfassen sollte.

## Ein bodenständiger Astralreisender

Der wie Fox etwas kränkliche Muldoon hatte als Zwölfjähriger entdeckt, daß er seinen Geist vom Körper loslösen konnte. Das war zu Beginn eine furchtbare Erfahrung voll körperlicher und psychischer Pein. Im Lauf der Zeit lernte er schließlich, Astralreisen bewußt zu unternehmen. Da er für seine Mitmenschen nach wie vor ein unbeschriebenes Blatt war, blieben ihm im Zuge seiner OOB-Experimente manche Peinlichkeiten nicht erspart.

Beispielsweise trat er einmal auf der Straße an ein Mädchen heran und fragte die Betreffende, wo sie lebte. Die Antwort darauf war – nicht unerwartet –, er solle sich zum Teufel scheren. Die Angesprochene konnte nicht wissen, daß Muldoons Astralleib vor einigen Tagen die Farm besucht hatte, wo sie zu Hause war. Damals waren sie einander begegnet. Muldoon ließ sich nicht ins Bockshorn jagen und beschrieb der Aufgebrachten ihr Wohnzimmer. Dies verblüffte das Mädchen. Alles stimmte ganz genau. Wie konnte er das wissen? Aus diesem unorthodoxen Gespräch sollte eine jahrelange Freundschaft zwischen Muldoon und der jungen Frau entstehen. All die Zeit reiste er astral vor sich hin und machte kein Aufhebens von der Sache.

So ging es bereits mehr als zehn Jahre lang, als Muldoon durch die Lektüre eines Buches von Hereward Carrington, einem Parapsychologen und bedeutenden Mitglied der *American Society for Psychical Research*, bewußt wurde, daß an diesem Phänomen wissenschaftliches Interesse bestand. Daraufhin nahm er Kontakt mit dem Autor und Forscher auf. Letzter erkannte sofort, daß er es mit einem außergewöhnlichen Naturtalent zu tun hatte, und begann eine Zusammenarbeit. Diese Verbindung führte 1929 zur Veröffentlichung des autobiographischen Werkes *The Projection of the Astralbody* mit Muldoon und Carrington als Co-Autor.

Auf dem deutschsprachigen Markt erschien es erst Jahrzehente später unter dem Titel *Die Aussendung des Astralkörpers.* 1929 schlug das Buch wie eine Bombe ein und wirbelte viel Staub auf.

Interessanterweise verlor der Amerikaner seine OOB-Fähigkeit, als sich sein Gesundheitszustand besserte und er nach Jahren bescheidendster Lebensführung endlich materiell abgesichert war. 1971 starb Sylvan Muldoon als ganz normaler Mensch und trotz seiner früheren Berühmtheit völlig unbeachtet. Nur Insider wußten, welche faszinierende Persönlichkeit die Erde für immer verlassen hatte.

Die Haltung, die Muldoon zeitlebens zu seiner eigenen, alles andere als alltäglichen Fähigkeit hatte, ist geradezu erfrischend. Er distanzierte sich stets von okkult-verschwommenen Vorstellungen in der Art, sein Geist würde in fremden Dimensionen und auf anderen Ebenen wandeln. Auch sein Astralkörper stand mit beiden Beinen auf unserer Erde. »Ich wüßte gar nicht, wo ich die höheren Sphären suchen sollte«, lautete sein stehender Kommentar.

**Robert Allan Monroes zweiter Körper**

Der wohl bekannteste Astralreisende und zugleich OOB-Erforscher dürfte der Amerikaner Robert Allan Monroe (1915–1995) sein. Der viele Jahre auf einer Farm in den Blue Ridge Mountains in Nelson County, Virginia, lebende Fachmann für Elektronik und Kabelfernsehen, Autor, Komponist, Programmdirektor, Produzent und Großunternehmer studierte Maschinenbau und Zeitungswissenschaft. Nach seinem Examen widmete er sich den elektronischen Medien, bei denen er seine Vielseitigkeit entfalten konnte und schnell in leitende Funktionen aufstieg. Auch in der Werbebranche gab er ein kurzes, aber eindrucksvolles Gastspiel. Zentraler Faktor seines Leben waren und sind seine Außerkörper-Erfahrungen.

Für den Sohn eines Universitätsprofessors und einer Ärztin waren Gründlichkeit und wissenschaftliche Vorgangsweise zeitlebens eine solche Selbstverständlichkeit, daß ihm die genauesten und beweiskräftigsten Aufzeichnungen zu verdanken sind, die über das Phänomen existieren. Monroe dokumentierte um die 600 seiner Astralreisen mit größer Genauigkeit. Seinen Ausführungen wird auch von den meisten Vertretern der wissenschaftlichen Gemeinde absolute Beweiskraft zugemessen.

Monroes Dokumentation ist von doppelter Bedeutung, da er selbst ein ernstzunehmender Wissenschaftler war. 1973 gründete er das *Monroe Institute of Applied Sciences* mit zahlreichen Labors und Einrichtungen. Seine Forschungen zum schnelleren Lernen durch Bewußtseinserweiterung sind nach wie vor anerkannt. 1975 wurde ihm für eine Methode zur Entspannung im Schlaf ein Patent erteilt.

Monroes Außerkörper-Erfahrungen begannen in den 1950er Jahren. An einem Sonntagnachmittag döste er auf der Wohnzimmercouch vor sich hin, als ein warmer Lichtstrahl seinen Körper traf und in leichte Vibrationen versetzte. Dieses Ereignis war so eindrucksvoll, daß Monroe einen Arzt aufsuchte, doch dieser konnte nur feststellen, daß sein Patient kerngesund war. Das Erlebnis wiederholte sich immer wieder, wenn er schlief oder im Halbschlaf war. Einmal hatte Monroe dabei das ganz starke Gefühl, er könnte die Hand durch die Matte neben dem Bett und durch den Boden stoßen. Vier Wochen später ereignete sich der Durchbruch. Wieder umhüllten ihn warme Schwingungen, die dann in seinen Kopf zu fließen und sich dort zu konzentrieren schienen. Er öffnete die Augen und blickte auf sich selbst hinunter. Sein Geist schwebte direkt unter dem Plafond. Das wühlte ihn dermaßen auf, daß er wie ein Trampolin-Springer nach unten tauchte und wieder mit seinem Körper verschmolz.

Nach einiger Zeit war Monroe klar, daß er diesen Effekt willentlich hervorrufen konnte. Wenig später stieß er auf die Werke von Muldoon und Carrington. Es beruhigte ihn, keine Einzelerscheinung zu sein, und er begann mit seinem Talent zu experimentieren. Sein Astralleib wanderte umher, wobei Monroe Einzelheiten dieser Ausflüge zwecks Kontrolle bewußt memorierte und hinterher überprüfte. Die Übereinstimmung von Astralinformation und den realen Gegebenheiten (bestimmte Gegenstände, Örtlichkeiten etc.) lag immer bei 100 Prozent. All diese Ergebnisse sind in seinen Reports gewissenhaft niedergelegt. In gewisser Weise war und ist Monroe selbst unter Astralreisenden eine Einzelerscheinung, denn sein Geistkörper konnte handfeste Handlungen vollziehen, was seinen »OOB-Kollegen« nicht möglich war. Beispielsweise kniff er bei einem Astralbesuch eine Freundin, die ihm später wütend die Druckstelle zeigte.

Monroe begrüßte und unterstützte jegliche wissenschaftliche Untersuchung seiner Fähigkeiten. Die Ergebnisse bewiesen stets eindeutig: Der Getestete konnte, was er behauptete. Im Jahr 1977 war es Dr. Stuart W. Tremlow und Dr. Jones von der medizinischen Fakultät der Universität von Kansas während eines 30 Minuten dauernden Versuchs möglich, den Austritt von Monroes Astralleib aus seinem physischen Körper Schritt für Schritt aufzuzeichnen. Die Forscher benutzten dazu einen Beckmann-Polygraphen mit linken und rechten EEG-Okzipitalelektroden.

Auch der Parapsychologe und Autor des Standardwerks *Veränderte Bewußtseinszustände*, Charles Tart, untersuchte Monroe und bestätigte die Echtheit seiner Fähigkeiten. Der Neurologe Dr. Andrija Puharich und andere kamen zu demselben Resultat. Auch Monroe verfaßte so etwas wie ein Standardwerk zum OOB. Es trägt den Titel *Der zweite Körper*. Für viele ist der unglaublich vielseitige Amerikaner nicht mehr und nicht weniger als »der Doyen des Astralreisens«.

## OOB-Untersuchungen und Verwirrungen

Versuche, dem OOB-Phänomen experimentell zu Leibe zu rücken, begannen nicht erst in unseren Tagen. Die Franzosen Dr. H. Durville und Albert de Rochas glaubten bereits im 19. Jahrhundert, den Astralkörper auf einer fotografischen Platte festgehalten zu haben, und Dr. Malta und Zaalberg von Zest waren überzeugt, sie hätten mittels einer komplizierten Versuchseinrichtungen sein Gewicht bestimmt. Ein fundiertes wissenschaftliches Programm zur Erforschung von Außerkörper-Phänomenen, das unseren Standards entspricht, wurde allerdings erst 1959 vom bereits erwähnten Professor Hornell Hart ins Leben gerufen.

Seither gibt es zahlreiche Untersuchungen dieser Art. So hypnotisierte der englische Parapsychologe Dr. Arthur Duncan 1989 zwei Testpersonen und forderte sie auf, ihren Geist in die Wohnung eines Kollegen zu senden und dort nachzusehen, was sich auf dem Schreibtisch befand. Die hinterher getrennt niedergeschriebenen Aussagen waren so gut wie identisch und gaben mit verblüffender Genauigkeit die Gegenstände auf dem Schreibtisch wieder.

Etwas aus der Reihe tanzt ein Experiment, das in der berühmten Duke-Universität in North Carolina mit einem jungen Mann namens Stuart Blue Harary durchgeführt wurde. Obgleich Harary der »Astralreisende« war, galt die Aufmerksamkeit weniger ihm als seiner kleinen Katze »Spirit«, die nicht ganz einen Kilometer von ihrem Besitzer entfernt in einer großen Holzkiste unglücklich miauend herumstrich. Das Katzenzimmer war mit einem riesigen Arrangement von Instrumenten gespickt, darunter Bildvergrößerer sowie Geräte, die Wärme, elektrische Leitfähigkeit, magnetischen Fluß und vieles andere messen konnten. Während des 40 Minuten dauernden Versuchs sollte Harary seine Katze geistig besuchen, mit ihr spielen und sie beruhigen. Dies gelang dem jungen Mann auch, wie er sagte, allerdings nur vier Minuten lang. Die Meßgeräte registrierten nichts – wohl aber die kleine Katze. Exakt in diesen genau eingegrenzten vier Minuten stellte sie ihr ununterbrochenes, klagendes Miauen ein. Sie bewegte sich, als würde eine unsichtbare Hand sie kraulen, sie schnurrte und strahlte ein Maximum an Wohlbefinden aus.

Im Grunde sind fast alle Experimente ziemlich eindeutig und überzeugend. Diese sachliche Komponente birgt allerdings meiner Meinung nach eine Gefahr in sich: die Gefahr zu übersehen, daß das OOB-Phänomen zwar beweisbar, aber dennoch weit mysteriöser ist, als es sich vordergründig präsentiert. *Noch* mysteriöser? Ist es nicht phantastisch genug, daß Menschen offenbar ihren Geist auf Reisen schicken können? Phantastisch schon, aber nicht ohne Probleme.

Erst einmal eröffnet sich die philosophische Frage, ob bei Astralreisen der Geist vielleicht zwischen Diesseits und Jenseits hin- und herpendelt, schließlich ist doch nach weitverbreiteter Ansicht der Tod nichts anderes als das Verlassen der materiellen Hülle. Anders herum: Was würde wohl passieren, wenn ein OOB-Begabter kurz vor seinem Dahinscheiden beschließt, dieses lieber »von außen« mitzuerleben? Und dann wären da noch die praktischen Überlegungen, ob OOB (sofern man es erlernen kann) nicht bei manchen Behinderungen die Lebensqualität verbessern könnte. Denkt man das Phänomen mit allen seinen Facetten konsequent durch, stößt man auf Fragen und Weiterungen, die – man glaubt es kaum – dem Phänomen *noch bizarrere Züge* verleihen.

Überlegen wir doch einmal genau, welche Wahrnehmungen ein »reiner Geist« machen kann. »Was soll die Frage?«, wird mancher spontan denken. »Doch wohl dieselben wie jedermann auch.« Eben nicht. Der Vorgang des Sehens beruht auf einer Wechselwirkung zwischen Lichtquanten und der Netzhaut des Auges. Ein Astralkörper, der – wie oftmals demonstriert – feste Materie (z.B. ein Fenster oder den Erdmantel) problemlos zu durchdringen vermag, kann auch mit Photonen nicht wechselwirken. Also müßte ein Astralreisender *gar nichts* wahrnehmen. Dasselbe Problem hätte ein total durchsichtiger Unsichtbarer, wie er in Romanen und Filmen oft vorkommt. Für Astralreisende scheint dieses physikalische Prinzip nicht zu gelten, auch wenn sie völlig immateriell sind. Jedoch erweisen sich Astralkörper gelegentlich als durchaus solide, man denke nur an den Seemann aus dem im Eis gefangenen Schiff, der eine Nachricht auf die Tafel schrieb, oder an Monroes Kneifen eines weiblichen Körperteils.

## LOCALE I, II, III und die »Silberkordel«

Ungereimtheiten, wohin man auch sieht. Unter diesem Aspekt sollte man sich auch verkneifen, die eindeutig mystischen Theorien zum OOB-Phänomen einfach vom Tisch fegen. Wer kann schon sagen, was an dem hierarchischen System von Astralreisen auf den verschiedenen Ebenen LOCALE I, II und III dran ist, das Robert A. Monroe entwickelte? Für ihn ist LOCALE I unsere physische Ebene, unser Hier und Jetzt. Die beiden anderen Regionen sind psychologisch/esoterisch/metaphysischer Natur. Ein interessanter Aspekt, daß ausgerechnet ein *Wissenschaftler* ein solches Gedankengebäude errichtet hat.

Ähnlich neutral sollte man sich zur sogenannten »Silberkordel« stellen. Dieses von Astralreisenden gelegentlich registrierte schimmernde Band zwischen materiellem und feinstofflichem Körper soll eine astrale Nabelschnur sein, die die Verbindung aufrechterhält. Eine recht dehnbare Nabelschnur, wenn man Ingo Swanns Reise zum zwischen 75 und über 200 Millionen Kilometer von der Erde entfernten Planeten Merkur bedenkt.

Damit kommen wir zum Resümee: Der menschliche Geist kann sich unter bestimmten Umständen von den Banden der Materie freimachen. Was dabei de facto vor sich geht, bleibt ein Mysterium. Vielleicht reden unbekannte Mächte auch dabei ein Wörtchen mit. Immerhin berichtete (der Wissenschaftler!) Monroe von gummiartigen Geschöpfen und sonstigen exotischen Wesen, die ihm bei seinen OOB-Reisen begegneten und die seinen Geistkörper wahrnehmen konnten. Auch von anderen Astralreisenden ist ähnliches zu vernehmen, natürlich mit größter Zurückhaltung.

Tatsache ist, daß Außerkörper-Phänomene im Alltagsleben eine weit größere Rolle spielen, als man bei einer so phantastischen Sache vermuten würde. Beispielsweise erzählte ein Mann dem Psychiater Fowler Jones während eines Gesprächs beiläufig, er sei in astraler Form an einen Ort gereist, wo man seine Ermordung plante. Sie wurde allerdings abgeblasen, als das potentielle Opfer die Möchtegern-Attentäter darauf ansprach. Stories wie diese sind fürwahr der Stoff, den die Boulevardpresse liebt, in der man auch lesen konnte, Monroe hielte Selbstverwirklichungs-OOB-Seminare ab.

## Berühmte Astralreisende

Kurzum: Menschen jeden Zeitalters, jeder Ethnie, jeden Alters, jeden Glaubens und jeder Kultur berichten von solchen Erfahrungen. Sie sind bei »primitiven Völkern« ebenso häufig wie bei gestreßten Zivilisationsneurotikern. Wissenschaftler, z. B. der Schweizer Tiefenpsychologe C. G. Jung, berichten von Außerkörper-Erlebnissen. Künstler erklärten, OOB-Erfahrungen hätten sie kreativ inspiriert, unter ihnen Berühmtheiten wie Aldous Huxley, Johann Wolfgang von Goethe, D. H. Lawrence, Jack London und Ernest Hemigway. Hemingway verewigte eine solche Erfahrung, die er 1918 im Ersten Weltkrieg beim Sanitätskorps der US-Armee als Folge einer schweren Verletzung machte, in seinem Roman *In einem anderen Land*.

Die einzige wirklich verläßliche Schlußfolgerung aus all dem kann nur sein, daß die vielzitierte Einheit von Körper und Geist auf tönernen Füßen steht und die Realität sich wieder einmal als völlig irreal erweist. In diese Sinne wollen wir das sogenannte gesicherte Fachwissen weiter in Frage stellen …

# Wunderwesen Mensch: Denken ohne Gehirn

*»Zu bejahen gilt es die überphysikalische Natur des Menschen.«*
Prof. Joseph Banks Rhine

**»Wir brauchen unser Gehirn gar nicht!«**

Während einer Konferenz von Kinderärzten im Jahre 1980 sorgte der britische Neurologe Dr. John Lorber mit einer spektakulären Hypothese für große Aufregung. Sie lautete: »Wir brauchen unser Gehirn gar nicht.«

Das war kein provokanter Gag. Dr. Lorber wollte weder um jeden Preis auffallen, noch war er von allen guten Geistern verlassen. Die Frage nach der Notwendigkeit unseres organischen Denkapparates, mit der er sein Referat begann, war wohlbegründet. Sie brachte lediglich eine Reihe von seltsamen Ereignissen auf den Punkt, auf die der Neurologe schon Mitte der 1960er Jahre gestoßen war.

Damals behandelte er zwei Kleinkinder mit »Hydrozephalus«, einer Krankheit, die gemeinhin als »Wasserkopf« bekannt ist. Aufgrund dieser Abnormität verfügte keines der beiden Kinder über eine Großhirnrinde. Trotz der enormen Schädigung (schließlich ist, so meint die Schulmedizin, die Großhirnrinde der Sitz des Bewußtseins) schien die geistige Entwicklung der Kleinen nicht beeinträchtigt. Eines der Kinder starb im Alter von drei Monaten. Das andere war mit einem Jahr immer noch geistig gesund und völlig normal, obwohl ununterbrochene Untersuchungen die völlige Absenz von Gehirnsubstanz eindeutig bewiesen. Dr. Lorber veröffentlichte einen Bericht über diese rätselhafte Anomalie in der Zeitschrift *Developmental Medicine and Child Neurology* (*Entwicklungsmedizin und Kinderneurologie*). Wie das beim Auftauchen unliebsamer Unerklärlichkeiten oft geschieht, war der Widerhall auf seinen Artikel so gut wie Null.

**Superintelligent ohne Gehirn**

Das Rätsel ließ den Briten jedoch nicht los. Er forschte in der Richtung weiter und hielt sein spezielles Interesse in keiner Weise geheim. So kam es, daß einer seiner Medizinerkollegen ihm einen jungen Mann schickte, der an der Universität Sheffield studierte. Der Kopf des Betreffenden war größer als normal, aber damit hatte es sich auch schon. Seine Abschlüsse in Mathematik waren die besten seit langem, und sein mehrfach gemessener Intelligenzquotient (IQ) von 126 hätte ihn zur Aufnahme in die diversen Klubs und Vereinigungen von »Superintelligenten« qualifiziert.

Das Seltsame war nur, daß der Student diese Leistungen *ohne feststellbares Gehirn* vollbrachte. Er besaß keines, wie Dr. Lorbers Untersuchungen unwiderlegbar erbrachten. Alles, was sich unter der Schädeldecke des jungen Mannes feststellen ließ, war eine knapp einen Millimeter dicke Schicht von Gehirnzellen. Der Rest war Flüssigkeit. Hätte jemand den Betreffenden kurz nach der Geburt in einen dunklen Raum gebracht und einen Lichtstrahl auf seinen Schädel gerichtet, wäre das Licht aufgrund der im Säuglingsalter zarten Knochenstruktur anstandslos durch den Kopf gegangen. Man denkt unwillkürlich an eine Klamaukfilm-Szene, in der jemand bei einem Ohr eines Darstellers hineinblickt und sieht, was hinter dem anderen Ohr vor sich geht. Die überraschende Tatsache, daß er gehirnlos durchs Leben geht, erschütterte den jungen Mann nicht sonderlich. Er lebte vor dieser Eröffnung völlig normal und nachher ebenso.

Im Zuge seiner systematischen Suche stieß Dr. Lorber auf zahlreiche Parallelfälle. Nach mehr als 600 Messungen an Hydrozephaliden im Kinderkrankenhaus von Sheffield ergab sich ein erstaunliches Bild: Bei etwa zehn Prozent der Untersuchten waren 95 Prozent des Schädels mit Flüssigkeit gefüllt. Sie besaßen per Definition kein funktionstaugliches Gehirn. Dessen ungeachtet war die Hälfte dieser zehn Prozent geistig voll tüchtig und wies sogar einen überdurchschnittlichen IQ von mehr als 100 auf.

## Die Penfield-Studie

Dr. Lorbers umfassende Studie ist nicht die erste ihrer Art. Dr. Wilder Penfield (1891–1976), Direktor des neurologischen Institutes der McGill-Universität in Montreal, Kanada, und einer der führenden Gehirnchirurgen der Welt, hatte sich der Erforschung dieses irritierenden Rätsels jahrzehntelang verschrieben. Auslösendes Moment dafür war eine Arbeit von Dr. Walter Dandy aus dem Jahre 1922 über Menschen, die mit bescheidensten Überresten ihres Gehirns ein absolut normales Dasein führten.

Dr. Penfield führte eine Reihe von Experimenten durch, in denen er das Gehirn mittels Strom teilweise gezielt ausschaltete. In über 500 Versuchen konnte er den Schleier des Geheimnisses zwar nicht lüften, wohl aber die *Existenz* des Phänomens zweifelsfrei belegen.

Im Mai 1950 kommentierte der berühmte New Yorker Neuropsychiater Dr. Russel G. MacRobert die monumentale Penfield-Studie wie auch das Mysterium selbst im Magazin *Tomorrow* so: »Der Chirurg, der große Hirnteile wegoperiert, zerstört damit nicht nur Gewebe, sondern unvermeidlicherweise auch unsere gegenwärtige Vorstellung von Geist und Bewußtsein.«

All das konnte irgendwann einmal nicht mehr ignoriert werden und mußte zu diversen Erklärungsversuchen führen. Manche Fachleute streiten die Ergebnisse nach wie vor mit dem Hinweis auf die Schwierigkeiten bei Gehirnmessungen schlichtweg ab. Andere sprechen philosophisch vom Überflußprinzip der Natur, das sich in Gehirnstrukturen besonders manifestieren könnte. Letzterer Gruppe hielt Anatomieprofessor Patrick Wall von der Londoner Universität entgegen: »Von einem Überfluß im Gehirnbereich zu sprechen ist eine Ausflucht, um nicht zugeben zu müssen, daß man etwas nicht verstehen kann.«

Einen ähnlichen Standpunkt vertrat auch der Neurologe Norman Geschwind vom Beth-Israel-Hospital in Boston mit den Worten: »Natürlich weist das Gehirn eine bemerkenswerte Kapazität bei der Neuverteilung von Fähigkeiten nach einem Trauma auf, aber irgendein Defizit bleibt gewöhnlich sogar bei scheinbar völliger Wiederherstellung. Tests beweisen das immer wieder.«

Der Erfahrung eines unvermeidlichen Defizits läuft die Tatsache zuwider, daß immer wieder Menschen radikalste Eingriffe (Durchtrennung der Hirnhemisphären, Entfernung einer Hirnhälfte etc.) völlig unbeschadet überstehen, während andere durch einen Schlag auf den Kopf schwere Schäden davontragen oder ihre Persönlichkeit von Grund auf ändern. Nimmt man die medizinische Geschichte gründlich unter die Lupe, so strotzt sie von solchen Absonderlichkeiten. Berichte darüber reichen weit in die Vergangenheit zurück.

## Zertrümmert, zerstört, entfernt – und doch voll funktionsfähig

Einer der ersten ausführlich dokumentierten Fälle findet sich in den berühmten Standardwerk von George M. Gould und Walter L. Pyle *Anomalies and Curiosities of Medicine* aus dem Jahr 1896. Er behandelt den Fall des 25jährigen Vorarbeiters bei einem Bautrupp der US-Eisenbahn, Phineas Gage. Im September 1847 wollte der junge Mann eine Sprengung vornehmen. Dabei stopfte er Schwarzpulver mittels einer

Stange mit einem Durchmesser von etwa vier Zentimetern und einem Gewicht von fast sieben Kilogramm in ein Loch. Durch eine Panne kam es verfrüht zur Explosion, wobei die schwere Stange durch die Luft geschleudert wurde. Sie bohrte sich tief in Gages Schädel. Kollegen trugen das Unfallopfer in eine Arztpraxis. Dort wurde die Stange in aller Eile entfernt, zusammen mit Teilen der Schädelknochen und größeren Partien Gehirngewebe. Die beiden Mediziner, die Gage versorgten, hätten keinen Penny auf sein Überleben gewettet, jedoch jede Summe darauf gesetzt, daß er, wenn er überhaupt davonkam, ohne Bewußtsein dahindämmern würde. Sie hätten beide Wetten verloren, denn der 25-Jährige überlebte nicht nur, sondern er erholte sich vollkommen, obgleich ein Tunnel durch seinen Kopf zurückblieb. Dieser hatte mehr als acht Zentimeter Durchmesser und verlief, so die Fachleute, »vom linken Großhirnvorderlappen parallel zur Pfeilnaht durch den Schädel«. Daß Gage nach seiner Verletzung ein neurotisches Verhalten und eine Persönlichkeitsveränderung an den Tag legte und nur 37 Jahre alt wurde, macht den Fall trotzdem nicht besser erklärbar.

Nicht weniger dramatisch erging es einer Textilarbeiterin 1879 an ihrem Arbeitsplatz. Eine riesige Schraube flog aus einer Maschine und drang ein großes Stück in den Kopf der Unglücklichen. Dabei wurden große Teile ihres Gehirns unwiederbringlich zerstört. Noch mehr Gehirnmasse mußte geopfert werden, als Chirurgen die Schraube herausoperierten. Entgegen allen Erwartungen trug die junge Frau keinerlei Folgeschäden davon. Sie führte noch 42 Jahre lang ein Leben wie jeder andere und hatte nicht einmal Kopfschmerzen.

In der Zeitschrift *Medical Press of Western New York* aus dem Jahr 1888 findet sich die Story eines Matrosen, der ein Viertel seines Schädels einbüßte, als er zwischen dem Balken einer Brücke und dem Aufbau des Schiffes, auf dem er arbeitete, eingeklemmt wurde. Der scharfkantige Pfeiler trennte dem Mann einen Teil seiner Schädeldecke glatt ab. Die behandelnden Mediziner stellten den Verlust einer großen Menge Blutes und eines beträchtlichen Teils des Gehirngewebes fest. Das hinderte den Betreffenden jedoch nicht, ein normales Verhalten an den Tag zu legen, nachdem er wieder bei Bewußtsein war. Er wollte sich sogar anziehen und seinen Dienst sofort wieder aufnehmen.

Aus den ersten Jahren des 20. Jahrhunderts stammen die Aufzeichnungen von Dr. Nicholas Ortiz, die der bolivianische Mediziner Dr. Augustin Itturicha der Anthropologischen Gesellschaft in Sucre, Bolivien, vorlegte. Es handelt sich dabei um die Fallgeschichten von

Personen, die sich bis zu ihrem Tod im Vollbesitz ihren geistigen Kräfte befunden hatten. Bei der Obduktion stellte sich jedoch zur grenzenlosen Verblüffung der Chirurgen heraus, daß die Gehirne der Betreffenden schon viele Jahre durch Abszesse, Tumore und andere Ursachen gänzlich zerstört waren. Seltsamerweise hatten die Betreffenden bis zu ihrer Todesstunde nichts davon bemerkt. Besonders tief beeindruckt war Dr. Itturicha vom Fall eines Jungen, der immer über starke Kopfschmerzen geklagt hatte und mit 14 Jahren starb. Die Autopsie ergab, daß sich die Hirnmasse des Knaben bereits vor langer Zeit vollständig von der Schädelinnenseite gelöst hatte – ein Vorgang, dessen Auswirkungen gewöhnlich mit denen einer Enthauptung identisch sind. Der Junge hatte jedoch all die Zeit keinerlei Beeinträchtigung an den Tag gelegt.

27 Tage lang unterschied sich ein Baby, das 1935 im New Yorker *St. Vincent's Hospital* zur Welt kam, durch nichts von den anderen Neugeborenen. Es aß, schrie, weinte, griff nach Gegenständen, regierte auf Umwelteinflüsse, und bewegte sich absolut normal. Dann starb es. Bei der Obduktion stellte sich heraus, daß das Baby *gänzlich ohne Gehirn* geboren worden war.

Die Ärzte Dr. Jan W. Bruell und Dr. George W. Albee berichteten 1953 vor der *American Psychological Association* von einem 39jährigen Mann, dem die gesamte rechte Hirnhälfte entfernt werden mußte. Er überlebte dieses Extremeingriff nicht nur, sondern, so schlossen die beiden Vortragenden, »die intellektuellen Fähigkeiten des Mannes waren praktisch nicht beeinträchtigt«.

Ebenso frappant – und zusätzlich etwas makaber – sind die Umstände, mit denen ein Leichenbeschauer nach dem Unfalltod eines jungen Mannes konfrontiert wurde. Der Verstorbene war mit einem besonders ausgeprägten Wasserkopf zur Welt gekommen. Um sein Leben zu retten, war ihm als Säugling eine Apparatur zur Ableitung der Überproduktion von Gehirnflüssigkeit in den Schädel eingepflanzt worden. Das Versagen dieser Apparatur, die viele Jahre gute Dienste geleistet hatte, verursachte den Tod des nunmehrigen jungen Erwachsenen. Das stellte der Leichenbeschauer bei seinen Untersuchungen fest. Gleichzeitig registrierte er, daß der Tote nur eine hauchdünne Schicht Gehirnzellen besessen hatte. Ein klarer Fall von schwerster geistiger Behinderung. Als der Beamte die Angehörigen über die Todesursache informierte, drückte er sein Beileid aus und fügte als Trost hinzu, der Tod sei für jeden Menschen eine Erlösung, der so, wie der Verstorbene, mehr tot als lebendig dahinvegetiere. Man kann sich die Überraschung und Bestürzung des Leichenbeschauers vorstellen, als ihm die Eltern des Toten erklärten, ihr Sohn habe ein gänzlich normales Leben geführt und bis zum letzten Tag einen hochqualifizierten Beruf ausgeübt.

Es kommt noch extremer. Der deutsche Gehirnexperte Hufeland entdeckte bei der Autopsie eines Mannes, der bis zum Eintritt einer Lähmung im Vollbesitz seiner geistigen Kräfte gewesen war, daß der Betreffende *überhaupt kein Gehirn* sein eigen nannte. Der Hirnschädel war nur mit 312 Gramm Wasser gefüllt.

Der berühmte Gehirnspezialist Dr. Schleich listete 20 Fälle schwerster Verluste von vitalem Hirngewebe ohne jegliche geistige Behinderung der Betreffenden auf. Dazu merkte er an, daß diese Fälle Quelle steter Verwirrung beim medizinischen Personal waren und Stoff für Diskussionen über die alte philosophische Frage vom Sitz der Seele lieferten. Kurzum: Das Gehirn – ein unerforschliches Rätsel. Auf der einen Seite ist es so empfindlich, daß es ein einzelnes Photon registrieren kann, auf der anderen Seite arbeitet es in Höchstform, ohne vorhanden zu sein.

## Gehirn und Geist existieren getrennt

Was läßt sich aus all dem schließen? Schwer zu sagen. Der nackte Materialismus erweist sich jedenfalls als ungenügend. Das Bewußtsein treibt sich als reiner Geist in der Gegend herum oder entfaltet sich selbst dann, wenn es keinen Sitz (Gehirn) im Körper hat. Auch wenn die meisten Neurologen nach wie vor an der Vorstellung festhalten, Bewußtsein sei eine Folge der Anatomie und der Struktur der Großhirnrinde, so müssen sie dennoch zähneknirschend zugeben, daß niemand eine wirkliche Vorstellung davon hat, wie Bewußtsein hervorgebracht wird beziehungsweise wie das Gehirn diesen Prozeß bewerkstelligt, für den es ja verantwortlich sein soll.

Erste zaghafte Schritte in neue Denkrichtungen lassen sich orten. Beispielsweise deutete der Computerexperte Donald MacKay von der englischen Universität in Keele in einem Interview vorsichtig die mögliche Existenz einer »menschlichen Gleichung« an, die den Tod ihres »Gastgebers« (des Körpers) überleben könnte.

Wenn man einmal so weit zu denken bereit ist, wäre es nur fair zuzugeben, daß wir auch sonst erschreckend wenig über unsere Daseinsform und ihre tatsächlichen Kräfte wissen. Mit Sicherheit dürfte einzig und allein feststehen, daß der Homo sapiens ebensowenig eine »organische Maschine« ist wie das Universum eine riesige Uhr.

Lassen wir darum unseren Blick noch über andere Mysterien streifen, die den Begriff »Wunderwesen Mensch« sachlich rechtfertigen. Phänomene, mit denen Biologie, Anatomie, Medizin und andere klassische Wissenschaften ihre liebe Not hätten – wenn sie sich ernsthafter damit auseinandersetzen *müßten*, als dies trotz gelegentlicher Experimente, Tests und Analysen der Fall ist.

## Wunderwesen Mensch: den Göttern gleich?

*»Es ist möglich, daß das Leben weit größer ist als wir; genausogut können wir aber auch weit größer sein als das Leben.«*
Robert Ardrey

**Ein heißer Großversuch**

Mehr als 1000 Personen fanden sich am 14. April 1985 auf dem Sportplatz des *California Institute of Technology* in Pasadena ein. Sie sollten an einem Großversuch teilnehmen, der vom Plasmaphysiker Dr. Bernard Leikind und dem Psychologen Dr. William McCarthy durchgeführt wurde. Beide arbeiteten an der Universität von Kalifornien. Die Absicht der Wissenschaftler war, das seit den 1980er Jahren grassierende Feuerlaufen zu entmystifizieren. Dr. Leikind und Dr. McCarthy hatten sich nie mit den Behauptungen von Selbsthilfe- und New-Age-Gruppen anfreunden können, der Mensch sei in der Lage, seinen Körper geistig so sehr zu beherrschen, daß sogar Krebs, Sehschwäche, Impotenz und vieles andere ohne Behandlung überwunden werden könnten. Phänomene wie das Feuerlaufen nicht speziell dafür trainierter Zeitgenossen werden meist als Beweis für diese Kraft des Geistes angeführt. Dem wollten die Versuchsleiter sachlich entgegentreten.

Dr. Leikind erläuterte den Versammelten, was er für die physikalischen Grundlagen des Feuerlaufens hielt. Er sprach von unterschiedlichen Wärmeenergiemengen, von der Schutzfunktion nasser Fußsohlen aufgrund des »Leidenfrost-Effekts«, der einen Wassertropfen über einem isolierenden Dampfpolster auf einer heißen Platte »tanzen« läßt, und von anderen Naturgesetzen. Danach wies er einladend auf die Grube, in der ein Teppich glühender Kohlen mit einer Temperatur von 750 Grad Celsius auf kühne Naturen wartete. Die aus der Grube strömende Hitze war so groß, daß sie noch in einer Entfernung von zehn Metern als unangenehm empfunden wurde. Trotzdem faßten sich 125 unvorbereitete Zeitgenossen ein Herz und liefen barfuß über die glühenden Kohlen.

Kein einziger befand sich in einem Zustand mystischer Ekstase oder war hypnotisiert worden. Eine Mobilisierung innerer Kräfte (welcher Natur auch immer) hatte Dr. Leikind allerdings zweifellos dadurch bewirkt, daß er seinen eigenen bedingungslosen Glauben an die rein physikalische Natur des Feuerlaufens auf die Menge übertrug. So dürfte er sich im Grunde nur selbst widerlegt haben. Es ging ihm nicht anders als den Physikern (unter ihnen der berühmte Dr. Charles R. Darling), Psychologen und Journalisten, die ein halbes Jahrhundert vorher unter der Leitung von Harry Price von der Universität von London im Auftrag der englischen Gesellschaft für parapsychologische Forschungen in Surrey eine Reihe von Experimenten mit zwei Fakiren durchgeführt hatten.

Die Getesteten – einer davon war der berühmte Pakistani Kuda Bux – gingen unter anderem ohne jegliche Vorbereitung oder Verwendung irgendwelcher Hilfsmittel unverletzt über glühende Kohlen, zwischen denen Flämmchen zuckten. Die Fußsohlen der Feuerläufer waren nachher sogar kühler als zuvor. All das war schon unerklärlich genug. Es kam noch besser. Am Ende der faszinierenden Darbietung erklärten die Fakire, jeder der Europäer könnte mit ihrer Hilfe genauso unbeschadet über die Kohlen schreiten. Ein Psychologe brachte tatsächlich den Mut dazu auf. Mit bewundernswerter Selbstverleugnung zog er seine Schuhe aus und schritt Hand in Hand mit einem der Fakire über das Feuer. Keinem der beiden Männer geschah auch nur das geringste. Die ganze Sache wurde unwiderlegbar auf Film festgehalten.

Tatsache ist, daß durch und durch normale Bürger mit fernöstlichen Yogis und Gurus in Konkurrenz treten können, ohne zuvor jahrelang zu meditieren, auf Säulen zu hocken oder Ramakrishnas Samadhi-Stadium (die Vereinigung mit Gott durch absolute Isolation) erreichen zu müssen. Eine zufriedenstellende These für diese in uns allen wohnende Fähigkeit gibt es nicht. Bei den Naturvölkern, die Feuerlaufen regelmäßig praktizieren, tut man sich erklärungsmäßig leichter. Das Feuerlaufen findet dort in der Regel bei religiösen Zeremonien im Zustand der Verzückung statt. Daher kann man sich noch mit dem Hinweis auf die körperlichen Phänomene, die Trance hervorzurufen vermag, um eine *echte* Erklärung drücken. Im Falle gestreßter Manager muß etwas viel Elementareres im Spiel sein – etwas aus den unergründlichen Tiefen der menschlichen Natur.

Der Körper legt nun einmal dann und wann seltsame Fähigkeiten an den Tag. Feuerfestigkeit ist wohl eine der erstaunlichsten, ganz besonders wenn man bedenkt, wie weh es tut, wenn man sich nur den Finger verbrennt. Schließlich ist nicht jeder ein Lawrence von Arabien, der Streichhölzer mit den Finger zu löschen pflegte. Daraufhin angesprochen, worin der Trick bestehe, antwortete er (zumindest durch den Mund von Peter O'Toole): »Der Trick dabei ist, sich nichts daraus zu machen, daß es weh tut.« Dergleichen ist nicht nach jedermanns Geschmack.

Trotz der zerstörerischen Wirkung, die große Hitze auf den menschlichen Körper hat, existiert eine seltsame Affinität zwischen Mensch und Feuer, wie schon die »Spontane Selbstverbrennung« (SHC) zu beweisen scheint. Während man sich vor diesem rätselhaften »Feuer der Hölle« offenbar nicht schützen kann, so doch unter gewissen Rahmenbedingungen vor »normalen Verbrennungen«, wie der zeitgeistige Trend des Feuerlaufens beweist. Manche Menschen sind jedoch schlicht und einfach »feuerfest«.

## Feuerfeste Menschen

Zu den berühmtesten Fällen dieser Art zählt der des Schwarzen Nathan Coker aus Denton im US-Bundesstaat Maryland. Coker erblickte 1814 in Hillsborough das Licht der Welt. Seine Eltern waren Sklaven eines Rechtsanwaltes und er demzufolge auch. Viele Weiße behandelten ihre Sklaven so gut, daß sie später während des amerikanischen Bürgerkrieges an der Seite ihrer Herren für die Südstaaten kämpfen sollten (wovon man in der offiziellen Geschichtsschreibung kaum etwas vernimmt). Nathans Besitzer war jedoch ein anderer Typ. Er ließ seinen sadistischen Neigungen freien Lauf und gab dem Jungen mitunter tagelang nichts zu essen. Im Zusammenhang mit einer Hungerattacke entdeckte der Gequälte seine besondere Fähigkeit.

Eines Nachmittags hielt er sich in der Küche auf, um wenigstens zu riechen, was er nicht essen durfte. Plötzlich konnte er sich nicht mehr beherrschen. Der rasende Hunger ließen ihn das Verbot und jede Vorsicht vergessen. Er griff in einen Kessel voll kochenden Wassers, holte einen Kloß heraus und steckte ihn gierig in den Mund. Im selben Augenblick durchfuhr ihn die Erkenntnis siedend heiß, daß er sich verbrannt hatte. Siedendheiß war jedoch nur die Erkenntnis, denn er verspürte keine Schmerzen. Weder an der Hand noch im Mund. Es gab auch keine Verletzungen.

Bald schon stellte Nathan fest, daß er sich nicht verbrennen *konnte*. Er begann kochendheiße Nahrung – beispielsweise das Fett von der Oberfläche siedender Suppen – zu verzehren und zeigte sich selbst von extremer Hitze unbeeindruckt. Welchen Beruf ergreift ein Mann mit einer solchen Gabe nach seiner Freilassung? Richtig, er wird Schmied. Coker zog nach Denton, wo er zuerst Gehilfe und dann Schmied wurde. Seine Gewohnheit, rotglühende Werkstücke mit bloßer Hand aus der

Esse zu nehmen und sie in diesem Zustand zu bearbeiten, erregte verständlicherweise Aufsehen.

Die Nachricht verbreitete sich. Das Interesse von Fachwelt und Öffentlichkeit konnte nicht ausbleiben. 1871 wurde er zu einer Untersuchung seiner Fähigkeiten nach Easton, Maryland, eingeladen. Vor zwei Zeitungsredakteuren, zwei Ärzten und mehreren prominenten Bürgern hielt er sich eine weißglühende Eisenschaufel an die Fußsohlen. Nach neuerlichem Erhitzen leckte Coker das weißglühende Schaufelblatt genüßlich ab. Dessen nicht genug, ließ er sich geschmolzenes Blei in die Hand gießen, füllte es in den Mund und rollte es vor den entsetzten Zuschauern so lange mit der Zunge herum, bis es fest geworden war. Der abgekühlte Bleiklumpen ging von Hand zu Hand. Nach jedem der makaberen Versuche wurde Nathan von den Ärzten untersucht. Sie konnten nicht die geringste Verletzung feststellen. Der *New York Herald* berichtete über diese Demonstration, wobei der Artikel zum Ausdruck brachte, was alle empfanden: grenzenloses Staunen.

*Noch* erstaunlicher ist es allerdings, wenn Feuerfestigkeit nur *eine* von *mehreren* paranormalen Fähigkeiten einer einzigen Person ist. Daß derartige Fälle rar sind, liegt auf der Hand. Aber es gibt sie.

## Der übermenschliche D. D. Home

Die Talente von Daniel Dunglass Home stellen mit ziemlicher Sicherheit alles andere in den Schatten. Home wurde 1833 in Edinburgh geboren und starb 1886 in Auteuil, Frankreich. Er ist einer der berühmtesten »Mehrfach-Übermenschen«, wenn nicht *der* berühmteste überhaupt. Der unglaubliche Schotte wurde immer und immer wieder auf Herz und Nieren geprüft, ohne daß seine Leistungen erklärt oder gar entlarvt werden konnten. Fachleuten blieb angesichts dieser unbezwingbaren Herausforderung nur das Händeringen.

Home war kein Scharlatan, der in abgedunkelten Räumen vor einem gläubigen Publikum geheimnisvolle Dinge tat. Sein Motto lautete vielmehr: »Wo Dunkelheit ist, ist Betrug möglich.« Er agierte im hellsten Tageslicht und stimmte jedweder wissenschaftlichen Kontrolle zu. Ja, er bestand sogar darauf. Im Zuge zahlreicher Untersuchungen mit den ausgetüfteltsten Apparaturen konnte eindeutig geklärt werden, daß Home seine Zuschauer nicht etwa hypnotisierte, sondern all das Unglaubliche tatsächlich vollbrachte. Einmal markierte er auf Wunsch während einer *Levitation* den vorher geprüften Plafond mit einer Kreide.

Der berühmte britische Physiker und Chemiker Sir William Crookes, dem wir die nach ihm benannte Röntgenstrahlröhre verdanken, veröffentlichte im Juli 1871 im *Quaterly Journal Of Science* das Ergebnis einer ausführlichen Test- und Meßreihe über D. D. Home. Crookes Resümee lautete kurz und bündig: »Home ist echt.« Es ist müßig zu erwähnen, daß diese mutige Stellungnahme den bedeutenden Forscher und Erfinder bis zu seinem Tode in der wissenschaftlichen Gemeinde diskreditierte.

Da es immer wieder vorkommt, daß Varieté-Zauberer vor Wissenschaftlern wahre Wunder vollbringen, um zu demonstrieren, wie leicht »Superfähigkeiten« vorzugaukeln sind, wurde einer der berühmtesten Magier seiner Zeit, der große Bartolomeo Bosco, zu Homes Leistungen befragt. Bosco lachte über den Gedanken an Theatertricks. Was dieser Mann zeigte, so Boscos Worte, lag jenseits aller Taschenspieler-Kunststücke.

Ohne jedes Honorar entfaltete Home bereitwillig die größte Bandbreite körperlich-mentaler Fähigkeiten, die je ein Mensch an den Tag gelegt hatte. Dazu gehörten *Psychokinese, Levitation, Materialisationen, extreme Änderung der Körpertemperatur, Elongation* und *Feuerfestigkeit*. Letztere wirbelte naheliegenderweise den größten Staub auf.

Am 30. November 1863 begann Home eine seiner spektakulärsten Demonstrationen damit, daß er sein Gesicht auf glühende Kohlen in einem Kamin legte. Zur »Erfrischung«, wie er sagte. Sodann nahm er eines der rotglühenden Kohlestücke, blies es bis zur Weißglut an und hielt es den Anwesenden hin. Keiner von ihnen konnte näher als zehn Zentimeter herangehen, zu groß war die ausstrahlende Hitze. Unter den Zeugen befand sich der britische Kriegsberichterstatter für den *Daily Telegraph*, Lord Adare, der zu einem der Chronisten von Daniel Dunglass Home werden sollte.

Der erstaunliche Schotte bewies seine Hitzeunempfindlichkeit viele Male. Manchmal rollte er zusätzlich glühende Objekte auf seinem Gesicht hin und her. Nach solchen Gewaltakten wies er niemals auch nur die leichtesten Verbrennungen auf. So viel zum Leidenfrost-Effekt, der immer wieder als »natürliche Erklärung« herhalten muß. Die von Home und anderen auch bei längeren Direktkontakten mit glühenden Objekten an den Tag gelegte Feuerfestigkeit führt derartig krampfhafte Erklärungsversuche ad absurdum (beispielsweise konnte es sich der französische »Feuerkönig des 19. Jahrhunderts«, Julien Xavier Chabert, in 200 Grad Celsius heißen Öfen »gemütlich machen«). Wissenschaftlern, wie dem Physiker Charles R. Darling, der einigen Feuerläufen als Experte beiwohnte, ohne von seiner Ansicht abzugehen, das Ganze sei nur gymnastische Geschicklichkeit (man läuft eben schnell genug), kann man eigentlich nur die persönliche Probe aufs Exempel empfehlen.

## Ein Physikbuch als Schutzschild

Ein anderer Physiker, Jearl Walker von der *Cleveland State University* in Ohio, machte den mutigen Schritt zum Selbstversuch tatsächlich, wobei er seine eigene Theorie allerdings widerlegte. Um die Leidenfrost-Effekt-Hypothese zu stützen, errichtete Walker in seinem Garten einen Feuerteppich. Von Überzeugung durchdrungen, eine verblichene Kopie von Halliday und Resnicks *Physics* in Händen, dem Standardwerk, in dem die berühmte Theorie des deutschen Arztes Johann Gottlieb Leidenfrost zu finden ist, marschierte Walker unverletzt über die glühenden Kohlen. Bei späteren Versuchen zog er sich allerdings Verbrennungen zu. Was damit de facto wahrscheinlich bewiesen wurde, war nicht Walkers Auffassung, wohl aber die Macht seines Glaubens an die Physik. Zu seinen späteren schmerzhaften Fehlversuchen meinte er humorvoll: »Nun, ich habe wohl nicht fest genug geglaubt.«

Damit wenden wir uns für den Augenblick von der menschlichen Feuerfestigkeit ab, jenem Mysterium, das die Wissenschaft seit mehr als einem Jahrhundert frappiert, nachdem der US-Professor und spätere Flugpionier S. P. Langley vom *Smithsonian Institute* im Jahr 1901 auf einer Pazifik-Reise bei einem exotischen Volksstamm damit Bekanntschaft gemacht hatte. Feuerfestigkeit gehört, wie es scheint, lediglich zu einem ganzen Ensemble an Superfähigkeiten, die dem »Wunderwesen Mensch« innewohnen, auch wenn nur wenige unserer Gattung von einer dieser Fähigkeiten oder gar von mehreren Gebrauch machen können.

## Körperverlängerung

Eine kurz angesprochene exotische Fähigkeit von D. D. Home wird meist etwas stiefmütterlich behandelt. Ich möchte sie unter die Lupe nehmen, weil sie im wahrsten Wortsinn *greifbar* ist. Seine *Levitation* oder *Psychokinese* sollen beileibe nicht heruntergespielt werden, aber sie sind nicht so handfest wie jenes rare Talent Homes, das als *Elongation* (Körperverlängerung) bezeichnet wird. In seinem Falle sollte man korrekter von Verlängerung und Verkürzung sprechen, denn Home konnte sein Körpermaß von 1,75 Meter sowohl auf 2,10 Meter strecken als auch auf 1,50 Meter reduzieren. Dieser fremdartige Vorgang wurde unter den verschiedensten Testbedingungen gemessen. Einmal streckte sich Home auf dem Boden aus und veränderte seine Körperlänge in beide Richtungen, wobei zur Kontrolle unentwegt Maßbänder anlegt wurden. Bei einer anderen Gelegenheit forderte er die Zuschauer auf, seine Arme, Füße, Beine und seinen Rumpf während der Elongation fest zu umklammern. Einer der Zeugen berichtete hinterher, er hätte deutlich gespürt, wie Homes Rippen beim Dehnen unter seinen Händen wegglitten. Ein unheimliches Gefühl.

Besonders skeptischen Naturen waren selbst solche Maßnahmen nicht streng genug. Home wurde gefesselt, an Stühle gebunden und auf die verschiedensten Arten und Weisen daran gehindert, einen Hokuspokus zu inszenieren. Es nützte alles nichts: Daniel Dunglass Home war kein Betrüger. Diese einmalige Persönlichkeit ist für die Fachwelt bis zum heutigen Tage ein großes Fragezeichen geblieben. Gönnen wir ihm seinen verdienten Ruf als »viktorianischer Übermensch«, wie er gerne bezeichnet wird.

Trotz seiner zahlreichen Talente hat er Indizien dafür geliefert, daß superhumane Eigenschaften keineswegs nur begabten Einzelpersonen vorbehalten sind, sondern als tiefliegende Grundzüge des Homo sapiens verstanden werden sollten. Als Vielfachfähigkeiten wie bei Home manifestieren sie sich allerdings nur in den seltensten Fällen. Das ändert jedoch nichts an der immer klarer werdenden Notwendigkeit, unsere Spezies treffender als *Homo incredibilus* (der unglaubliche Mensch) zu charakterisieren.

Daß D. D. Home kein Monopol auf Feuerfestigkeit hatte, wissen wir. Dasselbe gilt für die Elongation. Sie tritt häufig im Zusammenhang mit Stigmatisierungen auf. Hier zeigt sich die Grauzone einander überlappender Phänomene. Stigmatisierungen gelten allgemein als religiös induzierte, durch Geisteskräfte in Gang gesetzte Selbstverletzungen. Sozusagen Psychosomatik extrem. Problematischer wird die Einordnung, wenn bei Stigmatisierten im Stadium größter Erregung Arme oder Beine beträchtlich wachsen, Körper sich aufblähen oder große Hautpartien buchstäblich zu Leder werden.

## Die Verwandlungen der Marie-Julie Jahenny

Ein besonders spektakulärer Fall ist der von Marie-Julie Jahenny, die im Jahre 1853 im französischen Dörfchen La Fraudais bei Nantes geboren wurde. Ab ihrem 20. Lebensjahr zeigte sie alle Arten von Stigmata. Als sie prophezeite, daß am Freitag, dem 1. Oktober 1880, Außergewöhnliches mit ihr geschehen würde, fanden sich an besagtem Tag sechs Zeugen bei ihr ein, unter denen sich auch der renommierte Medizinprofessor Dr. Imbert-Goubeyre, Autor des Standardwerkes *La Stigmatisation*, befand.

Vor diesem unbestechlichen Auditorium ging eine monströse Verwandlung mit der jungen Frau vor sich. Wie in einem Horror- oder Klamaukfilm zog sich Marie-Julies Kopf in den Körper zurück, bis er fast gänzlich zwischen den Schultern verschwunden war. Ihre Statur veränderte sich radikal. Sie schrumpfte in sich zusammen, wobei ihre linke Seite wie ein Ballon wuchs und die rechte sich einfaltete. Die Schultern nahmen einen widernatürlichen rechten Winkel zum Schlüsselbein ein. Ihre Zunge schwoll zu abnormer Größe an. Hand in Hand mit diesen Ungeheuerlichkeiten ging das Auftreten starker Stigmata. Schließlich stand ein menschlicher Ball mit grotesken Auswüchsen und blutenden Wunden vor den entsetzten Zusehern: Das totale Zerrbild der kontrollierten Körperveränderung eines D. D. Home, und doch im Prinzip zweifellos artverwandt.

Wo stehen wir demnach? Eine kleine Zwischenbilanz zeigt, daß es bewußt lenkbare und unwillkürliche Superfähigkeiten gibt. Treten mehrere davon in ein und derselben Person auf, hat diese meist die Kontrolle darüber oder kann sie zumindest in irgendeiner Weise auslösen. Es liegt auf der Hand, daß unterschiedliche Kombinationsmöglichkeiten solcher Talente existieren können. Halten wir also Ausschau nach weiteren »Superkräften« und nach Menschen, die mehrere solcher Fähigkeiten in sich vereinigen.

## Der mehrfachbegabte Kuda Bux

Dabei müssen wir zur Feuerfestigkeit zurückkehren und den faszinierenden Kuda Bux (1906–1981) nochmals bemühen, hinter dessen Geheimnisse zu kommen die wissenschaftliche Elite zu seinen Lebzeiten als Jahrhundertaufgabe anzusehen schien. Zu den gründlichsten Experimenten zur Erforschung – oder Demaskierung – menschlicher Feuerfestigkeit zählt der bereits erwähnte Versuch von Harry Price aus dem Jahr 1935. Mit diesem müssen wir uns näher auseinandersetzen.

Er fand im Herbst besagten Jahres im Garten des Anwesens *The Halt* von Mr. Alex Dribbell an der Woodmansterne Road in Carshalton in der englischen Grafschaft Surrey statt. Das Wetter war windig und leicht regnerisch, doch Price und seine Helfer produzierten mittels sieben Tonnen Eichenstücken, einer Tonne Feuerholz, einer Wagenladung Holzkohle, zehn Gallonen Paraffin sowie 50 Exemplaren der *Times* zum Unterzünden einen infernalischen Feuerteppich. Im Kern betrug seine

Temperatur etwa 1400 Grad Celsius, eine Hitze, die Stahl zum Schmelzen bringt. Rein physikalisch betrachtet, müßten Füße einen höheren Schmelzpunkt haben als Stahl, um diese Temperatur unbeschadet zu überstehen. Allein hier zeigt sich die Unzulänglichkeit klassischer Erklärungsversuche.

Etwas theatralisch in Schwarz gekleidet, näherte sich der seit kurzem in England weilende Kuda Bux seiner »Teststrecke«. Bevor er seine bloßen Füße dem Höllenfeuer aussetzte, machten sich die Fachleute über seine Gehwerkzeuge her. Der Arzt Professor C. A. Pannett sowie vier Physiker der Universität von London wuschen Bux die Füße, trockneten sie sorgsam ab, maßen ihre Temperatur und befestigten ein Kontrollstück Leukoplast an einer Sohle. Vor den Wissenschaftlern sowie mehreren Zeugen fand der Feuerlauf, besser gesagt Feuergang, statt. Unter den Anwesenden befanden sich der im Zusammenhang mit der Zeitreise der beiden Engländerinnen ins Versailles von Ludwig XVI. bereits erwähnte Professor Dr. C. E. M. Joad und der BBC-Produzent R. S. Lambert sowie Dr. E. A. Hunt. Letzterer kannte das traditionelle Feuerlaufen aus Indien und gab an, daß die Testbedingungen für Bux noch extremer waren (keine tiefe Grube sowie leichter Wind, daher noch größere Hitze).

Nachdem der Kandidat die glühende Strecke mehrmals hinter sich gebracht hatte, wurden seine Füße kontrolliert. Sie waren unverletzt und sogar kühler als bei der ersten Messung. Selbst das Stück Pflaster auf der Fußsohle war unbeschädigt. Weitere Demonstrationen folgten.

1938 nahm Kuda Bux eine Einladung von Robert Ripley, dem Leiter der Radiosendung *Believe-It-or-Not*, nach Amerika an, um dort eine öffentliche Demonstration seiner legendären Feuerfestigkeit zu geben. Auf einem Parkplatz der New Yorker *Radio City* warteten am 2. August zwei Feuergräben voll mit rotglühenden Kohlen auf den Mann aus Kaschmir. Eine Schar von Journalisten umlagerten sie, wenn auch in gewisser Entfernung, da die ausstrahlende Hitze enorm war. Die Temperatur der Kohlen betrug zwischen 700 und 800 Grad Celsius. Vor dem Versuch wurde Bux von Ärzten untersucht. Er wies keinerlei Verletzungen auf. Dann begann er seinen Feuermarsch. Mit ruhig abgemessenen Schritten durchquerte er beide Gräben. Die Untersuchung nach dem Experiment erfolgte ebenso gründlich wie die vorhergehende. Sie brachte dasselbe Resultat: keine Verletzung. Der erste Feuerlauf, über den im Rundfunk berichtet wurde, war hieb- und stichfest.

Auf die Frage der Interviewer, ob er diese Fähigkeit immer schon besessen oder erworben hatte und was sein Trick sei, antwortete Bux:

»Mut und Selbstvertrauen sind alles. Es gibt keinen Trick. Mit dem Feuer kann man keine Spielchen treiben.« Kuda Bux hatte sich sein Talent über einen Zeitraum von elf Jahren durch mentale Exerzitien, darunter Konzentrationssteigerung, Meditationen etc., selbst erarbeitet. Abhärtungsübungen, wie etwa sukzessives Erhöhen der Temperatur, gehörten nicht zu seinem Trainingsprogramm. Sie wären eine Sackgasse gewesen, vergleichbar mit dem geradezu rührenden Versuch der US-Militärs im Vietnam-Krieg, die GIs gegen Folterungen zu immunisieren. Zu manchem läßt sich der Körper nun einmal nicht konditionieren. Das gilt auch für ein anderes Talent von Kuda Bux, das sogenannte *Hautsehen*. Die Tatsache, daß er in der Lage war, ohne Einsatz der Augen zu sehen, fügt seiner ohnedies schon außergewöhnlichen Person noch eine weitere Facette des Übermenschlichen hinzu.

1934 demonstrierte er diese bizarre Fähigkeit vor einer der erlesensten Versammlungen von Wissenschaftlern, die sich jemals zusammengefunden hatte, um einem unerklärlichen Phänomen auf die Spur zu kommen. Unter den hochkarätigen Experten befanden sich der Physiker der Londoner Universität Professor Edward Andrade und der Leiter des *Bethlehem Royal Hospital*.

Als erstes wurde der Testperson jede Möglichkeit genommen, auch nur das geringste zu erspähen, und das mehr als gründlich. Man legte Teig auf die Augen von Kuda Bux und darauf Metallfolie. Sodann wurde sein Kopf mit einer wollenen Bandage umwickelt und diese wiederum mit Gaze. Der so Behandelte wirkte nun wie eine Kombination aus einer Mumie und dem Titelrollendarsteller der alten Version des Horrorklassikers *Die Fliege*.

Als Professor Andrade die verhüllte Gestalt auffordern wollte, aus einem mitgebrachten Buch vorzulesen, wandte ein anderer Wissenschaftler ein: »Wir sollten die Möglichkeit von Telepathie ausschalten. Lassen wir uns einige Bücher bringen, die keiner von uns kennt.« Gesagt, getan. Man legte eines der Bücher aufgeschlagen vor Bux auf den Tisch, der seine Hände wie segnend darüber hielt. Dann begann er mit leicht singender Stimme flüssig daraus vorzulesen. Er war etwa bei der Hälfte der Seite angelangt, als Professor Andrade das Buch ohne Ankündigung blitzschnell gegen ein anderes austauschte. Bux las ohne Unterbrechung aus dem neuen Werk vor. Das Spielchen wurde mehrmals wiederholt. Stets las Kuda Bux mit seiner melodiösen Stimme einfach weiter. Die Fachleute standen vor einem Rätsel. Es war nicht das erste und nicht das letzte Mal.

Im Laufe der Jahre hatte sich der Mann aus Kaschmir zahllosen ähnlichen Versuchen unterworfen und mit schöner Regelmäßigkeit ratlose Fachleute zurückgelassen. Die Kontrollmaßnahmen waren oftmals sehr einfallsreich.

In Hull, England, tropfte ihm ein Mediziner vor dem Test Atropin in die Augen, wodurch die Sicht verschwommen wird. Es ist müßig zu betonen, daß Bux Kopf nach dem Eintropfen in der bekannten Weise dick eingehüllt wurde. All das hinderte ihn nicht daran, selbst kleinste Schriften wiederzugeben. Ein anderer Arzt versuchte es unter den Bandagen mit einer zusätzlichen Isolierschicht aus Kollodium, einer zähflüssigen Lösung von Nitrozellulose in Alkohol und Äther, die zum Verschließen von Wunden verwendet wird. Die Lesefähigkeit von Kuda Bux wurde auch dadurch in keiner Weise beeinträchtigt.

Bei einem Interview für die Zeitschrift *Montreal Daily Star* sagte Bux, daß er sich gar nicht mehr erinnern konnte, wie viele wissenschaftliche Untersuchungen er schon hinter sich hatte. Der *Daily Star* griff in seiner Ausgabe vom 14. Februar 1938 einen dieser Tests heraus und kolportierte ihn in allen Einzelheiten: »Die Ärzte gaben sich nicht mit gewöhnlichen Bandagen zufrieden. Als Auftakt verkleisterten sie die Augen von Kuda Bux mit Mehlteig. Danach kam eine dicke Schicht Baumwolle bis unterhalb der Nase. Sie wurde mit langen Streifen Klebeband fixiert, gefolgt von mehreren Metern Verbandsmull. Weitere Lagen unterschiedlichster Materialien folgten. Den Abschluß bildete ein Schal, der mehrfach um den, mittlerweile ins Riesenhafte angewachsenen Kopf, geschlungen wurde. In einem Nebenraum erwarteten Journalisten sowie die Mediziner den Mohammedaner. Der renommierteste der Ärzte überreichte einen verschlossenen Umschlag an Bux, der ohne zu zögern aus dem darin befindlichen Schriftstück vorzulesen begann. Einer der verblüfften Reporter zückte seinen Presseausweis, worauf ihn der Getestete namentlich ansprach.«

So sehr Kuda Bux die Schulwissenschaft in Verlegenheit stürzte, so sehr wurde er von der Öffentlichkeit geliebt, da er sie immer wieder durch spektakuläre Aktionen faszinierte. Im Jahre 1936, am Abend seines ersten Tages im englischen Manchester, suchte er mit einem Rattenschwanz von Presseleuten das örtliche Krankenhaus auf. Dort bat er die Doktoren, seine Augen zu verbinden. Das ließen sich die Angesprochenen nicht zweimal sagen. Sie kannten seinen Ruf und waren nur allzu gern bereit, ihm auf den Zahn zu fühlen. Von den Zeitungsleuten belauert, gingen sie grimmig entschlossen ans Werk. Nachdem sein Kopf so dick eingehüllt worden war, daß wahrscheinlich nicht einmal eine Kugel durch den Mehrfachverband gedrungen wäre, begab sich Bux sicheren Schrittes wieder auf die Straße. Dort bestieg er ein Fahrrad mit einer Tafel, die seinen abendlichen Auftritt auf der Rennbahn der Stadt ankündigte. Seine Werbefahrt per Drahtesel ging durch einen Großteil von Manchester, wobei Kuda Bux korrekte Handzeichen gab und sich mit absoluter Sicherheit im starken Straßenverkehr der Rush-hour bewegte. Diese Radnummer schien ihm viel Spaß zu machen, denn er wiederholte sie immer wieder, unter anderem 1945 auf dem stark befahrenen Times Square von New York.

Bleiben wir chronologisch. Am 11. September 1937 marschierte Kuda Bux in Liverpool mit dem bereits obligaten Kopfverband ungerührt in fast 70 Meter Höhe auf einem schmalen Sims außen um die Spitze eines Gebäudes. Die Aufzählung seiner erstaunliche Auftritte würde den Rest dieses Buches füllen. Dessen wollen wir uns enthalten, steht doch jetzt bereits fest, daß die mysteriöse Fähigkeit von Kuda Bux, mit Hilfe anderer Sinnesorgane (man vermutet der Haut) zu sehen, erwiesen ist. Nicht einmal routinierte Varietékünstler konnten sie kopieren. Das ist besonders erstaunlich, da es Illusionisten immer wieder gelingt, Parafähigkeiten zu imitieren.

Die Untersuchung des Phänomens »Hautsehen« kann auf eine lange Tradition zurückblicken und geht heute unvermindert weiter. Eine befriedigende Erklärung im Sinne der klassischen Wissenschaft konnte und kann jedoch nicht geliefert werden. Vage Berichte lassen sich weit zurückverfolgen.

## Dermooptik und Rillenlesen

Beispielsweise gibt es eine Aufzeichnung aus dem 17. Jahrhundert, in welcher der irische Wissenschaftler Robert Boyle einen Mann erwähnt, dessen Sehvermögen durch den Tastsinn übernommen war.

Im 18. Jahrhundert stießen die europäischen Erforscher der Samoa-Inseln auf blinde Eingeborenen, die mittels ihrer Haut sehen konnten.

Der erste aktenkundige Fall ereignete sich 1872 in Graz in der damaligen Österreichisch-Ungarischen Monarchie. Alois Burgel, der Sohn eines Kupferschmieds, erblindete im Alter von neun Jahren durch ein Feuer in der väterlichen Schmiede. Dabei handelte es sich offensichtlich um hysterische Blindheit, denn elf Jahre später konnte Alois plötzlich wieder sehen. Solche Fälle sind an sich keine Besonderheit. Dieser wies jedoch eine außergewöhnliche Komponente auf. Während der Jahre der psychosomatischen Dunkelheit hatte der junge Mann die Fähigkeit entwickelt, auf einem »Umweg« zu sehen. Der untersuchende Mediziner, Dr. Grohweiler, stellte durch einen Zufall verblüfft fest, daß der junge Patient mit verbundenen Augen Dinge wahrnehmen konnte.

Dr. Grohweiler berichtete in einem Wiener Medizinjournal über den eigenartigen Fall, doch die Fachwelt zeigte wenig Interesse. Daraufhin führte der Arzt seinen Patienten im Dezember desselben Jahrs einem Konsortium seiner Kollegen in Graz vor. Ergebnis: Ratlosigkeit. Im Jahr darauf starb Alois Burgel an Schwindsucht, was in diesem Tagen auch bei jungen Menschen gang und gäbe war.

Parallel zu Dr. Grohweiler setzte sich auch ein anderer Mediziner mit dem rätselhaften »Sehen ohne Augen« auseinander. Der gefeierte italienische Arzt Dr. Cesare Lomboroso (1836–1909) – Autor des Standardwerks über Verbrechenspathologie *The Criminal* – hatte wie Dr. Grohweiler bei einem Fall von hysterischer Blindheit festgestellt, daß die junge Patientin mit verbundenen Augen sehen konnte. Durch eine Reihe von Tests glaubte Dr. Lombroso herausgefunden zu haben, welches Organ des Mädchens dafür verantwortlich war: ihre *Nase*. Es zeugt von der außerordentlichen Courage des Italieners, daß er es wagte, diesen Fall in einem seiner Bücher darzulegen.

Professor Lombroso hatte auch mit einem Mädchen zu tun, das mittels der Ohren sehen und durch das Kinn wie auch durch die Fersen riechen konnte. Eine andere seiner weiblichen Versuchspersonen behauptete steif und fest, 33 Würmer in ihren eigenen Gedärmen wahrnehmen zu können. Da sie von dieser Behauptung nicht abließ, landete sie schließlich auf dem Operationstisch, wo exakt *33 Würmer* aus ihr herausgeholt wurden.

Drei Jahre lang versuchte der Arzt Justinus Kerner vergeblich herauszufinden, mit welchen Tricks seine Patientin Friedericke Hauffe Bücher zu lesen vermochte, die aufgeschlagen auf ihrem Bauch lagen, mit der Schriftseite nach unten. Schließlich resignierte er und gab die Existenz von Fähigkeiten zu, von denen »sich die Schulweisheit nichts träumen läßt«.

Zu den bekanntesten Pionieren der einschlägigen Forschung zählt der französische Universitätsprofessor Louis Farigoule (1885–1972), bekannter unter seinem Autorenpseudonym Jules Romains. Nach seiner Theorie enthält die menschliche Haut bestimmte »Sehzellen«, spezifische Nervenenden, die von den meisten Menschen unter besonderen Umständen aktiviert werden können. Eine nicht ganz fernliegende Vermutung, ist doch beispielsweise das Tintenfisch-Auge im Lauf der Evolution aus der Haut des Tieres entstanden, konkret durch steigende Lichtempfindlichkeit einer bestimmten Hautsektion. Allerdings hat das Auge des Menschen einen anderen Entwicklungsweg beschrieben, denn es ist eine Ausstülpung des Gehirns.

1921 veröffentlichte Farigoule als Jules Romains das vielbeachtete Werk *La Vision extra-retienne et le Sens paroptique* (*Das Sehen ohne Netzhaut und der paraoptische Sinn*). Darin erwähnt er Personen, die mit ihren Fingerspitzen, ihren Wangen und sogar mit dem Bauch sahen. Und ein Jahr später gelang ihm am Heiligabend eine beachtliche Demonstration. Drei Testpersonen wurde die Sicht auf die bekannte Weise blockiert. Trotzdem konnten sie Bilder, Zahlen, Farben, Formen und anderes erkennen, wenn sie die Objekte gegen die Stirne hielten oder mit den Fingern darüberstrichen.

In den 1930er Jahren ließ Dr. Manuel Chaves aus Sao Paulo, Brasilien, mit einer Studie aufhorchen. Er hatte mehr als 400 blinde Patienten getestet und dabei festgestellt, daß über ein Dutzend von ihnen mit der Haut sehen konnten. Vorgetäuschte Blindheit war ausgeschlossen, denn die Pupillen der Betreffenden veränderten sich bei Lichteinfall nicht, ein Effekt, den niemand unter Kontrolle haben kann. Chaves und Farigoule/ Romains sowie andere Wissenschaftler waren und sind überzeugt, daß in solchen Fällen keine mentalen Fähigkeiten wie Hellsichtigkeit oder Telepathie zur Anwendung kommen, sondern unerforschte körperliche Faktoren.

Am 3. Mai 1936 erschien ein umfangreicher Artikel mit mehreren Illustrationen in der *Los Angeles Times*. Darin wurde über den zwölfjährigen Pat Marquis berichtet, der vor 150 Medizinern eine Demonstration seiner Hautsichtigkeit gegeben hatte. Das Verbinden seiner Augen war von den berühmten Augenspezialisten Dr. A. G. Hove, Dr. Henry S. Nesburn und Dr. Lloyd Burrows persönlich durchgeführt worden. Das hinderte Pat nicht daran, ganz normal zu sehen, zu lesen und seine Umgebung zu beschreiben. Am Ende mußten sich die Ärzte geschlagen geben. Sie konstatierten einhellig, der Junge habe »supernormale Sinnesfähigkeiten«.

In seinem 1957 erschienenen Buch *Face to Face* enthüllte der Inder Ved Mehta, wieso er sich problemlos zurechtfinden und sogar in den überfüllten indischen Straßen Radfahren konnte, obgleich er infolge einer Gehirnhautentzündung im Alter von drei Jahren die Sehkraft verloren hatte. Die Haut, so seine Erklärung, ersetzte ihm die Augen.

Im Januar 1960 lief im amerikanischen NBC eine TV-Serie mit dem bezeichnenden Titel *People Are Funny* (*Die Leute sind seltsam*). Eine dieser seltsamen Personen war die 14jährige Margaret Foos aus Ellerson im US-Bundesstaat Virginia. Sie behauptete, mit verbundenen Augen sehen zu können, und demonstrierte dies tatsächlich. Unter anderem spielte sie sogar Dame. Ihr Vater gab an, seine Tochter habe diese Fähigkeit von Jugend auf erkennen lassen und sie durch gezieltes Training bis zur vorgeführten Perfektion gesteigert. Der Teenager stellte das auch im Zuge einer Reihe von Tests unter Beweis, die vom *Veteran Administration Center* mit ihr vorgenommen wurden.

Erst ab 1963 begann sich die Wissenschaft ernsthaft mit der Sache zu befassen. Auslöser dafür war der Fall der Russin Rosa Kuleschowa, die trotz verbundener Augen mit ihren Fingerspitzen und Ellenbogen Zeitungen und Notenblätter lesen konnte. Tastsinn oder Infraroterkennung (der New Yorker Universitätspsychologe Dr. Richard P. Youtz mutmaßte, Rosa könnte die unterschiedliche Wärmeabsorptionsfähigkeit der einzelnen Farben wahrnehmen) schieden aus, da die Russin auch erkennen konnte, was auf eine Glasplatte projiziert wurde.

Eine weit berühmtere Russin konnte Farben durch Berührung mit ihren Fingerspitzen erkennen. Die Rede ist von der Leningrader Hausfrau Nina Kulagina (1927–1990), deren unglaubliche Fähigkeiten ich in meinem Buch *Neue Unerklärliche Phänomene* darlege.

Seither sind immer wieder ähnliche Fälle ruchbar geworden und ohne Ergebnis untersucht worden. Mittlerweile gibt es sogar einen Fachterminus für dieses irritierende Phänomen. Er lautet »Dermooptik«. Ein weiteres Kunstwort, um zu verschleiern, daß man wieder einmal ratlos vor einem großen Fragezeichen steht.

Mit diesem Resümee wollen wir das kleine Potpourri fremdartiger Züge der menschlichen Natur zum Abschluß bringen. Natürlich ließen sich noch Absonderlichkeiten sonderzahl anführen. Die systematisch ausgewählten beweisen aber wohl schon hinlänglich, daß nur sehr wenig, vielleicht sogar nichts, de facto so ist, wie es die Schulwissenschaft uns weismachen will. Einen ebenso originellen wie für dieses Dilemma charakteristischen Ausklang soll die Kleingruppe der »Rillenleser« bilden, die trotz der bescheidenen Anzahl ihrer »Mitglieder« in der grenzwissenschaftlichen Forschung einen festen Platz hat.

Der bekannteste von ihnen ist Dr. Arthur Lintgen aus Rydal im amerikanischen Pennsylvania. Seine Fähigkeit, durch bloßes Betrachten der Rillen einer Schallplatte sagen zu können, um welches Musikstück es sich handelt, einschließlich Orchester, Dirigent und Instrumentierung, ist dokumentiert. Erfahrene Musikkritiker testeten ihn und waren verblüfft. Für das Magazin *Discover* identifizierte Dr. Lintgen eine Aufnahme von Schuberts Fünfter Symphonie und fügte hinzu, daß sie von einem deutschen Orchester stamme. Zwei Kontrollplatten – eine mit Text und die andere mit Popsongs – konnten ihn nicht täuschen. Der Klassikfreund Dr. Lintgen tat sie als Kauderwelsch und Durcheinander ab. Bei der im Februar 1985 ausgestrahlten Folge von *Wetten, daß ...?* erkannten die beiden deutschen Rillenleser Ralf Kraft und Wolfgang Laddach die aus 150 Schallplatten ausgesuchten fünf Aufnahmen anhand der Pressung auf Anhieb.

Alles Show? Schwer zu sagen. Dr. Lintgen wies jede Vermutung zurück, er besitze übersinnliche Fähigkeiten. Vielmehr bestand er darauf, die Informationen aus dem Muster der Rillen zu ersehen, die in den Tonträger geschnitten sind. Auch wenn er selbst von dieser Erklärung überzeugt ist, muß man sich ernsthaft fragen, ob es tatsächlich möglich sein kann, aus einer Tonrille zu erkennen, ob die Musik laut oder leise ist, welche Instrumente zum Einsatz kommen und um welches Stück es sich handelt, vom Dirigenten ganz zu schweigen. Viele halten es für wahrscheinlicher, daß ein Vertreter der klassischen Wissenschaft unbewußt versucht, seine eigenen paranormalen Fähigkeiten zu negieren.

Nun läge es nahe, vom Super-Körperlichen zum Super-Mentalen, zur Kraft des Geistes, weiterzugehen. Diesen ausgetretenen Weg wollen wir jedoch nicht beschreiten. Statt dessen wenden wir uns den Superfähigkeiten jener Geschöpfe zu, die nicht so sehr im Rampenlicht stehen wie der Homo sapiens, aber um nichts weniger wundersam sind. Beleuchten wir die Superfähigkeiten der Tiere – die sich mit unseren durchaus messen können – und auch andere Seltsamkeiten in der Tierwelt. Damit vom »unglaublichen Menschen« zu den »unglaublichen Vertretern der Fauna« ...

# Übermenschliche Tiere und Geschöpfe aus dem Anderswo

*»Wer weiß, ob der Odem der Menschenkinder emporsteigt, der Odem des Tieres aber hinabfährt zur Erde?«*
*Prediger*, 3, 19–21

**»Pelorus Jack«, der außergewöhnliche Lotse**

Nahe der Küste von Neuseeland gibt es eine gefürchtete Passage mit wilden Wasserwirbeln, tückischen Strömungen, Untiefen und lauernden Unterwasserfelsen, die schon so manchen Kiel aufgeschlitzt haben. Man nennt sie »die französische Passage«. Sie führt an den D'Urville-Inseln vorbei und erstreckt sich von der Pelorus-Meerenge bis zur Bucht von Tasmanien. Diese teuflische Strecke verlor um die Wende vom 19. zum 20. Jahrhundert 40 Jahre lang ihren Schrecken – dank dem außergewöhnlichsten Lotsen, den es je gegeben hat.

An einem stürmischen Morgen des Jahres 1871 trat er zum ersten Mal in Erscheinung. Von Boston kommend, fuhr der Schoner *Brindle* in die französische Passage ein. Er hatte eine Ladung Maschinen und Schuhe für Sydney an Bord und manövrierte mit äußerster Vorsicht. Das Meer war aufgewühlt, es goß in Strömen, und Nebel herrschte. Die Seeleute erwarteten jeden Moment irgendeine Katastrophe. Plötzlich bemerkten sie einen außergewöhnlich großen blauen Delphin, der vor dem Bug des stampfenden Schiffes meterhoch aus dem Wasser sprang. Er wirkte wie ein junger Hund, der die Aufmerksamkeit seines Herren erregen will.

Einige Mannschaftsmitglieder hielten ihn für einen Jungwal und wollten ihn harpunieren, was die Frau des Kapitäns verhinderte – zum Glück für die *Brindle* und zahllose andere Schiffe. Abermals an einen Hund erinnernd, bot sich der Delphin unverkennbar als Lotse an. Der Schoner folgte ihm mangels einer besseren Orientierungsmöglichkeit. So geleitete der Delphin das Schiff durch die gefährlichen Gewässer bis in die Sicherheit des tiefen Meeres.

Seit diesem Tag wartete der hilfreiche Meeresbewohner auf Schiffe, um sie sicher durch die französische Passage zu lotsen. 40 Jahre lang hielten Seeleute danach Ausschau, daß sein geschmeidiger stahlblauer

Körper vor dem Bug aus dem Wasser stieg. Sie wußten, daß ihnen nun nichts mehr geschehen konnte. Es dauerte nicht lange, bis der Delphin einen Namen bekam: *»Pelorus Jack«*.

Jack patrouillierte am Eingang der Durchfahrt und übernahm die Führung, sobald ein Schiff in diese Gefahrenzone einfuhr. Wann immer er sich zeigte, empfingen ihn Freudenrufe der Schiffsmannschaften. Man applaudierte seinen Luftsprüngen und winkte ihm zu, wenn er neben den Schiffen herschwamm, um sie viele Meilen weit zu eskortieren. Dann drehte er ab, um seine Wache wieder aufzunehmen.

1903 schoß ein betrunkener Passagier des Schiffes *Penguin* auf »Jack« und traf ihn. Daraufhin brach ein Sturm der Entrüstung auf dem Schiff tos. Die Mannschaft konnte nur mit Gewalt gehindert werden, den Trunkenbold zu lynchen. Zwei Wochen lang zeigte sich der Delphin nicht. Man fürchtete, er sei tot. Dann, eines Morgens, war er wieder da. Die neuseeländische Regierung in Wellington verfügte, daß der Delphin in keiner Weise belästigt werden dürfte, die einzige Verordnung, die jemals von den Seeleuten mit einhelliger Begeisterung aufgenommen wurde.

»Pelorus Jack« war nicht nachtragend und nahm seine Lotsentätigkeit wieder auf. Die *Penguin* ließ er jedoch von nun an links liegen. Es war das einzige Schiff, dem er seine Dienste versagte. Daraufhin wollte niemand mehr dort anheuern. Ausschließlich auf die Fähigkeiten menschlicher Lotsen angewiesen, erlitt die *Penguin* in den Untiefen der französischen Passage schließlich Schiffbruch. Sie sank und riß zahlreiche Menschen ins nasse Grab. Mehr als vier Jahrzehnte lang versah der freundliche Delphin seine selbstgestellte Aufgabe, ehe auch ihn das Alter einholte. Im April 1912 wurde er das letzte Mal gesehen.

Er hatte keinen Vorgänger und keinen Nachfolger. Tausende Menschen verdanken ihm ihr Leben, gigantische Sachwerte wurden gerettet. In den Annalen der Seefahrt gibt es keine zweite Erfolgsbilanz von dieser Größenordnung. Die Aufzählung von »Jacks« ungeheuren Leistungen ist auf einer Statue zu finden, die zu seinen Ehren von dankbaren Seeleuten, Passagieren und Reedern auf einem Strand von Wellington errichtet wurde.

»Pelorus Jack« war den Wissenschaftlern seiner Tage ein Rätsel und ist es noch heute. Selbst nach neuesten Erkenntnissen, die Delphinen eine fast menschenähnliche Intelligenz zubilligen, nimmt er eine einmalige Sonderstellung ein. Man kennt spektakuläre Rettungsaktionen, bei denen Delphine schiffbrüchige Seeleute an Land transportieren oder vor Haien schützen. Die Meeresbiologie hat festgestellt, daß außer dem Homo sapiens nur diese Familie der Meeressäuger mit jenem Verhältnis von Gehirngröße zu Körpermasse aufwarten kann, das gemeinhin als Kriterium für Denkvermögen angesehen wird, und man weiß von dem komplexen Sozial- und Individualverhalten der Delphine. Dessen ungeachtet übertrifft ein 40jähriger freiwilliger Lotsendienst selbst die kühnsten Erwartungen hinsichtlich des Potentials der freundlichen Delphine, einschließlich des von Wissenschaftlern in Israel vorgeschlagenen extravaganten »Delphin-Hebammen-Dienstes«, bei dem die geduldigen Tiere im Roten Meer Geburtshilfe leisten sollen.

Ganz offensichtlich war »Pelorus Jack« entweder mehr als ein normaler Delphin, oder der Stammbaum des Lebendigen müßte wieder einmal umgeschrieben werden.

## Rätselhafte Delphine

Dennoch mag der Einstieg in einen der bizarrsten Bereiche unseres Nicht-Wissens als Anti-Klimax erscheinen. Delphine sind nun einmal keine gewöhnlichen Tiere. Die meisten Fachleute akzeptieren das Faktum einer Delphin-Sprache. Kommunikationsforscher der NASA versuchen seit geraumer Zeit, als Vorübung zur Kontaktaufnahme mit Außerirdischen, eine Kunstsprache zur Verständigung mit den liebenswürdigen Meeresbewohnern zu entwickeln. Unter diesem Aspekt nimmt es auch nicht wunder, daß ein Vorfall in einem Meeresaquarium von Miami keinen Staub aufwirbelte. Gerade gefangene Delphine sollten am nächsten Tag für die Publikums-Show trainiert werden. In der Nacht hörte der ehrenamtliche Kurator des Naturwissenschaftlichen Museums von Miami, J. Manson Valentine, an der Stelle, wo die getrennten Becken mit den Neuankömmlingen und den »alteingesessenen« Delphinen aneinandergrenzten, seltsame Laute. Am nächsten Tag konnte die Ausbildung gestrichen werden, denn die neuen Delphine beherrschten das Programm bereits. Valentine und seine Trainingscrew zweifelten keinen Moment daran, daß die trainierten Delphine ihren neuen Kollegen die Übungen in der Nacht erläutert hatten. Eine Vorführung konnte es allerdings nicht gegeben haben, da es zwischen den beiden Becken keinen Sichtkontakt gab.

Irgendwie hat man sich sogar an die Vorstellung gewöhnt, Delphine könnten dem Menschen geistig gleichwertig sein. Daß sie aufgrund fehlender Greifwerkzeuge und ihres feuchten Lebensraums selbst dann für uns keine Konkurrenz im Kampf um die Vorherrschaft auf Erden wären, ist ihr Glück. Andernfalls würden wir ihnen ein Schicksal bereiten, gegen das die permanenten Delphin-Schlächtereien oder ihr tausendfacher qualvoller Tod in den kilometerlangen Schleppnetzen der Thunfisch-Fänger wie unbedeutende Ausschreitungen erscheinen müßten.

Trotzdem: Unter Superfähigkeiten von Tieren stellt man sich Dramatischeres, buchstäblich Unglaubliches vor, vergleichbar mit den exotischsten PSI-Kräften besonders begabter Menschen. Gut, wählen wir eine der unglaublichsten Parafähigkeiten *unserer* Spezies aus und sehen wir uns im Reich der Fauna nach Parallelen um. Dafür müssen wir uns zuvor nochmals kurz mit dem Homo sapiens befassen.

## Die Königsdisziplin unter den Parafähigkeiten

Zu den fremdartigsten – und umstrittensten – PSI-Phänomenen gehört ohne Zweifel die *Teleportation*, die Macht, sich durch Gedankenkraft von einem Ort zum anderen zu versetzen. Physiker, die ähnliches beim *Tunneleffekt* der Elektronen beobachten können, konstatieren einen Transport in Nullzeit. Ob dies auch für menschliche Wesen gilt, ist unerforscht, da solches nur bei Teleportationen über größere Distanzen (ideal wären kosmische Entfernungen) und unter Einsatz genauester Meßapparaturen festgestellt werden kann. Beides ist derzeit nicht möglich. Das seit einiger Zeit durch die Medien gehende sogenannte »Beamen« der Forschungsgruppe des österreichischen Professors Dr. Anton Zeilinger ist in dieser Frage keine große Hilfe, da es sich hierbei um mikroskopische Vorgänge im Quantenbereich handelt, die mehr mit dem beschriebenen Experiment von Alain Aspect zu tun haben als mit dem, was man gemeinhin unter Teleportation beziehungsweise dem »Beamen« aus der TV-Serie *Raumschiff Enterprise* versteht. Wieder einmal ist ein von den Medien mißverstandener Vorgang zu einem Schlagwort geworden, das einen festen Platz in der öffentlichen Diskussion erhalten hat – aber das kennen wir ja von anderen Fällen (man denke nur an das absurde »China Syndrom«, dessen nicht minder absurde Entstehungsgeschichte ich in anderen Büchern dargelegt habe). Bleiben wir also bei der Teleportation, wie sie tatsächlich zu verstehen ist.

Der am intensivsten untersuchte *menschliche* Teleporter war der brasilianische Kaufmann Carlos Carmine Mirabelli (1889–1951). Der erstaunliche Mann wurde nicht weniger als 392 Mal von der 1919 in Sao Paulo gegründeten Forschungsgesellschaft *Academia de Estudos psychics Cesare Lombroso*« untersucht (Dr. Lombroso haben wir ja beim Hautsehen schon kennengelernt). Im Zuge dieser Testreihen demonstrierte Mirabelli erstaunliche Talente, darunter Levitation, Psychokinese, automatisches Sprechen und Schreiben in sage und schreibe über 30 Sprachen, aufsehenerregende Materialisationen (eine davon in Gegenwart des Präsidenten der Republik) und, wie gesagt, *Teleportation*.

Mauern und verschlossene Türen stellten für Mirabelli ebensowenig ein Hindernis dar wie verplombte Schlösser und vergitterte Fenster ihn einzuschließen vermochten. Selbst mit Ketten gesichert oder verschnürt wie ein Paket, verschwand er aus versiegelten Räumen, Kerkerverliesen oder wo immer man ihn festzusetzen versuchte. Die kontrollierenden Gelehrtenkommissionen blieben im wahrsten Wortsinn ratlos zurück. Seine zahllosen »Raumsprünge«, die er häufig bei hellem Tageslicht durchführte, sind ein Rätsel. In einem besonders spektakulären Fall dematerialisierte Mirabelli vor Zeugen in einem Bahnhof von Sao Paulo und wurde nur zwei Minuten später im 90 Kilometer entferten Sao Vicente entdeckt.

Auf ebenso unerklärliche Weise empfahl sich am 29. Juli 1928 der Marchese C. S. in Gegenwart der Professoren Ernesto Bozzano, Castellani und Passini sowie anderer Teilnehmer an einer spiritistischen Sitzung aus einem Zimmer des Schlosses Millesimo. Die Türen des Raumes waren verschlossen, die Schlüssel steckten innen. Bei einer Durchsuchung des gesamten Anwesens fand man den Marchese außerhalb der Schloßmauer schlafend auf einem Heuhaufen. Täuschung jeglicher Art wurde von den Anwesenden kategorisch ausgeschlossen.

Die Teleportation gehört zu den exotischsten aller *menschlichen* Parafähigkeiten. Sie stellt selbst in der exklusiven Gemeinschaft der PSI-Begabten eine Seltenheit dar. Bemüht man sich um eine physikalische Erklärung, wie es sie für die meisten Paraphänome gibt, so stößt man endgültig an die Grenzen unseres Wissens. Fachleute haben berechnet, daß die gesamte Kapazität aller Computersysteme der Erde, eingesetzt auf unbegrenzte Zeit, für die Erfassung der Informationsmenge nicht ausreichen würde, die ein einziger menschlicher Organismus beinhaltet. Und genau das wäre die absolute Grundvoraussetzung, um unsereins kodieren, in elektromagnetische Wellen umwandeln, vom Teleportationssender abstrahlen und beim Empfänger korrekt wieder zusammensetzen zu können. Fremden Intelligenzen, die uns um Jahrtausende voraus sind, mag dies möglich sein, uns aber nicht. Alles gut und schön, aber wann kommen *die Tiere* ins Spiel? *Jetzt*.

## Tier-Teleportation

Man kennt zahlreiche Fälle, in denen Hunde, Katzen, Pferde und andere Vertreter der Fauna aus Käfigen, verschlossenen Räumen, eingegrenzten Arealen etc. verschwunden sind. Viele Tierbesitzer können ein Lied davon singen. Für eine wirkliche Beachtung reicht das klarerweise nicht, auch wenn manche Vorkommnisse verblüffen müssen.

Der Bericht des Walisers William Coombs, Besitzer der Ripperston-Farm nahe Dyfed in Pembrokeshire, ist ein gutes Beispiel dafür. Der stolze Besitzer einer Herde von 58 friesischen Kühen harrte 1977 eine Nacht bei den Tieren aus, da es einigen Kälbern nicht gut ging. Gegen Mitternacht beschloß er, im Farmhaus eine Tasse Tee zu trinken. Er hatte das Gebäude noch nicht erreicht, als drinnen das Telefon läutete. Ein befreundeter Nachbar war am Apparat. Etwas unwirsch ersuchte er Coombs, seine Kühe wieder einzufangen, da sie eben dabei waren, die nachbarliche Ernte abzuweiden.

Ein völlig unerklärliches Geschehen. Coombs Herde hatte sich eine Minute vor dem Anruf vollzählig hinter dem verschlossenen Stahlzaun befunden. Auch in flottem Trab hätten die Kühe mehr als eine Stunde gebraucht, um das Anwesen des Nachbarn zu erreichen. Das Stahlgitter war intakt und immer noch verschlossen, nur zäunte es nichts mehr ein. Trivialmysterien – rätselhafte Ereignisse, über die man einige Zeit den Kopf schüttelt und dann wieder zur Tagesordnung übergeht.

Anders liegen die Dinge bei den Untersuchungen des Biologen und Kryptozoologen Ivan T. Sanderson (1911–1973), einem der bedeutendsten Epigonen des berühmten amerikanischen Chronisten des Unerklärlichen, Charles Hoy Fort. Sanderson gründete 1967 in New Jersey eine ernstzunehmende Gesellschaft zur Erforschung des Unerklärlichen, deren Untersuchungsergebnisse in der von mir im Zusammenhang mit der Selbstverbrennung im Sarg bereits genannten Zeitschrift *PURSUIT* veröffentlicht werden. Darüber hinaus verfaßte Sanderson Bücher, die sich mit zoologischen Absonderlichkeiten befassen, z.B. 1967 *Things* und 1969 *More Things*. Seine Werke hätten eine weit größere Aufmerksamkeit in der Fachwelt verdient, als ihnen zuteil wurde. Manches, worauf Sanderson stieß, würde es allerdings verlangen, die Lehrbücher umzuschreiben, und das geht dann eben doch nicht. Wir hingegen wollen uns trotzdem eine skurrile Erscheinung aus der geheimnisvollen Welt der Insekten zu Gemüte führen.

**»Instant Transference«**

Der Ausgangspunkt für Sandersons diesbezügliche weiterführende Forschungen war Eugène Marais (1871–1936) bekanntes Werk *Die Seele der weißen Ameise*. Darin werden beiläufig einige Seltsamkeiten erwähnt, die kaum beachtet in den riesigen Bauten der Blattschneider-Ameisen »Atta« vor sich gehen. Vielleicht auch bei anderen Ameisen- und Termitenvölkern, wer weiß?

Zu Beginn scheint alles recht vertraut, wie aus einem Standardwerk oder einem Walt-Disney-Naturfilm: Nach ihrem Hochzeitsflug, der für die Reproduktion unabdingbar ist, verliert die Atta-Königin ihre Flügel. Königin und König legen gemeinsam den Grundstein für einen jener Ameisenhügel, die in großer Zahl beispielsweise im Grasland von Südafrika zu finden sind. Vollendet wird das titanische Werk von Abermillionen emsigen, sechsbeinigen Arbeitern. Um die nunmehr immobile Königin entfaltet sich ein von Gängen durchzogenes Riesengebilde. Sie selbst ruht bewegungslos in ihrer Kammer, während ihr Körper bei gleichbleibender Größe ihres Kopfes ohne Unterlaß wächst. Wenn sie keinen Platz mehr in ihrem Palast findet, errichten ihre unermüdlichen Kinder für sie einen größeren, in den sie dann übersiedelt. Nur: *Wie macht sie das?* Dazu müssen wir etwas ins Detail gehen.

Der erste Wohnraum, in dem die Königin ein erfülltes Leben führt, das ausschließlich aus Essen und Eierlegen besteht, hat keine weichen Lehmwände, sondern Mauern wie aus Beton. Will ein Mensch sie knakken, muß er kraftvolle Schläge mit einem Hammer, einem Pickel oder einem ähnlichen Werkzeug führen. Die Königin ist vollkommen eingeschlossen, man könnte sagen einbetoniert. Die einzigen Öffnungen ihrer Zelle sind kleine Löcher, durch die ihr Nahrung gebracht und ihre Ausscheidungen wie auch der stetige Strom von Eiern, den sie produziert, entfernt werden. Königinnenkammern weisen oftmals die Größe von Kokosnüssen auf, auch wenn ihre Form etwas länglicher erscheint. Ihre steinharten Wände können eine Dicke von sieben bis acht Zentimetern erreichen.

Myrmekologen (Ameisenkundler) kennen einen Vorgang, dessen Seltsamkeit ihnen jedoch nicht aufgefallen zu sein scheint. Eine Standardtechnik bei der Ameisenbeobachtung ist der »Ameisenbau-Querschnitt«. Man entfernt mit äußester Vorsicht eine Wand der Königskammer und ersetzt sie durch eine Glasplatte. Nun kann das unbewegliche Mutterinsekt studiert werden. Bei dieser Prozedur ereignet sich nichts Außergewöhnliches. Alles geht weiter wie gehabt. Die Königin wird versorgt und sondert Eier ab. Wartet man lange genug, stirbt das Rieseninsekt irgendwann einmal und wird von den Arbeitern zerlegt.

Unterbrechen die Forscher ihren Voyeurismus, indem sie die Glasplatte abdecken und dem Tier kurzfristig seine Intimsphäre zurückgeben, ereignet sich nicht selten etwas Sonderbares: Die Atta-Königin verschwindet. Wenn man wieder hinsieht, ist ihre Lagerstätte leer. Wie nicht anders zu erwarten, fand sich dafür schnell eine Erklärung: Die Arbeiterameisen hatten in dieser Zeit die Königin getötet, ihren Körper auseinandergenommen und die Teile abtransportiert.

In dieser klaren Suppe aus unbekümmertem Rationalismus schwimmt allerdings ein Haar, eine Ungereimtheit, auf die Ivan T. Sanderson und seine Frau Alma stießen, als sie Dr. D. C. Geijskes 1938 bei der Termitenbekämpfung in Niederländisch-Guayana assistierten. Der Wissenschaftler erzählte dem Ehepaar von einem mehrfach durchgeführten bizarren Experiment, das seither auch von anderen wiederholt wurde. Die Grundidee ist mehr als simpel: Man kennzeichnet die Königin in dem aufgeschnittenen Bau mit Farbe, ehe man die Kammer mit der Glasplatte wieder dicht macht. In diesem Fall erhielt der bekannte Ablauf (Abdekken der Glasplatte – Königin verschwindet in der unbeobachteten Phase) eine groteske Fortsetzung. Dr. Geijskes und sein Team begannen nämlich die nächstliegenden Ameisenhügel aufzugraben. Und siehe da, in einem davon fanden sie »ihre« Königin wieder. Das riesige Insekt ruhte in seiner neuen Zelle, frisch-fröhlich fressend, Exkremente ausscheidend und Eier legend. Die betonartigen Wände der neuen Behausung umschlossen es ebenso eng wie die im alten Bau, und auf dem unförmigen Körper prangte deutlich erkennbar die Farbmarkierung. Wie gesagt, ist dieser Vorgang mehrmals experimentell nachgewiesen worden, ein etwaiger Transport einer Königin durch ihre Arbeiter wurde hingegen noch niemals beobachtet, ebensowenig ihr vermuteter Umzug aus eigener Kraft vom alten zum neuen Bau durch raupenartige Bewegung über den Boden.

Nähert man sich diesem haarsträubenden Phänomen mit kühlem Kopf, so erscheint es aus der entwicklungsgeschichtlichen Perspektive äußerst sinnvoll. Die Ameisenkönigin ist für den Stamm lebenswichtig. Könnte sie sich tatsächlich von Bau zu Bau teleportieren, wäre das der optimale Schutz für die unersetzliche Eierlieferantin. Trotzdem ist diese Vorstellung für klassische Wissenschaftler eindeutig zu viel.

Der Mathematiker und Pionier der Schwarze-Loch-Forschung, Dr. Martin Kruskal, korrespondierte mit Ivan T. Sanderson, wobei er unter anderem schrieb: »Ich halte mich für aufgeschlossen, muß aber zugeben, daß ich vor dem Gedanken an Ameisenteleportation zurückscheue ... Meiner Ansicht nach gibt es eine weniger phantastische Erklärung. Möglicherweise ist die Größe der Königin eine Folge des in ihrem Körpers angesammelten Futters zur Eierproduktion. Wird die Kammer nun von Naturforschern aufgeschnitten, so bringen die Arbeiter ihre Arterhalterin in Sicherheit. Sie töten sie nicht, sondern öffnen ihren Leib und ›entladen‹ sie. Der geschwollene Bauch der Königin ist nun ein leerer Sack, und das Tier kann durch eine der kleinen Öffnungen in eine andere Kammer transportiert werden, wo alles wieder von vorne beginnt. Wie mir scheint, ist der Vorgang der Entladung einer Königin immer schon fälschlich dahingehend interpretiert worden, daß sie von den Arbeitern getötet und zerlegt wird. Ich glaube, meine Hypothese erklärt die Beobachtungen hinlänglich.«

Auf diese Stellungnahme, die geradezu exemplarisch den Drang zu einer »natürlichen« Erklärung um jeden Preis zeigt, reagierte Sanderson nicht ohne Zynismus. Hier einige Zeilen aus seinem Antwortbrief:

»Schrecken Sie nicht vor dem Gedanken an Teleportation zurück, sondern befassen Sie die Physiker damit ... Ich schätze jede rationelle Erklärung einer Sache, die bislang unerklärlich schien. Auch ich habe Zweifel in bezug auf ITF (Instant Transference; augenblickliche Ortsveränderung), aber wenn es keine andere realistische Schlußfolgerung gibt, muß ich Entsprechendes vermuten, ich wiederhole: vermuten.

Nun erhalte ich von Ihnen eine Interpretation, die meiner Seele als Biologen so wohl tut wie ein Malariaanfall. Zuerst einmal hätte die Königin Schwierigkeiten, auch nur ihren Kopf und ihren Brustabschnitt durch eine der dafür viel zu winzigen Öffnungen zu zwängen. Das nur nebenbei. Die Vorstellung, aus dem Insekt einfach die Luft herauszulassen, es wie einen leeren Sack umzulagern und im neuen Quartier wieder aufzublasen, scheint mir wohl nur aus der Sicht von ›Nazi-Ameisen‹ logisch und praktisch. In der Realität ist die Königin sogar noch gigantischer, als sie aussieht, dazu voll mit Eiern in ihren übermäßig vergrößerten Eierstöcken. Immerhin ist sie nichts anderes als eine Eiererzeugungsmaschine. Macht man nun eine Öffnung in ihren Ballonkörper, strömen Berge von Eiern heraus. Dessen ungeachtet findet der Transport in eine andere Kammer statt, wo die armseligen Überreste der Königin wieder zugenäht (was Ameisen besonders gut können) und abschließend aufgeblasen werden. Als wäre nichts geschehen, kann nun weiter gefüttert und eiergelegt werden. Und all das in fünf Minuten.«

Sandersons Sarkasmus bringt die Schwächen aller krampfhaften Versuche für eine rationale Erklärung so treffend auf den Punkt, daß man dem nichts mehr hinzufügen kann, außer vielleicht dieses zur Ergänzung: Im April 1973 erschien in *PURSUIT* ein Artikel über Seltsames im Zusammenhang mit der Fischgattung »Nomeus gronovii«, die unbeschadet zwischen den Nesselfäden einer Riesenqualle namens »Portugiesische Galeere« lebt. In den 1950er Jahren hatte Craig Philips den Auftrag erhalten, an der Südspitze Floridas einige »Nomeus« für das Aquarium im Florida-»Marineland« zu fangen. »Marineland«-Direktor Captain William Gray machte Philips ausdrücklich darauf aufmerksam, daß Fischbehälter, die »Nomeus« enthalten sollten, schon mehrmals leer angekommen seien. Und das, obwohl besagte Fische in einem kleinen Holzkäfig waren, der mit einem engmaschigen Drahtnetz überzogen war und sich außerdem in einem zweiten, größeren Käfig befand. Trotzdem kamen die »Nomeus« nie im Florida-»Marineland« an. Sie verschwanden unterwegs. Auch Philips mußte diese frustrierende Erfahrung mehrmals machen.

Ein Kollege im Marine-Labor der *University of Miami*, der nichts von Philips abortiven Fischtransporten wußte, erzählte ihm etwa ein Jahr später vom Verschwinden mehrerer »Nomeus« aus einem Glasbehälter. Trotz intensivster Suche konnte keine Spur von ihnen entdeckt werden.

Was die Rätsel der Tierwelt betrifft, so haben wir zwei Eckpunkte kennengelernt: die akzeptierten Talente der fast schon in die menschliche Familie aufgenommenen Delphine und eine absonderliche Fähigkeit der uns fernstehenden Insekten und einer speziellen Fischart.

Zwischen diesen Extremen tut sich allerdings noch eine ganze Menge, wenngleich zumeist unbeachtet oder ohne Fragen hingenommen. Wer sieht schon in Alltagsabsurditäten oder Zirkusattraktionen die Schatten einer anderen Wirklichkeit? Lassen wir einige dieser verkannten Seltsamkeiten Revue passieren. Dabei werden wir erstaunt feststellen, daß es im Reich des Tiere ebenso grotesk zugeht wie in unserem, dem ihrer »Herren und Meister«.

## Sittiche, die Konversation machen

Was ist beispielsweise davon zu halten, wenn Wellensittiche plötzlich wirklich zu sprechen beginnen? Der lettische Psychologe, Schüler von C. G. Jung und Schriftsteller Dr. Konstantin Raudive (1909–1974), der sich als Jenseitsforscher mit Schwerpunkt auf Tonbandstimmen einen Namen machte, wurde mit einem solchen Fall konfrontiert.

Im Oktober 1972 brachte ihm ein Ehepaar, von dem er nur die

Initialen v. D. in seine Akten aufnahm, einige Tonbandaufnahmen. Auf diesen waren nicht die Stimmen von Verstorbenen zu hören, sondern Äußerungen des noch lebenden Wellensittichs der Familie v. D., von denen sich einige auf Raudive zu beziehen schienen. Darum hatte man sich an den Forscher gewandt. Tatsächlich waren unter anderem die Worte *Raudive, Zenta Maurina* (Ehefrau Raudives) und *Petrautzki* (der verstorbene Sekretär Raudives) zu vernehmen. Weiterhin fiel der Ortsname *Bad Krozingen.* Eben dort fand im April des nächsten Jahres ein Kolloquium statt, bei dem Frau v. D. ihren sprechenden Wellensittich den bekannten Parapsychologen Hans Bender und Eberhard Bauer präsentieren würde.

Das Tier war ein Phänomen, daran konnte kein Zweifel bestehen, auch wenn man sich nicht einigen konnte, wo das Ganze eingereiht werden sollte.

Parallel dazu machte in der Gegend ein weiterer sprechender Wellensittich von sich reden. Die Biologin Ilse Sonnenberg untersuchte einen 1971 gekauften blauen Vogel, der dem von Familie v. D. sehr ähnelte. Ohne die Besitzer namentlich zu benennen, berichtet die Biologin, daß das Tier ohne jede Anleitung komplizierte Worte sowie Namen der Familienmitglieder formulierte. Besonders angetan schien es ihm der französische Philosoph und Mathematiker Blaise Pascal (1623–1662) zu haben, dem die Nachwelt unter anderem die Wahrscheinlichkeitsrechnung verdankt. Das Federvieh sagte Pascals Namen immer wieder, bis seine Besitzer so weichgeklopft waren, daß sie nach Paris fuhren, um das Grab des Wissenschaftlers mit frischen Blumen zu schmücken. Nach der Rückkehr zwitscherte der daheimgebliebene Vogel einen Satz, der sich wie »Pascal dankt für die Blumen« angehört haben soll.

Die Zoologin Almut Clausen versuchte unter Zuhilfenahme eines normalen Wellensittichs, das Mysterium seines beredten blauen Artgenossen zu knacken. 1974 veröffentlichte sie das Ergebnis ihrer Studien. Vordergründig schien es keine großen Differenzen zwischen dem »Supervogel« und dem »normalen« Kontrollsittich zu geben. Nachdem letzterer in den ersten, sprachlosen Lebensmonaten durch intensives Training mit Worten gefüttert wurde, sprudelte er diese später – scheinbar aus heiterem Himmel – hervor. Schlüssig war diese »Speicher-Theorie« trotz allem nicht, da der Sittich der Familie v. D. Fachausdrücke, Worte in Fremdsprachen und Schachtelsätze von sich gab, die er erwiesenermaßen niemals gehört hatte.

Alles gut und schön, aber doch wohl ziemlich vage, im Grunde schon an der Grenze zum Unseriösen. Die Möglichkeit, daß die einzige Besonderheit der fraglichen Sittiche in einer außergewöhnlichen Dressur liegt, kann nicht mit Sicherheit ausgeschlossen werden.

So ist es ohne Frage eine Meisterleistung der Dressur, etwa einem Dickhäuter das Musizieren beizubringen. Die Zeitschrift *Sun* berichtete in ihrer Ausgabe vom 2. Juni 1971 über die Elefantendame »Iris«, die Besuchern des Twycross-Zoos *When the Saints Go Marching In* auf einer fest montierten riesigen Mundharmonika vorspielte. Manchmal bedarf es nicht einmal einer Dressur.

1982 lobte ein Kunstprofessor, anerkannte Autorität auf dem Gebiet der abstrakten Kunst, die Kollektion eine unbekannten Malers mit den Worten: »Die Zeichnungen sind sehr lyrisch – sehr, sehr schön. Sie sind so positiv, so bejahend, so spannungsgeladen. Die Energie ist so kompakt und beherrscht. Es ist einfach unglaublich!« Bei einer Zeichnung sagte er: »Dieses Stück ist wirklich anmutig und zart. Die meisten meiner Studenten bringen so etwas nicht zustande.« Nein, Sie haben sich geirrt. Der Maler war kein Menschenaffe. Er war ein Elefant. Genauer gesagt, die 14 Jahr alte, drei Tonnen schwere asiatische Elefantendame »Siri« im Zoo von Syracuse, New York. Das kreative Tier pflegte mit Stöcken und Steinen Linien in den Sand ihres Käfigs zu zeichnen, was schließlich aufgefallen war. Als ihr Wärter Papierblöcke und Holzkohle gaben, begann die Elefantendame ihr erstaunliches künstlerisches Werk. Und das Beste kommt noch: Untersuchungen zeigten, daß *alle* Elefanten zeichnen! Offenbar ist der »menschliche« Drang, sich künstlerisch zu entfalten und dadurch selbst auszudrücken, allen höheren Tieren zu eigen, deren höchstentwickelte wir sind (wenn auch nicht auf allen Gebieten, stellt man die praktische Umsetzung von Moral und Ethik in Rechnung).

Solche Leistungen sind den überaus intelligenten Dickhäutern also durchaus zuzutrauen, ohne ihnen geheime Kräfte zuschreiben zu müssen. Den klugen Pferden wird ebenfalls hohe Gelehrigkeit attestiert. Trotzdem zeigen manche von ihnen Fähigkeiten, die mit Dressur soviel zu tun haben wie ein Abakus mit einem hochwertigen Prozeßrechner.

### Der Telepathieforscher und »Lady Wonder«

In seinen jungen Jahren hatte sich der spätere Begründer der parapsychologischen Forschung, Joseph Banks Rhine (1895–1980), noch nicht spezialisiert, sondern jagte hinter jedem paranormalen Phänomen her. Es ist müßig zu sagen, daß er trotz seiner damals noch bescheidenen Erfahrung die meisten davon als Betrug oder Einbildung entlarven konnte. Jedoch nicht alle. In Richmond im US-Bundesstaat Virginia machte er 1927 eine verblüffende Erfahrung, die ihn veranlaßte, sich der Erforschung der Telepathie zu widmen. Ein Entschluß, der ihn berühmt machen sollte.

Damals fühlte Jung-Rhine dem über die Grenzen von Virginia bekannten »gedankenlesenden« Pferd »Lady Wonder« auf den Zahn, das von seiner Besitzerin, Mrs. C. Fonda, vermarktet wurde. Die dreijährige schwarzweiße Stute sollte in der Lage sein, Fragen mit Hilfe einer überdimensionalen Schreibmaschine verblüffend genau zu beantworten, und sollte sogar der Präkognition mächtig sein. »Lady Wonder« hatte Entscheidungen im US-Präsidentschaftswahlkampf richtig vorausgesagt, Gewinnpferde bei Rennen angegeben und an der Börse weit mehr Erfolg gehabt als so mancher Profi. Weiterhin konnte sie vermißte Personen durch Buchstabieren ihrer Aufenthaltsorte ausfindig machen.

Gemeinsam mit dem renommierten Psychologen Dr. William McDougall führte Rhine vom 3. Dezember 1927 bis zum 15. Januar 1928 eine Reihe von Experimenten mit dem wundersamen Tier durch, wobei er die gesamte Zeit auf einem Feld vor dem Stall campierte. Zuerst sollte »Lady Wonder« Zahlen und Buchstaben, die ihr gedanklich mitgeteilt wurden, durch Antippen vor ihr ausgebreiteter Kinderbauklötze mit ihrer Schnauze benennen. Das klappte einwandfrei. Schritt für Schritt wurden die Testbedingungen verschärft. Mrs. Fonda mußte den Raum verlassen, damit sie ihrem Pferd keine geheimen Signale geben konnte, was manche vermuteten.

Schließlich wurde eine undurchsichtige Wand aufgestellt, die »Lady Wonder« von der Person trennte, die jeweils den telepathischen Kontakt suchte. Die Resultate waren nach wie vor ausgezeichnet. Danach wurden dem Tier verbal Fragen gestellt, die es mittels seiner Buchstabentasten beantwortete. So kam eine Konversation zustande, die auch zwei Menschen geführt haben könnten.

Zum Beispiel:

*Frage:* »Wo kann ich mir Geld leihen?«

*Getippte Antwort:* »Bank.«

*Frage:* »Welche Bank?«

*Getippte Antwort:* »Commerce.«

*Frage:* »Wie heißt dieser Gentleman?« (bezogen auf Rhine).

*Getippte Antwort:* »Rhine.«

Als Draufgabe buchstabierte »Lady Wonder« schwierige Worte und löste mathematische Aufgaben, einschließlich komplizierter Wurzelberechnungen. Ein Bericht über dieses erstaunliche Experiment wurde in der Ausgabe 1928/29 des *Journal of Abnormal and Social Psychology* veröffentlicht. Joseph Banks Rhine konnte keine andere Erklärung als Gedankenübertragung finden, was ihn zu der Schlußfolgerung veranlaßte, solches müßte – wenn es zwischen Mensch und Tier existierte – von Mensch zu Mensch erst recht an der Tagesordnung sein. Womit er sein späteres Spezialbegebiet gefunden hatte.

Das Pferd »Lady Wonder« war offensichtlich tatsächlich ein Wunder, und das trotz der Jahre später erfolgten und heftig angezweifelten »Entlarvung« durch einen Varietézauberer. Allerdings war sie kein singuläres Wunder. Nicht ganz 20 Jahre früher hatten die »Wunderpferde von Elberfeld«, zwei Araberhengste namens »Muhammed« und »Zarif« sowie der Hengst »Berto«, gehörigen Staub aufgewirbelt und eine Reihe von Wissenschaftlern in Ratlosigkeit versetzt.

## Die »Wunderpferde von Elberfeld« und der »Kluge Hans«

Die erstaunlichen Hufeisenträger im deutschen Wuppertal gehörten dem reichen Industriellen Karl Krall. Er war der festen Überzeugung, daß ihre Intelligenz sich mit der unseren messen könnte und zu ihrer Artikulierung lediglich einer anderen Symbolsprache bedürfe. Krall arbeitete eine »pferdgemäße« Kommunikationsform aus: einen mittels Huf auf ein Brett geklopften Morsecode. Auf diese Weise beantworteten die Pferde schwierige Fragen, identifizierten Personen, lösten komplexe Rechenaufgaben und machten auch sonst Aussagen, die ihnen laut Zoologie absolut unmöglich sein mußten. Klarerweise mangelte es nicht an Erklärungsversuchen.

Einem Stallgenossen der »Wunderpferde von Elberfeld«, dem achtjährigen russischen Hengst »Hans« des verstorbenen Ex-Schullehrers Wilhelm von Osten, hatte man damit vordergründig beikommen können, als er noch nicht in Kralls Obhut war. Der »Kluge Hans«, wie er genannt wurde, hatte einige Jahre zuvor in einem gepflasterten Hinterhof zwischen den schäbigen Zinshäusern im Norden der Reichshauptstadt Berlin scheinbar übermenschliche Eigenschaften an den Tag gelegt. Auch er bediente sich der naheliegenden Klopftechnik. So las er die Uhr, erkannte Fotos von Personen, die ihm vorgestellt worden waren, löste mittels eines überdimensionalen Abakus mathematische Aufgaben und vieles mehr. Sein Ruf war ungeheuer.

Ganze Expertenkommissionen pilgerten zu ihm. Psychologen, Ärzte, Zoologen, Biologen, Physiologen, Neuropsychiater, Veterinäre und andere Experten, unter ihnen Kavallerieoffiziere und ein Zirkusdirektor, unternahmen regelrechte Wallfahrten zu von Ostens bescheidener Wohnstatt. 1904 wurden eigene akademische Komitees zum Studium des Wunderhengstes eingesetzt.

Professor Dr. Carl Stumpf, Mitglied einer der »Kluger Hans«-Kommissionen, schien unter Verwendung der Ergebnisse seines Mitarbeiters Oskar Pfungst schließlich die Entzauberung des faszinierenden Pferdes gelungen zu sein. Sein Besitzer hatte nämlich nach seiner Pensionierung begonnen, »Hans« wie einen Schüler zu unterrichten. Dabei kam es nach Pfungsts Ansicht zu einer interessanten, aber keineswegs übernatürlichen Wechselwirkung zwischen Mensch und Pferd.

Von Osten pflegte das Tier mit Mohrrüben und anderem zu belohnen, wenn es eine Rechenaufgabe gelöst oder die Antwort auf eine Frage richtig gemorst hatte. »Hans« war zweifellos ein sehr kluges Tier, darauf basierte auch die Analyse von Oskar Pfungst. Diese kommt zu dem Schluß, daß sich eine Konditionierung des Pferdes auf nonverbale Signale seines Herrn einstellte. Der ehemalige Lehrer nahm, ohne es zu wollen, spezifische Körperhaltungen ein, die unbewußt die Ergebnisse seiner eigenen Denkoperationen während der Arbeit mit »Hans« widerspiegelten. Ein subtiler, aber durchaus irdischer Mechanismus, so beachtlich er auch ist. Er kulminierte schließlich in einer unbeabsichtigten Dressur, durch die das Pferd die gewünschten Antworten wie eine ferngelenkte Marionette geben konnte. Der außerordentlich gute Beobachter Pfungst konnte sogar bis zu einem gewissen Grad in die Rolle des Pferdes schlüpfen und vereinzelt Informationen aus Wilhelm von Ostens körperlichen Mikrobewegungen herauslesen. Ein weiteres Indiz war der Umstand, daß der »Kluge Hans« meist versagte, wenn der Fragesteller die Antworten nicht wußte oder er diesen nicht sehen konnte. Selbst Scheuklappen genügten gelegentlich, um ihn wieder zum normalen Pferd zu machen. Eine Analyse, der sich Jahrzehnte später der bekannte Therapeut und Kommunikationsexperte Paul Watzlawick in seinem Buch *Wie wirklich ist die Wirklichkeit?* anschließen sollte.

Wilhelm von Osten war ein grundehrlicher Mann, dem die Planung einer solchen Interaktion fern lag, auch wenn er schon in den Jahren 1895 und 1896 seine pädagogischen Talente an einem Bären und einem Karrengaul ausgelassen hatte. Diese Vierbeiner waren aber offenbar nicht so klug wie »Hans«, auch wenn er wohl kein wirkliches Superpferd war. Als

Stumpf beziehungsweise Pfungst 1908 die Legende vom »Klugen Hans« vernichteten, obgleich die *wahre* Leistung des Pferdes höchste Bewunderung verdient hätte, traf dies von Osten ins Mark. Seine Verbitterung war noch ein Jahr später bei seinem Tod im Alter von 71 Jahren ungebrochen.

Ein origineller Schnörkel des Schicksals ist es, daß der »Kluge Hans« nach Wilhelm von Ostens Ableben bei Karl Krall ein neues Heim fand. Der Industrielle kannte »Hans« schon einige Zeit und war glücklich, das zwar geschmähte aber trotzdem außerordentliche Tier zu nehmen. Er kaufte weitere Pferde, unter ihnen auch »Muhammed«, »Zarif« und »Berto«, die späteren »Wunderpferde von Elberfeld«. Damit hatte sich der Kreis nicht nur geschlossen, sondern eine neue Dimension gewonnen.

Diese neuen Freunde von »Hans« lassen sich durch die Pfungst-Hypothese nämlich nicht entmystifizieren. Obwohl Krall mit dem »Klugen Hans« herumexperimentierte und ihn zu unterrichten suchte, lagen die Fähigkeiten von »Hans« und den »Wunderpferden« auf völlig unterschiedlichen Ebenen. Letztere antworteten ohne Sichtkontakt. Zudem war eines von ihnen, der als letzter hinzugekommene »Berto«, blind.

Auch andere schulwissenschaftliche Interpretationen versagten. Der Ruhm des erstaunlichen Triumvirats ließ den bereits verblaßten Stern des »Klugen Hans« neu erstrahlen. Er wird heute gelegentlich auch zu den »Wunderpferden von Elberfeld« gezählt, obgleich sie ihn sozusagen nur mitzogen. *Ihre* Fähigkeiten spotteten Pfungsts Erkenntnissen Hohn.

Beispielsweise hatten die Prüfer vereinbart, selbst nicht mitzurechen, als sie »Muhammed« die Aufgabe stellten, die Kubikwurzel aus 5832 zu ziehen. Damit sollte sogar Telepathie ausgeschaltet werden. Dessen ungeachtet morste »Muhammed« innerhalb weniger Sekunden 18 als richtige Lösung, ein Kunststück, das bei unsereinem nur ausgesprochene Rechenkünstler fertigbringen.

Die »Wunderpferde« konnten tatsächlich abstrakt denken. Sie kapierten die Grundlagen der Mathematik, beherrschten die Grundrechnungsarten besser als mancher Schüler, verstanden grammatische Regeln und kommunizierten mit Menschen ebenso flüssig, wenn nicht besser als die berühmte Schimpansin »Washoe«. Deren Verwendung der 5000 bis 6000 Zeichen umfassenden amerikanischen Taubstummensprache ASL (American Sign Language) im Gespräch mit dem Psychologenehepaar Allen und Betrice Gardner von der Universität von Nevada in Reno ging Anfang der 1970er Jahre durch die Weltpresse.

Gelegentlich streuten »Muhammed«, »Zarif« und »Berto« während der Tests eigene Kommentare ein oder begannen Dialoge mit den Wissenschaftlern. So verblüffte »Zarif« im Sommer 1913 Professor Clarapede von der Genfer Universität mit der geklopften Erklärung, nicht weitermachen zu wollen, weil er müde sei und ihm das Bein vom Morsen schmerze.

Noch Bizarreres ereignete sich, als Dr. Schöller und Dr. Gehrke »Muhammed« fragten, warum er nicht wenigstens versuche zu sprechen. Der Hengst hörte zu klopfen auf und versuchte es tatsächlich, wenn auch mit geschlossenen Kiefern. Nach einigen jammervollen Geräuschen und Schnauzenverrenkungen morste er: »Ich habe keine gute Stimme.« Gehrke und Schöller stießen nach und führten »Muhammed« vor, daß auch sie mit geschlossenen Mund nicht sprechen konnten. Dann fragte Dr. Gehrke: »Was muß man tun zum Sprechen?«

»Muhammed« morste: »Mund öffnen.«

Dr. Gehrke: »Warum machst Du Deinen dann nicht auf?«

»Muhammed«: »Kann nicht.«

Konditionierung allein vermag *solche* Vorgänge *nicht* zu erklären. Dazu kommt die Tatsache, daß Kralls intensive Zuwendung den »Klugen Hans« nicht noch klüger machen konnte und daß sein Training beim Shetlandpony »Hänschen« und anderen Kandidaten überhaupt nichts bewirkte.

In dem Artikel »Gibt es sprechende Tiere?«, der am 17. Dezember 1914 in der renommierten Zeitschrift *Nature* veröffentlicht wurde, schrieb Dr. S. Von Maday unter anderem: »Die Leistung des blinden Pferdes Berto zieht der Pfungst-Theorie visueller Wahrnehmung endgültig den Boden unter den Füßen weg.« Der Direktor des Pasteur-Instituts in Paris erklärte: »Es unterliegt keinem Zweifel, daß die Pferde vernünftig denken und rechnen können.«

Die »Wunderpferde von Elberfeld«, die leider im Ersten Weltkrieg requiriert wurden und dabei alle ums Leben kamen, sind bei weitem nicht die einzigen Vertreter der Fauna, die der klassischen Wissenschaft unangenehm auffallen. Immer wieder machen Tiere mit außergewöhnlichen Gaben von sich reden, bestehen Menschen darauf, daß Tieren exotische Fähigkeiten innewohnen und ähnliches mehr. Die nach dem Ende des Zweiten Weltkriegs – und erst recht seit dem Zusammenbruch des ehemaligen Ostblocks – einsetzende Orientierungslosigkeit, verbunden mit einer nie zuvor dagewesenen Wissensexplosion, hat unter anderem dazu geführt, daß viele Menschen gleichzeitig an nichts und an alles glauben, ein Phänomen, das nicht einmal die wissenschaftliche Gemeinde verschont.

Eine der Folgen davon ist die größere Salonfähigkeit parapsychologischer Forschungen. Es gibt sie zwar schon seit dem Beginn der Neuzeit, mit einem Großeinsatz technologischer Mittel betrieben wurden sie aber erst in der zweiten Hälfte des 20. Jahrhunderts. Eine Reihe von Versuchen und Studien geht a priori davon aus, daß Tiere paranormal begabt sind, und versucht, diese Talente einzugrenzen und zu katalogisieren. Manches ist aber so ungeheuerlich, daß man sich auf Biegen oder Brechen eine natürliche Erklärung abquält. Oft ist aber nicht einmal das möglich.

### »Missie«, die hellsichtige Terrierdame

Der amerikanische Tierforscher Bill Schul setzte sich eingehend mit diesem Fall auseinander, da er ihn besonders faszinierte. Anfangs dachte Schul, das Ganze könne nur ein Unsinn sein – dummes Geschwätz der Hundebesitzerin Mildred Probert.

Begonnen hatte alles 1964 bei einem Spaziergang. Miß Probert traf eine Bekannte mit ihrem Kind. Auf die an das Kind gerichtete Frage, wie alt es sei, erfolgte keine Reaktion. Die Mutter antwortete statt dessen: »Drei Jahre«. Mildred beugte sich herunter und sagte zu dem Kind: »Sag doch drei.« Abermals Stille aus dem kleinen Mund. Dafür bellte »Missie« dreimal.

Die beiden Frauen lachten. »Wie alt bist du denn selbst?«, fragte die Hundebesitzerin noch immer lachend ihre vierbeinige Begleiterin. Viermaliges Bellen. Die Hündin war in der Tat vier Jahre alt. Ein Zufall. »Und wie alt wirst du nächste Woche sein?«, stieß Miß Probert scherzhaft nach. »Missie« bellte fünfmal. Wieso konnte sie wissen, daß sie in der kommenden Woche Geburtstag hatte?

Diese eigenartige Begebenheit ließ Miß Probert keine Ruhe. Um herauszufinden, ob »Missie« nun besondere Fähigkeiten besaß oder nicht, fragte sie die fröhliche Terrierdame, wie viele Finger ein Mensch habe, und anderes mehr auf Kindergartenniveau. Dieses Niveau hatte »Missie« eindeutig, und noch ein weit höheres. Sie konnte auch Telefonnummern, Hausnummern und andere Zahlenkombinationen aus dem Bekanntenkreis ihrer Besitzerin nennen.

Dann wurde es unheimlich. »Missie« wußte Dinge, die Miß Probert und anderen nicht bekannt waren, beispielsweise die Hausnummern von Fremden. Sie informierte Gäste im Bell-Code über die genauen Geldbeträge, die diese bei sich trugen und die sie selbst gar nicht hätten exakt beziffern können. Sie gab die Seriennummern von Dollar-Noten, Geburtsdaten von Unbekannten und ähnliches an. Einem skeptischen Arzt nannte sie seine eigene geheime Privatnummer, die er nur wenigen mitgeteilt hatte. Mildret Probert gehörte nicht zu den darüber Informierten. Trotzdem bellte »Missie« die Nummer. Mehr noch: Um den guten Doktor nicht zu verärgern, hatte Miß Probert die Hündin ermahnt: »Sag uns nicht die ganze Nummer des Doktors, sondern laß die letzte Zahl weg, damit seine Privatnummer weiter geheim bleibt.« Genau so geschah es dann auch.

Ein Zeitungsreporter forderte »Missie« auf, ihm seine eigene Versicherungsnummer zu nennen, die er natürlich nicht auswendig wußte. Ehe der Journalist auf seiner Versicherungskarte nachsehen konnte, bekam er die richtige Zahlenkombination bereits vorgebellt.

Die Terrierdame entpuppte sich als waschechte Hellseherin. Sie prophezeite die Wahl von US-Präsidenten, den Zeitpunkt von Geburten, einschließlich des Gewichtes der Neugeborenen, usw. usf. Todesvoraussagen vermied das Duo Probert/»Missie« tunlichst. Jedoch bis auf zwei Ausnahmen. Einmal wurden Mensch und Hund regelrecht genötigt. Dieser Vorfall ist in einem Brief einer Mrs. Kincaid festgehalten, der in dem Buch *PSI im Tierreich* wiedergegeben wird. Mrs. Kincaid schrieb:

»Im Februar 1965 besuchten wir unsere Nachbarin Mildred Probert. Sie ließ ihren kleinen hellsichtigen Terrier einige Fragen für uns beantworten. Er bellte die Geburtsdaten unserer drei Töchter sehr deutlich und auch für uns leicht verständlich. ›Missie‹ sagte uns auch die Zahl der Buchstaben in unseren Namen, die Tageszeiten usw. Dann setzte mein Mann den Hund auf einen Sessel, lehnte sich über ihn und fragte: ›Wie viele Monate werde ich noch leben?‹ Frau Probert protestierte. Sie wollte nicht, daß ihr Hund diese Frage beantwortete. Mein Mann bestand darauf (Er sagte, er fürchtete, daß er nur noch einige Monate lebe und nicht Jahre.) ›Missie‹ beantwortete seine Frage mit ›fünfundzwanzig‹. Frau Probert sagte schnell: ›Vielleicht meint sie fünfundzwanzig Jahre.‹ Er fragte dann den Hund: ›Wie viele Jahre werde ich noch leben?‹ ›Missie‹ antwortete sofort ›zwei‹. Er fuhr fort: ›Kannst du mir das Datum sagen, den Monat?‹ ›Missie‹ antwortete ›vier«. Er fragte: ›Den Tag?‹ Missie antwortete ›drei‹. Alles traf ein, wie der Hund vorhergesagt hatte. Mein Mann, C. Kincaid, starb am 3. April 1967. Der vierte Monat, der dritte Tag, fünfundzwanzig Monate (zwei Jahre) später.«

Was dieser Prophezeiung eine gänzlich unerklärliche Note gibt, ist die Tatsache, daß Mr. Kincaid nicht an dem Magenkrebs starb, von dem er wußte und der ihn zu diesen Fragen veranlaßt hatte, sondern an einer Schußverletzung.

Die zweite Todesvoraussage betraf die Terrierdame selbst. Im Mai 1966 wollte ihre Besitzerin von »Missie« die Uhrzeit wissen. Der Hund bellte acht Mal. Das stimmte nicht. Mildret Probert fragte nochmals, worauf die richtige Antwort kam. Danach wieder achtmaliges Bellen. Um acht Uhr desselben Tages erstickte »Missie« an einem Stück Futter. Damit endete eines der erstaunlichsten Rätsel aus dem Reich der Tiere, das leider niemals einer großangelegten Analyse unterzogen wurde.

Um der Wahrheit die Ehre zu geben, darf nicht verschwiegen werden, daß Miß Probert zu ihrem Hund ein – wie soll man es nennen ? – extrem ausgeprägtes Verhältnis hatte. »Missie« trug am Tag Ausgehkleidung, nachts einen Pyjama. Sie schlief mit einem Stoffhund, »speiste« nicht aus einem gewöhnlichen Napf und konsumierte nur menschliche Nahrung. Im großen und ganzen benahm sie sich mehr wie ein Mensch denn wie ein Hund. Der mit all dem verbundene Medienrummel trug wenig dazu bei, den Vierbeiner zum Kandidaten für eine ernsthafte wissenschaftliche Untersuchung zu machen. Total ignoriert wurde er natürlich auch nicht. Man vermutete Theatertricks und Scharlatanerie der Besitzerin. Das kollidierte jedoch mit der ärgerlichen Tatsache, daß Miß Probert die meisten Informationen nicht bekannt gewesen waren, die »Missie« herausgebellt hatte.

Da die erstaunlichen Fakten nicht unter den Tisch gekehrt werden konnten, zimmerte man schließlich die eingangs erwähnte »natürliche Erklärung«, die für sich selbst spricht: Vielleicht war der Hellseher in der Familie Miß Probert und nicht der Hund (ein präkognitiver Terrier, das war doch ein *zu* starkes Stück). Diese Annahme degradierte »Missie« allerdings noch immer nicht zum Normalhund, sondern »nur« zum *telepathischen Hund*, der die Daten durch Gedankenübertragung aus Mildred Proberts hellsichtigem Geist herausholte. Eine echte Kompromißhypothese. Man könnte auch sagen: die Quadratur des Kreises.

### Hellsichtige Laborratten und anderes Getier

Gelegentlich bekennen sich jedoch Forscher zu den verpöntesten Unglaublichkeiten. So berichtete Robert Morris anläßlich der im Winter 1967 abgehaltenen Konferenz der *Foundation for Research on the Nature of Man* (Stiftung zur Erforschung der menschlichen Natur) in einem Beitrag über »Precognition in Laboratory Rats« (»Präkognitionsversuche bei Laborratten«) an der Duke-Universität von Durham im amerikanischen North Carolina, bekanntlich das Mekka seriöser Auseinandersetzung mit Paraphänomenen.

Das renommierte Institut, dessen bekanntester Vertreter der bereits genannte Professor Banks Rhine war, befaßt sich peripher auch mit paranormalen Tieren, vorrangig im Zusammenhang mit Erdbebenvorhersagen, dem tierischen Orientierungssinn (PSI-trailing) und der mentalen Wechselwirkung zwischen Menschen und ihnen nahestehenden Hunden, Katzen usw.

Die Forschergruppe um Morris wollte den wohlbekannten Todesahnungen der Tiere auf den Grund gehen. Der Jagdhund, der seinem Herrn fröhlich zuläuft, wenn dieser die Flinte schultert, um mit seinem vierbeinigen Gefährten ins Revier zu gehen, und der sich winselnd verkriecht, wenn er, hochbetagt und krank, durch dieselbe Flinte von seinem Elend erlöst werden soll, ist sprichwörtlich. Daran gibt es nichts Rätselhaftes. Der Herr ist zutiefst unglücklich über seine grausame Pflicht, und der Hund spürt das auf vielfältige Weise. Wenn Laborratten am Ende einer Versuchsreihe getötet werden und sich unmittelbar zuvor besonders aggressiv verhalten, scheint derselbe Mechanismus abzulaufen. Wirklich?

Robert Morris und sein Team konzipierten eine Testanordnung, die eine Interaktion zwischen den Ratten und ihren menschlichen Henkern unterband. In einer quadratischen Kiste von 2,5 Metern Seitenlänge, die ihrerseits in kleinere quadratische Abteile unterteilt war, wurde eine Anzahl Ratten in den abgeteilten Bereichen einquartiert. Einige von ihnen würden sterben, die anderen nicht. Ein Zufallsgenerator entschied im letzten Moment über Leben und Tod der Nager. Es war ihnen durch keine Sinnesleistung möglich, ihr Schicksal aufgrund von unbewußten menschlichen Signalen zu erspüren. Die Mitarbeiter an dem Experiment ahnten nämlich selbst nicht, welche Ratten es erwischen würde. Erstaunlicherweise schienen es die Betroffenen sehr wohl zu wissen, denn die später überlebenden Tiere blieben aktiv, während die Todeskandidaten apathisch in ihren Quadraten hockten. Die daraus gezogene Schlußfolgerung der Experimentatoren wies – bei vorsichtigster Formulierung – auf die Möglichkeit von Präkognition hin. Andernfalls hätte es *überhaupt* keine Erklärung gegeben.

In der Zwischenzeit belegt eine Reihe von Experimenten das Vorhandensein von tierischer Vorausschau. Amerikanische Institutionen wie die *Psychical Research Foundation* in Durham, South Carolina, zur Erforschung von RSPCA (»Recurrent Spontaneous Psychocactivities« = sich wiederholende spontane Geistesaktivitäten) oder das Parapsychologische Laboratorium stellten ähnliche Versuche wie die Gruppe um Morris an. Desgleichen das Team von Professor J. B. Rhine. In Europa befaßte sich der französische Zoologe R. Chauvin eingehend mit dem erstaunlichen Phänomen.

Dabei zeigte sich, daß Mäuse, Ratten, Goldfische und anderes Getier wußte, in welchen Abschnitten von Labyrinthen, in welchen Kämmerchen usw. ein Zufallsgenerator sie umbringen würde und wo nicht. Sie mieden die Todeszonen mit einer statistisch relevanten Häufigkeit.

Die hier offengelegten Erscheinungen haben nichts mit dem vertrauten Vorausspüren von Erdbeben und anderen Katastrophen gemein. Der Gänserich, dessen Denkmal in Freiburg steht, weil er während des Zweiten Weltkriegs die Bevölkerung der Stadt vor Bombardements warnte (speziell beim Großangriff am 27. November 1944 verdankten ihm zahlreiche Menschen ihr Leben), darf nicht mit Abraham Lincolns Hund in einen Topf geworfen werden, der sich am 14. April 1865, Stunden vor dem Attentat, wie verrückt gebärdete. Dem gesamten Stab des Weißen Hauses gelang es nicht, ihn zu beruhigen. Man wandte sich erst von dem tobenden Hund ab, als die Nachricht kam, der 16. US-Präsident sei im Ford-Theater von Washington durch John Wilkes Booth tödlich verwundet worden (zumindest nach der offiziellen Lesart). Hier muß genau differenziert werden.

Tiere sind zu phantastischen Sinnesleistungen fähig, das steht außer Zweifel. Sie hören, sehen und riechen besser als der Homo sapiens. Sie können Vibrationen aufnehmen, die sogar unseren feinsten Meßgeräten entgehen, elektromagnetische Felder registrieren und anderes mehr. Die Nase eines Hundes ist der menschlichen um einen Faktor von eins zu einer Million überlegen. Unser bellender Freund kann dieselbe Menge Duftstoff, die wir in einem kleinen Raum riechen können, noch wahrnehmen, wenn sie im Luftraum einer Stadt von der Größe Münchens verteilt ist. Manche Vögel, Maikäfer, Schmetterlinge und Fische orientieren sich anhand des Magnetismus'. Bienen navigieren nach dem Polarisationsmuster des Sonnenlichtes, Fledermäuse mit Hilfe von Ultraschall. Das Grubenorgan der Klapperschlange ist ein Infrarotdetektor. Der Süßwasserpolyp »Hydra« ist ein hervorragender Jäger, obgleich er keinen Gesichtssinn besitzt. Was es mit dem animalischen Wettersinn auf sich hat, weiß überhaupt niemand.

Tauben können aus Entfernungen von über 1000 Kilometern nach Hause finden, und zwar auch dann, wenn man sie auf alle erdenklichen Weisen zu verwirren versucht. Bei Versuchen wurden sie mit verbundenen Augen und Ohren in ständig rotierenden Käfigen an einen vom heimatlichen Taubenschlag weit entfernten Ort gebracht und freigelassen. Der Gehörgang, in dem man lange ihr Geheimnis vermutete, wurde vorher verstümmelt. Aber die Tauben flogen dennoch heim. Noch verblüffender ist das instinktive Vermögen von Jungvögeln, ohne die Führung älterer Artgenossen, die den Weg schon kennen, ihre angestammten Winterquartiere zu finden.

Auch die Berichte von Hunden und Katzen, die meilenweit heimfinden, sind keine Seltenheit. So ging etwa ein Collie namens »Bobby« im US-Bundesstaat Indiana verloren und tauchte im nächsten Jahr in seiner 3000 Kilometer weit entfernten Heimat Oregon auf. Daß Hunde grundsätzlich zu wissen scheinen, wenn ein Spaziergang bevorsteht oder ihr Herrchen oder Frauchen heimkommt, wird allgemein als selbstverständlich angesehen, ohne daß sich jemand ernstlich fragt, wie unsere bellenden Freunde das eigentlich bewerkstelligen.

Die Katze einer Witwe, deren Sohn zur See fuhr, wußte immer ungefähr drei Stunden im voraus, wann dieser nach Hause kam. Der Sohn verständigte seine Mutter niemals, da er den genauen Zeitpunkt selbst nicht genau kannte. Doch die Katze setzte sich jedesmal drei Stunden davor auf die Fußmatte vor der Tür, wo sie blieb, bis der Sohn eintraf. Für die Frau wurde dies im Laufe der Zeit ganz selbstverständlich. Wenn die Katze sich auf die Fußmatte begab, fing sie an, Vorbereitungen für die Rückkehr ihres Sohnes zu treffen. Sie kochte für ihn, überzog sein Bett und dergleichen mehr.

Eine andere Katze mit dem wenig passenden Namen »Godzilla« wußte mit hundertprozentiger Sicherheit, wenn ihr Besitzer David Waite von einer Geschäftsreise zurückkehrte oder daheim anrief. Anrufe anderer Personen ignorierte der Stubentiger konsequent. Viele Tiere gehen zu ihrem Futternapf, wenn die Betreuer nur daran denken sie zu füttern – sogar Schildkröten.

Das Wissen um solche Leistungen hat sukzessive die Hemmungen abgebaut, ernsthaft nach möglichen tierischen *PSI-Fähigkeiten* zu fragen. Dessen ungeachtet ist klar, daß der Weg von ersten verstohlenen Mutmaßungen in dieser Richtung bis zu konkreten Experimenten ein langer und steiniger sein mußte.

## Tier-Telepathie

Ein Jahrzehnt, bevor J. B. Rhine Wochen auf einem Feld zubrachte, um das telepathisch begabte Pferd »Lady Wonder« zu studieren, publizierte der russische Elektroingenieur Bernhard Kajinsky eine Reihe von Arbeiten über Gedankenübertragung. Sie erregten die Aufmerksamkeit eines

Landsmannes von ihm, des berühmten Telepathieforschers und Tierdompteurs Vladimir L. Durow, der überzeugt war, daß Tiere Gedanken lesen konnten.

Durow war bis zu seinem Tode Direktor des Tierpsychologischen Laboratoriums in Moskau. Von Kajinskys Werk angeregt, wollte er der Tiertelepathie sachlich auf den Pelz rücken. Gemeinsam mit dem bedeutenden Neurologen und Physiologen Wladimir M. Bechterew fand im von Durow geleiteten Institut eine Versuchsreihe statt, die neue Maßstäbe setzen und anderen Forschern Mut machen sollte. Der Neurologe schrieb komplizierte Befehle auf und händigte sie dem Dompteur aus, der sie telepathisch und ohne Gestik an seine Tiere weitergab. Erstaunlicherweise wurden sie fast immer exakt ausgeführt.

Einmal blickte Durow dem deutschen Schäferhund »Mars« sekundenlang wortlos in die treuen Hundeaugen. »Mars« sollte einen Gegenstand apportieren, der sich in einem ihm unbekannten Raum oberhalb seiner Kopfhöhe befand und der niemals mit Durow in Berührung gekommen war. Mit Schnüffeln war also nichts auszurichten. Daraufhin ging der Hund ins Nebenzimmer, stellte sich bei jedem der drei dort stehenden Tische auf, damit er sehen konnte, was sich auf ihnen befand, und nahm schließlich mit der Schnauze ein Telefonbuch, das auf dem dritten Tisch lag. Dieses brachte er zu Durow. Es war der gesuchte Gegenstand.

Manche Versuche umfaßten ein ganzes Aktionsprogramm, wobei ausgeschlossen wurde, daß Durow seinen Prüflingen auf andere als telepathische Weise Anweisungen geben konnte. Auch sie liefen fast immer präzise ab. Gerade die gelegentlichen Fehlleistungen der tierischen Kandidaten sind ein weiteres Indiz *für* Telepathie.

Einmal wollte man, daß ein anderer Hund eine Goldplakette von Durows Rockaufschlag nahm, einigte sich dann aber auf die Kette eines anderen Mannes. Beim Versuch eilte der Hund sofort zu dem Mann mit der Kette, umkreiste ihn mehrmals, lief aber dann zu Durow, um seine Plakette zart mit den Zähnen zu fassen. Gelegentlich führten Tiere Anweisungen durch, die erst für die nächste Übung vorgesehen waren. All das spricht dafür, daß sie ungerichtete Gedanken aufgefangen hatten.

Der Wissenschaftler und Varietékünstler Durow schrieb ein Buch über seine Methode der mentalen Tierbeeinflussung. Es trägt den schlichten Titel *Abrichten von Tieren* und gilt als Standardwerk in bezug auf Dressur wie auch auf die Erforschung der Mensch/Tier-Telepathie. Seit Durows Tod gelang es niemandem mehr, einen so harmonischen Rapport zwischen Mensch und Tier herzustellen.

Ihm nahe kommt bestenfalls der deutsche Dresseur Hans Brick. Wie Durow war er überzeugt, daß Tiere ihm durch geistigen Kontakt gehorchten, und demonstrierte dies einmal auf beeindruckende Weise. Während des Zweiten Weltkriegs verbrachte Brick einige Zeit als Kriegsgefangener in England. Nach seiner Freilassung bat ihn eine britische Filmgesellschaft, bei Aufnahmen mit wilden Tieren die Aufsicht zu führen. Dabei sollte der »menschenfressende Löwe« »Habibi« aus dem Londoner Zoo mitspielen. Der Löwe war Brick von früher gut bekannt.

Am Drehtag, einem Sonntagmorgen, ging Brick in den Zoo. Dort schloß er mit »Habibi« einen geistigen Nichtangriffspakt. Der Löwe würde sich bei seinem Ausflug in die Freiheit friedlich verhalten. Dann öffnete Brick »Habibis« Zwinger. Die Zootiere reagierten hysterisch. Kaninchen und Pfaue, die frei herumliefen, gerieten in helle Panik, doch der riesige Herr des Dschungels beachtete sie nicht. Folgsam wie das sprichwörtliche Lamm, trottete er neben seinem mentalen Partner her. Gemeinsam gingen sie zum Tor, wo ein Fahrzeug mit einem Transportkäfig wartete. In diesen begab sich der gefürchtete Löwe ohne jeden Zwang hinein. Auch während der Filmaufnahmen kooperierte er mustergültig und ließ sich anschließend problemlos wieder in seinen Zwinger verfrachten. Die verblüffende Story wurde vom englischen Zeitungsherausgeber Edward Campbell belegt.

Seither hat eine Reihe von Telepathieversuchen mit Tieren stattgefunden. So gut wie alle bewiesen die Existenz von Gedankenübertragung zwischen Mensch und Tier statistisch einwandfrei. Manche waren leicht skurril, wie etwa das Experiment des englischen Forschers Nigel Richmond, der feststellen wollte, ob menschliche Parafähigkeiten auf Kleinstlebewesen einwirken konnten. Bei dem Experiment wurde versucht, das Verhalten von Pantoffeltierchen durch Telekinese zu beeinflussen. Die Ergebnisse waren jedoch so ungewöhnlich, daß manche Fachleute statt Psychokinese eine telepathische Verbindung zwischen dem Versuchsleiter und den Pantoffeltierchen für möglich hielten.

Heute sind PSI-Tests bei Tieren zwar nicht an der Tagesordnung, aber auch nicht tabu. Sie haben Gedankenübertragung zwischen Mensch und Tier de facto bewiesen. Auch andere animalische Parafähigkeiten, speziell Telekinese, scheinen unbestreitbar. Hier gibt es nicht so viele Resultate, aber einige doch. Mittlerweile hat man sich sogar zähneknirschend mit tierischer Präkognition abgefunden und scheut selbst vor exotischen Konzepten nicht zurück. Von diesen gehört die Hypothese des englischen Archäologen und Radiästhesisten T. C. Lethbride zu den originellsten. Er mutmaßte nämlich, die Schnurrhaare der zweifellos sehr vielschichtigen Katzen könnten so etwas wie »natürliche Wünschelruten« sein.

Hier, an der Grenze zwischen seriöser und unbekümmerter Spekulation, wollen wir innehalten und uns der Gretchenfrage stellen: Wenn wir schon zugeben müssen, daß es im Reich der Tiere ebenso ungereimt und unerklärlich zugeht wie bei uns, warum dann vor der letzten Konsequenz zurückschrecken – vor der Konsequenz einer *ganz und gar phantastischen Wirklichkeit*?

## Das Rätsel der Schlupfwespe

Wundersames, das sogar animalische PSI-Eigenschaften als bieder erscheinen läßt, begegnet uns auch in der Tierwelt auf Schritt und Tritt. Gelegentlich meldet sich die Wissenschaft zu solchen normalerweise stillschweigend hingenommenen Ungereimtheiten zu Wort. Ein gutes Beispiel dafür ist die Wespenart der »Ichneumoniden«, die Charles Darwin fasziniert, aber gleichzeitig so sehr abgestoßen hatte, daß er schließlich zum Atheismus tendierte.

Ein weithin unbekanntes Paradoxon ist das Drumherum bei der Eiablage der Tarantelwespe. Die Wespe sticht eine Tarantel fachmännisch an, worauf diese von einer Lähmung befallen wird. Nun können die Wespeneier in der paralysierten Spinne abgelegt werden. Hernach versiegelt die Wespe das grausige Depot in einem Erdloch sorgsam. Von der feindlichen Umwelt geschützt, zehren die Wespenlarven mit Bedacht von der Substanz ihrer unfreiwilligen Gastgeberin. Dabei sparen sie die Organe bis zuletzt auf, um ihren lebenden Vorrat nicht zu töten, worauf er sich zersetzen würde, ehe die Larve ausgereift ist. Nach vollendeter Reife erscheint die fertige Wespe, und der Kreislauf beginn von neuem. So weit, so brutal, wie die Natur nun einmal ist. Wo bleibt das versprochene Paradoxon? Was ist an diesem Zyklus geheimnisvoll? Einiges.

Woher weiß die Wespe, *wie* sie stechen muß, und wieso dieser schonende Nahrungsmittelverbrauch? Woher wissen die Larven, daß sie sich nicht über die wichtigen Organe hermachen dürfen, wenn sie ihre eigene Wespenwerdung erleben wollen? Die vordergründige Antwort ist schnell gefunden: Es handelt sich um ein genetisch festgeschriebenes und weitervererbtes Reaktionsprogramm, das schon milliarden- und abermilliardenmal abgelaufen ist. Absolut richtig, aber: Wie *entstand* es?

Instinktives Verhalten wird meist spontan erwidert, wobei die Frage allerdings unter den Tisch fällt, wie ein solches überhaupt entstehen konnte, um an künftige Wespengenerationen weitergegeben zu werden.

An sich hätte nämlich, so argumentieren manche, in ferner Vergangenheit der erste Stichversuch einer Wespe auch ihr letzter sein müssen. Es sei denn, sie hätte »zufällig« genau dort ins arachnidische Nervensystem gestochen, wo dadurch eine Lähmung bewirkt wird. Bei einem Fehlversuch wäre die Tarantel entweder gestorben, somit keine Aufzucht der Larven möglich gewesen, oder nur verletzt worden, was der Wespe das Leben gekostet hätte. Tote Spinne: keine Aufzucht. Verletzte Spinne: tote Wespe. Alles oder nichts.

Nun gut, ein Stich, ein Treffer. Das nennt man Glück. Aber nicht nur die Ur-Wespe, sondern auch die Ur-Larven hätten sozusagen eine besonders glückliche Hand haben müssen, denn auch sie erwartete dasselbe Vabanquespiel. Nur durch extrem selektives Fressen konnten sie sich von der Spinne ernähren, ohne sie umzubringen. Eine ganz schöne Anhäufung von extremen Unwahrscheinlichkeiten. Man versucht diese zu mildern, indem man einwendet, es habe vor dem ersten erfolgreichen Wespen/Larven-Verhalten unzählige Fehlversuche gegeben. Die harte Realität des natürlichen Vernichtungsdrucks hätte einer solchen Versuchsreihe jedoch schnell den Garaus gemacht. Besonders, wenn man in Betracht zieht, daß es sich um eine *doppelte Zufallskette* (richtiger Stich, richtiges Freßverhalten) handelt. Mathematiker schätzen die Wahrscheinlichkeit eines gleichzeitigen Auftretens von richtigem Stich und richtigem Freßverhalten so gering ein, daß das Universum noch gar nicht lange genug besteht, um einen derartigen Fall eintreten zu lassen. So geht's also nicht.

Da so enorme Fähigkeiten weder spontan auftauchen noch sich unter den genannten Bedingungen schrittweise entwickeln können, wurde von Wissenschaftlern sogar die Ansicht geäußert, besagte *allererste* Wespe habe bei der Konfrontation mit der *ersten* Spinne stammesgeschichtliche Informationen aus der Zukunft ihrer eigenen Wespenspezies oder aus dem mysteriösen Informationssee geholt, in den unser Kosmos nach neuesten Theorien der theoretischen Physik eingebettet ist, bevor sie der zur Wirtstarantel Ausersehenen ihren Stachel hineinjagte.

Noch ist das Rätsel nicht gelöst. Das Wespe/Tarantel-Paradoxon besteht nach wie vor. Nur soviel: Ist *das* die Welt des Lebendigen, wie sie uns in den Lehrbüchern präsentiert wird? Ist es nicht vielmehr so, daß sie ein chaotischer, unheimlicher und mehr als bizarrer Platz ist, in dem groteske Dinge vorgehen? Eine mittlerweile schon recht angejahrte, aber immer noch revolutionäre Theorie könnte in der Lage sein, Ordnung in dieses Wirrwarr zu bringen – bis zu den nicht verstandenen, elementarsten Wirkungsmechanismen der Natur …

# »Die Macht sei mit Dir!«

*»Das menschliche Wissen gleicht einer Kugel, die sich ununterbrochen ausdehnt. In dem Maße, wie ihr Umfang zunimmt, wächst auch die Zahl ihrer Berührungspunkte mit dem Unbekannten.«*
Blaise Pascal, Mathematiker (1623–1662)

## Rätselhafte Formbildung

Die klassische Wissenschaft ist der Ansicht, alle Zellen eines Lebewesens, sei es Mensch, Tier oder Pflanze, enthielten zwar den gleichen genetischen Bauplan, dennoch entwickelt sich ein Teil von ihnen zu einem Fuß und ein anderer Teil zu einer Hand, oder zu einem Insektenbein und zu einer Greifklaue. Ein Mühlstein hängt dabei jedoch am Halse der klassischen Evolutionstheoretiker: die Frage, *wie* Formen sich überhaupt bilden *können*. Anders gesagt: Die Zeit seit Entstehung des Universums reicht bei weitem nicht aus, um auch nur ein Insektenbein nach den bekannten Evolutionsprinzipien hervorbringen zu können. Eine Form kann aber nicht *aus dem Nichts* entstehen.

Bislang konnte man den Erklärungsnotstand unter den Teppich kehren. Schließlich *gibt* es Insektenbeine, und einer Auseinandersetzung über die Unmöglichkeit von offensichtlich Vorhandenem haftet der Ruch von Haarspalterei und der Verschwendung von Forschungsgeldern an. Schließlich scheinen Selektionsdruck und Mutation dafür zu sprechen, daß eine Form sich durch eine lange Kette von Entwicklungsschritten herauskristallisiert. Komplex, aber nicht geheimnisvoll.

Bei genauer Betrachtung stellt man jedoch fest, daß die Sache nicht ganz so funktionieren *kann*. Makromoleküle (z. B. Proteine), deren Polypeptidketten (Spaltprodukte des Eiweißstoffwechsels) sich zu komplizierten dreidimensionalen Formen zusammenschließen, demonstrieren dies anschaulich, wenn auch frustrierend für klassische Biologen. In zahlreichen Experimenten hat man Proteine (Eiweißmoleküle) durch chemische Einwirkungen dazu gebracht, sich aufzufalten. Hörte die Einwirkung auf, und die ursprüngliche chemische »Umwelt« erstand wieder, fielen die aufgefalteten Gebilde weder zu ihrer Normalstruktur zurück. Das Interessante ist, daß sie stets zum gleichen strukturellen »Endziel«

gelangen, auch wenn die Ausgangszustände und die Auffaltungswege verschieden sind. Seltsam. Eine umfangreiche Fachliteratur setzt sich (wenig schlüssig) mit diesem sogenannten »Multipel/Minimum-Problem« bei der Proteinauffaltung auseinander. Tausende Seiten gelehrtester Überlegung konnten das Faktum des »Immer-wieder-Ausprägens« einer *bestimmten, nicht unbedingt zwingenden Struktur* jedoch nicht erklären.

Was hier an Naturkraft am Werken zu sein scheint, kann man am besten mit einem Bauplan vergleichen, der vorschreibt, welche Art von Gebäude mit einem zur Verfügung stehenden Quantum von Ziegeln, Mörtel, Holz, Trägern usw. errichtet werden soll. Möglich wären die unterschiedlichsten Gebäudeformen, gebaut wird jedoch nur die eine, *geplante* Form. Geplant von *wem*? Wie es scheint, organisiert irgend etwas *die Form der Dinge*. Es ist nicht zu hören, zu berühren, zu schmekken oder mit irgendeinem Meßgerät zu registrieren. Vielleicht irgend etwas *vor* dem Urknall, beispielsweise Hoyles »kosmische Intelligenz«.

Die Philosophen oder Anhänger älterer Disziplinen hatten es leicht. Sie sprachen von verursachenden Vitalfaktoren, Lebenskräften etc. Damit wird nichts wirklich analysiert, aber das Kind hat einen Namen. Die Wissenschaftler von heute sprechen von genetischen/chemischen/physikalischen, also im Grunde mechanistischen Prozessen, die im Prinzip wie Computerprogramme ablaufen. Damit ergeben sich sofort ernsthafte Probleme. Es fehlt nämlich der *Programmierer*. Wendet man ein, die Analogie von genetischen Programmen und Computerprogrammen sei unzureichend, da ein genetisches Programm als selbstorganisierendes, sich eigenständig erneuerndes Computerprogramm betrachtet werden kann, so steht man vor der Schwierigkeit, daß es letztgenannte Computerprogramme nicht gibt. Selbst wenn es sie gäbe, würde das den Programmierer nicht überflüssig machen. Er käme nur früher ins Spiel. Wie man es auch dreht und wendet, irgendwie läuft alles auf ein elementares Grundprinzip zurück, das nicht so einfach mit Evolution, Genprogrammen usw. abgetan werden kann.

Die griechischen Weisen der Antike vermuteten Ähnliches, wenn sie den Begriff *en telos* gebrauchten, der heute zum Terminus »Entelechie« geworden ist. Darunter versteht man, daß etwas seinen Zweck bereits in sich trägt. Wird der normale Entwicklungsweg gestört, strebt das System besagtem Endziel auf anderen Wegen zu. In der belebten Natur stößt man allenthalben auf dieses Prinzip, man muß es nur zugeben. Genau das fiel und fällt dem wissenschaftlichen Establishment allerdings extrem schwer.

## Feld der Information

*»Es gibt eine Macht, die alles im Universum durchdringt und steuert.«*
Credo des Jedi-Ordens aus dem *Star-Wars*-Zyklus

Nach Jahrhunderten des Rätselratens und der erklärungsmäßigen Verrenkungen betrat der 1942 geborene britische Biochemiker, Biologe und Pflanzenphysiologe Dr. Rupert Sheldrake, unter anderem Forschungsmitglied der *Royal Society*, in den 1970er Jahren die Bühne. Bei intensiver Auseinandersetzung mit der Formbildung war er auf eine plausible *gesamtheitliche* Erklärung gestoßen, die sowohl die Formbildung enträtselt als auch die nicht minder geheimnisvolle Wechselwirkung zwischen Mensch und Tier erklärt (sofern man diese Trennung vollziehen will, obgleich wir de facto lediglich hochentwickelte und ziemlich entartete Säugetiere sind). Seine Theorie lautet simpel ausgedrückt: »Ein Kraftfeld steuert alle Vorgänge im Kosmos und ist zugleich ein universelles Gedächtnis.«

Dieses Konzept bringt scheinbar unterschiedliche Erscheinungen schlüssig unter einen Hut. Es besteht in der Annahme von steuernden »Morphogenetischen Feldern«, deren Funktion Dr. Sheldrake als »formbildende Verursachung« bezeichnete. Mit anderen Worten: Wenn einmal eine Form entstanden ist, breitet sich die Information darüber mit unendlicher Geschwindigkeit im ganzen Universum aus, so daß alle nachfolgenden Entwicklungen sowohl schneller als auch in die Richtung verlaufen, die durch die erste Form vorgegeben wurde. Einmal entstanden – immer nachgeformt. Nach diesem Prinzip ist die Formbildung nicht länger unerklärlich, denn nun reicht die zur Verfügung stehende Zeit.

Dr. Sheldrake ging aber noch weiter. Nach seiner Überzeugung bewirken diese Felder nicht nur die Erscheinungsform einer Spezies, sondern sie sind noch viel mehr, nämlich eine Art kollektiver Gedächtnisspeicher – ein »Gedächtnis der Natur«, wie auch der deutsche Titel eines seiner Bücher lautet. Darin wird all das gespeichert, was eine Spezies im Laufe ihrer Existenz gelernt hat. Spätere Generationen profitieren von diesen Informationen mittels »morphischer Resonanz«. Schon früher hatte die Feststellung, daß erlernte Gewohnheiten bei einem wirbellosen Tier, dem Octopus, auch nach der Zerstörung verschiedener Sektionen seines vertikalen Gehirnlappens weiterbestanden, zu der Vermutung Anlaß gegeben, das Gedächtnis sei überall. Gedächtnis ist nicht der zutreffende Begriff. *Information* wäre richtiger.

Der grundlegende Gedanke von Dr. Sheldrake ist der, daß Ähnliches zu Ähnlichem strebt und es beeinflußt. Je ähnlicher, desto wirksamer ist die morphische Resonanz. Sie funktioniert über Raum und Zeit hinweg und ist, so könnte man sagen, ein wissenschaftliches Gegenstück zu C. G. Jungs »Synchronizitätslehre«, die auch davon ausgeht, daß »Dinge geschehen, die einander ähnlich sind«, allerdings ohne mit einer physikalischen Erklärung aufwarten zu können. Diese präsentierte Dr. Sheldrake Jahrzehnte nach Jung.

Was sich im ersten Augenblick wie eine mystische Wissenschaft oder wissenschaftlich verbräme Esoterik anhört, ist eine grundsolide Theorie, die mit beiden Beinen auf praktischen Beobachtungen und auf seriösen Experimenten steht (sofern man einer Theorie Beine zugestehen will).

Dr. Sheldrakes These, daß sowohl die unsichtbaren Verbindungen zwischen Mensch und Tier als auch die Verbindungen einzelner Tiere miteinander – zum Beispiel in den Insektenstaaten – auf »seinem Feld« beruhen, wäre die lange gesuchte Erklärung dafür, wieso die Aktivitäten von Tiergesellschaften, Tierstaaten oder Tierschwärmen koordiniert ablaufen. Ein solches Kommunikationsfeld würde sowohl den »Gruppengeist« von Tierherden als auch den von Menschenansammlungen erklären. Da unser ausgeprägter, für eine Spezies als Ganzes verheerender Individualismus konkrete Aussagen erschwert, gibt die Tierwelt weit mehr her, wenn es darum geht, das Vorhandensein eines Kommunikationsfeldes zu überprüfen. Und in der Tat: Termiten, die auf verschiedenen Seiten ihres gewaltigen Baus arbeiten, können einander weder sehen noch sich über Distanzen verständigen, und sie können das riesige Gebilde auch nicht überschauen, an dem sie arbeiten. Trotzdem treffen ihre gewaltigen Bogenbauwerke in der Mitte zusammen. Ohne der Mathematik oder der Architektur fähig zu sein, bringen Bienen es fertig, riesige Waben aus mathematisch genauen Sechsecken zu errichten.

Nur ein verbindendes (Informations-)Feld erklärt ebenso umfassend wie elegant, wieso sich Tierschwärme, wie sie etwa Fisch- und Vogelarten bilden, so reibungslos bewegen, als seien sie ein einziges Lebewesen. Auch unliebsame Fragen über die mysteriöse Fähigkeit von Tieren, andere Tiere zu imitieren oder gar ein neues Lebewesen zu bilden, finden nun ihre Antwort. Nun brauchte man nicht länger über die »Kraken-Camouflage« herumzurätseln, denn es ist nun klar, wieso der Achtbeiner in der Lage ist, zur Abschreckung von Gegnern gefährliche Wasserbewohner nachzuahmen, die oftmals völlig unterschiedlich aussehen. Das Darstellungs-Repertoire des Kraken umfaßt giftige Plattfische,

Rochen, See-Anemonen, die mit Giftstacheln bewehrten Rotfeuerfische oder giftige Seeschlangen. Die »Staatsqualle« hingegen ist keine Imitation, sondern ein eigenes, neues Lebewesen, das dadurch entsteht, daß Quallen sich zu einem übergeordneten Gesamtorganismus zusammenschließen, wobei die einzelnen Quallen völlig unterschiedliche Organe bilden. Ihr Verhalten wird durch Dr. Sheldrakes Erkenntnisse ebenso verständlich wie das des Meeresbewohners »Flattidium«, dessen Kolonien zur Tarnung eine äußere Gestalt annehmen, die in der Natur nicht existiert. Auch das Mysterium des Schlupfwespe wäre damit einer Lösung zugeführt. Doch nicht nur das.

Sprunghaft auftretende Verhaltensmuster von Lebewesen (der Homo sapiens eingeschlossen) stellen Biologen und Verhaltensforscher seit langem vor unlösbare Probleme. Beispiele dafür sind Legion: Da gibt es Kohlmeisen, die auf einmal alle wissen, wie man Milchflaschen aufpikken kann. Ratten finden plötzlich zehnmal so schnell durch Labyrinthe, und Schafe sind unvermittelt in der Lage, einen bisher unüberwindlichen Zauntyp zu übersteigen. Stets zeigt sich, daß *ein* Vertreter der Gattung etwas gelernt hatte – und schlagartig konnten es *alle* Kohlmeisen, Ratten oder was immer. Selbst die Computerkids, die mit elektronischen Geräten ungleich schneller zu Rande kommen als ihre Eltern, könnte man wahrscheinlich dazuzählen.

Für all das hat die herkömmliche Biologie keine Erklärung – wohl aber Dr. Sheldrake. Seine Erklärung reicht sogar bis in die Soziologie hinein, wenn man konsequent genug ist anzunehmen, daß die in der Zivilisation ausufernde Gewalt durch die ununterbrochene mediale Präsentation von Gewalt in einer morphischen Resonanz weiterverbreitet wird. Aber das steht auf einem anderen Blatt.

## So könnte Telepathie funktionieren

Davon ausgehend, daß diese Felder eine Kommunikation über größere Entfernung hinweg ermöglichen, stoßen wir unversehens auf eine mögliche Erklärung für das Phänomen der Telepathie, und zwar sowohl beim Menschen als auch beim Tier. Das würde nicht nur erklären, wieso Menschen plötzlich wissen, daß ein Freund sie gleich anrufen wird oder daß ein Verwandter eben gestorben ist, sondern auch, wieso Hunde oft schon eine halbe Stunde, bevor ihr Herrchen oder Frauchen nach Hause kommt, an der Tür oder am Fenster warten. Das ist nicht nur bei Hunden der Fall, sondern auch bei Katzen, Papageien und Pferden. Dieses Mensch/Tier-Phänomen tritt anscheinend besonders stark bei Tierarten auf, die enge soziale Bindungen zu Menschen entwickelt haben, vergleichbar mit der oft genannten »telepathischen Verbindung« zwischen nahen Verwandten oder einander besonders verbundenen Menschen.

Dr. Sheldrake ging sogar soweit, in seinem Buch *Sieben Experimente, die die Welt verändern könnten*, das auch als Serie in der Londoner *Times* abgedruckt wurde, praktische Versuche vorzuschlagen. Er forderte die Leser nicht nur auf, ihm seine Erfahrungen mit ihren Haustieren mitzuteilen, sondern bot auch genaue Vorgehensweisen für Experimente mit ihnen an. Fernab von den Bestialitäten, die üblicherweise mit dem Begriff »Tierexperiment« verbunden sind, sollten die vorgeschlagenen Versuche Mensch und Tier Freude bereiten und dazu beitragen, die Achtung vor dem Tier und seinen Fähigkeiten zu vergrößern.

Nun gut, akzeptieren wir so etwas wie »morphische Telepathie« – aber was hat das mit der blitzartigen Weitergabe von Erfahrungen oder erstmals stattgefundenen Formbildungs- und anderen Prozessen zu tun? Sehr viel, wie Versuche und Realität zeigen.

Dr. Sheldrake ist der Ansicht, daß diesen »Morphischen Feldern« die Formbildung aller Systeme zugrunde liegt, seien sie einfach oder komplex, und daß sie gleichzeitig einen »Erinnerungsspeicher« aufbauen. Das heißt, das Universum folgt nicht nur unveränderlichen Mustern, sondern auch Gewohnheiten, die im Laufe der Zeit durch Wiederholung entstanden sind. So wird sichergestellt, daß jede Form und jedes Verhalten identisch ablaufen. Je mehr Wiederholungen erfolgen, desto stärker wird der Prozeß.

Je weiter sich Dr. Sheldrakes Erkenntnisse verbreiten, desto stärker wurde auch der Widerstand gegen sie, getreu dem Sprichwort »Viel Feind, viel Ehr«. Wahrhaft neue Erkenntnisse bringen nun einmal nicht immer Ruhm und Ehre, sondern oft Hohn und Feindschaft.

## »Ketzerisches« in unserer Zeit

Nicht unerwartet, rief der kühne Brite mit seinen revolutionären Gedankengängen »seriöse« Wissenschaftler auf den Plan, die eine Art Kreuzzug mit fast schon inquisitorischen Zügen gegen ihn begannen. Wie kolportiert wird, leitete das in der englischsprachigen Welt renommierte Magazin *Nature* eine Besprechung von Sheldrakes erstem Buch mit der fetten Schlagzeile »Ein Buch zum Verbrennen« ein und hielt sich auch sonst nicht zurück. So soll in dem Beitrag nochmals deutlich gesagt worden sein: »Dieses ärgerliche Traktat ist der beste Kandidat für eine Bücherverbrennung seit vielen Jahren.« Sehr wissenschaftlich, sehr offen und sehr tolerant, kommentierten einige Zeitgenossen diese Auslassungen.

Neben dem Vorschlag, Bücherverbrennungen wieder einzuführen, nahmen manche Gegner ihre Zuflucht bei Einstein. Da Dr. Sheldrakes »morphische Resonanz« augenblicklich, also überlichtschnell, erfolgen mußte, um die beschriebene Wirkung zu haben, mußte sie folglich mit Einsteins Postulat der Nicht-Überschreitbarkeit der Lichtgeschwindigkeit kollidieren. Dabei überging man geflissentlich die Tatsache, daß Einstein sich dabei nur auf einen Spezialbereich der Relativitätstheorie bezog, während in anderen Bereichen Überlichtgeschwindigkeit an der Tagesordnung ist, beispielsweise in der Quantenphysik. Und last but not least, hat die moderne Wissenschaft unter den schon weiter vorn genannten Stichworten »Einstein/Podolsyk/Rosen-(EPR-)Experiment«, »Bells Theorem«, »Kosmischer Kitt« oder »Aspectscher Aspekt« schon vor Jahren festgestellt, daß überlichtschnelle Informationsübertragung möglich ist.

Dabei hätte der Grundgedanke Sheldrakes gar nicht wissenschaftlicher sein können. Zahlreiche Experimente haben seine Annahme einer »morphogenetischen Initialzündung« mittlerweile bestätigt, beispielsweise bei der Bildung von Kristallen. Seit geraumer Zeit sind Chemiker darüber verwundert, daß die Synthetisierung neuer Stoffe mit einer seltsamen Dynamik abläuft. Die erste Kristallisation ist meist ein zeitaufwendiger Prozeß, der nur sehr stockend in Gang kommt. Mit zunehmender Zeit beschleunigt sich die Sache jedoch auf rätselhafte Weise, und schließlich kristallisieren die Stoffe zügig und schnell (als würden sie nunmehr einem innerlichen Bauplan folgen). Ebenso irritierend – und mit dem ersten Phänomen zweifellos artverwandt – ist das spontane, unerwartete Auftreten neuer Kristalltypen. Dazu ein Auszug aus einem Buch über Kristalle: »Vor etwa zehn Jahren betrieb eine Gesellschaft eine Fabrik, die große *Äthylendiamintartratkristalle* durch Lösung in Wasser gewann. Die Gesellschaft verschickte die Kristalle von diesem Werk über viele Kilometer zu einem anderen, wo sie für industrielle Zwecke geschnitten und geschliffen wurden. Ein Jahr nach der Eröffnung der Fabrik zeigten sich beim Wachstum der Kristalle negative Veränderungen. Andersartige Kristalle verwuchsen mit ihnen und wuchsen sogar schneller. Das Mißgeschick griff alsbald auf das andere Werk über. Die geschnittenen und geschliffenen Kristalle zeigten an ihrer Oberfläche die gleiche ›Krankheit‹. Sie war ein Monohydrat der ursprünglichen Kristalle, das sich in der dreijährigen Forschungs- und Entwicklungszeit für die Produktion ausgebildet hatte. Danach schien es diese Keime überall zu geben.«

Natürlich gibt es konventionelle Erklärungen für den Umstand, daß Substanzen nach dem ersten Mal schneller kristallisieren und die Kristallisation in der Folge an Mühelosigkeit zunimmt. Man geht einfach davon aus, daß Bruchstücke früherer Kristalle die nachfolgenden Lösungen »infizieren«. Geschieht dies an weit auseinanderliegenden Orten, quält man sich zu der »Erklärung«, die Keime würden eben von Luftströmungen auf wundersame Weise von einem Laboratorium zum anderen (nicht selten von einer Stadt zur anderen oder von einem Kontinent zum anderen) transportiert. Sogar die Bärte der Forscher mußten als Beförderungsmittel herhalten. Solche Interpretationen stehen allerdings auf mehr als wackeligen Beinen. Die genannten Effekte treten nämlich viel zu häufig und zu vielfältig auf, um konventionell erklärbar zu sein. Dafür müßte die irdische Atmosphäre mit »Kristallisationskeimen« aller Art geradezu gesättigt sein, die sich noch dazu *gezielt* dorthin bewegen, wo sie späteren Kristallgenerationen beim Herausbilden behilflich sein können. So selektiv ist nicht einmal der Zufall.

Setzt man an seine Stelle das »morphogenetische Feld«, so entkrampft sich die Erklärungsproblematik. Jetzt werden sogar die im Alltag immer wieder parallel auftretenden Wellen von Neuerungen verständlich, die auf einer völlig anderen Ebene angesiedelt sind als die gelegentliche Gleichzeitigkeit von Erfindungen. Beispielsweise bemerkte ein Londoner Verleger mit Verwunderung, daß es nicht selten zu unerklärlichen Übereinstimmungen bei Manuskripten kam, auch wenn sie aus unterschiedlichen Ländern stammten. So wurden in einer einzigen Woche im Jahr 1969 neun Stories eingereicht, die eine fast identische Handlung aufwiesen, die noch dazu völlig neuartige Gedanken enthielt.

Völlig unerklärlich auf klassische Weise sind solche Vorgänge bei der biologischen Morphogenese. Die Biologie sagt selbst, daß biologische Entwicklung *epigenisch* ist. Das heißt: Es treten neue Strukturen auf, deren Form nicht dadurch erklärt werden kann, daß Entfaltung oder Wachstum schon im Ei angelegt wären. Stößt man noch dazu auf vererbbare Strukturen, für die es nicht einmal einen genetischen Bauplan gibt, bleibt kein anderer Ausweg als ein Anfreunden mit dem »morphogenetischen Feld«.

Lediglich ein Konzept des Universums voll mit unsichtbaren Konstruktionsplänen – sozusagen Blaupausen für alle Formen und für jegliches Verhalten – würde die Vielgestaltigkeit der Materie (belebt oder nicht belebt) erklären. Vor einem solchen Konzept scheuten die meisten zurück – nicht so Dr. Rupert Sheldrake und andere kühne Geister vor ihm. So verbrachte der amerikanische Physiologe und Anatom George Ellet Coghill 40 Jahre damit, das Embryonal- und Larvenstadium der Entwicklung des Nervensystems im Amphibium »Amblystoma« zu studieren. Am Ende seines Lebens kam Coghill zu der Überzeugung, das primitive Nervensystem besagten Salamanders besitze ein Bewußtsein jenseits von Raum und Zeit. Eine Vorstellung, der weit weniger umstrittene Wissenschaftler als Dr. Sheldrake einiges abgewinnen konnten. Der Nobelpreisträger und Gehirnforscher Sir John C. Eccles (1903–1997) stieß unabhängig von Sheldrake in ein ähnliches Horn: »Ich glaube, alle unsere tieferen, emotionalen, feineren Erlebnisse des eigenen Wesens sind im Bewußtsein und nicht im Gehirn gespeichert.« Wernher von Braun, der berühmte Vater der amerikanischen Raumfahrt, ging noch weiter, als er meinte: »Alles, was Wissenschaft mich lehrte und noch lehrt, stärkt meinen Glauben an ein Fortdauern unserer geistigen Existenz über den Tod hinaus.«

Damit sind wir schon ziemlich weit gekommen, buchstäblich bis an die Grenze des Universum, die möglicherweise überschritten wird, wenn eine Lebensuhr abgelaufen ist. Daß dieser finale Vorgang nicht nur die Philosophen, sondern auch die Forschung beschäftigt hat, ist kaum verwunderlich. Sehr wohl verwunderlich ist, was Wissenschaftler dabei herausgefunden haben wollen.

## Die Seele wiegt 21 Gramm

Im Jahr 2003 kam ein Film mit dem nicht sofort interpretierbaren Titel *21 Gramm* in die Kinos. Er hat die tiefere Bedeutung von Leben und Tod zum Thema und bezieht sich auf ein Experiment sowie auf die darauf folgende Diskussion fast 100 Jahre zuvor. Die damals durch die Medien gehende Meldung war so aufrüttelnd, daß ihr die *New York Times* in der Ausgabe vom 11. März 1907 einen ausführlichen Artikel widmete. Er lautete: »Arzt glaubt, die Seele habe Gewicht«. Darin wurde über die erstaunlichen Experimente eines Arztes aus Haverhill in Massachusetts namens Duncan MacDougall berichtet.

Der Genannte hatte sich schon lange mit der Natur der Seele beschäftigt. Mit einer gewissen Logik ging er davon aus, die Seele müsse im lebenden Körper einen Raum einnehmen, sofern sie ihn nach dem Tode unbeschadet verläßt. Da alles, was Raum einnimmt, Masse und damit auch ein bestimmtes Gewicht haben müsse, sollte sich die Seele feststellen lassen, indem man einen Menschen während des Sterbens abwiegt. Davon ausgehend, hatte MacDougall eine Waage für diesen Zweck konstruiert. Sie war mit einem Bett verbunden, das an einem Gestell aufgehängt war, und konnte Messungen bis zu fünf Gramm genau durchführen. Dem Arzt war klar, daß dieses Gebilde nicht wirklich als Präzisionswaage bezeichnet werden konnte. Darum erschienen ihm Patienten mit einer Krankheit an geeignetsten, die beim Tod zu möglichst wenig Muskelbewegungen führt, weil die Waage perfekt im Gleichgewicht gehalten werden mußte. Beispielsweise eigneten sich Menschen, die an Lungenentzündung starben, aufgrund des zu erwartenden Todeskampfes nicht. Das legte er später in der Fachzeitschrift *American Medicine* dar.

Als die besten Probanden erwiesen sich von ihrem Leiden völlig geschwächte und daher inaktive Tuberkulosekranke, an denen in diesen Tagen kein Mangel herrschte. MacDougall holte sich die idealen Kandidaten für sein Experiment aus der Cullis-Free-Home-Lungenheilstätte, ob mit oder ohne Einverständnis von ihnen oder von ihren Angehörigen, ist nicht bekannt. Drei Stunden und 40 Minuten, nachdem MacDougall den ersten Patienten auf seine »Seelenwaage« gelegt hatte, machte der Sterbende seinen letzten Atemzug. Gleichzeitig mit dem Eintreten des Todes stieß der Balken der Waage mit einem hörbaren Schlag gegen die obere Blockierung. Erst nachdem MacDougall zwei Dollar-Münzen aufgelegt hatte, war die Waage wieder im Gleichgewicht. Das Gewicht der Münzen betrug *21 Gramm.*

Obwohl nicht alle Todesfälle so präzise Ergebnisse erbrachten und der genaue Todeszeitpunkt manchmal unklar war, fühlte sich der Arzt durch ein Parallelexperiment bestätigt, das er zugleich an Hunden durchführte.

MacDougalls Seelenwiegerei führte zu einer heftigen Kontroverse in der wissenschaftlichen Gemeinde. Einige seiner Kollegen hielten die Experimente für absurd. Der Einsatz von todkranken Versuchspersonen schien ihnen problematisch, allerdings weniger aus moralischen Erwägungen, sondern weil die Verwesung sehr schnell einsetzen und ebenfalls zu Gewichtsveränderungen führen könne. Ein New Yorker Arzt wurde in der *Washington Post* mit der Meinung zitiert, es wäre viel zufriedenstellender, wenn es sich bei den Versuchspersonen um völlig gesunde Männer handeln würde. Er machte den praktischen Vorschlag, den elektrischen Stuhl an eine Waage zu hängen und vor und nach der Hinrichtung das Gewicht des Delinquenten zu bestimmen. Andere waren uneingeschränkt der Meinung, MacDougall habe »die wichtigste wissenschaftliche Entdeckung aller Zeiten« gemacht. Der umstrittene Mediziner setzte seine Versuche fort und erregte im Jahr 1911 noch einmal Aufmerksamkeit, als er die Seele als »einen starker Strahl reinen Lichts« beschrieb, den er beim Verlassen des Körpers beobachtet habe.

Fakt ist, daß die ominösen 21 Gramm seit rund einem Jahrhundert entweder als das »Gewicht der Seele« definiert oder als wissenschaftliches Absurdum abgetan werden. Sei es, wie es sei.

Wer sich in eine mögliche »Jenseits-Connection« (vom wissenschaftlich festgestellten »Fingerabdruck der Seele« über Informationen aus dem Jenseits bis zu berühmten Reinkarnationsfällen) vertiefen will, kann das in meinen Büchern *Neue Unerklärliche Phänomene* und *Rätselhafte Wirklichkeiten* tun.

Wir hingegen wollen den eingeschlagenen Weg weitergehen, der uns zur totalen Schicksalsgemeinschaft alles Lebendigen führen soll. Nach allem bisher Dargelegten müssen wir wohl erkennen, daß die Parallelen zwischen Mensch und Tier hundertprozentig sind. Bis hin zu *Jenseitsphänomenen.*

## Fauna sapiens?

Bevor wir Berichten über »tierische Geistererscheinungen« nähertreten können, müssen wir kurz eine heikle Diskussion streifen, die seit Jahren im Gange ist: die Frage, ob Tiere nun eine Seele, die ins Jenseits wandern könnte, haben oder nicht. Dazu sachlich Stellung zu beziehen ist unmöglich, daher versuche ich es erst gar nicht. Manche, die dennoch versuchen, sich dieser zutiefst philosophischen Auseinandersetzung sachlich anzunähern, meinen, man könne sie nicht völlig von der Frage nach einem Ich-Bewußtsein abkoppeln.

Nicht nur zur Freude ausgesprochener Tierfreunde zeigen Untersuchungen, daß manche Tiergattungen ein solches durchaus besitzen. Andere vielleicht auch, aber die hat man nicht getestet. Die logische Konsequenz sollte eigentlich ein verstärkter Tierschutz sein, da unsere Mitgeschöpfe offensichtlich keine organischen Maschinen sind, die man nach Lust und Laune malträtieren kann. Davon kann natürlich angesichts der laufend wachsenden Zahl von Tierfabriken, Tiertransporten oder millionenfacher Tierentsorgung wegen Überproduktion oder Seuchenverdachtes keine Rede sein – weder in der Dritten Welt noch im »Europa der Werte«, wo man sich nicht einmal scheut, zwecks Kostenersparnis Hühner lebend zu verbrennen. Das aber nur am Rande.

Viele Wissenschaftler lassen sich jedenfalls nicht mehr davon abbringen, daß Tiere sich sehr wohl bewußt sind, was sie tun, und daß sie wissen, daß sie existieren. Sie besitzen eindeutig (wie wir) ein Ich-Bewußtsein, obgleich wir nicht müde werden, ein solches einzig und allein für uns, *und nur für uns*, zu reklamieren. Und das ungeachtet aller diesbezüglichen Rückschläge, wie beispielsweise der Entdeckung amerikanischer Neurobiologen, daß alle Menschenaffen »Spindelzellen« besitzen. Diese speziellen Hirnzellen liegen in einer kleinen Gehirnwindung in der Mitte des Stirnlappens, der Schnittstelle von Gedanken und Gefühlen. Bis vor kurzem schienen die Spindelzellen ein Monopol des Homo sapiens zu sein, Kennzeichen einer einzigartigen Kombination von Wahrnehmungen, Emotionen und bewußter Schmerzerfahrung. Nicht länger allerdings, denn auch die Menschenaffen nennen Spindelzellen in einer fast menschenähnlichen Größenordnung ihr eigen.

Manche fragen ketzerisch, worin der Unterschied zwischen dem Zeitgenossen, der einen Fleck auf dem Lack seines Autos liebevoll entfernt, und dem Affen besteht, der sich einen Fleck von der Nase wischt, den er im Spiegel sieht. Jawohl: Affen erkennen sich wie der Mensch selbst im Spiegel. Sie gebrauchen Werkzeuge und führen sie mit sich. Sie kommunizieren mit Menschen in der Gebärdensprache. Sie lügen und vertuschen sexuelle Seitensprünge oftmals raffinierter als mancher menschliche Ehepartner. Beispielsweise beobachtete der Biologe Fans de Waal, daß ein Paar der meerkatzenähnlichen Makaken »unerlaubten Sex« (dem Männchen stand dieser aufgrund seines Platzes in der Affenhierarchie nicht zu) dadurch tarnte, daß sich die beiden von der Gruppe davonstahlen und daß das Affenweibchen verräterische Laute offenbar bewußt unterdrückte. Ihr Partner half ihr dabei, indem er ihr während der Kopulation den Mund zuhielt. Sehr menschlich. Mittlerweile sind manche uns nahestehende Affenarten als Sadisten und Mörder entlarvt worden. Ebenfalls sehr menschliche Züge.

Nicht nur unsere nächsten Verwandten, die Affen, vollbringen geradezu menschliche Denkleistungen. Auch andere Tiere sind ganz schön intelligent. Beispielsweise hat man festgestellt, daß Wüstenmäuse wie der Mensch unterschiedliche Ereignisse oder Dinge in Gruppen zusammenfassen können, was man beim Menschen als das Bilden von »Kantschen Kategorien« bezeichnet. Bei den fraglichen Mäusen manifestierte sich diese Fähigkeit darin, Pfeiftöne unterschiedlicher Höhe, Lautstärke, Modulation, Länge oder Intensität als ein und dasselbe Signal zum Überspringen einer Hürde zu erkennen. Bei einem Menschen würde man sagen, er hat unterschiedliche Informationen als einen einzigen

Begriff identifiziert. Der Versuchsleiter meinte zu dieser Fähigkeit der Mäuse: »Zuweilen habe ich selbst Schwierigkeiten, die Töne einzuordnen.« Was auf den ersten Blick wie eine eindressierte Zirkusnummer wirkt, ist in Wirklichkeit eine hohe abstrakte Denkleistung. Mäuse sollten auch sonst nicht gering geachtet werden, ersinnen sie doch komplizierte Täuschungsmanöver, um Mausefallen zu entgehen.

Vögel sind eine besonders clevere Tierfamilie. Rotkehlchen lernen vom artfremden Eisvogel das Fischen. Reiher werfen Köder aus, um Beute anzulocken. Schmutzgeier lassen Felsbrocken aus großer Höhe in Straußennester auf Eier fallen, um sie zu knacken. Dabei müssen sie gehörig üben, bis sie ihr Ziel treffen. Tauben erkennen einen bestimmten Menschen auf verschiedenen Fotos wieder, auch wenn er unterschiedlich angezogen ist, geschminkt oder – für die Taube ungewohnt – im Profil fotografiert wurde.

Pferde können sich unter Führung organisieren. Forscher stellten fest, daß Leitstuten ihre Herden militärisch drillen, bis sie einen heranschleichenden Feind koordiniert und gesammelt attackieren. Mit den hochintelligenten Delphinen haben wir uns schon befaßt.

Seelöwen können abstrakte Figuren auch dann identifizieren, wenn sie verzerrt, spiegelverkehrt, gedreht, auf den Kopf gestellt oder auf andere Art »unkenntlich gemacht wurden«. Wie sie sich dabei verhalten, ist nachgerade identisch mit der Art, in der Menschen solche Identifikationen vornehmen. Offensichtlich können sie sich wie wir die Umgebung bildhaft vorstellen.

Tiere sind auch Künstler, wie schon bei der malenden Elefantendame »Siri« zur Sprache gekommen ist. Bekannter als dieser erstaunliche Dickhäuter sind diverse malende Affen, deren »Werke« immer wieder in Ausstellungen eingeschmuggelt werden und nicht selten Preise erhalten. Affenkleckse sind alles andere als willkürlich. Fachleute erkennen darin eindeutig ein Gefühl für Symmetrie, Farbverteilung, Ausgewogenheit und eine Reihe anderer Gesetzmäßigkeiten, von denen sich menschliche Kunstschaffende oftmals bewußt, oder aus Unvermögen, verabschiedet haben.

Damit wollen wir es gut sein lassen. Es dürfte hinlänglich klar geworden sein, daß man Tieren Bewußtsein nicht mit absoluter Gewißheit absprechen kann. Wie sollte man auch, wenn doch keiner von uns mit Gewißheit sagen kann, ob sein Nachbar ein Bewußtsein besitzt? Gehen wir also ruhig von einer Seelenverwandtschaft zwischen uns und den anderen Tieren aus, die bis ins Jenseits reichen könnte.

## Tierspuk

Der bereits erwähnte Bill Schul hat sich mit diesem Bereich besonders befaßt und Faszinierendes festgestellt. Wie es scheint, manifestieren sich »Tiergeister«, und das nicht nur in der Phantasie ihrer trauernden früheren Besitzer.

Albert Payson Terhune (1872–1942), ein zu seiner Zeit sehr bekannter amerikanischer Hundezüchter, Autor und Journalist, schildert in seinem Buch *The Book of Sunnybank* zwei unheimliche Vorfälle. Der erste ereignete sich während des Besuchs von Reverend Appleton Grannis. Terhune und der Geistliche saßen im Gespräch vertieft am Tisch des Speisezimmers von Terhunes Anwesen *Sunnybank*, wobei der Schriftsteller der Terrassentüre den Rücken zukehrte. Beim Verlassen des Raums meinte der Priester: »Ich dachte, ich kenne all Deine Hunde, aber den einen habe ich noch nie gesehen. Ich meine den großen Burschen mit kurzen rehfarbenen Haaren und der Narbe auf der Schnauze. Er hat die ganze Zeit hinter dem Fenster gestanden und hat Dich unverwandt angestarrt. Jetzt ist er weggelaufen. Welcher Deiner Hunde ist das?«

Die Beschreibung paßte nur auf Terhunes Mischlingshund »Rex«, der vor einem Jahr gestorben war. Grannis hatte den Hund niemals zu Gesicht bekommen oder von ihm gehört.

Henry A. Healy, ein Freund von Terhune, meinte einmal zu dem Schriftsteller, daß er (den toten) »Rex« zu Terhunes Füßen liegen sah, und zahlreiche Zeugen erlebten mit, wie ein anderer der Hunde Terhunes, der Collie »Bruce«, der »Rex« vier Jahre überlebte, sich in dieser Zeit stets um ein Stück Flur herumdrückte, ganz so, als würde dort ein unsichtbarer Hund liegen. Es war das ehemalige Lieblingsplätzchen von »Rex«.

Das englische Magazin *Prediction* (*Vorhersage*) berichtet ähnliches von den schnurrenden Stubentigern. Unsere geheimnisvollen Gefährten, die Katzen, gehen gerne aus. Die Katze »Fingal«, die einer Mrs. Celia Dale gehörte, machte hier keine Ausnahme. Sie zog abends gerne ihre Runden und war pünktlich um neun Uhr wieder zurück. Dann pflegte sie laut an die Türe zu tapsen, bis sie eingelassen wurde. Auch nach dem Tod der Katze wurde das Tapsen weiter gehört. Es war so eindringlich, daß Celia Dale oder ein anderes Familienmitglied die Türe öffnete, worauf das Geräusch aufhörte. Danach war oft leises Schnurren aus der Richtung des gelben Kissens zu vernehmen, auf dem »Fingal« viele Jahre verbracht hatte.

Ein geliebtes Haustier zu verlieren ist traurig. So mancher mag das nicht wahrhaben wollen und unbewußt glauben, es sei noch da. Seltener ist, daß andere Menschen das auch glauben, wie im Falle von Terhunes Hund »Rex«.

»Fingals« astrale Gegenwart wurde jedoch sogar von einer Artgenossin wahrgenommen. Und zwar von einer Siamkatze, die eine Nachbarin und Freundin der Familie eines Nachmittags mitbrachte. Als sich die Besuchskatze in der Nähe des Sessels mit »Fingals« Kissen aufhielt, wurde sie erkennbar von Furcht ergriffen. Sie machte einen Buckel, sträubte die Haare und starrte auf den leeren Stuhl. Dann folgten ihre Augen einem unsichtbaren Etwas, das sich auf die Terrassentüre zubewegte. Nachdem die Türe geöffnet wurde, entspannte sich die fremde Katze wieder. Sie legte sich sogar auf das Kissen, das nun offensichtlich verlassen war. Der irische Autor Elliott O'Donnell (1872–1965) listete in seinem Buch *Animal Ghosts* zahlreiche vergleichbare Fälle auf.

Katastrophenwarnungen aus dem »animalischen Totenreich« mögen sich als Halluzination oder Vorahnungen der ehemaligen Tierbesitzer erklären lassen. Wenn verstorbene Tiere Menschen erscheinen, die sie nicht kannten, hält Ratlosigkeit Einzug – beispielsweise im Fall von Congletons Geisterkatze, die seit Jahrzehnten in einer Gegend der englischen Grafschaft Yorkshire (*schon wieder einmal Yorkshire!*) beheimatet war. Sie wurde oft von Ortsfremden gesehen, die erst hinterher erfuhren, daß ihnen eine nicht-materielle große weiße Katze begegnet war.

Nun wollen wir die Tiere wieder sich selbst überlassen. Es hat sich gezeigt, daß ihre Welt ein perfektes Spiegelbild unserer eigenen ist – ebenso phantastisch, ebenso bizarr und ebenso widersprüchlich. Ihre Bewohner sind ebenso phantastischer Natur wie unsereins. Damit befinden wir uns, wie es scheint, in einer doppelten Zwickmühle: Entweder sind die Tiere PSI-begabt und von Unerklärlichkeiten heimgesucht wie wir, oder irgend etwas (oder jemand) treibt mit ihnen dasselbe undurchsichtige Spiel wie mit uns. Eines ist jedenfalls klar: Der Wunschtraum, alles wäre so, wie wir es uns vorstellen, ist endgültig über Bord gegangen.

Wenn dem so ist, können wir den konsequentesten Schritt tun: Versuchen wir, uns – als reines Gedankenexperiment und ohne jeglichen Enthüllungsanspruch – parallele Realitäten hinter der unseren lediglich *vorzustellen* – selbst auf die Gefahr hin, daß sie um nichts weniger bedrückend erscheinen als unsere vom Wahnsinn dominierte Wirklichkeit.

# TEIL III
# DAS UNDENKBARE

## Hinab ins Meer der Phantasie

*»Alles wiederholt sich nur im Leben,*
*ewig jung ist nur die Phantasie.«*
Friedrich Schiller, *An die Freude*

### Fortsetzung eines Märchens

Eine rege Vorstellungskraft kann nützlich sein, manchmal sogar lebensrettend. Ein anschauliches Beispiel dafür ist das klassische Märchen von *Scheherezade und der tausendundeinen Nacht*. Es demonstriert, wie eine blühende Phantasie, gepaart mit Raffinesse, Macht und Gewalt im Zaum halten können.

Bekanntlich war Scheherezade die Tochter eines Großwesirs, die der Kalif und Herr besagten Wesirs zur Frau begehrte. An sich der Traum jedes Vaters und jedes jungen Mädchens im antiken Morgenland. Im vorliegenden Fall gab es allerdings einen Haken. Der Kalif pflegte seine Auserwählten nämlich am Morgen nach der Hochzeitsnacht dem Henker zu überantworten. Der Grund für diese Eigenheit lag in der Untreue seiner ersten Ehefrau. Ihr Tod war dem Kalifen nicht Sühne genug gewesen. Er schwor beim Barte des Propheten, daß von Stund an Nacht um Nacht die schönste Jungfrau des Landes sein Bett teilen und am Morgen danach sterben sollte.

Dieses Gelübde hatte er bereits seit vielen Jahren mit unermüdlicher Standhaftigkeit erfüllt, als Scheherezade an die Reihe kam. Das kluge Mädchen erfreute den Kalifen jedoch nicht nur mit jenen Reizen, die er in hundertfacher Auflage in- und auswendig kannte, sondern regte ihn durch das Erzählen phantastischer Geschichten auch geistig an. Wie der Zufall es wollte, war sie mit einer besonders spannenden Schilderung beim Morgengrauen noch nicht zu Ende. Der Kalif befand sich in einem Dilemma. Eigentlich wäre die Hinrichtung fällig gewesen, aber er wollte nur zu gerne wissen, wie die Sache ausging. Selbst die strengsten Prinzipien erlauben eine gewisse Auslegung, auf einen Tag konnte es wirklich nicht ankommen. Doch leider: am nächsten Morgen dieselbe Situation. Also gut: noch ein Tag, usw. usf. Nachdem der frauenfeindliche Kalif 1000 und einen Tag lang daran gehindert worden war, seinen Schwur einzulösen, geriet das Ganze in Vergessenheit. Scheherezade war gerettet. Soweit das Märchen.

Man kann den Bogen aber auch überspannen. Darüber, wie das im Falle Scheherezades ausgegangen wäre, spekulierte einer der bedeutendsten Dichter der amerikanischen Literatur, die ohne ihn (so meinen manche) gar nicht in den Kreis der Weltliteratur eingetreten wäre. Oder erst viel später. Ich spreche von dem Mann, der sich selbst in seinem berühmten Gedicht *Der Rabe* als »Träume träumend, die kein anderer Träumer je zuvor gewagt« charakterisiert und der die Logik in die Kriminal- und Gespensterliteratur eingebracht hat. Von dem Mann, der als Herausgeber von *Grahams Magazin* in Philadelphia vor mehr als 150 Jahren die kühne Behauptung aufstellte, jede noch so ausgetüftelte Geheimschrift entziffern zu können, und dies tatsächlich schaffte, weil – so sein Credo – »alle Leistungen des menschlichen Verstandes auch durch den menschlichen Verstand wieder lösbar sein müssen«. Mit einem Satz: Ich spreche von Edgar Allan Poe (1809–1849).

In seiner originellen Novelle *Die tausendund*zweite *Nacht der Scheherezade*, die ein Jahr nach Poes Tod erschien, macht die kluge Wesirstochter einen entscheidenden Fehler. Mit ihrer nächsten Geschichte überfordert sie die Phantasie des Kalifen, der bis dahin an Fabeltieren und Wundern aller Art, einschließlich eines rosafarbenen Pferdes mit grünen Schwingen, das von einem Uhrwerk angetrieben wurde, nichts auszusetzen gehabt hatte.

Nun aber kamen ihm ernsthafte Zweifel. Scheherezade enthüllte den wahren Schluß der Lebensgeschichte von Sindbad dem Seefahrer. Was sie dabei auftischte, war eindeutig zuviel. In ihrer Erzählung kamen unter anderem vor: eine Insel, die von einem Volk kleiner wurmartiger Wesen erbaut worden ist; gefährliche Raubtiere mit sichelförmigen Kopfhörnern, die aus einem sicheren Versteck Steine auf ihre Opfer werfen und ihnen dann das Blut aussaugen; leuchtende lebende Gebilde; Vögel und Bienen, die mehr von Mathematik und Geometrie verstanden als menschliche Gelehrte; das Herstellen von Eis in rötglühenden Tiegeln und andere Absonderlichkeiten, die sogar jenseits des Vorstellungsvermögens orientalischer Potentaten aus den Tagen Harun al-Raschids angesiedelt waren.

Die Strafe für diese schamlosen Übertreibungen folgte auf dem Fuße. Der Kalif, dem der Kopf vor lauter Ungeheuerlichkeiten dröhnte, erinnerte sich wieder seines lange zurückliegenden Gelübdes. Sein Gewissen plagte ihn. Die Hinrichtung war mehr als überfällig, sie mußte umgehend nachgeholt werden. So geschah es dann auch – bei Edgar Allan Poe.

Ohne diesem Giganten der Literatur Konkurrenz machen zu wollen (oder zu können), erscheint ein ähnlich gelagertes Experiment reizvoll. Setzen auch wir – wie Scheherezade – dem Phantastischen die Krone auf und machen wir den Schritt zum Unsinnigen. Anders als bei Poes Ausgang der Geschichte wird es den Kopf nicht kosten. Errichten wir eine Alternativwelt, in der alles auf den Kopf gestellt wird, was für uns normal und selbstverständlich ist. Das gilt sowohl für die Natur vernunftbegabter Lebewesen als auch die uns vertraute Struktur einer technologischen Zivilisation. Wer sich hier die Frage stellen mag, wozu das gut sein soll, der sei um Geduld gebeten. Er wird die Antwort bald erhalten.

## Eine absurde Alternativwelt

In dieser Phantasiewelt ist das Monströse an der Tagesordnung und hat immer schon den Ablauf der Geschichte bestimmt. Als zusätzliche Würze fügen wir reichlich Irrationalität, eine Prise Magie, jede Menge Gewissenlosigkeit und die hundertprozentige Bereitschaft zur selbstmörderischen Selbsttäuschung sowie das Fehlen jeglicher Verantwortung für kommende Generationen hinzu. Dieses irreale Gebräu mischen wir gut durch, lassen es abkühlen und verfestigen, und fertig ist eine fürwahr absurde Spielwiese.

Da ein solches Gedankenexperiment im leeren Raum stattfände, wäre es mit fremdartigen Aliens bevölkert, wie sie in der Science Fiction in großer Vielfalt herumgeistern, nehmen wir menschenähnliche Geschöpfe als beherrschende Spezies an: intelligenzbegabte, aufrecht gehende Zweibeiner mit einem Großhirn und einem unstillbaren Drang nach Erkenntnis, Veränderung und Selbstverwirklichung. Allerdings wollen wir ihnen einige exotische Züge und ein groteskes Sozialgefüge verleihen. Letzteres nicht von ungefähr.

Lebenstragende Planeten sind keine überdimensionalen, glatten Billardkugeln. Sie besitzen eine differenzierte Oberflächenstruktur, auf der sich in den verschiedenen Regionen zwangläufig unterschiedliche Populationen (und in der Folge Staaten, Nationen oder ähnliche Großgemeinschaften) entwickeln müssen. Also auch auf unserem Phantasieplaneten. Damit sind die *Spielregeln* festgelegt, der Vorhang kann sich heben.

Zuerst *die Akteure*. Mitglieder einer dominanten Spezies können keine Heiligen sein, das ist klar. Andernfalls wären sie nicht so weit gekommen. Nichtsdestotrotz geht es ohne Gewaltbeschränkung nicht. Mord und Totschlag müssen Extremsituationen (z. B. Krieg oder anderen Ausnahmefällen) vorbehalten sein, wie das auch bei uns der Fall ist. Wer das Glück hat, in einem friedlichen Zivilisationsland zu leben, und keine geistige Deformation aufweist, unterläßt Gewalttaten gewöhnlich auch dann, wenn sie einen persönlichen Vorteil versprechen. So werden sich die meisten Bewohner westlicher Demokratien im Großteil wohl für mitfühlende Lebewesen halten, die Gewalt ablehnen und keiner Fliege einen Flügel ausreißen könnten. Daß diese Selbsteinschätzung etwas geschmeichelt ist, zeigen nicht nur die Exzesse, zu denen es im Straßenverkehr kommt, aber im Prinzip werden wir durch Gesetze, mehr noch durch unsere stammesgeschichtliche *Beißhemmung*, im Zaum gehalten.

## Killer-Spezies

Ebendiese persönliche innere Tötungsblockade wollen wir unserer fiktiven Spezies absprechen. Ihre Mitglieder sind in ihrer überwiegenden Mehrzahl bereit, einen Artgenossen aus nächster Nähe umzubringen, der ihnen nicht das geringste getan hat und den sie überhaupt nicht kennen. Ich betone die persönliche Nähe von Täter und Opfer deshalb, weil es bekanntlich ziemlich leicht ist, durch Knopfdruck eine Rakete abzuschießen, die in 1000 Kilometer Entfernung Leute tötet, die man nicht zu Gesicht bekommt. Selbst ein viele Meter entfernter Mensch vor dem Gewehrlauf ist nur ein bewegliches Ziel. Nein, ich spreche von unmittelbarer Tötung von Angesicht zu Angesicht, verübt mit gnadenloser Grausamkeit, ohne Grund, ohne eigenen Nutzen und gelegentlich sogar unwillig (um den Irrsinn auf die Spitze zu treiben). Eine Gattung mit solcher Bestialität erscheint nicht lebensfähig und schon gar nicht geeignet zur Staatenbildung. Trotzdem: Annehmen kann man sehr viel. Nehmen wir also eine Zivilisation an, die von derart unkontrollierten Amokläufern gebildet und bevölkert wird.

Damit sind wir beim *Schauplatz*. Ein angenehmer Ort kann das nicht sein, auch kein sehr anständiger. Unsäglichkeiten jeglicher nur denkbaren Art wären auf jeder Ebene an der Tagesordnung. Beispielsweise würde das Währungssystem selbst in angenommenen demokratischen Staaten unserer Phantasiewelt nicht der öffentlichen Kontrolle unterliegen, sondern befände sich in privater Hand. Gesichtslose Machthaber würden im Hintergrund die Fäden ziehen und wären bei Bedarf bereit, ganze Nationen für egoistische Ziele opfern. Wenn es ihnen in den Kram paßte, würden Regierungsstellen Prozesse initiieren, die das eigene Land destabilisieren, die Bevölkerung nie erlebten Schrecknissen ausliefern und dem blutigen Chaos Tür und Tor öffnen. Selbst hochoffizielle Institutionen würden kaltblütig die ungeheuerlichsten Experimente anstellen, bei denen unter anderem Staatsbürger in Killer verwandelt würden, die im eigenen Land wüten. Bedenkenlos würde man die Ausbreitung von Drogen, Kriminalität und Verelendung sowie andere Unheile in Kauf nehmen, manches davon sogar fördern. Man wäre sogar verrückt genug, künstliche Seuchen freizusetzen, ja sogar den Weltuntergang wissentlich als Risiko in Kauf zu nehmen.

Als Gipfel des Zynismus würde zur Legitimierung von himmelschreiendem Unrecht und von blutigen Gewaltaktionen gebetsmühlenartig von Menschlichkeit, Demokratie und moralischen Werten gefaselt werden, während Humanität de facto bei kaum einer wichtigen Entscheidung eine Rolle spielt. Lüge würde zur Wahrheit, Mörder wären hochgeschätzte Gesprächspartner, und allenthalben fänden Schlachtfeste für die Gänse statt, die goldene Eier legen.

In diesem Umfeld manifesten Irrsinns darf die erwähnte Prise Magie nicht fehlen, um endgültig dem Aberwitz das Feld zu überlassen. Stellen wir uns also als Krönung des Absurden vor, hochentwickelte Industrienationen mit berechtigtem Führungsanspruch in allen Wissenschaftsbereichen wären gleichzeitig Tummelplätze des Okkulten sowie des Irrationalen, und das nicht unterschwellig, sondern ganz offiziell.

Nun muß es aber genug sein. Die Fiktion ist *zu* grotesk: ein verrückter Planet, halb Schlacht-, halb Irrenhaus, bevölkert von Lebewesen, die bestenfalls das Zerrbild einer vernunftbegabten Spezies abgeben. Das Fazit ist eindeutig: So eine Zivilisation *kann* es nicht geben.

Irrtum. Es scheint sie tatsächlich zu geben. Es könnte – mancher ahnte es vielleicht bereits – die unsere sein. Zumindest nach Ansicht einiger Autoren, deren Überlegungen ich (ohne selbst Stellung zu beziehen) für unser Gedankenexperiment heranziehen möchte, um eine Brükke zu Edgar Allan Poes Novelle *Die tausendzweite Nacht der Scheherezade* zu schlagen.

Was der amerikanische Literat aus dem Munde der Wesirstochter dem erstaunten Kalifen vorsetzte, sind nämlich nackte Tatsachen, wenn auch blumig dargestellt.

## Die Wahrheit des Märchens

Im Detail: Bei der Insel, die von einem Volk kleiner wurmartiger Wesen erbaut worden ist, handelt es sich um eine Korallenbank. Die gefährlichen Raubtiere, die aus einem sicheren Versteck Steine auf ihre Opfer werfen und ihnen dann das Blut aussaugen, entpuppen sich als Ameisenlöwen (Myrmeleons). Die lebenden leuchtenden Gebilde sind Pilze beziehungsweise Leuchtmoos. Vögel und Bienen demonstrieren tatsächlich erstaunliche Kenntnis von Mathematik und Geometrie, wenn man sich darauf bezieht, daß Bienenwaben das lange Zeit nicht einmal theoretisch realisierbare Konzept der größten Raumausnutzung bei maximaler Stabilität des Baues optimal in die Praxis umsetzen, und darauf, daß Vogelflügel die Frage nach der bestmöglichen Form von Windmühlenflügeln beantworten, mit der sich Mathematiker bis zum Anfang des 20. Jahrhunderts herumschlugen. (Bei den Bienenwaben erinnere ich an den Abschnitt über Dr. Sheldrake.)

Was das besonders widersinnig erscheinende Herstellen von Eis in glühenden Tiegeln betrifft, so ist Derartiges unter Verwendung eines Platintiegels möglich, den man bis zur Rotglut erhitzt. Danach wird schwefelige Säure hineingeleert, die einen sphäroidalen Zustand einnimmt. Anschließend werden ein paar Tropfen Wasser hineingeträufelt. Dabei bilden sich Eisklümpchen, die man, wenn man schnell genug ist, aus dem glühenden Tiegel herausholen kann. Verblüffend, aber möglich.

Der geniale Poe hat lediglich die Realität mit anderen Worten beschrieben, als wir sie im betreffenden Zusammenhang gewöhnt sind – schon befand er sich im Märchenreich. Denselben Verfremdungseffekt habe ich unter extremer Ausnutzung dichterischer Freiheit bei der Beschreibung der sogenannten »Parallelwelt« anzuwenden versucht. Dabei durften zu offensichtliche Monstrositäten nicht beim Namen genannt werden, als da sind: unsere Umweltzerstörung, unsere gedankenlose Bestialität gegen die Tiere und unsere stumpfsinnige Brutalität gegen uns selbst, unser Selbstzerstörungstrieb, unsere auf Erden ohne Parallelen dastehende Grausamkeit. Kurzum, die gesamte Palette der altbekannten Ungeheuerlichkeiten, all das wäre *zu* verräterisch gewesen. Statt dessen habe ich – von der seit einiger Zeit in allen Medien grassierenden Verschwörungsmanie überhaupt erst auf diese Idee gebracht – Strittiges ins Rampenlicht gestellt, das kaum jemand für möglich halten würde, dem aber manche erstaunlicherweise dennoch Tatsachencharakter zubilligen. Was dabei entstand, war eine Welt, die nicht die unsere zu sein scheint, es aber vielleicht sein könnte. Es kommt lediglich auf den Blickwinkel an.

Spätestens jetzt dürfte sich Widerspruch erheben. Woher stammen die aufgelisteten Absurditäten, und wer ist so kühn, sie gar als Fakten betrachten zu wollen? Ich nicht, das sei hier nochmals in aller Deutlichkeit betont. Damit ist der Moment gekommen, konkreter zu werden. Schritt für Schritt, Punkt für Punkt, sollen die fraglichen Behauptungen und Vermutungen wiedergegeben werden.

Beginnen wir mit bewiesenen Tatsachen und wagen wir uns dann mit allen Vorbehalten in die faszinierende Grauzone der jedermann zugänglichen sogenannten »Anti-Establishment-Literatur« (volkstümlicher ausgedrückt »Verschwörungsliteratur«). Die herangezogenen Autoren (siehe auch das Literaturverzeichnis) gießen ein Füllhorn an Seltsamkeiten – von kauzig bis haarsträubend – aus. Ich habe mich ausschließlich an öffentlich Erhältlichem orientiert, das gründlich recherchiert erscheint. Stimmen müssen die gezogenen Schlußfolgerungen deswegen noch lange nicht; ein Schicksal, das sie mit zahlreichen wissenschaftlichen »Erkenntnissen« teilen, die wohldurchdacht, aber leider falsch waren. Wie gesagt: Jetzt erst einmal die nackten Tatsachen.

# Arena der Täuschungen

*»Wir haben den Feind gefunden.*
*Wir sind es selbst.«*
Pogo, berühmte Comic-Figur

## Der Milgram-Schock

Jeder legt jeden um, und zwar ohne eigene Not, das war die Grundprämisse, von der wir ausgegangen sind. Starker Tobak, ohne Zweifel, und erst einmal zu beweisen. Stellt man den Bewohnern eines demokratischen Landes die Frage, ob der oder die Betreffende bereit wäre, einen unschuldigen Mitmenschen sadistisch bis zum Tod zu quälen, wird die Antwort so gut wie immer ein empörtes »Nein!« sein. Psychiater und Psychologen werden sich dieser Aussage anschließen und klarlegen, daß nur Psychopathen oder irregeleitete Fanatiker zu solchen Grausamkeiten bereit wären.

Im Jahr 1962 legte der amerikanische Psychologe Stanley Milgram (1933–1984) von der Yale-Universität einigen Gruppen von Psychiatern, Studenten und Angehörigen des amerikanischen Mittelstandes zwei konkrete Fragen vor. Als Einleitung sagte er etwa folgendes:

»Stellen Sie sich vor, Sie nehmen freiwillig an einem Experiment der Yale-Universität über Lernfähigkeit teil. Geld bekommen Sie außer dem Ersatz Ihrer Fahrtspesen keines. Sie werden in einen Raum geführt, wo zwei Männer Sie erwarten. Einer von ihnen trägt einen weißen Mantel. Es ist der Versuchsleiter, so sagt er. Einen Ausweis oder eine andere Legitimation zeigt er nicht her. Der andere ist der zweite freiwillige Teilnehmer an dem Experiment, ein freundlicher und höflicher Zeitgenosse, der Ihnen auf Anhieb sympathisch ist. Der Versuchsleiter erklärt, daß es um das Behalten von Informationen geht und daß einer von Ihnen der ›Lehrer‹ und der andere der ›Schüler‹ ist. Das Los entscheidet über die Rollenverteilung. Sie sind der ›Lehrer‹. Nun begeben sich alle nach nebenan ins Labor, wo sich ein Schaltpult befindet, von dem aus Kabel in einem einsamen Stuhl mit Bändern, Kontakten und anderen Vorrichtungen münden. Er erinnert Sie – nicht zu Unrecht – an einen elektrischen Stuhl. Der ›Schüler‹ nimmt darauf Platz und wird festgeschnallt. Man befestigt ein Stirnband mit Kontakten an seiner Stirn, eine Elektrodensalbe wird zur besseren Leitfähigkeit und zur Vermeidung von Brandwunden aufgetragen. Sie fühlen sich seltsam, doch der Versuchsleiter erinnert Sie daran, daß niemand zur Teilnahme gezwungen wurde. Das beruhigt Sie. Sie setzen sich hinter das Pult. Die darauf befindlichen Schalter lösen, so wird Ihnen erklärt, Elektroschocks von steigender Intensität aus. Die Voltstärke (von 15 bis 450 Volt) ist jeweils angegeben und durch Hinweise wie *leichter Schock*, *mittlerer Schock*, *starker Schock*, *sehr starker Schock*, *intensiver Schock*, *extrem intensiver Schock* deutlich gemacht. Im oberen Viertel der Schalthebel gibt es zusätzliche Markierungen wie *Gefahr*, *extreme Gefahr* und dann nur noch rote Linien und *Totenköpfe*. All das ist *unmißverständlich*.

Nachdem Sie sich damit vertraut gemacht haben, legt der Versuchsleiter den Ablauf des Experiments dar. Sie, der ›Lehrer‹, lesen dem ›Schüler‹ eine Reihe von Begriffen vor, die er sich merken muß, weil er von Ihnen hinterher abgefragt wird. Weiß der Kandidat ein Wort nicht mehr, helfen Sie seinem Erinnerungsvermögen mit immer stärkeren Elektroschocks auf die Sprünge. Zur Einstimmung und als Beweis dafür, daß alles bestens funktioniert, erhalten Sie selbst einen leichten ›Probeschock‹ von 45 Volt. Das tut ziemlich weh.

Das Experiment nimmt seinen Verlauf, und schon bald beginnt der ›Schüler‹ Fehler zu machen. Sie verpassen ihm leichte Elektroschocks, worauf seine Leistung sich tatsächlich kurz bessert, dann aber kommt das völlige Versagen. Der ›Schüler‹ kann sich nicht mehr konzentrieren. Er schreit und stöhnt nur noch und fleht Sie an aufzuhören. Der Versuchsleiter weist Sie jedoch an weiterzumachen.« Dies ist die Vorgeschichte.

Die Fragen, die Stanley Milgram danach stellte, lauteten: »Wie würden Sie sich in der unangenehmen Situation des ›Lehrers‹ verhalten?« und »Was glauben Sie, würden andere tun?«

So gut wie alle befragten Durchschnittsmenschen waren der festen Überzeugung, sie würden den »Schüler« niemals wirklich quälen oder gar ernsthaft verletzen. Von Töten war nicht einmal die Rede. Andere, so meinten die meisten, wären vielleicht brutaler als sie selbst, aber tatsächlichen Schaden würde keiner dem »Schüler« zufügen. Die Psychiater stimmten dem voll zu. Die Experten einigten sich darauf, daß nicht mehr als drei Prozent in einem repräsentativen Bevölkerungsquerschnitt bis maximal 300 Volt gehen würden. Bis zum bitteren Ende (des »Schülers«) würde vielleicht einer von 1000 »durchhalten« (man beachte die Formulierung). Oh, eitler Selbstbetrug. Nach der Theorie schritt Stanley Milgram nämlich zur Praxis.

## Wie Psychiater irren können

Das berühmte »Milgram-Experiment« zertrümmerte das von Laien und Fachleuten gleichermaßen gehätschelte (falsche) Menschenbild ein für alle Mal, und in einem Aufwasch auch die gern von Psychologen aufgestellte Behauptung, Versuche würden im nachhinein »beweisen«, was man von ihnen vorher erwartete. *Das* hatte niemand erwartet.

Die Realität war, gelinde gesagt, eine Katastrophe. Beim praktischen Feldversuch zeigte sich, daß 500 bis 600 Mal mehr Personen bereit waren, dem »Schüler« den maximalen tödlichen Schock von 450 Volt zu verabreichen, als die befragten Psychiater vorhergesagt hatten. Eine Fehlprognose von 60 000, später sogar mehr Prozent weckte bei manchen gelinde Zweifel an Gutachten von Experten der menschlichen Psyche; ein Aspekt, den ich nur erwähne, weil ich ihn einige Male in dem Zusammenhang gehört habe.

Da niemand auf die Idee kommen wird, daß rund 60 Prozent der Bevölkerung von Nordamerika sadistisch oder psychopathisch veranlagt sind, war die unvermeidliche Schlußfolgerung niederschmetternd: Der Großteil ganz gewöhnlicher Menschen in einer Demokratie ist bereit, einem harmlosen Landsmann das Lebenslicht auszublasen, wenn ein Mann im weißen Mantel sagt: »Machen Sie weiter!« Wiederholungen des Milgram-Experiments in demokratischen Ländern Europas, in Australien und in Südafrika ergaben sogar eine Horror-Gehorsamsquote von 85 Prozent. *Kein* »Lehrer« weigerte sich vor der Erreichung von 300 Volt, noch höher zu gehen.

Wer die daraus resultierende peinliche Erkenntnis über die wahre Natur des »zivilisierten« Homo sapiens verdrängen will, indem er sich einredet, die »Lehrer« hätten das Ganze vielleicht doch durchschaut, den mögen einige pikante Details eines Besseren – oder Schlechteren – belehren:

Ein 39jähriger Sozialarbeiter wurde von unfreiwilligen hysterischen Lachkrämpfen geschüttelt, während er sein Opfer sukzessive röstete.

Eine Hausfrau hatte bei der Vorbesprechung ihren humanitären Dauereinsatz für Unterprivilegierte geschwätzig dargelegt und auf die Frage, wieviel Volt sie bereit wäre, über sich selbst ergehen zu lassen, geantwortet: »Fünfzehn Volt«. Während des Experiments zitterte sie zwar ständig, ging aber dennoch bis 450 Volt. Nachher beschrieb sie ihre Gefühle während des Experiments voll Selbstmitleid: »Jedesmal, wenn ich den Hebel drückte, starb ich. Haben Sie gesehen, wie ich zitterte? Es brachte mich einfach um, wenn ich daran dachte, daß ich dem armen Mann

Elektroschocks geben mußte.« Auf die naheliegende Idee, daß niemand sie daran hinderte, »dem armen Mann« *keine* Elektroschocks zu verpassen, die in der Endphase 30 Mal so stark waren als der Schock, den sie selbst zu gerade noch zu ertragen bereit war, kam sie nicht.

Ein 43jähriger Wasserinspektor litt nicht unter inneren Kämpfen. Als der »Schüler« gegen Ende der Schockreihe kein Lebenszeichen von sich gab, dachte der »Lehrer« bei sich – wie er später ehrlich eingestand –: »Mein Gott, der ist tot. Naja, kann man nichts machen, geben wir ihm dem Rest.« Das hieß weiter bis 450 Volt.

Einer der »Lehrer« verließ sogar sein Pult und drückte die Hand des »Schülers« mit Gewalt auf die Schockplatte. Ein anderer steigerte die Stromstärke ungerührt bei einem »Schüler«, von dem ihm gesagt worden war, daß er einen Herzfehler habe.

Es gab keinen prozentuellen Unterschied zwischen männlichen und weiblichen »Lehrern«. War das Opfer jedoch ein Hund, so verabreichte nur etwa die Hälfte der Männer auf Anweisung den winselnden Vierbeinern Elektroschocks, während fast alle Frauen dazu bereit waren. Kein Kommentar meinerseits dazu, alles nur Statistik.

Jetzt ist der Moment gekommen, den Horror ein wenig zurückzunehmen und damit eine Frage zu beantworten, die manchen vielleicht gekommen ist – die Frage, wie entmenschlicht ein Experimentleiter sein muß, der einen solchen Versuch durchzieht, und wieso ein solcher Versuch in einer Demokratie überhaupt stattfinden durfte. Keine Sorge, es ist nicht erlaubt, Freiwillige einander umbringen zu lassen. Das Milgram-Experiment durfte deswegen stattfinden, weil dabei natürlich niemand wirklich mit Strom geröstet oder umgebracht wurde.

Das spektakuläre Arrangement war nur Theater. Es gab keine Stromstöße. Das Los wählte immer einen bestimmten »Lehrer« aus, nämlich den freiwilligen Kandidaten. Der »Schüler« war ein Mitarbeiter des Institutes. Mit beachtlicher Darstellkunst spielte er den Gefolterten und »starb« schließlich effektvoll, wenn sein »Lehrer« bis zum Äußersten ging. Lediglich bei der Hundevariante gab es leichte Stromstöße.

Was durch das Experiment als indirekte Folge des Prozesses gegen Adolf Eichmann (gefangengenommen 1960, Prozeßbeginn in Israel 1961, Hinrichtung 1962) bewiesen werden sollte, war die Mündigkeit des demokratisch erzogenen Zivilisationsmenschen. Ungeheuerlichkeiten, wie man sie aus menschenverachtenden Tyranneien kennt, so glaubte man vor Milgrams Experiment, seien nur unter extremen Rahmenbedingungen möglich, bei denen gnadenlose Indoktrination eine wesentliche

Rolle spielt. Was durch den Versuch tatsächlich bewiesen wurde, wissen wir nun.

Die Schockwirkung des Milgram-Experimentes war ungeheuer. Stanley Milgram wurde 1964 mit dem »Socio-Psychological Prize« der *American Association for the Advancement of Science* ausgezeichnet. Er selbst betrachtete die Ergebnisse seiner Arbeit pessimistisch und meinte: »Die Fähigkeit des Menschen, sein Menschentum aufzugeben, ist der fatale Charakterfehler, mit dem die Natur uns ausgestattet hat, und der unserer Spezies auf lange Sicht nur eine geringe Überlebenschance gibt.« Milgram versuchte später, der Sache trotz allem positive Seiten abzugewinnen, da eine Gesellschaft ohne Gehorsam nicht bestehen könnte. Manche meinen, er habe den Schock seines eigenen Experimentes und seinen inneren Konflikt nie überwunden und sei deshalb im Alter von 51 Jahren einem Herzinfarkt erlegen.

Wie unglaublich konsequent sich der »mündige« Bürger sogar einer eingebildeten Autorität unterwirft, zeigten einige Varianten, die man bei Wiederholungen des Experimentes durchspielte, beispielsweise den »Kampf der Götter«. Mitten im Verlauf des Versuches, wenn der »Schüler« zwar schon recht angeschlagen, aber noch nicht wirklich hergenommen war, erschien ein zweiter »Mann im weißen Mantel«. Ohne zu erklären, wer er sei, herrschte er den Versuchsleiter an: »Kollege, was Sie da machen, geht aber wirklich nicht!« Sofort hörte der »Lehrer« auf, dem »Schüler« Fragen zu stellen, und nahm die Hand von den Stromreglern. Während die weißbemäntelten »Götter« miteinander stritten, ruhte das Experiment, weil der »Lehrer« sich über die Autoritätsfrage nicht im klaren war. Nach minutenlangem Disput verließ der Neuankömmling den Raum mit einem heftigen »Machen Sie, was Sie wollen!« Darauf der Versuchsleiter zum »Lehrer«: »Machen Sie weiter!« Die ursprüngliche Autorität hatte gesiegt, und der »Lehrer« machte weiter, nicht selten bis zum gespielten Exitus seines Opfers. Auch der Zivilisationsmensch *braucht* offensichtlich Autorität, wie auch der Zustrom zu Sekten zu zeigen scheint, die mit ihren freiwilligen Mitgliedern nicht gerade *zimperlich* umspringen.

Es bleibt uns nicht einmal der Trost, daß Menschen, die ohne Not andere umbringen würden, wenn jemand »die Verantwortung übernimmt«, die Unmenschlichkeit ihres Tuns wenigstens einsehen, wenn man sie ihnen erklärt. Im Gegenteil: »Lehrer«, die nach dem Versuch zu einer Nachbesprechung eingeladen wurden, zeigten sich alles andere als einsichtig. Die immer wieder an den Tag gelegte Reaktion auf die Enthüllung der wahren Natur des Milgram-Experiments läßt sich in etwa so zusammenfassen: »Was wollen Sie? Sie sind doch der Fachmann. Ich mußte annehmen, daß Sie wissen, was Sie anordnen, und daß das schon in Ordnung ist. Sie haben ja die Verantwortung übernommen.« Wobei ein weißer Mantel und die Behauptung, der Versuchsleiter zu sein, bedenkenlos als einzige Legitimation der Autorität akzeptiert wurde, das sei nochmals betont.

Wie ein düsteres Kapitel der Geschichte zeigt, kann selbst Massenmord mit einer ins Groteske verzerrten Korrektheitsvorstellung einhergehen. So antworteten Mitglieder von Einsatzgruppen, die Tausende von unschuldigen Zivilisten getötet hatten, später vor Gericht auf die Frage, ob sie etwas von den Habseligkeiten der Ermordeten für sich behalten hätten, voll Empörung: »Das wäre doch ein Verbrechen gewesen!«

Der »Milgram-Schock« konnte der Filmindustrie nicht verborgen bleiben. In dem 1975 in die Kinos gekommenen amerikanischen Spielfilm *Die zehnte Stufe* stellte William Shatner (Captain Kirk von der *Enterprise*) den gewissengeplagten Professor (hier heißt er Stephen Turner) dar, der das Experiment entwickelte hat und es mit wachsendem Entsetzen leitet.

In dem französischen Film *I wie Ikarus* aus dem Jahre 1979, der meiner Meinung nach die beste Auseinandersetzung mit den wahren Hintergründen des Kennedy-Attentates ist, wird eine selten registrierte Konsequenz des Milgram-Experiments angesprochen: Es brutalisiert alle, die auch nur daran anstreifen. Der von Yves Montand gespielte Hauptdarsteller beobachtet das Experiment und protestiert erst sehr spät dagegen, obgleich auch er glaubt, die Stromstöße seien real.

Gar nicht erwähnt wird ein Umstand, der mir aufgefallen ist, nämlich der, daß die *echte* Grausamkeit vom Versuchsleiter ausgeübt wird beziehungsweise ausgeübt werden *muß*, damit das Experiment überhaupt ein Ergebnis erbringen kann. Es gab nämlich Fälle, bei denen der »Mann im weißen Mantel« sein Opfer (den »Lehrer«) durch erbarmungslose Autoritätsausübung dazu brachte, mehr und mehr Volt zu geben, obgleich der »Lehrer« dabei litt wie ein Tier. Manche von ihnen drehten durch, weil sie weder weitermachen noch aufhören konnten. Es kam zu Schreikrämpfen, psychischen Störungen und Kollapsen. Manche »Lehrer« versuchten, die Versuchsanordnung zu zertrümmern. Ein reifer, anfänglich selbstsicherer Geschäftsmann, der das Labor lächelnd betreten hatte, verwandelte sich innerhalb von 20 Minuten in ein zuckendes, stotterndes Wrack, das sich rasch einem Nervenzusammenbruch näherte. Er riß unentwegt an seinem Ohrläppchen und rang die Hände. Einmal schlug er sich mit der Faust gegen die Stirn und rief aus: »Oh Gott, laß uns aufhören.« Obwohl ihn niemand am Aufhören gehindert hätte, reagierte er trotzdem weiterhin auf jedes Wort des Versuchsleiters und gehorchte bis zum Ende des »Schülers«.

Henri Verneuil, der Regisseur von *I wie Ikarus*, sagte über die Entstehung seines faszinierenden Politthrillers, zu dem er auch das Drehbuch schrieb: »Der Mensch als folternder oder tötender Roboter, der unbedingte Gehorsam gegenüber der Obrigkeit, die US-Professor Milgram in seinem Experiment bewiesen hat, war für mich der Anlaß, diesen Film zu machen.«

## Der ewige »Mordroboter«

Wer glaubt, der Zivilisationsmensch sei in der Zwischenzeit reifer geworden, der irrt. Im Jahre 1999 wiederholte die österreichische Monatszeitschrift *WIENER* Milgrams Versuchsanordnung. Nichtsahnende Kandidaten fanden sich, da das Experiment damals nur noch Insidern bekannt war. Über 30 Jahre nach dem Original-Experiment gab die menschliche Natur immer noch wenig Anlaß zur Freude. Der Chefredakteur sprach im Vorwort der Ausgabe des *WIENER*, in der darüber berichtet wurde, Erschreckendes offen aus:

»Gerne rätseln wir darüber, was Hitlers Erfüllungsgehilfen in der Vernichtungsmaschinerie angetrieben haben mag. Natürlich hat das alles nichts mit uns zu tun, schließlich leben wir in einer anderen, gottlob besseren Zeit. Wenn uns Nachrichten von Massakern in Ex-Jugoslawien erreichen, sind wir immer ziemlich fassungslos. Hat aber auch nix mit uns zu tun, leben wir doch an einem glücklicheren Ort, wo Menschen sich zivilisierter aufführen, als drunten am finsteren Balkan. *Abgehakt, verdrängt, vergessen.* So einfach ist das.

Und dann läuft dieses Video (der Bericht über das 1999er *WIENER*-Experiment, Anmerkung des Autors), das *WIENER*-Reporter Stefan Wictora von seiner Recherche mitgebracht hat. Wir sehen Menschen, die man aus der U-Bahn zu kennen glaubt. Sie traktieren einen Wildfremden mit Elektroschocks, nur weil es ihnen von Wictora, mit weißem Mantel zur wissenschaftlichen Autorität gestylt, befohlen wird. Das vorgebliche Opfer (natürlich bloß ein Schauspieler) schreit herzzerreißend: ›Hört's auf, um Gottes Willen, ihr bringt's mich ja um!‹ Der falsche Wissenschaftler sagt: *»Machen Sie weiter!«* Fast alle gehorchen. Acht von 20 Testpersonen sogar bis zum finalen Stromstoß von 450 Volt.

Schockiert? Gut so. Wir sind es auch. Immerhin ist die Idee zu dem Experiment schon 37 Jahre alt. 1962 hatte der US-Wissenschaftler Stanley Milgram mit der gleichen Versuchsanordnung erstmals die Autoritätshörigkeit der menschlichen Seele nachgewiesen. Erschütternde Erkenntnis des *WIENER*-Tests: Seit damals hat sich nichts geändert ...« Ende des Zitates aus dem *WIENER* Nr. 3 vom März 1999.

Das Ergebnis dieses »Milgram-Experiments neu« fand auch den Weg in TV-Diskussionen, wobei es zu leicht skurrilen Präsentationen kam. So wurden zu einer solchen zwei Teilnehmer des *WIENER*-Experiments eingeladen: Der eine hatte sich frühzeitig geweigert, dem »Schüler« höhere Stromdosen zu verpassen, während der andere bis 450 Volt gegangen war. Wenn einer der beiden ins Bild kam, war am unteren Rande des Bildschirms ein Textbalken zu sehen. Bei dem Verweigerer stand »Ausnahmeerscheinung« und bei dem anderen »potentieller Mörder«. Genug des Sarkasmus, die menschliche Situation ist ernst genug.

**Eine verkommene Welt?**

Ein Beispiel vom Anfang des 20. Jahrhunderts, in dem »blinder Gehorsam« eine neue Dimension annehmen sollte, zeigt dies auf fast kurios zu nennende Weise. In den Jahren 1905 und 1906 meuterte die zaristische russische Armee mehrmals und diente ebenfalls mehrfach bei der Niederschlagung der Aufstände. Dieselben Soldaten beschrieben mehrmals hintereinander hundertprozentige Schwenks in ihrem Verhalten. In einem Zeitraum von nur zehn Monaten durchliefen sie zweimal den kompletten Zyklus von Rebellion und neuer Loyalität. Truppen, die von Januar bis Oktober 1905 Aufstände niederschlugen, meuterten von Ende Oktober bis Anfang Dezember. Bereits ab Ende Dezember schossen sie wieder auf Zivilisten, um von Mai bis Juni 1906 erneut zu rebellieren und Ende Juli wieder gegen Aufständische vorzugehen. Historiker wie John Bushnell zeigten auf, daß das wechselnde Verhalten der Soldaten nichts mit ihrer Behandlung oder mit ihren politischen Anschauungen zu tun hatte. Auch nicht damit, wer sie bezahlen konnte. Ausschlaggebend war einzig und allein, wen sie gerade für die Autorität hielten.

Auch heute lügt sich der Mensch offenbar selbst in die Tasche, was seine vielzitierte Zivilisiertheit betrifft. Im Grunde müßten das Lesen von Tageszeitungen und der Konsum der Nachrichten ebenso für diese Erkenntnis ausreichen wie die Exzesse bei der Parkplatzsuche oder im Straßenverkehr.

Leider müssen wir noch weitere Abstriche in dieser Richtung machen, wie das nächste Experiment schlagend beweist. Viele Normalmenschen scheinen nämlich nicht einmal so sensibel zu sein wie Milgrams Probanden, die ihre Folter- und Tötungsarbeit ungern, mit Gewissensqualen oder sogar mit schweren inneren Konflikten durchführten. Wie sonst hätte es dem Psychologen Stephen West ohne große Mühe gelingen können, zahlreiche Bürger zum Schmierestehen bei einem geplanten Einbruch zu überreden, indem er ihnen versicherte, daß es kein Risiko gab? Noch ernüchternder ist das – wenigstens ehrliche – Umfrageergebnis von drei Millionen Briten, die angaben, sie würden für Geld morden, wenn sie ungeschoren davonkämen.

In Extremsituationen fallen dann die allerletzten Schranken. Massenmord, bis hin zur Auslöschung allen Lebens auf dem Planeten, kann unter den richtigen Rahmenbedingungen zur normalsten Sache der Welt werden.

Wer die zeitlos-böse Satire des im März 1999 viel zu früh verstorbenen Meisterregisseurs Stanley Kubrick *Dr. Seltsam, oder wie ich lernte, die Bombe zu lieben* aus dem Jahre 1964 gesehen hat, wird den gutmütigen und sympathischen Bomberpiloten Major »King« Kong wohl kaum vergessen können, der vom deutlich erkennbar verrückten Luftwaffengeneral Jack D. Ripper den Einsatzbefehl bekommt und ihn mit folgenden Worten an seine Besatzung weitergibt, nachdem er seinen Fliegerhelm gegen einen Cowboyhut ausgetauscht hat: »Na Kumpels, dann also ran. Kleiner atomarer Nahkampf mit den Rußkies … Aber eines dürfen wir nicht vergessen: Da sind 'n Haufen Leute zu Hause, die auf euch rechnen, und die wollen wir doch, verdammt, nicht enttäuschen. Und noch was anderes: Wenn diese ganze Kiste auch bloß halb so wichtig ist, wie ich mir das so im Moment denke, dann seid ihr alle, so wir ihr da seid, fällig für ein paar hübsche Beförderungen und ein paar dicke Orden. Und das gilt für jeden einzelnen von euch, unabhängig von Rasse, Hautfarbe, Religion und all dem Zeug. So, und jetzt ran an die Bouletten! Wir schaukeln das Ding schon.«

Alles weitere ist dann nur noch das Betätigen von Schaltern und Knöpfen, exakt wie bei den Atombombenabwürfen von Hiroshima und Nagasaki, nach denen die Piloten aussagten, sie hätten keine Zeit zum Überlegen gehabt, es seien zu viele Hebel zu bedienen gewesen. Aktueller sind vielleicht Aussagen neueren Datums, die sich auf die »amerikanische Mission« im Irak beziehen und die nicht nur Cineasten an Kubricks Major Kong und alle anderen Gestalten um Dr. Seltsam erinnern, letzteren eingeschlossen. Der Stoßseufzer des von George C. Scott genial verkörperten US-Generalstabschefs: »So ein Weltvernichtungsmaschinchen sollten wir auch haben«, klingt fast schon wie ein Bericht über eine Sitzung im Pentagon von heute.

Bemerkenswert sind der unglaubliche Ideenreichtum, die verbissene Zähigkeit und die einsatzfreudige Kompetenz, mit der die Akteure in *Dr. Seltsam* alle Hindernisse beiseite räumen, die dem Weltuntergang im Wege stehen. Dem ist nichts hinzuzufügen, nur dies: genauso würden wir auch im realen Ernstfall als gesamte Spezies zur Hölle fahren.

Treffender als in Kubricks »todsicherer« Analyse menschlichen Verhaltens als Individuum, in der Gruppe und in der Großgemeinschaft läßt sich unsere defekte Natur kaum auf den Punkt bringen. Wären wir nicht, was wir sind, hätten sich die Millionengemetzel in den Kolonien, in der Karibik, die 40 Tage des Musa Dagh, die Kulaken(Bauern)vernichtung durch Stalin, der Genozid an den Indianern, Algeriern etc., die sogar hier noch einmalig herausragende »Endlösung« durch die Nazis und die sonstigen Blutorgien – von Kambodscha, Somalia, Ruanda, Liberia, Irak usw., den Balkan nicht zu vergessen – keinesfalls entfalten können. Genug ist genug. Die desolate menschliche Natur dürfte hinlänglich bewiesen sein.

Wo sind nun die weiteren genannten Kriterien des *Schauplatzes* (verborgene Diktatur von Interessengruppen, staatlich erzeugtes Chaos im eigenen Land, Experimente mit ganzen Völkerschaften, Magie und Okkultismus hochoffiziell, von oben verordnete Selbstdestruktion bis hin zur riskierten Weltvernichtung etc.)? Dieser Katalog dürfte doch wohl die Grenzen selbst widerwilliger Akzeptanz überschreiten. Das ist doch einfach *zu* absurd. *So* kann es nicht zugehen, auch nicht im geheimen. Nein? Betreten wir den Bereich der unorthodoxen, aber ernstgemeinten Hypothesen.

## Die Verschwörungsliteratur

Der Buchmarkt bietet eine reiche Auswahl von Werken mit dem erklärten Anspruch, Seltsames aufzudecken. Ob sie da und dort ein Zipfelchen des Vorhangs lüften, der verborgene Aktivitäten und Strukturen verhüllen mag, kann ich nicht befinden. Es liegt mir fern, abstrusen Verschwörungstheorien das Wort zu reden oder ergründen zu wollen, was alles hinter der Weltbühne an Unsäglichkeiten vor sich geht. Mir persönlich reicht bereits das Offensichtliche. Was sich global für alle erkennbar an Ungeheuerlichkeiten entfaltet und welche Lügen unentwegt von Medien verbreitet werden, muß jedem denkenden Menschen ohnedies klarmachen, daß wir in einer verkommenen, aus den Fugen geratenen Welt leben. Einer Welt, in der demokratische (!) Regierungen Foltergefängnisse betreiben und Kriegsverbrechen begehen, für die sie Angehörige anderer Nationen vor Gericht zu stellen und hinzurichten pflegen, eine Welt, in der zerschlagen wird, was funktioniert, in der man blutbefleckten Staatsgästen rote Teppiche ausrollt, in der »die Gesellschaft« für Monstren Stellung bezieht (zum Beispiel für einen Kinderschlächter, dessen Untaten so bestialisch waren, daß Geschworene nach dem Prozeß wegen der Tatschilderungen in psychiatrische Behandlung mußten), in der, kurzum, Monstrositäten jeglicher Spielart an der Tagesordnung sind. Und in der es meist besonders blutig zugeht, wenn von Humanität die Rede ist. Nicht zu vergessen die erstaunliche Leistung, als »denkende Spezies« gleichzeitig durch Wirtschafts- und Bevölkerungswachstum offenen Auges in den Orkus zu marschieren.

Möglicherweise ist der Wunsch nach einer geheimen Verschwörung nichts anderes als eine Manifestation unserer Sehnsucht nach irgendeiner Art von Ordnung im Chaos, vergleichbar mit der Triebfeder für Wissenschaft und Forschung. Ich habe nicht den Ehrgeiz, im vorliegenden Buch »wahre Zusammenhänge« enthüllen zu wollen. Das versuche ich in anderen meiner Bücher.

Meine Rolle ist hier nicht die des Enthüllers, sondern des Chronisten und Lieferers von Denkanstößen und Aha-Erlebnissen. Anderen ist das Ausgraben der bizarren Fakten zu verdanken, von denen ich mir die Rosinen ziemlich willkürlich herausgesucht habe. Ob sich aus all den Teilen eine zusammenhängende Theorie zimmern läßt oder ob lediglich Stückwerk parallel nebeneinander herlaufender nebulöser Umtriebe enthüllt wird, will ich hier nicht beurteilen. Nicht einmal, ob es die Umtriebe überhaupt gibt. Statt dessen gebe ich einige dieser Seltsamkeiten kommentarlos wieder: Puzzlesteine zum Selber-Zusammensetzen. Ihre Implikationen sind strittig wie ihre Beweiskraft. Daß manches schlüssig scheint, muß nicht unbedingt etwas bedeuten, denn auch die Hohlweltlehre oder der Glaube an den Osterhasen enthalten keinen Widerspruch in sich. Was wir also hier vor uns haben, ist ein denkmögliches Puzzle zum Kopfschütteln, fernab vom Anspruch auf Vollständigkeit. Eine Speisekarte des Absonderlichen. Was von alledem zu halten ist, sei jedem einzelnen überlassen.

**Eine seltsame Leitwährung**

Beginnen wir mit jenen Hypothesen-Schmieden, die sich ebenso tollkühn wie respektlos an die heiligste aller Kühe heranwagen, ans *Geld*. Das internationale Währungssystem ist ein Garant der Stabilität in der Welt, Grundpfeiler des Wohlstandes und florierender Märkte. Dies denkt der Durchschnittsbürger, der emsig arbeitend seinen Kontostand zu erhöhen trachtet. Die obersten Währungshüter, so meint er weiter, sind zwar auf einer Art Olymp angesiedelt, doch absolut ehrenwert und zudem an der Kandare staatlicher Kontroll- und Schutzmechanismen. Das ist bei den meisten Nationalbanken und ähnlichen Einrichtungen zweifellos richtig.

Just die in den letzten Jahren ins Schwanken geratene Leitwährung der westlichen Welt, der US-Dollar, gibt, das meinen einige Autoren, Anlaß zur Verwunderung. Gräbt man verbissen genug – was die erwähnten Autoren getan haben –, so kommt Eigentümliches an die Oberfläche. So wurde das amerikanische Bank- und Währungsgesetz, der »Federal Reserve Act«, nicht in den Hallen des Kongresses aus der Taufe gehoben, sondern im Dezember 1910 auf Jekyll Island im US-Bundesstaat Georgia, genauer gesagt, im Jagdklub des Inselchens, der einflußreichen Bankiers gehörte.

Das Fleckchen Erde ist heute ein öffentlicher Park. Einen Hinweis auf dieses geschichtlich bedeutende Ereignis findet man dort nicht. Möglicherweise würde es auch dem einen oder anderen Touristen zu denken geben, daß hier die Weichen für besagten »Federal Reserve Act« gestellt wurden, der am 24. Dezember 1913 von lediglich drei US-Senatoren beschlossen wurde. Die Mehrheit der Senatoren, die das Gesetz mit ziemlicher Sicherheit abgelehnt hätten, befand sich im Weihnachtsurlaub. So soll, von der amerikanischen Bevölkerung anscheinend weitgehend unbemerkt, das unvorstellbare Machtinstrument *Federal Reserve Board* initiiert und in wenige Hände gelegt worden sein, wo es anscheinend auch verblieben ist. Wie es genau dazu kam, ist in meinem Buch *Schatten der Macht. Bedrohen geheime Langzeitpläne unsere Zukunft?* mit allen unglaublichen Details nachzulesen.

Die *Federal Reserve Bank* ist eine faszinierende Konstruktion: eine De-facto-Notenbank mit dem Monopol der Geldausgabe und Kreditregulierung, dabei jedoch rein privater Natur. Sie unterliegt nicht der Kontrolle und Überwachung des Kongresses, obgleich Artikel 1, Abschnitt 8, Paragraph 5 der amerikanischen Verfassung das eigentlich fordern würde (unter anderem nachzulesen in *Die Bankiersverschwö-*

*rung*). Wie es scheint, ist die tatsächliche Macht der *Federal Reserve Bank* nur zu vermuten. Die Bank soll beispielsweise am Vorabend des Zweiten Weltkriegs 35 Milliarden Steuer-Dollar an die Alliierten verliehen haben. Eine ungeheure Summe, die nicht zurückgezahlt wurde. Sehr wohl entrichtet wurden allerdings die Zinsen, und zwar an die Banker, wie ein Enthüllungsjournalist behauptet, der unter dem Pseudonym E. R. Carmin schreibt.

Finanzkartelle scheinen nicht nur im weltpolitischen Geschehen so manchen Faden in der Hand zu halten, sondern hatten immer eine offene Hand für Tyrannen, darunter Menschenfreunde wie Stalin oder Dritte-Welt-Potentaten. Angelsächsische Geldgeber sollen interessanterweise Mussolini und Hitler sogar dann noch mit Riesenbeträgen beigesprungen sein, als sich die USA gegen diese Diktatoren bereits längere Zeit im Krieg befanden, worüber mehr als einmal berichtet wurde. Ob auch heute manches Süppchen dieser Art hinter aktuellen Krisen am Kochen ist, steht in den Sternen. Selbst ansonsten arglose Leser von Tageszeitungen äußern gelegentlich Ansichten dieser Art.

Genug der Welt des großen Geldes. Auf diesem Parkett rutschen sogar Experten aus. Schon deswegen nehme ich zu keiner der hier wiedergegebenen Recherchen Stellung. Jene, die diese Zusammenhänge veröffentlicht haben, mögen auf so manches gestoßen zu sein, von dem unsereins nicht einmal träumen kann.

Es soll hier nicht erörtert werden, ob Spinnennetze die Finanz- und/oder Machtzentren unseres Erdballs verbinden, sondern nur darauf hingewiesen werden, daß alles bei weitem nicht so sein muß, wie es biedere Sparer und so mancher Finanzfachmann vermuten würden. Die Verflechtungen von Geld und Politik sind ohnedies nicht zu entwirren und werden im Zuge der zum Naturgesetz erklärten »Globalisierung« *noch* unentwirrbarer.

Nur wenn monetäre Bewegungen die Norm sprengen, wenn sie der Erwartungshaltung des Normalbürgers *zu sehr* widersprechen oder wenn Dramatisches geschieht, wird die Öffentlichkeit aufmerksam – beispielsweise beim makabren Tod von Robert Calvi, dem Chef der in einen Skandal verwickelten *Banco Ambrosiano*, die teilweise dem Vatikan gehörte. Calvi wurde im Juni 1982 erhängt und mit Ziegelsteinen in seinen Taschen unter der Londoner Blackfriars-Brücke entdeckt. Obgleich der wohlbeleibte Banker diese luftige Höhe niemals hätte erklimmen können, weil nämlich nicht einmal Artisten dazu imstande gewesen wären, wurde damals offiziell umgehend »Selbstmord« festgestellt. Es sollte 22 Jahre dauern, bis man sich 2004 entschloß, dem Sachverhalt mit einem Untersuchungsverfahren auf den Zahn zu fühlen.

Die herangezogenen Autoren erinnern auch an das öffentlichen Erstaunen, als davon die Rede war, die finanzielle Starthilfe für die ökologische Bewegung in Deutschland sei aus dem Fundus des Aspen-Instituts gekommen, das der US-Ölindustrie nahestehen soll. Allein diese Beispiele lassen den Verdacht aufkommen, daß gegen den Irrgarten der Finanzströme das Labyrinth des Minotaurus als übersichtlicher Spazierweg erscheinen muß.

## Die esoterische Ein-Dollar-Note

Ein originelles Glanzlicht zum Abschluß des monetären Bereichs verdeutlicht, was ich immer wieder sagen will: Fast nichts muß so sein, wie es scheint. Nochmals kurz die USA und das liebe Geld, zwei Begriffe, die viele kaum auseinanderhalten können. Erstaunlicherweise finden sich im unübersehbaren Gebäude des reinen Materialismus auch Kämmerchen, in denen ein ganz anderer Geist zu Hause zu sein scheint. Wem ist bewußt, daß die USA – ein Land des Fortschritts, dessen Astronauten als erste den Mond betreten haben und das auf vielen Gebieten der Technik weltweit führt – einen Geldschein mit esoterischen Symbolen in Umlauf gebracht haben? Ich spreche von der Ein-Dollar-Note. Die Schriftsteller Des Griffin, David Ovason, Eustace Mullins, Roland Bohlinger und andere wollen sage und schreibe 13 okkulte Herrschaftssymbole entdeckt haben, die Präsident Roosevelt ihrer Meinung nach 1933 (warum auch immer) auf ihre Rückseite setzen ließ. Auch wenn darüber schon viel geschrieben und geredet wurde, vermag eine zusammenfassende Kurzdarstellung der damit verbundenen Interpretationen vielleicht dennoch zu verblüffen: Der lateinische Spruch »Novus Ordo Seclorum« wäre demnach der *echte* New Deal (Neue Ordnung), die Pyramide mit dem allsehenden Auge der Gnosis sei das freimaurerische Erkennungszeichen »Blick«, die römische Jahreszahl MDCCLXXVI (1776) am Fuß der Pyramide würde nicht auf die amerikanische Unabhängigkeit verweisen, sondern auf das Jahr der Gründung beziehungsweise der Restauration des Illuminaten-Ordens durch Adam Weishaupt, und die frohgemute Botschaft »Annuit coeptis« (»Unsere Unternehmung ist von Erfolg gekrönt«) würde sich eigentlich selbst erklären, auch wenn die Erfolge in der letzten Zeit eher bescheiden anmuten. Sogar wenn diese eigenwillige Deutung stimmen sollte, muß sie keineswegs auf eine Weltverschwörung hindeuten – vielleicht nur auf ein (durchaus verbreitetes) Faible für

Mystik. Immerhin fanden und finden sich nach unseren Vorstellungen irrationale Zirkel auch in anderen durch und durch technisierten Gesellschaften.

**Okkultismus im Dritten Reich …**

Manchen, die sich für die skurrilen Aspekte der tragischen Vorgänge im 20. Jahrhundert interessieren, ist bekannt, daß 1925 ein ultimativ gehaltener Brief bei Wissenschaftlern in ganz Deutschland und Österreich einging. Darin wurden die erstaunten Vertreter nüchterner Ratio ultimativ aufgefordert, sich für oder gegen eine bestimmte Betrachtungsweise der Welt zu entscheiden. Eine religiös anmutende Vorgangsweise, die in der Welt sachlichen Denkens fehl am Platz ist. Im dem Schreiben war zu lesen: »Während in der Politik Hitler für Ordnung sorgt, räumt Hans Hörbiger mit den Scheinwissenschaften auf. Die Lehre vom ewigen Eis wird zu einem Symbol für die Erneuerung des deutschen Volkes werden. Achtung! Schlagt Euch auf unsere Seite, bevor es zu spät ist!« Der 65jährige Wiener Ingenieur Hans Hörbiger war der Verfasser besagten Schreibens, in dem die wissenschaftliche Welt aufgefordert wurde, den klassischen Vorstellungen der Astronomie und der Physik den Rücken zu kehren und an die Welteislehre »Wel« zu glauben.

Die esoterische Seite des Dritten Reichs ist mittlerweile besonders durch das französische Autorenduo Louis Pauwels und Jacques Bergier weltweit bekannt geworden. Trotzdem scheint mir erinnernswert, daß in einer Nation der Akademiker und Geisteswissenschaftler, von der die Weltraumfahrt ihren Ausgang nahm, die den ersten Turbostrahljäger der Welt, die Me-262, von der Werkbank laufen ließ, deren revolutionäre Erfindungen Grundlagen für heute noch nicht abgeschlossene Entwicklungen waren und die durch Militärtechnologie und die Professionalität ihrer Generale fast einen Kontinent eroberte, sozusagen »Magier« an den Schaltstellen saßen. Bizarrer noch: Die Wissenschaften wurden ganz offiziell umgemodelt. Ein Astrologe, der originellerweise Führer hieß, wurde Reichsbevollmächtigter für Mathematik, Astronomie und Physik. Die Welteislehre »Wel«, eine unhaltbare Spinnerei im krassen Gegensatz zu den Naturgesetzen, war Staatswissenschaft. Berühmte Wissenschaftler wie der »Vater der Raumfahrt« Hermann Oberth, der Mitentdecker der Röntgenstrahlen und Nobelpreisträger Philipp Lenard oder der weltberühmte Pionier der Spektroskopie und Nobelpreisträger Johannes Stark, der 1933 zum Präsidenten der Physikalisch Technischen Reichsanstalt und zum Präsidenten der deutschen Forschungsgemeinschaft gewählt worden war, mußten sich ihr unterwerfen. Auch der kleine Mann kam nicht um sie herum. So mancher »Volksgenosse« wurde vor einer Anstellung genötigt, schriftlich zu versichern, daß er an die Welteislehre glaube. Sie soll übrigens auch heute noch über eine Million Anhänger haben.

Die Lehre vom ewigen Kampf zwischen Feuer und Eis im Weltall wie auf Erden fand mit dem Aufstieg des Nationalsozialismus Millionen Anhänger und soll, neben anderen pseudowissenschaftlichen Spinnereien, auch wesentlich zum Niedergang des Dritten Reichs beigetragen haben, wenn man unorthodoxen Historikern glauben will. Schließlich muß es sich für ein Unternehmen wie den Krieg gegen die Sowjetunion verhängnisvoll auswirken, wenn Soldaten keine Winterausrüstung erhalten, weil sie nach der Ansicht ihres »Führers« *Träger des Lichts* sind, vor denen Schnee und Eis schmelzen. Solches soll Hitler dem berühmten Panzergeneral Heinz Guderian gesagt haben, als dieser ihn auf die Wintersituation hinwies. Auch von anderen Narreteien wie etwa der Radarvermessung des Himmelsgewölbes zur Feststellung der Position der englischen Flotte wird berichtet. Es war nämlich auch die Hohlweltlehre in Nazideutschland recht beliebt. Man glaubte, die über den Köpfen, auf der gegenüberliegenden Innenseite der Hohlkugel navigierende *Royal Navy* radartechnisch orten zu können.

Während die USA unglaubliche Mittel in die Entwicklung der Atombombe pumpten, investierte Heinrich Himmlers berüchtigtes »Ahnenerbe« vergleichbare Unsummen in die Erforschung von Met oder von rassischen Ursprüngen. Man »forschte« über die magischen Eigenschaften des Glockenturms von Coventry, der das Bombardement durch die deutsche Luftwaffe unbeschädigt überstanden hatte, und erging sich in Absonderlichkeiten aller Art.

Zu noch Extremerem wollen wir uns nicht versteigen, obwohl sich einiges an Kuriosem anbieten würde. Etwa die Behauptung in Peter Blackwoods Buch *Die Netzwerke der Insider*, England habe der deutschen Bedrohung im Schicksalsjahr 1940 nur standhalten können, weil der Satanist Aleister Crowley dem (laut Blackwood) »freimauerischen Hochgrad« Winston Churchill geraten habe, Hitlers »Handmagie« (deutscher Gruß) durch eine eigene zu bekämpfen, und zwar durch die gespreizten Finger des Victory-Zeichens. Ob solches für bare Münze zu nehmen ist, sei dahingestellt und nur als surreales Schnörkel angeführt.

Wahr ist jedenfalls, daß das englische Oberkommando den Astrologen und Schriftsteller Louis de Wohl beschäftigte, um die Ratschläge des aus der Schweiz stammenden, von Himmler engagierten Astrologen Karl

Ernst Krafft nachzuvollziehen. So sollten Entscheidungen des »Führers« erraten werden, was tatsächlich gelang.

Bevor wir der Esoterik im Dritten Reich oder auf Dollar-Scheinen den Rücken kehren, machen wir einen kleinen Abstecher in ein Reich, in dem der Materialismus zur absoluten Staatsmaxime erhoben worden war. Dabei werden wir feststellen, daß diese Maxime selbst Staatsführer offenbar nicht daran hindert, manche *Fakten* einfach nicht zu *glauben* und statt dessen einem haarsträubenden Irrationalismus anzuhängen.

## … und Lamarckismus im Roten Reich

Jeder weiß, daß die Nazis einem verquasten Weltbild nachhingen. Die Kommunisten hingegen waren reine Rationalisten, so vermeldet die Geschichtsschreibung. Bis auf ihren letztlich fatalen Grundfehler, die menschliche Natur völlig falsch zu beurteilen, hingen sie dem reinen Materialismus an, fernab von Religion, Aberglauben oder wissenschaftlichen Irrlehren. Weit gefehlt!

Bei der Konferenz der sogenannten Lenin-Allunions-Akademie der Argrarwissenschaften im Jahr 1948 gelang es dem ukrainischer Bauernsohn und Agronomen Trofim Dennissowitsch Lyssenko (1898–1976), die Delegierten zu überzeugen, daß sich die Grundsätze des Marxismus in der Vererbungslehre und der Biologie widerspiegeln. Biologische Theorien, für die Wissenschaftler außerhalb der Sowjetunion nur Hohn und Spott übrig hatten und die auf ihre Weise ebenso grotesk waren wie die Welteislehre, wurden vom Zentralkomitee der Kommunistischen Partei zum Dogma erhoben. Wer sie in Zweifel zog, riskierte es, als Kapitalistenknecht und Reaktionär gebrandmarkt zu werden (und nicht nur das).

Für Lyssenko war die klassische Vererbungslehre mit ihren Zufallsmutationen und ihrem Ausleseprinzip zutiefst bürgerlich und daher abzulehnen. Er leugnete die Existenz von Genen und vertrat die eindeutig widerlegte Ansicht von Jean Baptiste de Lamarck (1744–1829), erworbene Eigenschaften würden auf die Nachkommenschaft übertragen. Wäre es so, müßte beispielsweise der Sohn eines Athleten muskelbepackt auf die Welt kommen, was nicht der Fall ist. Dieser wissenschaftliche Unfug übte von Anfang an eine große Anziehungskraft auf die Mächtigen des sozialistische Paradieses mit seinen permanenten Ernährungsproblemen aus, würde doch nach Lamarck/Lyssenko innerhalb einer einzigen Generation eine neue, kraftvollere Nachkommenschaft produziert werden können – vom Getreide bis zum Vieh.

Bereits in den 1930er Jahren zum Günstling Stalins avanciert, ging Lyssenko in einer unvereinbaren Doppelfunktion als Wissenschaftler und Politiker (oder umgekehrt) an die herkulische Arbeit, die hungernden Sowjetmenschen mit Hilfe seiner Theorie mit Nahrung zu versorgen. Stalins Rückendeckung schützte den unorthodoxen Agronomen vor den Attacken »bourgeoiser« Wissenschaftler. Der russische Diktator pflegte mit Lyssenkos Kritikern kurzen Prozeß zu machen. So landete der herausragendste sowjetische Genetitker und Präsident der Akademie der Argrarwissenschaften Nikolai Wawilow in einem sibirischen Gefangenenlager, wo er ums Leben kam. Wawilows Nachfolger wurden bei einer Säuberungsaktion erschossen. Der nächste Präsident der Akademie war Lyssenko selbst. Nach der erwähnten Konferenz der Akademie der Agrarwissenschaften im Jahr 1948 wurde seine Position so gut wie unangreifbar. Hunderte von Genetikern verloren ihren Posten. Bei den Wahlen zur sowjetischen Akademie der Wissenschaften kamen nur Biologen zum Zug, die Lyssenkos Theorien vertraten.

Jahrelang jagte ein Agrar-Desaster das andere. Die russische Landwirtschaft wurde um Jahrzehnte zurückgeworfen. Sie geriet in eine verhängnisvolle Abhängigkeit von westlichen Lieferungen, die selbst heute noch nicht gänzlich überwunden sein soll. Riesige Mengen an kostbaren Devisen mußten aufgewendet werden, um bei einigen Tausend amerikanischen Farmern Berge von Weizen zu kaufen, die in der Kornkammer Rußland normalerweise leicht hätten geernet werden können; selbst im kommunistischen System. Nicht einmal unter den Zaren sollen Engpässe dieser Größenordnung vorgekommen sein. Es gibt Historiker, die den schlußendlichen Zusammenbruch der UdSSR als Spätfolge von Lyssenkos verheerendem Wirken betrachten.

Noch so gigantische Mißerfolge konnten Lyssenkos Position nicht schwächen. Erst 1953 sollte ein schlechtes Jahr für ihn werden. Die Genforschung brachte seine Theorien durch die Entdeckung der Doppelhelix-Struktur des DNS-Moleküls, das ohnedies bereits im Verdacht stand, Träger der Erbinformation zu sein, ins Schleudern, und sein mächtiger Protektor Stalin starb. Trotzdem dauerte es noch drei Jahre, ehe Lyssenko 1956 als Präsident der Akademie der Agrarwissenschaften zurücktreten mußte. Selbst damit endete seine Hegemonie über die sowjetische Biologie keineswegs.

Geschickt unterstützte er den ebenfalls aus einer ukrainischen Bauernfamilie stammenden Nikita Chruschtschow, der 1957 Regierungschef wurde. Allen Flops, Hungersnöten und Nahrungsengpässen zum Trotz konnte Lyssenko sein absurdes Agrarprogramm bis 1964 weiter betreiben, dem Jahr, in dem sein neuer Schutzherr Chruschtschow gestürzt wurde. Obwohl danach mit diesem Unsinn aufgeräumt wurde und Lyssenko seinen Einfluß auf wissenschaftliche Organisationen einbüßte, blieb er bis zu seinem Tod im Jahr 1976 Leiter seines Versuchsgutes in den Lenin-Bergen. Sein verhängnisvoller Einfluß hielt aber noch eine ganze Generation an und ist selbst heute nicht völlig eliminiert. Es gibt immer noch Lehrbücher, in denen die Mechanismen der Genetik als biologischer Ausdruck des dialektischen Materialismus figurieren.

Nach diesen Ausflügen ins braune und rote Absurdistan begeben wir uns auf den Boden der (echten) Tatsachen zurück, wie es so schön heißt, denn die sind auch ganz schön absurd. Konkret: Zu den anderen Aspekten unserer »Parallelwelt«, Stichworte »Chaosgesellschaft und Verwandlung von Bürgern in Killer, die im eigenen Lande wüten«.

**»The Final Revolution«: Eine Gesellschaft von »Laborratten«?**

Die Amerikanerin Carol Greene, eine Journalistin und Lehrerin mit theologischem Hintergrund, glaubt mit ihrem Bestseller *Der Fall Charles Manson – Mörder aus der Retorte* eine Eiterbeule aufgestochen zu haben. Mit unerbittlicher Konsequenz hat sie erschreckende Vorgänge in einen beklemmenden Zusammenhang gesetzt. Daß selbst intensivste Wühlarbeit bei einer so heiklen Materie primär Indizien zutage fördert, liegt auf der Hand. Führen wir uns dessenungeachtet zu Gemüte, wie staatliche Institutionen laut Carol Greene und anderen Rechercheuren mit ihren eigenen und fremden Bürgern umspringen und welche Zukunft für die Spezies Mensch geplant wurde. Manchem Anschein nach leben wir ja bereits in ihr, darum meinen manche, die heute in aller Munde befindliche »Spaßgesellschaft« sollte eigentlich korrekter »Huxley-Gesellschaft« heißen, auch wenn die theoretische Begründung dafür weitgehend unbekannt sein dürfte.

Den britischen Schriftsteller Aldous Huxley (1894–1963) bringen nämlich nur wenige mit der heute ausufernden Rauschgiftszene, der Auflösung der Familien, dem urbanen Chaos, der Slum- und Ghettobildung in den immer monströser werdenden Großstädten, den alltäglichen Serienmorden und der unaufhaltsamen Verrohung der menschlichen Gesellschaft in Verbindung. Carol Greene ist eine von diesen wenigen, und das versucht sie mit Indizien zu begründen:

Aldous Huxley übersiedelte 1937 in die USA, wo er unter anderem Dozent an der Universität von Kalifornien in Santa Barbara und 1961

»Professor at Large« an der kalifornischen Berkley-Universität war. Im Jahre 1959 hielt er auf einem Symposium der medizinischen Fakultät der Universität von Kalifornien eine Rede mit dem bedeutsamen Titel *The Final Revolution*. Der Umstand, daß an derselben Fakultät von einem Dr. David Smith und seinem Team Rattenexperimente über extreme Populationsdichte, verbunden mit bewußtseinsverändernden Chemikalien, durchgeführt worden waren, soll nach der vorliegenden Beweisführung ebensowenig ein »Zufall« gewesen sein wie jener, daß sich just von dieser Fakultät aus die sogenannte »Gegenkultur« ausgebreitet haben soll.

Zurück zum Vortrag von Aldous Huxley. Er führte darin unter anderem aus: »Es scheint mir durchaus möglich, daß in Zukunft eine euphorische Droge hergestellt werden kann, die beispielweise jeder Dose Coca Cola beigegeben wird (in seinem Buch *Schöne neue Welt* nennt Huxley den Namen dieser Droge: *Soma*; Anmerkung des Autors). Das würde, wie ich schon vor fünfundzwanzig Jahren in *Brave New World* beschrieb, zu einem ungeheuer mächtigen Massenkontrollinstrument werden ... Terror ist eine sehr aufwendige, dumme und unwirksame Methode ... Schon in der nächsten oder übernächsten Generation wird sich eine pharmakologische Methode durchsetzen, die Menschen dazu bringt, ihre Knechtschaft zu lieben ... Das wäre dann eine Art schmerzfreies Konzentrationslager für ganze Gesellschaften ... und das scheint mir dann die endgültige Revolution zu sein.«

Spinnereien eines Science-Fiction-Autors? Gegenutopie wie Orwells *1984*? Weder noch, vielmehr eine mögliche Blaupause für ein Morgen, das unser Heute geworden zu sein scheint – so das Credo von Enthüllern wie Carol Greene.

Aber eines nach dem anderen. Das Seminar war ein solcher Erfolg, daß es auf einem vom 28. bis 30. Januar 1961 von der Universität Kalifornien in San Franzisko abgehaltenen Symposium zum Thema Bewußtseinskontrolle seine Fortsetzung fand. Diese Veranstaltung soll unter anderem von der *Stimme Amerikas*, dem offiziellen Sender der US-Informationsbehörde, und von der Schering-Stiftung gesponsert worden sein. Unter den Teilnehmern fanden sich Angehörige des *National Institute of Mental Health* (NIMH) in Bethseda, US-Bundesstaat Maryland. NIMH ist eine diskrete Organisation, die den meisten Menschen unbekannt ist, sofern sie nicht den Zeichentrickfilm des ehemaligen Disney-Zeichners Don Bluth *Mrs. Brisby und das Geheimnis von NIMH* von 1982 gesehen haben, in dem die verwitwete Feldmaus Mrs. Brisby bei intelligenten Laborraten Rat sucht, die dem sinistren Forschungsinstitut entkommen konnten.

Klarerweise ist Aldous Huxley unter den Festrednern zu finden. Daß er nicht lediglich einer von vielen war, demonstrieren die Ergänzungen der Herausgeber der Redeprotokolle: »Kein anderer als Mr. Huxley hat zuerst festgestellt, daß es an der Zeit sei, ein interdisziplinäres Symposium über Bewußtseinskontrolle abzuhalten.« Nicht weniger vielsagend erscheint ihre Zusatzbemerkung, daß beträchtliche Teile der Ausführungen von Huxley und anderen verlorengegangen seien und daher nicht veröffentlicht werden könnten. Das ist Pech, wie es anscheinend hin und wieder vorkommt, wenn brisante Dokumente öffentlich gemacht werden sollen – so brannte unglücklicherweise das eine oder andere Archiv aus, ehe es Brisantes über die in Rede stehenden Bewußtseinsveränderungsprogramm preisgeben konnte, wie es das Gesetz zum freien Informationszugang, der »Freedom Of Information Act, FOIA«, eigentlich verlangt hätte.

Aus dem Jahr 1961 gibt es noch weitere Wortmeldungen von Aldous Huxley, in denen er zur Rückkehr zum alten dionysischen Religions- und Weltbild aufruft. Eine Einstellung, die sich in seinem gesamten Werk finden läßt, beispielsweise schon in seinem Essay mit dem unmißverständlichen Titel *Do What You Will* aus dem Jahr 1929. Bei einem Interview in London 1961 verglich Huxley Rock'n'Roll mit der Ritualmusik antiker orgiastischer Kulte und legte dar, welche entscheidende Rolle sie als Wegbereiter neuer Gesellschaftsformen spielen würde.

Wie die Autorin Carol Greene aufzeigt, soll Aldous Huxley einer der Katalysatoren für den Entschluß amerikanischer Regierungsstellen gewesen sein, an ihren eigenen Bürgern ohne deren Wissen und Einwilligung neuropharmakologische Experimente vorzunehmen. Damit wurde laut Greene eine Entwicklung initiiert, die zu einer gesellschaftlichen Umstrukturierung in Richtung auf ungebremste Permissivität führte, unter deren Folgen wir heute leiden und nicht wissen, wieso. Eine Entwicklung, die eine Reihe von Phänomenen mit sich gebracht haben soll: von Massenkillern wie der Charles-Manson-Familie (der die Autorin große Aufmerksamkeit widmet, wobei sie zu dem Schluß kommt, Manson und seinesgleichen seien reine Retortenprodukte, Prototypen und Testobjekte in einem) über das Sektenwesen bis hin zur generellen Destabilisierung des Abendlandes, wenn nicht der Welt. Es wird argumentiert: Huxleys Bücher haben einen Millionen-Leserschaft, wobei den meisten nicht klar sein dürfte, daß die in Romanen wie *Brave New World*

(*Schöne neue Welt* bzw. *Wackere neue Welt*), *Brave New World Revisited* (*Dreißig Jahre danach* beziehungsweise *Wiedersehen mit der Wackeren neuen Welt*) oder *Island* (*Eiland*) geschilderten Szenarien einer »Rauschgiftgesellschaft« ohne bürgerliche Züge wie Familienbande, dafür mit Kommunen statt Einzelmutterschaft etc. im Grunde positiv gezeichnet sind. Sein Gesamtwerk kennzeichnet das Gesellschaftsmodell einer Welt, in der eine kleine Herrschaftsschicht das Recht auf uneingeschränktes Sich-Ausleben hat, während der Rest als mehr oder weniger willenlose Masse im Chaos ihr Dasein fristet. Und damit sind wir, so meinen nicht nur Spinner und Paranoiker, bei der heutigen Globalisierung/Privatisierung/Deregulierung, vulgo »Neue Weltordnung« oder gleich »One World«, angelangt.

Tragende Säule dieses Konzepts, das Huxley präsentierte, ist nicht allein der unkontrollierte Rauschgiftkonsum, der heutzutage bereits eine Dimension erreicht hat, bei der in manchen Staaten Heroin auf Krankenschein abgegeben und Haschisch in »Coffeeshops« verkauft wird. Weitere Ingredienzien sind die Verbreitung von Pornographie, sexuelle Promiskuität unter Jugendlichen und ähnlich »Antirepressives«, wie es etwa die New-Age-Bewegung auf ihre Fahnen schreibt.

Beunruhigte Geister monieren, Huxley habe in seinen Romanen die vielzitierte »freie Liebe« propagiert, die in den Hippiekommunen (wenn auch nicht ohne Spannungen) gang und gäbe wurde. Jedenfalls drängte die »freie Liebe« die bürgerliche Familie zurück, da nunmehr der Sex kein Ausdruck persönlicher Zuneigung und gegenseitiger Verantwortung war, sondern eine rein körperliche Funktion wie Essen und Trinken. Und sie senkte die Geburtenrate, schließlich tat man »es« hauptsächlich zum Vergnügen und nicht wegen des »extrem lustfeindlichen« Gebärens. Sex um des Sexes willen würde der stärkste Hebel zur »Umwertung der Werte« – zum vielgepriesenen »Paradigmenwandel« – sein; beginnend mit den Zigtausenden, die in den 1970er Jahren aufbrachen, um sich selbst zu suchen, obgleich es sich für viele gar nicht lohnte, daß sie sich fanden, bis zu den Dekadenz- und Brutalisierungs-Erscheinungen, die heute der Tagespresse zu entnehmen sind.

Andere stimmen in diese Argumentation mit dem Hinweis ein, solches hätte die sogenannte »Frankfurter Schule der Soziologie« bereits 1936 erkannt und sexuelle Prüderie und natürliche Scham als Ursachen und Kennzeichen faschistischen Charakters geortet und stigmatisiert. Da »freie Liebe« nicht nur als antiautoritäre Haltung angesehen werden konnte, sondern auch Spaß machte, verbreitete sie sich rapide und drang auch in das Unterrichtswesen ein. In den 1950er Jahren gehörte *Brave New World* in den Schulen der USA zu den zehn am meisten gelesenen Büchern.

Sinn und Zweck von alldem scheint, so Greene und andere Autoren, die Verächtlichmachung des rationalen Denkens zu sein. An die Stelle des Verstandes sollten die »echten Gefühle aus dem Bauch« treten, auf daß der Mensch von seinen Trieben überflutet werde. Rauschgifte können zu dieser neuen Ekstase für den kleinen Mann wesentlich beitragen, und tun es auch.

Huxley und andere dürften klar erkannt haben, daß Produktivität und Fortschrittsglaube ein wesentlicher Hemmschuh für jedes Eliten-Gesellschaftsmodell sind und demzufolge niedergerungen werden mußten, so wird argumentiert. Dem wirtschaftlich motivierten Zukunftsoptimismus mit seiner gefährlichen Problemlösungskraft konnte angeblich nur mit Vorstellungen entgegengewirkt werden, die langfristig zersetzend wirkten. Die Lust auf sexuelle und rauschartige Selbstverwirklichung, gepaart mit einem Frontalangriff auf das repressive Establishment, schien das richtige Mittel zu sein.

Die vermuteten Gesellschaftsveränderer konnten ihres Erfolgs sicher sein, denn der Prozeß würde auf zwei Schienen laufen: Zum einen locken die Bilder exotischer Rauschgifterlebnisse und idealer Soziotope gemeinhin viele Meinungsmacher, Trendsetter, kulturell Interessierte und andere Intellektuelle an, und zum anderen ist mit Rauschmitteln eine ungeheure Menge Geld sehr schnell zu verdienen. (Der derzeitige Weltumsatz von Rauschgiften wird vorsichtig auf fast eine Billion Dollar, also tausend Milliarden Dollar, geschätzt.)

## Der somatotonische Typ

Huxley und seinen Mitstreitern mußte klar sein, daß dadurch eine neue Qualität der Gewalt das Licht der Welt erblicken würde, ein neuer gewalttätiger Menschenschlag, den Huxley vorausblickend den »somatotonischen Typ« nannte und der mit Charles Manson das erste Mal spektakulär an die Öffentlichkeit getreten ist – heute bevölkert er die Großstädte –, nach kritischer Meinung nachsichtig behandelt vom Gesetzgeber.

Die Romane, Stories und Essays von Aldous Leonard Huxley, den Carol Greene beißend »Mr. Rauschgift« nennt, sind weltbekannt. Weniger bekannt ist die Tatsache, welche Grundaussagen sich konsequent durch sein Werk zu ziehen scheinen, und am allerwenigsten sein bizarrer

Abgang aus dem irdischen Jammertal. Bei seinem Krebstod im Jahr 1963 bat er seine zweite Frau Laura Archers auf dem Sterbebett um einen letzten LSD-Trip. So glitt er getreu seiner eigenen Lebensphilosophie ins Jenseits. An dieser Stelle sehe ich mich zu einer persönlichen Bemerkung veranlaßt: Das bisher Dargelegte läßt Huxley unzweifelhaft als sinistre Figur erscheinen. Vielleicht zu unrecht, denn eine kaum bekannte Aussage, die der berühmte Autor und weltweit geschätzte Philosoph bereits in den 1930er Jahren getätigt hat, könnte einen Hinweis auf seine tiefen Motive und auf seine Hinwendung zu den Drogen liefern und ihn in einem weniger düsteren Licht erscheinen lassen. Sie lautete: »Das Problem der Bevölkerungsexplosion ungelöst, wird alle anderen Probleme unlösbar machen.« Vielleicht sah Huxley in seinem Gesellschaftsmodell einen Ansatz zur Lösung besagten Problems, das heutzutage kaum mehr Schlagzeilen macht, auch wenn noch drängender ist als zu Huxleys Zeiten. Sei es, wie es sei, das war nur eine Randbemerkung.

Huxleys Schlüsselwerk ist laut Carol Greene *The Doors of Perception* (*Pforten der Wahrnehmung*), das bezeichnenderweise entstand, nachdem er das erste Mal Meskalin genommen hatte. Das Buch wurde nach ihrer Ansicht zur Bibel der drogendurchseuchten Gegenkultur wie auch zum Leitfaden der staatlichen Geheimprojekte, die besagte Gegenkultur ins Leben gerufen haben sollen. Damit sind wir beim Schritt von der Theorie zur Praxis, Stichwort »Geheimprojekte zur Gesellschaftsveränderung«.

## Auf dem Weg in die »Schöne neue Welt«?

Wissen Sie, wie viele »Rauschgiftkranke« (so der Terminus, seit sogar »Drogenkonsument« als zu diskriminierend empfunden wird) es 1945 in den Vereinigten Staaten gab, in einer Nation mit damals bereits über 200 Millionen Bürgern? Der US-Journalist Jonathan Vankin gibt die Antwort: gezählte 20000. Vor dem Zweiten Weltkrieg war die Zahl zehnmal so hoch gewesen, aber in dem Sicherheitsnetz, das die USA gegen das Eindringen von Spionen und Saboteuren um ihr Land zogen, fingen sich auch Rauschgiftschmuggler.

Die geringe Zahl von 20000 Süchtigen wäre durch Maßnahmen leicht zum Verschwinden zu bringen gewesen, die im Vergleich zum immer noch tobenden »Krieg gegen die Drogen« mehr als milde angemutet hätten. Da in diesen fernen Tagen Alkohol und Drogen meist nicht von Jugendlichen oder gar von Kindern, sondern von Erwachsenen konsumiert wurden, sind Fachleute überzeugt, daß damals die Chance für ein wenigstens drogenfreies Amerika größer war je zuvor. Der Moment verstrich ungenutzt. Manche meinen, er wurde nicht nur verstreichen gelassen, sondern es soll sogar der Grundstein für eine völlig andere Entwicklung gelegt worden sein. Und das nach den Recherchen von Enthüllern in etwa folgender Weise: Nach dem Krieg hätten amerikanische und englische Soziologen und Psychologen an einem streng geheimen CIA-Projekt mit dem Codenamen *MK-Ultra* gearbeitet. Sie nahmen angeblich ihre Experimente Ende der 1950er Jahre nicht mehr an Ratten oder Meerschweinchen vor, sondern an blasierten Studenten, und das nicht selten ohne deren Wissen. Diese Massenexperimente sollen in den 1960er Jahren die Hippie-Bewegung hervorgebracht haben, die ihrerseits zur New-Age-Bewegung führte. Mystischer Irrationalismus sollte den wissenschaftlich-technischen Fortschritt bei seiner fast unlösbaren Aufgabe der Bewältigung globaler Probleme verdrängen, mehr noch: es besser machen. Dazu erübrigt sich jeder Kommentar.

## Geheimprogramme zur Gesellschaftsveränderung

*MK-Ultra* war 1953 auf die Vorgängerprojekte *Bluebird* und *Artichoke* gefolgt. Zuvor waren alle Projekte der US-Armee, der Flotte, der Luftwaffe und des FBI zur Bewußtseinskontrolle zentral dem CIA unterstellt worden. Der Autor William Engdahl spricht sogar von ähnlichen Aktivitäten in den 1930er Jahren. Einigen Quellen zufolge bestellte 1953 der damalige CIA-Chef Allen Dulles (er war der Bruder des amerikanischen Außenministers John Foster Dulles) zu Projektbeginn bei *Sandoz* in der Schweiz 100 Millionen LSD-Trips. Diese Menge soll sogar diesen Pharmagiganten überfordert haben, so daß in den USA nachgekauft werden mußte.

Wer meint, solche dubiose Aktivitäten seien schon aufgrund der erforderlichen Riesenmittel kaum geheim durchzuziehen gewesen, der mache sich mit dem Begriff der »schwarzen Budgets« vertraut, durch die seit geraumer Zeit Projekte finanziert werden sollen, mit denen der Präsident oder der CIA-Direktor die Öffentlichkeit oder den Kongreß nicht behelligen will. Aus diesem Schatzkästlein sollen einige Großunternehmen – vom Manhattan-Projekt zum Bau der Atombombe über das Satellitensystem MILSTAR, das SDI-Programm, die Entwicklung des Stealth-Bombers B-2 bis hin zum legendenumrankten Hyperschallaufklärer AURORA – finanziert worden sein. Was natürlich nicht bedeuten soll, daß die bloße Existenz von »schwarzen Budgets« automatisch jede wilde Spekulation verifiziert. In der Verschwörungsliteratur stößt man hingegen auf die Behauptung, ein Regierungsdokument habe 1975 gefordert, *MK-Ultra* streng geheimzuhalten, da es als gesetzwidrig einzustufen sei.

Angelpunkt und Paradebeispiel für die gewünschte – und erzielte – Wirkung des Programms ist für Carol Greene die Familie des 1967 aus dem Gefängnis entlassenen Charles Manson. Er und seine Mädchen wohnten in der Haight-Ashbury-Klinik. Sie wird von staatlichen Stellen finanziert, darunter dem bereits erwähnten NIMH. In ihren Mauern entstand das erste Ghetto süchtiger weißer Jugendlicher in den USA, laut Carol Greene bewußt in die Wege geleitet und akribisch studiert. Nach ihrer Ansicht wurde die Manson-Familie dort zu dem maßgeschneidert, was sie dann war, und schließlich freigelassen, um zu zeigen, was sie konnte.

Die Mitarbeiter von Haight-Ashbury und anderen Institutionen waren qualifizierte Fachleute, die eigentlich erkennen mußten, wie der Hase bereits lief und weiter laufen würde. Nach 1965 entstanden landauf, landab in jeder größeren Stadt der Vereinigten Staaten Hippie-Zentren und -Wohngemeinschaften. Die Medien feierten dies als Revolution der Jugend, als Durchbruch von nicht-besitzergreifender Liebe und von befreiender Spontaneität. Leider brachte und bringt sie nicht ausschließlich die Abkehr von Repression und Aggression mit sich, sondern auch Rauschgifthandel, Gewalt, Bandenkriege, Kriminalität, Prostitution und Mord.

Publikationen wie *Hot Money and the Politics of Debt* behaupten, daß die CIA etwa die Hälfte des LSD, das in den 1960er Jahren an US-Universitäten konsumiert wurde, direkt und indirekt vorfinanziert und mit den daraus gezogenen Profiten verdeckte Operationen betrieben hat; eine Praxis, die nach kritischen Ansichten nach wie vor im Gange ist. Als *MK-Ultra* 1973 ruchbar wurde, teilte die CIA dem Senatsuntersuchungsausschuß und der Öffentlichkeit mit, daß alle offiziellen Dokumente vernichtet worden seien. Dennoch blieben einige Unterlagen erhalten, die schließlich im Rahmen des US-Gesetzes über Informationsfreiheit (Freedom Of Information Act) zu einer Reihe von peinlichen Veröffentlichungen führten – nicht unähnlich dem jahrzehntelangen »UFO-Cover-Up« (UFO-Verschleierung).

Es gibt Autoren, die das Ende des Projektes *MK-Ultra* zynisch schlicht und einfach darauf zurückführen, daß die Durchseuchung der Gesellschaft mit Rauschgift, Gewalt und die allgemeine Destabilisierung abgeschlossen seien und nun ohne weiteres Zutun ihren Fortgang nehmen würden. Massenmord, Sektenwesen, Werteverlust, Orientierungslosigkeit,

Dekadenz und alle anderen Folgen schrankenloser Freiheit breiteten sich epidemisch aus und tun es immer noch.

Mehr und mehr wurde die Zeit reif für neue Helden. So kam es bereits kurz nach Mansons Verhaftung zur dollarträchtigen Vermarktung seines Konterfeis auf Postern, Freizeithemden, Deodorants, Waschmitteln, Zigaretten usw. Manson erhielt und erhält täglich Waschkörbe von Fanpost, zumeist Liebeserklärungen. In den 1980er Jahren kamen in den USA Mörder-Aufkleber für Kinder ganz offen in den Handel. Auf der Rückseite dieser Verkaufsschlager werden Taten und »Karriere« der Betreffenden in liebevollen Details beschrieben. Natürlich gibt es dazu auch Sammelalben. Mittlerweile erscheint Pessimisten die Verwandlung der »repressiv-bürgerlichen Ordnungsgesellschaft« in ein anarchisches Eldorado ziemlich fortgeschritten.

### Die psychedelische Lawine rollt

Zurück zu den Wurzeln. Als eine der Hochburgen der Rauschgiftforschung gilt die berühmte Harvard-Universität in Cambridge, Massachusetts, in der die Tradition der 1884 gegründeten *American Society für Psychical Research* (Amerikanische Gesellschaft für Psychische Forschung) fortlebt. Diese auch in England vertretene Organisation suchte unter anderem zu ergründen, wie man mit Hilfe von Hypnose und Trance Macht über den menschlichen Willen gewinnen kann.

In Harvard wurde 1960 ein psychedelisches Forschungsprogramm initiiert. Anstöße zur Schaffung dieses Projektes gab Aldous Huxley, der damals eine befristete Gastprofessur in Harvard innehatte. Zu den Mitbegründern gehörte der Psychologe und Drogenerforscher Dr. Timothy Leary (1920–1996), Träger der Fackel Huxleyscher Ideale und Galionsfigur der Gegenkultur friedliebender Blumenkinder und Kommunarden. Leary war Mitentwickler der Zeitkammer, eines Vorläufers des Isolationstanks (Samadhi-Tanks). Wie er vor seinem Tod zugab, wurden seine LSD-Projekte teilweise von der CIA finanziert, welche die Zahlungen über das *National Institute of Mental Health* (NIMH) an ihn leitete. Seine Forschung soll in das geheime, von der CIA betriebene *MK-Ultra*-Programm eingeflossen sein. Diese Informationen sind allgemein zugänglich.

Zyniker meinen angesichts der Entwicklungen seit dem Ende des Zweiten Weltkriegs, ein Durchschnittsamerikaner des Jahres 1960 müsse sich auf einen anderen Planeten versetzt vorkommen, würde er mit einer Zeitmaschine in die Gegenwart versetzt – und in ein Irrenhaus. Man kann wohl annehmen, daß unser fiktiver Zeitreisender an seinem Verstand zweifeln würde, wenn er erfährt, daß Kinder nichts von ihren Eltern wissen wollen und lieber rauschgiftsüchtige Bandenmitglieder sind oder daß Schulschießereien oder ein Überfall beim Bierholen heutzutage die natürlichste Sache der Welt sind. Ein solches Feeling wird auf ironische Weise in dem unterhaltsamen, aber nicht seichten Film *Eve und der letzte Gentleman* aus dem Jahre 1999 recht gut vermittelt, in dem sich ein Wissenschaftler 1962 in seinen riesigen, mit allem Überlebensnotwendigen ausgestatteten Privatatombunker zurückzieht, weil er die Kuba-Krise für den Dritten Weltkrieg hält. Als er in den 1990er Jahren wieder an die Erdoberfläche kommt, glaubt er, daß tatsächlich ein Atomkrieg stattgefunden hat, weil die USA von heute stellenweise wie ein Nach-Atomkriegs-Hölle wirken.

Angesichts dieser Umwälzungen fragen manche: »Wurde all das durch *einen* Mann verursacht?« Natürlich nicht. Aldous Huxley ist nach Ansicht der Verschwörungstheoretiker nicht der alleinige Initiator, sondern eher der Kristallisations- und Knotenpunkt einer Entwicklung, deren Grundsteine längst gelegt waren. So interpretieren es die von mir herangezogenen Quellen. Die Argumentation mag fraglich sein, der Zustand der Welt ist es jedoch nicht. Ein schwerer Brocken, aber er muß wohl herunter. Autoren wie William Engdahl halten nämlich nichts von dem Einwand, solche undemokratischen Aktionen seien bedauerliche Eigenmächtigkeiten des CIA. Ihr Gegenargument lautet, daß die CIA kein »normaler« Geheimdienst sei, sondern der verlängerte Arm einer sogenannten »geheimen Nebenregierung der USA« (in letzter Zeit werden die ins Gespräch geratenen »Neocons« gerne als eine solche bezeichnet).

Dieser informelle Machtapparat, wer immer ihm nun auch angehören mag, soll sich, so heißt es weiter, aus anglo-amerikanischen Elitefamilien rekrutieren, die den amerikanischen Staat nach dem Schema eines Privatunternehmens führen. Nach Ansicht der Enthüller sei es nämlich unmöglich, Unternehmungen der geschilderten Art vor der offiziellen Regierung zu verbergen. Ein Netzwerk erscheint ihnen trotz aller Abschottung immer wieder schemenhaft erkennbar. Man erinnert in diesem Zusammenhang beispielsweise an die Panama-Invasion, die US-Präsident George Bush sen. 1989 durchführte, um Drogenboß Noriega dingfest zu machen, denselben Noriega, mit dem die CIA verbandelt gewesen sein soll, als Bush sie leitete. Wer mehr über dieses blutige Unternehmen erfahren will, das Tausenden von Zivilisten das Leben gekostet hat, kann das in meinem Buch *Lügen in Krieg und Frieden. Die geheime Macht der Meinungsmacher* tun.

Ich will dazu keinen Kommentar abgeben, sondern zur angesprochenen Gesellschaftsveränderung zurückkehren und hierzu aus Carol Greenes Buch die Worte des Psychologen und ehemaligen Direktors des »Belastungslabors der US-Armee«, Dr. Wayne O. Evans, aus dem schicksalsträchtigen Jahr 1961 zitieren: »Es sollte bekannt sein, daß die Welt, wie sie in fünfzehn Jahren existieren wird, heute bereits in den Forschungslabors vorhanden ist.«

Eine der Schienen, auf denen der Zug in die »schöne neue Welt« losgedampft ist, sollen die »Gefangenenexperimente« gewesen sein, auf deren Spuren man ab und an stoßen kann. Das erwähnte psychedelische Forschungsprogramm soll zu einem nicht unwesentlichen Teil in Gefängnissen stattgefunden haben. Häftlinge sollen Drogen erhalten haben und aufgefordert worden sein, ihre Mitgefangenen mit Rauschgift zu versorgen und deren Verhalten laufend zu melden. Leary und andere berichten, daß immer mehr solcherart behandelte Häftlinge laufend freigelassen wurden. Im Rahmen des Unterprojektes *Contact* sollen sie mit Harvard-Studenten in sogenannten »Buddy Systems« (Kameradschaften) zusammengebracht worden sein. Da Leary es an der erforderlichen Diskretion mangeln ließ – er schrieb freimütig darüber und erreichte hohe Auflagen –, wurde er 1963 von der Harvard-Universität gefeuert. Ein Prozeß und ein Gefängnisaufenthalt wegen Drogenbesitzes machten sein Ansehen und besonders seine Glaubwürdigkeit zunichte. Eine interessante Wendung, bedenkt man, daß das Autorenduo Martin A. Lee und Bruce Shlain davon sprachen, Harvard sei zu einem Dorado für die Rauschgift- und Verhaltensänderungsprogramme des CIA geworden. Zusätzlich pikant ist, daß Dr. Leary wegen Besitzes eines *halben* Joints zu *37* Jahren verurteilt wurde, von denen er fünf absaß. Sechs Monate wären damals die normale Strafe im Staate Kalifornien gewesen.

## Enthüllte Horrorversuche

Solche Vorgänge sind zumindest irritierend, besonders angesichts des Mitte der 1990er Jahre von der damaligen Clinton-US-Energieministerin aufgedeckten Skandals, offizielle Stellen hätten im Kalten Krieg über einen Zeitraum von fast 40 Jahren Krankenhauspatienten und Häftlingen ohne deren Wissen oder gegen ihren Willen Plutonium injiziert, behinderten Kindern radioaktive Milch, Neugeborenen mit Atembeschwerden Chrom-50 und schwangeren Frauen radioaktive Eisenpräparate verabreicht sowie Soldaten als Versuchskaninchen bei Nuklearversuchen eingesetzt. Makabererweise sollen zu manchen Versuchen mit falschen Papieren ins Land geschmuggelte Ex-Nazi-Experimentatoren (Stichwort »Paperclip-Affäre«) quasi als Experten hinzugezogen worden sein, die sie zweifellos waren. Radioaktivität soll großflächig in der Atmosphäre der USA freigesetzt worden sein, neben gezielten Verseuchungstests, beispielsweise das geheime Versprühen von Bakterien in U-Bahnstationen. Als der Skandal in der Öffentlichkeit Wellen zu schlagen begann, sah sich US-Präsident Clinton genötigt, Anfang 1994 einen Krisenstab einzuberufen.

Dokumentationen wie die Produktion der *Yorkshire Television* von David Wrights *Horrortrip nach Edegewood* oder eine Sendung des *Spiegel-TV* zeigten einige der unfreiwilligen Opfer von Menschenversuchen der US-Armee, denen interessanterweise auch Drogen verpaßt worden waren.

Es wäre zu umfangreich, die gesamten Hintergründe der angeblich heute noch aktiven Gesellschaftsveränderungsprogramme darzulegen. Wer sich darüber informieren will, kann das unter anderem in meinem Buch *Mythos Informationsgesellschaft. Was wir aus den Medien* nicht *erfahren* tun. Wir wollen in unserer Argumentation weitergehen und uns mit den angesprochenen »künstlichen Seuchen« befassen.

Nach all den Enthüllungen sind kühne Spekulierer auf die morbide Idee kommen, AIDS könnte künstlich erzeugt worden sein. Sie fragen seit Jahren: Zuerst waren es haitianische Bluter, dann grüne Affen aus Zentralafrika, wer kommt als nächster AIDS-Verursacher? Und sie verweisen auf Ungereimtheiten im Zusammenhang mit AIDS, die nicht nur Verschwörungsfans, sondern auch Fachleuten aufgefallen sind.

## Die »neue Pest« aus dem Labor?

Der emeritierte Naturwissenschaftler der Humboldt-Universität, Professor Dr. Jakob Segal, erregte 1986 mit seiner Behauptung weltweites Aufsehen, AIDS sei in den 1970er Jahren im Zuge der Entwicklung bakteriologischer Waffen als Kreuzung des Mädi-Visna-Virus, der Schafe befällt, und des HL-23-Virus, das bei Menschen Lymphschwellungen verursacht, in einem P-4-Labor des Gebäudes 550 des zentralen biologischen Versuchslabors des Pentagon, Fort Detrick, erzeugt worden. Die Erprobung soll an freiwilligen Testpersonen vorgenommen worden sein, und zwar an Strafgefangenen (abermals Stichwort »Gefangenenexperimente«). Nach deren Freilassung sei die Sache außer Kontrolle geraten, da die Experimentatoren durch die lange Ruhezeit des Virus an einen Fehlschlag geglaubt hatten. Die gängige These, das menschenwirksame HIV sei ein Mutant des für Affen typischen Primaten-SIV (Simian Immunodeficiency Virus, damals noch als STLV = Simian T-Cell Lymphome producing Virus bezeichnet), lehnte Professor Segal ab. Seiner Meinung nach wäre ein derartiger »ungeheuerlicher Mutationssprung von einer Unterfamilie in eine andere« als Unsinn anzusehen.

Das Pentagon schmetterte Segals Theorie, die von den meisten US-Zeitungen ignoriert wurde, als kommunistische Propaganda reinsten Wassers ab, obgleich sie von der damaligen DDR-Presse so gut wie totgeschwiegen worden war. Allerdings wurde in der ehemaligen UdSSR darüber berichtet.

Dabei war der greise Professor aus der Leipziger Straße im ehemaligen Ostberlin alles andere als ein Wirrkopf. Professor Segal wurde 1911 in St. Petersburg, Rußland, geboren und starb 1995 in Deutschland. Er war ein Biologe und bis zu seiner Emeritierung Leiter des Instituts für Allgemeine Biologie an der Humboldt-Universität in Berlin. Zahlreiche Veröffentlichungen über Struktur und Rolle der Proteinmoleküle und der Immunologie trugen dazu bei, ihm einen Namen zu machen. Professor Segal ist nicht der einzige, der eine bewußte Rekombination von Retroviren zur Schaffung von AIDS argwöhnt. Er selbst meinte damals, er könnte diesen Vorgang eigenhändig und in wenigen Wochen bewerkstelligen. Um nicht in einem Meer an wissenschaftlichen Fachausdrücken und spitzfindigen Pro- und Kontra-Argumenten zu versinken, gebe ich, ohne selbst dazu Stellung zu nehmen, allgemein verständliche Auszüge aus einem Brief, den Professor Segal am Höhepunkt der damaligen Kontroverse geschrieben haben soll, aus dem Internet wieder. Wissenschaftliche Fachausdrücke werden in Klammern übersetzt.

### Ein brisanter Brief

Zwei Begriffe muß ich allerdings vorher genauer erklären, da sie öfter vorkommen und weil man sonst Professor Segals Argumentation nur als Fachmann folgen könnte. Der erste ist der Terminus *Retrovirus*. Retro bedeutet das Vorhandensein eines Enzyms mit der Bezeichnung »reverse Transkiptase«. Es gibt dem Virus die Möglichkeit, wenn es einmal in die Zelle eingedrungen ist, das dort vorhandene genetische Material umzuschreiben, was zur Erzeugung *neuer* Viren führt. Der zweite Begriff sind die *Makrophagen*. Darunter versteht man große weiße Blutkörperchen, die zu den wichtigsten Abwehrsystemen des Organismus gehören. Sie bewegen sich amöbenähnlich und können nach dem Einschließen in eine Zelle Bakterien, Parasiten, Fremdkörperpartikel, aber auch eigene Zellen unschädlich machen. – Das mußte sein, und nun zum Brief aus der Vergangenheit:

»Liebe Redaktion,

der kürzlich im WDR gezeigte Film *AIDS – die Afrika-Legende* veranlaßte Sie zu der Frage, ob unsere vor bald drei Jahren aufgestellte Theorie über den Ursprung des AIDS sich angesichts neuer wissenschaftlicher Befunde und vielfältigen Kritiken heute noch aufrechterhalten läßt. Ich will versuchen, Ihnen so kurz es geht darauf zu antworten.

Unsere Thesen lauteten:

1. Das AIDS entstand nicht vor unbestimmter Zeit in Afrika. Es trat 1979 erstmalig in den USA auf und verbreitete sich von da aus auf Westeuropa und etwas später auf Zentralafrika.

2. Der Erreger des AIDS HIV entstand nicht durch die Umwandlung eines in afrikanischen Affen schmarotzenden Virus, das durch das Eindringen in die menschliche Blutbahn ins HIV umgewandelt wurde. Genausowenig entstand dieser Erreger durch unachtsamen Umgang mit verschiedenen Affenviren, bei dem sich in Mischkulturen ein Genaustausch ergeben hätte.

3. Das HIV ist ein rekombinantes Virus. Es besteht im wesentlichen aus einem Visna-Virus, in dessen Genom durch Genmanipulation ein Abschnitt des Genoms vom krebserregenden Virus HTLV-I eingefügt wurde. Es ist also ein Laborprodukt.

4. Die Konstruktion des HIV erfolgte im Hochsicherheitslabor vom Typ P4 im Gebäude Nr. 550 in Fort Detrick, dem zentralen biologischen Laboratorium des Pentagons, das im Herbst 1977 eröffnet wurde.

Unsere erste These hat sich in den letzten Jahren voll bestätigt. In sämtlichen westeuropäischen Ländern konnte man die Infektion nach Amerika zurückverfolgen. Sie erfolgt teils durch den Kontakt mit nordamerikanischen Homosexuellen, teils durch Blutprodukte aus den USA. Das AIDS trat erstmalig 1979 in New York auf, 1981 bis 1982 in Westeuropa, 1983 in Zentralafrika.

Viel Beachtung fand der angebliche Nachweis von Antikörpern gegen HIV in Seren von Afrikanern, die bereits Jahrzehnte vor dem Auftreten des AIDS in den USA abgenommen und konserviert worden waren. Bis über als 90 Prozent dieser Seren erschienen AIDS-positiv. Wir waren unter den ersten, die auf wahrscheinliche Fehlerquellen bei dem benutzten Testverfahren hinwiesen. Inzwischen sind diese Fehler eindeutig erkannt worden. Verschiedene Forschergruppen haben mit verbesserten Methoden mehrere tausend konservierte Seren neu untersucht und dabei festgestellt, daß bis 1981 keines dieser Seren Antikörper gegen HIV enthielt …

Der Aufbau des HIV

Der Besitz genauer Genomkarten gestattet es jetzt, mit großer Sicherheit die Verwandtschaftsverhältnisse verschiedener Viren darzustellen. Die Figur 1 zeigt den Stammbaum der Retroviren, der aus dem Vergleich von Genen von drei verschiedenen Eiweißen gewonnen wurde. Bei allen drei Proteinen findet man, daß das HIV und das Visna-Virus stets vom gleichen Ast des Stammbaums abzweigen, daß sie also von allen Retroviren am nächsten untereinander verwandt sind. Alle modernen Vergleichsmethoden bestätigen diesen Befund, allerdings mit einer kleinen Ausnahme: Im Genom des HIV findet sich ein kleiner Abschnitt von ca. drei Prozent der Gesamtlänge, der sich im Genom des Visna-Virus nicht wiederfindet. Dagegen entspricht dieses Stück genau einem Abschnitt im Genom des HTLV-I. Das Genom des HIV entspricht also genau dem Genom eines Visna-Virus, das durch einen Abschnitt des Genoms vom HTLV-I vervollständigt wäre.

Das Visna-Virus ist der Erreger der Visna-Krankheit des Schafs, dessen Gehirn es langsam im Verlauf mehrerer Jahre zerstört. Dieses Virus infiziert nicht den Menschen. Das HTLV-I (Human-T-Cell-Leukemia-Lymphoma-Virus) erzeugt in den von ihm befallenen Menschen einen Tumor, der zwar immer tödlich verläuft, aber nur einer von 10 000 Menschen, in deren T4-Zellen das Virus eingedrungen ist, entwickelt einen Krebs, und auch bei diesen kann es oft mehrere Jahrzehnte dauern, bis die Krankheit ausbricht. Das Visna-Virus tötet mit Sicherheit, geht aber nicht an den Menschen. Das HTLV-I tötet nur ganz selten, aber es vermehrt sich in den menschlichen Lymphozyten. Kombiniert man beide Genome, so erhält man ein Virus, das den Menschen angreift und in allen Fällen tödlich ist: das HIV.

Seitdem wir diese These Anfang 1986 veröffentlichten, mehren sich die Beweise dafür, daß das HIV ein ›Konstrukt‹ aus Visna und HTLV-I ist. Die meisten erfordern eine eingehende molekularbiologische Untersuchung, die an dieser Stelle zu weit führen würde. Ich will mich daher nur mit zwei Argumenten begnügen.

Seit Mitte 1986 beobachten wir in steigendem Maße, daß AIDS-Kranke an nervösen Störungen leiden, die bis zur tödlichen Demenz führen, wenn der Patient nicht vorher an der Immunschwäche stirbt. Die

Schäden am Gehirn, wie auch an Lunge, Darm und Nieren, sind die gleichen, wie man sie auch bei Visna-kranken Schafen findet. Praktisch laufen beim AIDS parallel zwei Krankheiten ab: eine, die, wie beim Visna, Gehirn und innere Organe zerstört, wobei das Virus durch Makrophagen in diese Organe hineingeführt wird; die andere dagegen ist eine Immunschwäche und wird dadurch hervorgerufen, daß das Virus nicht nur in den Makrophagen, sondern auch in den T4-Lymphozyten schmarotzt, die bei der Immunabwehr eine Schlüsselrolle spielen. Genau das muß sich ergeben, wenn das Visna-Virus zusätzlich mit der Fähigkeit ausgestattet wird, in die T4-Zellen des Menschen einzudringen, was das HTLV-I ja auch vermag. Das ›rekombinante Virus‹ erzeugt eine ›rekombinante Krankheit‹ …

Auf Rückfrage bestätigte er (Prof. Chandra) mir, daß die reverse Transkriptase von HTLV-I nur eine Fraktion aufweist, die des Visna-Virus nur die andere. Das HIV ist also ganz eindeutig eine Chimäre aus HTLV-I und Visna-Virus.

Dieser in vielen Details experimentell unterbauten Theorie wurde bisher kein ernsthaftes Gegenargument entgegengesetzt. In der Fachliteratur finden wir lediglich vage Behauptungen. Irgendwo, vielleicht im Amazonas-Urwald oder in Papua-Neu Guinea, müsse es einen bisher unbekannten Affen geben mit Viren, die dem HIV ähnlicher wären als die bisher bekannten (Affen-)SIV und ins AIDS-Virus umgeschlagen haben könnten. Dann käme das AIDS wohl aus Südamerika oder aus Melanesien und nicht aus Afrika? Das alles sind willkürliche Behauptungen, die durch keinerlei Beobachtungen gestützt werden. Beweisen läßt sich bisher nur die Behauptung, daß das HIV das Produkt einer gezielten Genmanipulation ist.

Gegen diese Theorie versuchte man einzuwenden, daß 1977, zum Zeitpunkt der Konstruktion des HIV, die Gentechnik dazu gar nicht in der Lage gewesen sei. Selbst heute, so wird behauptet, sei es gentechnisch unmöglich, ein AIDS-Virus herzustellen. Diese letztere Behauptung ist eine glatte Desinformation, die sich an die fachlich nicht informierten Leser wendet. Wir kennen heute über 300 Restriktionsenzyme, die ein Genom höchst genau an einer bestimmten Stelle zerschneiden. Es ist ein leichtes, ein ganz bestimmtes Stück eines Genoms herauszuschneiden und an anderer Stelle wieder einzusetzen. Solche künstlichen Mutanten sind das Handwerkzeug der modernen Gentechnologie, und ein geschulter Laborant benötigt hierzu keine zwei Wochen …

Hier handelt es sich anscheinend um eine Frage der Terminologie.

Die moderne Gentechnologie, mit der man eine Konstruktion präzise und zielgerichtet durchführen kann, ist in der Tat das Produkt der letzten zehn Jahre. Aber vorher gab es die Genmanipulation, bei der der Zufall eine große Rolle spielte. Man kannte damals etwa 50 Restriktionsenzyme. Mit ihnen konnte man aus HTLV-I-Genomen ein Hackfleisch herstellen, und in diesen Brei brachte man Genome des Visna-Virus hinein, die durch ein einziges Restriktionsenzym an einem einzigen Punkt aufgeschnitten waren. Nach Zugabe von *Ligasen* (Enzyme, die eine Verbindung von zwei Molekülen herstellen) verklebt die Lücke, wobei, je nach Zufall, das eine oder andere Bruchstück des Genoms von HTLV-I eingebaut wird. Dieses Verfahren ist als ›Schrotschußmethode‹ bekannt. Nur wenige der so entstandenen Viren sind vermehrungsfähig, aber durch Selektion, die sich über ein halbes Jahr hinziehen muß, wird schließlich ein Visna-Stamm gewonnen, der sich in menschlichen T4-Zellen stark vermehrt, der Ausgangsstamm des HIV. Genmanipulationen dieser Art waren vor 1977 gang und gäbe; die moderne Gentechnologie gab es damals noch nicht.

Das Pentagon bestellt ein neues Virus

Wer hatte Interesse an der Konstruktion eines neuen Virus? Wer trug die hohen Kosten für dieses Projekt? Darauf können wir jetzt eine genaue Auskunft geben.

Am 9. Juni beantragte Donald MacArthur, zu jener Zeit Abteilungsleiter im Pentagon, beim Kongreß der USA eine Finanzhilfe von zehn Millionen Dollar. Damit könnte man ein neues Virus herstellen, das vom Immunapparat nicht erkannt würde und gegen das es infolgedessen keine Abwehr geben könne. Ein solches Virus wäre daher von eminenter militärischer Bedeutung. Es könnte, laut Gutachten bester Fachleute, in spätesten zehn Jahren verfügbar sein. Das Protokoll der Kommissionssitzung vom 09.06.1969 wurde versehentlich veröffentlicht und liegt uns im Wortlaut vor. Darin heißt es unter anderem: ›Innerhalb der nächsten fünf bis zehn Jahre wird es möglich sein, einen neuen, ansteckenden Mikro-Organismus zu machen, der die menschliche Immunabwehr zerstören würde. Ein entsprechendes Forschungsprogramm könnte in etwa fünf Jahren und zu Kosten von zehn Millionen Dollar vollendet werden. Es ist ohne eine gesicherte wissenschaftliche Kenntnis über die Machbarkeit einer solchen Waffe nicht möglich, eine Verteidigung dagegen zu entwickeln.‹ Die Protokolle der folgenden Sitzungen, in denen über die Bewilligung der Mittel verhandelt wurde, sind ›top secret‹.

In dem Antrag beschreibt MacArthur genau das AIDS-Virus. Auch die Termine stimmten, denn zehn Jahre später, 1979, traten in New York die ersten AIDS-Fälle auf. Es kann also keinem Zweifel unterliegen, daß das AIDS-Virus auf Befehl des Pentagons und vom Kongreß finanziert als prospektive biologische Waffe entwickelt wurde und daß bereits 1969 der Stand der Genmanipulation vom Pentagon als ausreichend angesehen wurde, um diese Aufgabe erfolgreich durchzuführen.

Diese Aufgabe war klar umrissen. Man kannte bereits das tödliche Visna-Virus, es ging aber nicht auf den Menschen. Man brauchte es nur mit einem Teil des Genoms eines am Menschen schmarotzenden und nicht unbedingt pathogenen (krankheitsverursachenden) Virus zu kombinieren, um ein für den Menschen tödliches Virus zu erzeugen. Natürlich mußten dafür nur Retroviren benutzt werden, denn gerade die für die Retroviren typische Umschreibung des Genoms in die immunologisch nicht erkennbare DNS-Form sollte ja das neue Virus den Abwehrkräften des Organismus entziehen …

Ein unerwartetes Hindernis verzögerte die Arbeit am AIDS-Virus. Besorgte Biologen aus aller Welt trafen sich 1975 in Asilomar (nahe Monterey in Kalifornien) und setzten es durch, daß für die Genmanipulationen die erforderlichen Sicherheitsmaßnahmen festgelegt wurden. Für Arbeiten mit Erregern menschlicher Krankheiten wurde die höchste Sicherheitsstufe P4 festgelegt. Ein solches Labor gab es in der Welt noch nicht. Die Mittel in Höhe von einer Million Dollar mußten beantragt werden, dann begann der Bau und schließlich, im Herbst 1977, wurde das P4-Labor im Gebäude 550 von Fort Detrick feierlich eröffnet. Nun konnte die Arbeit beginnen, und etwa sechs Monate später, im Frühjahr 1978, muß das neue Virus fertig gewesen sein.

Diesen Termin können wir auf zwei Arten belegen. Es ist bekannt, daß das HIV erblich unstabil ist und etwa alle zwei Jahre eine Abweichung um zehn Prozent erleidet. Rechnet man von den heute aus den Patienten isolierten Virusstämmen zurück, so erhält man als Startpunkt der Entwicklung das Frühjahr 1978, den Zeitpunkt, zu dem die Konstruktion des Virus abgeschlossen sein sollte, wenn mit den Arbeiten im Herbst 1977 begonnen wurde.

Den gleichen Termin ergibt das erstmalige Auftreten von AIDS im Sommer 1979. Wir wissen heute, daß die Krankheit nach Ansteckung durch Geschlechtsverkehr zumeist erst nach zwei oder mehr Jahren ausbricht. Bei der massiven Infektion bei Bluttransfusionen beträgt die Inkubationszeit aber zumeist etwa ein Jahr. Wurde das neue Virus, wie es üblich war, an freiwilligen Gefängnisinsassen erprobt, so erhielten diese bestimmt eine massive Dosis, und das Ausbrechen der Seuche im Sommer 1979 deutet auf eine Infizierung etwa ein Jahr vorher, also 1978, hin.

Auch das Entweichen des Erregers aus dem Sicherheitslabor und seine anfängliche Beschränkung auf Männer, speziell auf Homosexuelle und Drogenabhängige, ist leicht zu erklären. Bekanntlich beginnt das AIDS etwa 14 Tage nach der Infektion mit einer Primärerkrankung, die oft unerkannt bleibt, weil sie einer Magen-Darm-Grippe ähnelt. Nach weiteren zwei bis drei Wochen klingt die Krankheit spontan ab, und der Patient bleibt über Monate oder Jahre hinweg scheinbar völlig gesund. Es entstand der Eindruck, das neue Virus erzeuge zwar eine Krankheit, diese sei jedoch harmlos und für militärische Zwecke unbrauchbar. Die scheinbar gesunden Versuchspersonen wurden in die Freiheit entlassen. Es waren ausschließlich Männer mit hohen Haftstrafen, also zumeist Berufskriminelle, die außerdem im Gefängnis vielfach homosexuelle Praktiken kennengelernt hatten. Viele von ihnen zogen nach der Freilassung in das nahe New York, wo ein für sie besonders günstiges Klima vorlag. So kam es, daß die Seuche zunächst nur unter Männern, zumeist Drogenabhängige, Verbreitung fand, obgleich sie ihrer Natur nach Männer wie Frauen in gleichem Maße bedroht.

Bei unseren ersten Veröffentlichungen konnten wir nur den biologischen Teil unserer Theorie durch handfeste Beweise sichern. Der politische Teil der Theorie beruhte nur auf Indizienbeweisen. Das hat sich grundlegend geändert. Wir können durch ein amtliches Dokument belegen, daß das AIDS-Virus vom Pentagon in Auftrag gegeben und vom Kongreß der USA finanziert wurde. Wir kennen Schritt für Schritt die experimentellen Vorarbeiten und die administrative Schaffung geeigneter Arbeitsbedingungen. Die Konstruktion des HIV war eine systematisch vorbereitete und durchgeführte Aktion zur Schaffung eines neuen Typs biologischer Waffen.

Gewiß, die Schaffung von AIDS war ein Lehrlingsstück, ein mißlungenes Lehrlingsstück, denn man hatte die langen und unregelmäßigen Inkubationszeiten des neuen Erregers nicht richtig eingeschätzt, und das Produkt ist somit für militärische Zwecke ungeeignet. Aber auch so beschert es uns für die nächsten Jahrzehnte 100 Millionen Tote, und, schlimmer noch, für Milliarden junger Menschen überschattet es das Schönste, was das Leben uns zu bieten hat: die Beziehung zum anderen Geschlecht.

Berlin, den 31.03.1989

Prof. Dr. Jakob Segal«

In der Tat ein brisanter Brief, wenn er echt ist, über welche Frage sich jedermann durch Befassen mit den über AIDS veröffentlichten oder an die Öffentlichkeit gedrungenen Informationen eine Meinung bilden kann. Ähnlich Denkende meinen, die AIDS-Infektion in Afrika, die ihrer Ansicht nach zu großflächiger Entvölkerung führen wird (erste Anzeichen sind unübersehbar), könnte nicht punktuell aufgetreten sein, sondern sei in Form von Massenimpfungen sozusagen »unters Volk gebracht worden«. Als Indiz dafür wird die Titelstory der *London Times* vom 11. Mai 1987 angeführt. Sie soll »Pockenimpfung löste AIDS aus« gelautet haben. In dem Beitrag soll darauf hingewiesen worden sein, daß exakt die von AIDS am meisten verwüsteten Gebiete jene sind, in den die Weltgesundheitsorganisation WHO in den 1970er Jahren Massenpockenimpfungen durchgeführt hat.

## Unheimliche Indizien

Verschwörungsfans sehen ihre Horrorvision durch die kolportierte Entdeckung zusätzlich bestätigt, die Pestwellen des Mittelalters hätten in den überlebenden Europäern und deren Nachfahren – zu denen klarerweise auch die weißhäutige Bevölkerung der USA gehört – ein mutiertes Gen hinterlassen, das vor AIDS schützt. Afrikaner und Ostasiaten würden ein solches Überlebensgen nicht besitzen, was eine Erklärung dafür sein könnte, daß jeder zehnte Europäide total oder teilweise immun gegen AIDS sein soll. Das könnte ein Freibrief für elitäre Bevölkerungsregulierer sein, sofern sie darüber schon viel länger Bescheid gewußt haben. Dafür sprechen nach Ansicht von Apokalyptikern einige Faktoren: So scheinen manchen von ihnen die AIDS-Subtypen B und E geradezu »maßgeschneidert«: *Subtyp B* ist primär im Westen anzutreffen und wird auf die bekannte Weise über Blut und andere Körperflüssigkeiten weitergegeben, während *Subtyp E*, der die Dritte Welt und Asien heimsucht, sich zellular via Schleimhäute ausbreitet und *500 Mal* so anstekkend sein soll als die »AIDS-Zivilisations-Version«.

Des weiteren wird auf einen berichteten AIDS-Fall aus den 1960er Jahren hingewiesen, der Fachleute in Verwunderung versetzte, da er ein HI-Virus aufweisen soll, wie es erst um die 1980er Jahre herum ausgebrochen sei. Diese grobe Verletzung des obersten Gebotes für Viren »Mutiere täglich!« scheint manchen nur möglich, wenn besagter Uraltstamm bewußt – für welche Zwecke auch immer – aufbewahrt wurde.

In dieselbe Kerbe schlägt die Aussage, die der Deputy Assistant Secretary of Defence for Negotiations Policy (stellvertretender Staatssekretär für Verhandlungspolitik im Verteidigungsministerium) 1986 vor dem *US House Permanent Select Committee on Intelligence* (ständiges Kongreßkommitee für Geheimdienstangelegenheiten) gemacht haben soll. Sinngemäß soll es damals geheißen haben, die Entwicklung von Designer-Drogen würde seit einiger Zeit auch die Entwicklung von biologischen Waffen ermöglichen. In dürren Worten: Ein Virus könne maßgeschneidert werden, das spezifische Gene bestimmter Bevölkerungsgruppen selektiv attackieren würde.

Weiteres Wasser auf die Mühlen jener, die in diese Richtung denken, ist ein kolportiertes US-Sicherheitsmemorandum (MSN 200), das 1990 ohne viel Aufhebens freigegeben worden und in dem zu lesen sein soll: »Die Reduktion der Bevölkerung in diesen (Drittwelt-)Staaten ist eine Angelegenheit vitalen Interesses der amerikanischen nationalen Sicherheit.«

Ein anderer Vertreter der fachlichen Gemeinde hat etwa zur gleichen Zeit wie Professor Segal ebenfalls die These vom künstlichen »HI(AIDS)-Virus« vertreten, ohne allerdings in unseren Breiten so bekannt zu werden wie sein Mitstreiter aus der ehemaligen DDR.

## Die Hinweise mehren sich …

Der praktische Arzt Dr. med. Robert Strecker, dessen Name in mehreren Quellen aufscheint, war durch einen Zufall mit der AIDS-Problematik in Kontakt gekommen. 1983 begann er mit seinem Bruder Ted, einem Rechtsanwalt, an einem massenstatistischen Versicherungsplan für eine große südkalifornische Bank zu arbeiten, der auch den Kostenfaktor AIDS umfaßte. Dabei gelangten sie zu der Ansicht, daß hier nicht alles mit natürlichen Dingen zugehen konnte. Wie Professor Segal jenseits des Atlantik, bezweifelte auch Dr. Strecker, die Seuche habe ihren Anfang dergestalt genommen, daß ein Affe einen Einheimischen biß, woraufhin es schlagartig 100 000 AIDS-Fälle in Afrika gab. Schließlich hatten Menschen und grüne Affen bis dato jahrtausendelang infektionslos miteinander gelebt.

In den USA trat AIDS zu Anfang in einer ganz spezifischen Bevölkerungsgruppe auf: bei weißen männlichen Homosexuelle im Alter von 20 bis 40 Jahren, die in ganz bestimmten Städten (New York, San Franzisko, Los Angeles, Chicago und St. Louis) lebten. 1978 tauchte es in New York auf, 1980 in San Franzisko. Ein Verbreitungsgebiet, das mit dem der amerikanischen Hepatitis-B-Impfstudie deckungsgleich sein soll. 1978 wurden über 1000 Homosexuelle in New York geimpft. Zwei Monate später wurde der erste offizielle AIDS-Fall diagnostiziert. 1981 hatten 25 bis 50 Prozent der geimpften Homosexuellen AIDS. 1984 waren es über 60 Prozent. Weitere Zahlen über die Krankheitsrate der Teilnehmer an der ursprünglichen Impfstudie sind nicht zugänglich.

Dr. Strecker und andere halten nichts von der offiziellen Version, ein angeblich homosexueller Flugbegleiter habe AIDS nach Amerika eingeschleppt. Zuerst einmal müßte die Krankheit in den Städten aufgetreten sein, die von der betreffenden Luftlinie angeflogen wurden. Das war laut Dr. Strecker nicht der Fall. Auch werden Zweifel daran angemeldet, daß dieser Flugbegleiter seine sexuellen Aktivitäten ausschließlich in Tausende von Meilen entfernten Städten entfaltet haben soll. Noch wichtiger erscheint es Dr. Strecker, daß die *Centres for Disease Control* (CDC, Zentren für Krankheitskontrolle) in Atlanta, Bundesstaat Georgia, die Aktivitäten dieses Stewarts angeblich überwachten. Das wirft nämlich die Frage auf, wieso jene Bundesbehörde, die dafür zuständig ist, die Ausbreitung von Krankheiten zu verhindern, eine Person frei herumfliegen ließ, von der man wußte, daß sie Träger eines tödlichen und ansteckenden Virus war. Wie man verschiedenen Veröffentlichungen entnehmen kann, bekrittelte Dr. Strecker auch den Umstand, daß die CDC für die AIDS-Bekämpfung zuständig waren, obwohl es sich bei ihnen um jene Einrichtungen handelte, in denen unter der früheren Bezeichnung *United States Public Health Service Department* jahrzehntelang Menschenversuche durchgeführt worden seien. Ein Faktum, das in der medizinischen Literatur erwähnt werden soll. Dr. Strecker bezog sich auch auf eine Reihe von Experimenten an der nichtsahnenden Bevölkerung, die in diesem Buch bereits zur Sprache kamen, sowie auf die leidigen MK-Bewußtseinsveränderungsprogramme.

Was die medizinische Seite betrifft, so argumentiert Dr. Strecker, daß die Gene des HI(AIDS)-Virus weder in Primaten noch in Menschen vorkommen würden. Würde man das genetische Material von Schimpansen, Gorillas und anderen Affen mit dem des Homo sapiens mischen, könnte man AIDS *nicht* erzeugen. Wohl aber bei Verwendung von Retroviren von Rindern und Schafen (das klingt bekannt). Das Überspringen von Artenbarrieren, etwa von Mensch zum Schaf oder umgekehrt, wird nach leichten Korrektur- oder Kombinationsarbeiten möglich (man denke nur an die Vogelgrippe). Nach Ansicht von Fachleuten wäre Derartiges eine ideale Biowaffe, die zielgenau auf bestimmte Menschengruppen und -typen gerichtet werden kann.

Bei Vorträgen forderte Dr. Strecker die Zuhörer auf, so wie er und seine Mitarbeiter eine Med-Line-Suche zu organisieren. Durch dieses simple Procedere sei er der ganzen Sache auf die Spur gekommen. Nachdem er lapidar verlangt hatte: »Geben Sie uns alle Unterlagen über das *bovine Visna-Virus*«, erhielt er Dokumente über ein Rindervirus mit genau der gleichen Form wie das HI(AIDS)-Virus, mit dem exakt gleichen Molekulargewicht und gewissermaßen der genau gleichen genetischen Struktur sowie mit der genau gleichen Magnesiumabhängigkeit, was bei dieser Kategorie von Erregern relativ selten vorkommt. Und mit der genau gleichen Fähigkeit, T-(Immunsystem-)Zellen selektiv zu zerstören, wie AIDS das tut.

Vergleichbar mit Professor Segal wurde Dr. Strecker als sowjetischer Desinformationsagent verunglimpft und darüber hinaus von seltsamen Schicksalsschlägen heimgesucht, seit er seine Theorie verbreitete. Sein Bruder Ted wurde am 11. August 1988 tot in seinem Heim in Springfield, Missouri, aufgefunden. Selbstmord mit einem 22er Kleinkalibergewehr. In der Nacht vor dem »Selbstmord« war er noch guter Dinge gewesen und hatte seinem Bruder Robert von neuer Entwicklungen erzählt, die ihm Hoffnung machten. Im September desselben Jahres beging ein Kongreßabgeordneter mit Hilfe von Heroin und Kokain Selbstmord. Er hatte zu den wenigen Politikern gehört, die Dr. Streckers These unterstützen, und war öffentlich dafür eingetreten.

Was immer man von all dem halten will, eines ist klar: AIDS *ist* eine neue Pest, die Millionen Menschen in ihren Klauen hat und sich exponentiell ausbreitet. Wie ernst die Lage sein dürfte, kann man Meldungen entnehmen, die meist keine Schlagzeilen verursachen und daher oft übersehen werden. Beispielsweise jene, daß Wärter in US-Gefängnissen Gesichtsmasken tragen müssen, um sie vor »Spuckattacken« HIV-positiver Häftlinge zu bewahren, derer es immer mehr gibt. Auch Plakataktionen in westlichen Ländern, auf denen Süchtige, die saubere Nadeln benutzen, als »Vorbilder in der AIDS-Prävention« gelobt werden, sagen eigentlich genug.

Die Vorstellung, AIDS könnte bewußt erzeugt worden sein, verursacht zwangsläufig eine Gänsehaut und provoziert Fragen. Wozu das Ganze? Ein geheimer, gnadenloser Plan zur Eindämmung der Überbevölkerung oder schlichtweg ein danebengegangenes Experiment? Beides beunruhigt zutiefst, bedenkt man – ohne jeglichen humanitären Aspekt – allein die Gefahr, die der gesamten Menschheit dadurch erwachsen ist. Gleichzeitig neigt man aber wieder dazu, der Natur den Schwarzen Peter zuzuschieben, denn eigentlich kann niemand *so* verrückt sein, den Untergang der gesamten Menschheit in Kauf zu nehmen – oder doch?

## Das Projekt *Super*: Weltuntergang einkalkuliert

Daß wir durch eine fatale Kombination von Wirtschafts- und Bevölkerungswachstum durch die damit verbundenen verheerenden Auswirkungen Selbstmord auf Raten betreiben, ist mittlerweile ja offenkundig. Auch daß ein Killervirus aus einem Labor entkommen kann, scheint mittlerweile unter den Begriff »kalkuliertes Risiko« zu fallen – aber das Risiko des Weltuntergangs wird doch keine Regierung *bewußt* eingehen, die ihre Sinne beisammen hat, oder? Was unsere ungern eingestandene Bereitschaft zum großen Abgang betrifft, so könnte das Projekt *Super* als Argument für den bitteren Standpunkt von Professor Segal und von anderen Pessimisten herangezogen werden, die meinen, die Menschheit sei mit Mäusen zu vergleichen, die immer effektivere Massen-Mausefallen bauen.

Unter dem Codenamen *Super* entwickelten die USA die Wasserstoffbombe. Sie war von Anfang an umstritten. Namhafte Experten – von Einstein bis Oppenheimer – sprachen sich dagegen aus, und zwar weit vehementer, als es früher vergebens gegen den ersten *Atombomben*test in Alamogordo im Juli 1945 geschehen war. Damals waren Berechnungen im Umlauf, die besagten, die irdische Atmosphäre könnte mit dem ominösen sogenannten »Atombrand« auf die Kernspaltung reagieren. Am Vorabend des H(*Wasserstoff*)-Bomben-Tests sollen die Warner leicht exotische Berechnungen präsentiert haben. Diese sollen nicht mehr und nicht weniger als die Verwandlung der Erde in eine Minisonne im Falle der Einleitung der geplanten Kernverschmelzung vorausgesagt haben. Man würde meinen, daß selbst das minimalste Risiko eines Weltuntergangs bei einem Bombentest dieser Art niemals eingegangen werden *darf*. Doch weit gefehlt. Die Befürworter glaubten an ihre Sendung und testeten erst einmal. Der Versuch fand im Mai 1951 statt. Allen Unkenrufen zum Trotz war der militärische Vorsprung gegenüber der UdSSR anscheinend wichtiger als der Fortbestand unseres Planeten. Bekanntermaßen ging das Wasserstoffbomben-Vabanquespiel gut aus, sonst wären wir nicht mehr hier. Dankenswerterweise schlossen sich nicht, wie befürchtet, alle Wasserstoffatome der Fusion an. Wir sind noch einmal davongekommen.

In dem Zusammenhang stellt sich die provozierende Frage, ob eine etwaige geheime Schattenregierung solches nicht eigentlich hätte verhindern müssen? Genau hier liegt der Hase im Pfeffer: Man weiß eben nicht, ob – und wenn ja, was – hinter der Weltbühne vor sich geht.

## Eine interessante Familie

Lassen wir den Widerspruch einmal außer acht, daß der Profit eines Weltuntergangs mit Null beziffert werden muß, und versuchen wir, die Spur der von unseren Quellen postulierten Mächte im Hintergrund wieder aufzunehmen. Dabei stoßen wir plötzlich abermals auf die schillernde Persönlichkeit Aldous Huxleys, eines Mannes, der offen rassistische Anschauungen propagierte – »Eugenik« genannt –, ohne Schaden an seiner Reputation zu nehmen, der aber auch zum Problem der Überbevölkerung bereits frühzeitig präzise Aussagen machte. Seine bereits erwähnte, kaum bekannte Aussage dazu ist von solcher Bedeutung für die Zukunft der Menschheit, daß sie hier wiederholt werden soll: »Das Problem der Bevölkerungsexplosion ungelöst, wird alle anderen Probleme unlösbar machen.« Wer diese Betonung für übertrieben hält, dem sei nur eine einzige nüchterne Hochrechnung von Fachleuten genannt: Bei einer weiteren Vermehrung, wie sie im Gange ist, wäre das Gesamtgewicht der Menschheit im Jahr 3500 genauso so groß wie das Gesamtgewicht der Erde (immerhin 6700 Trillionen Tonnen). Da die Gesamtmasse nicht größer, sondern lediglich umgeschichtet beziehungsweise verdrängt werden kann, wäre die Erde dann – theoretisch – völlig in Menschen umgewandelt und als Planet nicht mehr vorhanden. Ein Menschenball würde um die Sonne kreisen. Kommentar überflüssig. Statt dessen wieder zurück zu den Huxleys.

Beachtung verdient auch, was über die Familie von Aldous Huxley bekannt ist. Diese hat nicht nur Literaten und Wissenschaftler hervorgebracht, sondern zählt auch zu jenen wenigen, die in England große Macht ausübten. Aldous Huxleys Großvater Thomas Henry Huxley (1825–1895) setzte sich so leidenschaftlich für den Darwinismus ein, daß man ihn zu seiner Zeit »Darwins Bulldogge« nannte. Darüber hinaus war er Gründungsmitglied der *Round Table Group* des südafrikanischen Rohstoffmagnaten Cecil Rhodes, einer Gesellschaft, die auch heute nicht ohne Einfluß zu sein scheint. *The Round Table* gründete das *Royal Institute of International Affairs* (RIIA), das New Yorker *Council on Foreign Relations* (CFR) und andere Institutionen des sogenannten angloamerikanischen Establishments, die ihrerseits jenes »Neue informelle Imperium« bilden sollen, das US-Präsident Bush sen. in Zusammenhang mit der von ihm sogenannten »Neuen Weltordnung« öffentlich erwähnte.

Die Floskel von der »Neuen Weltordnung« gebrauchte der Präsident nach dem Kollaps der UdSSR am 11. September 1990 (nicht 2001) vor großem Publikum.

## Geheimbünde ohne Ende

Für die Anhänger von Verschwörungshypothesen schlägt da eine Glocke an. Hat man nicht von einer angeblichen »geheimen Nebenregierung« der USA gehört und zu Beginn dieses Abschnittes von anderen dubiosen Machtapparaten, wie dem *Federal Reserve Board*, das nicht das zu sein scheint, was man sich unter einer Notenbank gemeinhin vorstellt?

Macht man sich wie die herangezogenen Autoren die Mühe, in dieser Richtung zu graben, so scheint man auf Netzwerke aller Art zu stoßen, etwa auf die »Sieben Schwestern«. Dabei handelt es sich nicht um miteinander verschworene Damen, sondern um ein überaus mächtiges anglo-amerikanisches Erdölkartell, dem William Engdahl nachspürte. Er schreibt, daß die »Sieben Schwestern« am 17. September 1928 auf dem schottischen Schloß Achnacarry als Geheimpakt mit den Namen »As Is Agreement of 1928« beziehungsweise »Achnarcarry Agreement« aus der Taufe gehoben wurden. Damals sollen sich die führenden Ölmagnaten Englands und Amerikas darauf geeinigt haben, die zur damaligen Zeit gegebene Teilung der Welt zu zementieren, einen allgemein verbindlichen Ölpreis festzusetzen und nicht miteinander in Konkurrenz zu treten. Interessanterweise ratifizierten die jeweiligen Regierungen diese eindeutig private Vereinbarung noch im gleichen Jahr. Sie hieß fortan »Red-Line-Abkommen«.

Für empfindsam Gewordene scheinen ähnliche Strukturen immer wieder in dem brodelnden Dunkel aufzublitzen, das sich kühn »Informationsgesellschaft« nennt, deren wahre Natur ich in meinem Buch *Mythos Informationsgesellschaft. Was man aus den Medien* nicht *erfährt* zu enthüllen versuche. Inwieweit all das mit dem vielgepriesenen, für manchen jedoch unverständlichen und bedrohlichen Wertewandel – vornehm »Paradigmenwechsel« genannt – zu tun hat, steht in den Sternen. Die Geschichte dokumentiert jedenfalls, daß Rauschmittel nicht das erste Mal mit gesellschaftlichen Umwandlungen in Verbindung gebracht werden können.

Man erinnere sich der persisch-syrischen »Assassinen« (arabisch für »Haschischesser«) aus dem elften Jahrhundert. Dieser Geheimkult ist aus den Ismaeliten hervorgegangen und soll laut Ansicht einiger Historiker nach seiner Vernichtung durch die Mongolen von den Templern weitergetragen worden sein, die tatsächlich einige Assassinen-Symbole übernahmen. Die »Haschischesser« (das englische Wort für Attentäter lautet *assassin*) sollen ihren Anteil am schlußendlichen Niedergang der einstmals in Bagdad in höchster Blüte stehenden Renaissance der Wissenschaften des antiken Griechenland – Aristoteles galt als großes Vorbild und als »erster Lehrer« – gehabt und die Hinwendung zum Fundamentalismus gefördert haben. Das altgriechische Ideal, das im Abendland jahrhundertelang vom dunklen Mittelalter verschlungen war, trat damit auch in der Welt des Islams den Rückzug an.

Also doch eine permanent im neuen Gewand auftretende Verschwörung, sogar durch die Jahrtausende? Ein *ganz großer* Zusammenhang? Auf solche leicht paranoiden Vermutungen mit ihren interpretierungsbedürftigen Indizien kann es keine klare Antwort geben. Für unser Gedankenexperiment brauchen wir sie erfreulicherweise nicht einmal zu suchen.

Damit genug der Weltverschwörungen. Wenn wir noch weitergraben und versuchen, Bilderberger, Illuminaten, Freimaurer und andere Logenbrüder, Goldene Dämmerer, Vril-Anhänger, Mitglieder der Mont-Pelerin-Gesellschaft, Trilaterale, Thulebündler, Rosenkreuzer, Templer, Hermetiker, Theosophen, Ordensmannen der Strikten Observanz, Funktionäre des *Committee on the Present Danger* (C.P.D.), *Old Fellows*, Gralsgefährten, Neocons usw. miteinander in Verbindung zu bringen, werden wir schon bald daran zweifeln, daß wir selbst wir selbst sind. Es könnte uns wie den drei Lektoren aus Umberto Ecos Bestseller *Das Foucaultsche Pendel* gehen. Aus einer Laune heraus konstruierten sie unter hemmungsloser Verwendung von historischen Daten, Geheimlehren, kabbalistischen Zahlenkombinationen, gnostischen Initiationen und wildem Permutieren unterschiedlichster Faktoren eine Weltverschwörung, der sie – obgleich reine Erfindung – schließlich zum Opfer fielen. Eine brillante Parabel für das Dilemma der Wirklichkeitserkenntnis.

## Schockierende Wirklichkeit

Damit sind wir wieder bei der Grundaussage, die diesen Abschnitt in besonderem Maße charakterisiert: »Nichts Genaues weiß man nicht«, wie es im Volksmund heißt. Dem kann ich mich nur anschließen. Ich behaupte nichts, und ich beschuldige niemanden. Manchen Argumentationen widerspreche ich sogar bei aller selbstverordneten Neutralität, an erster Stelle Carol Greenes Ansicht, Science-fiction sei Antiwissenschaft und der direkte Weg in die Traumwelt. Das Gegenteil scheint mir der Fall zu sein. Von dieser Stellungnahme abgesehen, wollte ich ausschließlich Diskussionsstoff liefern und die Dinge von mehreren Seiten beleuchten, auf daß sie unterschiedliche Schatten werfen. Dazu war es notwendig, heilige Kühe zu schlachten und unorthodoxe Argumentationen aufzugreifen, kurzum die Welt auf den Kopf zu stellen.

Als ein geeignetes Mittel dazu erschienen mir die provokantesten Alternativwirklichkeiten der besonders engagierten Verschwörungstheoretiker. Der gewünschte Effekt der Aufrüttelung dürfte erzielt sein. Wie hat doch alles so harmlos mit irgendwelchen Finanzmanipulationen im Hintergrund begonnen, die auch andere Deutungen zulassen. Und nun? Halt und Orientierung sind dahin. Die versuchsweise gezimmerte Alternativrealität scheint noch infernalischer zu sein als unsere verlotterte Welt. Man wünscht sich, daß alles Angeführte reine Phantasie sei. Das kann der Fall sein – muß es aber nicht. Selbst wenn man jedes Detail völlig anders interpretiert, so bleibt eine peinliche Erkenntnis: Das ist nicht die Welt der Geschichtsbücher und der Politikerreden, schon eher die der täglichen Horrormeldungen in den Medien. Dabei haben wir nur die Spitze eines Eisbergs angekratzt, die über dem Meeresspiegel des Unbekannten ragt. Wo bleiben die *anderen* Eisberge?

Daher noch provokanter auf den Punkt gebracht: Was in diesem Abschnitt entrollt wurde, kann trotz allem zu eng gefaßt – man könnte fast sagen, »zu kleinkariert« – sein, weil *nur* von Menschenwerk die Rede ist. Sensationell und dennoch im Grunde simpel. Ruft man sich das Füllhorn des Unerklärlichen ins Gedächtnis, so scheint selbst eine enthüllte Weltverschwörung nicht der Weisheit letzter Schluß zu sein. Die *größere* Wirklichkeit dürfte noch weit phantastischer sein – und damit vielleicht auch nicht ganz so deprimierend. Darum Mut gefaßt.

## Ein tröstlicher Aspekt

Kurzsichtiger Egoismus, stumpfsinnige Brutalität und anderes Wohlbekanntes *müssen* hinter den Kulissen nicht den Ton angeben. Die Geschichte *muß* nicht eine ununterbrochene Abfolge eben noch möglicher, jedoch in ihrer Mehrzahl höchst negativer Ereignisse sein, mit denen nach menschlichem Ermessen nicht zu rechnen war und die besser auch nicht eingetreten wären.

Hier möchte ich – ungewohnt genug – einmal trostspendend argumentieren: Die aufgezählten Seltsamkeiten und Umtriebe (einmal angenommen, es gibt sie überhaupt) scheinen der Menschheit keine Wohltaten beschert zu haben. Im Gegenteil. Nicht so eindeutig muß es um möglicherweise verborgene Motive bestellt sein. Vielleicht sind der scheinbare Wahnsinn und der erschütternd kurzsichtige Egoismus nur vordergründig? Vielleicht liegen alle Enthüller und Interpretierer überhaupt falsch – weil nämlich *noch ganz andere Faktoren* mitspielen?

Der US-Regisseur John Carpenter nannte seinen 1988 gedrehten Film *Sie leben* ein Plädoyer für den Verfolgungswahn. Ein Bauarbeiter in Los Angeles setzt sich eine fremdartige Sonnenbrille auf, die im Untergrund tätige Wissenschaftler zurückgelassen haben, und sieht plötzlich, was *wirklich* vor sich geht: Aliens ziehen die Fäden. Carpenter über den Film, den er nach einer Kurzgeschichte von Ray Nelson drehte: »Ich kam auf die Idee, daß die gesamte Ära Reagan in Wirklichkeit von Außerirdischen gelenkt wird. Die Reichen werden reicher, die Armen ärmer, der Mittelstand löst sich in Luft auf: alles ein Teil dieser enormen Verschwörung.« Und dabei kannte der Regisseur die Maßnahmen der Administration George Bush jun. noch gar nicht, gegen die Reagan manchen wie ein Sozialutopist erscheint.

Man kann wohl zuversichtlich annehmen, daß Carpenter mit dieser Annahme nicht recht hat (schon deswegen nicht, weil es den Film dann wahrscheinlich nicht gäbe), wohl aber mit seiner Grundprämisse: Auch wir vermuten, daß nichts ist, wie es sich die Schulweisheit träumen läßt und man (?) uns weismachen will. Die Natur der Realität muß anders, *ganz anders* sein – vielleicht tröstlicher als in Carpenters Horrorvision, vielleicht noch schreckenerregender. Mal sehen.

# Und wenn alles *ganz* anders wäre?

*»Selbst wenn man weiß, daß man Paranoiker ist, können sie trotzdem hinter einem her sein.«*
Unbekannter Zyniker

**Der Tausendjahresplan**

Am 6. April 1992 starb mit dem 72jährigen Isaac Asimov einer der berühmtesten Science-Fiction-Autoren aller Zeiten, wenn nicht der berühmteste überhaupt. Viele seiner Werke sind Klassiker, manche haben – so meinen Fans wie Soziologen einhellig – das Denken ganzer Generationen beeinflußt. Ich selbst gehöre auch zu seinen Fans.

Als Asimovs Haupt- und Zentralwerk muß die legendäre *Foundation*-Trilogie angesehen werden, deren Buchform in den 1950er Jahren aus Kurzgeschichten entstand, die Asimov eine Dekade vorher in dem berühmten Magazin *Astounding* veröffentlicht hatte. Das Faszinierende an diesem Zyklus ist nicht »nur« der breite Bogen des Konzepts, der Ideenreichtum, der darin verwobene *Sense of Wonder* und all die anderen Kriterien guter Science Fiction, sondern etwas anderes. So manchem Leser kam nämlich irgendwann der Gedanke, was Asimov in ein galaktisches Umfeld setzte, könnte im Prinzip auf Erden seit Jahrhunderten de facto über die Weltbühne gehen. Streng geheim natürlich.

Dazu müssen einige Worte zur *Foundation* gesagt werden, die Asimov Jahrzehnte später mit seinen Roboter-Stories zusammengeführt und zu einem fünfzehnbändigen Megazyklus erweitert hat. (Die Autoren Gregory Benford, Greg Bear und David Brin haben 1997, 1998 und 1999 sogar noch eine zweite *Foundation*-Trilogie verfaßt, das nur am Rande.)

Die *ursprünglichen* drei Teile von Asimov *Foundation*, *Foundation and Empire* und *Second Foundation* beinhalten einen Plan zur Neuerrichtung eines zweiten galaktischen Imperiums aus den Überresten des in Aufruhr und Dekadenz versinkenden ersten Imperiums. Der zyklische Aufstieg und Niedergang großer Reiche findet auch auf Erden mit schöner Regelmäßigkeit statt. An führender Stelle damit auseinandergesetzt hat sich der englische Historiker Arnold Toynbee, dessen Theorie von den Zyklen der Geschichte der ebenfalls berühmte SF-Autor A. E. van

Vogt in seinen Klassiker *Die Weltraumexpedition der Space Beagle* eingearbeitet hat. Auch der Bestseller des Historikers Paul Kennedy *Aufstieg und Fall großer Mächte* sagt Grundsätzliches zu diesem Auf und Ab in der Geschichte – das nur, um einige Bücher zum Thema zu nennen.

Bei Asimov läuft alles im überdimensionalen galaktischen Rahmen ab. Allerdings nicht unkontrolliert, und das ist der springende Punkt. Eine neue Wissenschaft, von ihrem Schöpfer Hari Seldon *Psychohistorie* genannt, macht es nicht nur möglich, die Entwicklung großer und größter Populationen exakt vorauszusagen, sondern durch minimale Eingriffe in bestimmte Richtungen zu lenken. Mit ihrer Hilfe entwickelt Seldon den »Seldon«- oder auch »Tausendjahresplan«, ein ambitioniertes Unterfangen, das die Periode des Chaos und des Vergessens zwischen dem ersten und dem zweiten Imperium von den zu erwartenden 30 000 Jahren Barbarei auf 1000 finstere Jahre reduzieren soll. Das ist natürlich nicht ohne Einflußnahme auf die Geschicke der galaktischen Völker möglich.

Die dazu notwendige gütig-wohltätige Führung geht von der »Stiftung« (englisch *foundation*) aus. Die Stiftung ist eine wissenschaftliche Enklave, die Seldon zur Ausführung seines Plans auf der bedeutungslosen Randwelt *Terminus* einrichtet. Auf ihr werden das Wissen und die Technologie der Menschheit konserviert, während sich ringsum das galaktische Mittelalter ausbreitet. Die Parallelen zu der irdischen Epoche zwischen der wissenschaftlichen Hochblüte der Antike und der Aufklärung sind ebenso evident wie die Rolle der Klöster als Horte des Wissens. Sicher nicht zufällig. *Unsere* Geschichte scheint zwar kaum segensreiche Eingriffe aufzuweisen, aber vielleicht kommt das auf den Blickwinkel an, oder wir bemerken sie einfach nicht.

Zurück nach Terminus. Für eine lange Zeitspanne läuft der »Tausendjahresplan« programmgemäß. Zu festgesetzten Zeitpunkten erscheint Hari Seldon als Hologramm und erläutert den Männern der Stiftung, welche Krisen anstehen und wie sie damit fertigwerden können. Die Wissenschaftler bekommen durch Seldons psychohistorische Führung und aufgrund ihrer technologischen Überlegenheit immer mehr Macht und Einfluß in das galaktische Geschehen. Niemand, die Wissenschaftler selbst am wenigsten, zweifelt daran, daß die Foundation nach Ablauf des Jahrtausends des Zentrum des zweiten Imperiums sein wird. Jedoch kein Menschenwerk ist perfekt. Als Seldon wieder einmal erscheint, hat die tatsächliche Lage des niedergehenden Imperiums nicht das geringste mit seiner psychohistorischen Analyse zu tun. Seldons Ratschläge gehen ins Leere.

In der Zwischenzeit hat nämlich ein *Zufallselement* die galaktische Bühne betreten. Der *Mutant* – eine Laune der Natur mit übermenschlichen Fähigkeiten zur Menschenbeeinflussung – ist dabei, die Galaxis zu erobern. Auch hier liegt die Ähnlichkeit mit der irdischen Geschichte auf der Hand. Jeder Schüler kennt Persönlichkeiten mit ähnlicher Wirkung: Herrscher, Usurpatoren, Reichsgründer etc., deren Verschwinden der Historie eine neue Wendung geben würde. Man denke nur an das unselige 20. Jahrhundert. Kein Fachmann zieht in Zweifel, daß die Welt ohne Adolf Hitler heute anders aussehen würde. Natürlich wären mit ihm nicht die grundsätzlichen Spannungen, Interessen oder Gegensätze der Zeit nach dem Ersten Weltkrieg verschwunden, wohl aber *ganz bestimmte Vorstellungen*, die *nur* in Hitlers Kopf bestanden und von ihm zum Leidwesen der Völker mit monströser Konsequenz umgesetzt wurden.

Im Prinzip Ähnliches sollte auch für den Asimovschen Mutanten gelten. Er ist der Faktor, den niemand vorherberechnen konnte und dem nicht einmal die Stiftung gewachsen ist. Der Mutant erobert Welt um Welt und schließlich sogar Terminus. Der Seldon-Plan scheint gefallen zu sein. Plötzlich endet der Siegeszug des Unbesiegbaren. Mit viel Mühe und Anstrengung holpert der Tausendjahresplan in die alten Geleise zurück, wo er schließlich wieder die ursprüngliche Richtung einschlägt.

Was war geschehen? *Noch* ein Zufall im Zufall? Keineswegs. Hari Seldon hatte nämlich auch das Unvorhersehbare vorausgesehen. Natürlich nicht den Mutanten als Person, wohl aber das Auftreten eines solchen Unsicherheitsfaktors. Um selbst in einem solchen Fall ein Gegensteuern möglich zu machen, etablierte Seldon eine *zweite* Stiftung, von der niemand wußte, nicht einmal die Wissenschaftler der ersten Stiftung. Die Protagonisten der zweiten Stiftung hatten sich nicht der Technik verschrieben, sondern der Macht des Geistes. Ihre Kräfte waren denen des Mutanten ähnlich und ebenbürtig, so daß sie die von ihm verursachte Abweichung rückgängig machen konnten. Soviel zur brillanten *Foundation*-Trilogie.

## Schon wieder Verschwörungen?

Worauf ich hinaus wollte und will, ist das eingangs erwähnte Gefühl vieler Leser, so ähnlich könnte es im kleineren Maßstab auch auf Erden zugehen. Das mag Wunschdenken sein. Der Mensch hat bekanntlich den Wunsch nach überschaubarer Ordnung, nach Sinn im vordergründig Widersinnigen; einen Drang, der bei der Entwicklung der Wissenschaften zur Verständlichmachung und Katalogisierung der verwirrenden Naturphänomene Pate gestanden hat. Das Bedürfnis, hinter dem blutigen globalen Irrsinn einen »Lotsen«, welcher Art auch immer, zu vermuten, ist vielleicht noch verständlicher.

Nun legt der Umstand, daß gerade Adolf Hitler nicht aus der Geschichte weggekürzt wurde, die Vermutung nahe, daß nichts und niemand im Hintergrund schützende Hände über den Homo sapiens hält. Dem könnte man – um zu unserer Analogie zurückzukehren – entgegenhalten, daß sich Hitler (wie der Mutant) glücklicherweise nicht bis zum »Endsieg« entfalten konnte, wobei manche Aspekte seines Scheiterns einigen Historikern bis heute seltsam erscheinen und unterschiedlich interpretiert werden. Die mannigfaltigen Argumente, die dafür ins Treffen geführt werden, wieso der »Führer« einerseits einen sicheren Instinkt für militärische Chancen und für richtungsweisende Wehrtechnologie an den Tag legen, aber andererseits unverständliche Schnitzer machen konnte, befriedigen einige Experten nicht ganz. Ihnen erscheint – allen Erklärungen zum Trotz – Hitlers Entscheidung für den unorthodoxen, von der Generalität abgelehnten »Mannstein-Plan« zur Überrumpelung des für nicht eroberbar gehaltenen Frankreich mit seinem Fehler von Dünkirchen unvereinbar (in diesen zwei Tagen nicht vorrückender deutscher Panzerkolonnen ging der Krieg verloren, so die Ansicht verschiedener Strategen beider Seiten). Ebenso können manche Hitler-Interpreten seine richtige Förderung der Langrohrkanonen und der Panzerwaffe nicht mit seiner Behinderung kriegsentscheidender Waffenentwicklungen (Strahljäger Me-262, Luftabwehrraketen, Atomprogramm) unter einen Hut bringen. Auch wenn sich die Fachleute über solche Fragen in den Haaren liegen, ist und bleibt die wahrscheinlichste Deutung natürlich die Sprunghaftigkeit eines entfesselten Megalomanikers mit Sendungswahn. Dessen ungeachtet dürfen wir uns wohl zur Spekulation legitimiert betrachten, daß die leidvolle Geschichte des barbarischen 20. Jahrhunderts verborgene Aspekte unbekannter Natur aufweisen könnte, ohne die es vielleicht *noch* bluttriefender verlaufen wäre (auch wenn das kaum vorstellbar erscheint).

Schon wieder Verschwörungen? Haben wir nicht schon die Nase voll von den Finanzgnomen von Zürich oder sonstwo und von all den Gestalten, die in Regenmänteln zu geheimen Orten schleichen, um dort mit gesenkter Stimme Weltbewegendes von sich zu geben? Ja und nein. Worauf ich hinaus will, ist, daß unsere bislang entrollten Vorstellungen vielleicht einfach *zu* simpel, *zu* konservativ sind. Darum sehnen wir uns auch in unserem tiefsten Inneren nach Konzepten, wie sie in Asimovs

*Foundation*-Trilogie zum Ausdruck kommen. Nach geheimen Aktivitäten, die nicht nur negativ-profitorientiert sind, sondern ganz einfach *anders*: größer, umfassender – mit einem Wort *zukunftsorientiert*.

Da zu keiner Zeit bekannt war und ist, nach welcher Pfeife die menschliche Gattung *wirklich* tanzen mag, könnte es mehr als ein Wortspiel sein, wenn der bereits erwähnte Großvater von Aldous Huxley, Thomas Henry Huxley, in *Collected Essays* feststellt: »Das Schachbrett ist die Welt ..., der Spieler auf der anderen Seite unsichtbar.«

Wenig bekannt ist auch der Umstand, daß seit dem Zweiten Weltkrieg mehr Regierungswechsel mit Hilfe eines Staatsstreichs vollzogen wurden als mit irgendeiner anderen Methode. Da jeder *Coup d' Etat* das Ergebnis einer vorhergehenden Verschwörung ist, bedeutet dies nicht mehr und nicht weniger als die erschreckende Tatsache, daß seit über einem halben Jahrhundert Verschwörungen in der Weltgeschichte eine größere Rolle gespielt haben als alle demokratischen Veränderungen zusammen – so sieht es zumindest der 1942 geborene Ökonom und Fernsehjournalist Edward Luttwak. In seinem 1968 in London erschienenen Buch *The Coup d'Etat* konstatierte er bereits damals mehr als 50 solcher Staatsstreiche seit 1945.

Das könnte man noch hinnehmen. Schließlich ist der Homo sapiens im wahrsten Wortsinn ein geborener Verschwörer. Bereits unter den ersten Spuren menschlichen Lebens finden sich Zeugnisse für Geheimgesellschaften. Palöolithische Malereien zeigen Stammesangehörige, die sich in die tiefsten Tiefen der Höhlen zurückzogen, um Machenschaften gegen rivalisierende Horden auszubrüten. Jede Gemeinschaft, die der Anthropologie bekannt ist, kann mit Geheimgesellschaften aufwarten. Sie sind vom stammesgeschichtlichen Standpunkt durchaus die Norm.

Wenn das so ist, wieso gerät jedermann in den Verdacht der Paranoia, wenn er Weltverschwörungen vermutet? Verkneift man sich den Kreisbeweis, just diese Punzierung sei ein Zeichen für eine Weltverschwörung, so muß man konstatieren, daß die *Größenordnung* den Unterschied zwischen Verfolgungswahn und verständlichem Argwohn gegenüber den agierenden Mächten ausmachen dürfte. Wer vermutet, daß sich mehrere staatliche Institutionen »verschworen« haben, um ihm das Geld aus der Tasche zu ziehen, der kann mit Verständnis rechnen. Ist einer aber felsenfest überzeugt, daß hinter *allen* Institutionen der Erde als Produkt einer Mega-Überverschwörung ein »geheimes Direktorium« steht, dem kann es passieren, daß Männer in weißen Mänteln ihm eine Jacke mit überlangen Ärmeln anlegen.

Was spricht eigentlich gegen eine solche Superverschwörung? Die Antwort ist klar und frustrierend: die menschliche Unzulänglichkeit. Nichts, was wir auf die Beine stellen, ist *wirklich* perfekt, und nichts hält *ewig*. Regierungen, Konzerne und andere Konstrukte haben durchweg eine begrenzte Lebensdauer. Auch wenn es vordergründig nicht so aussieht, so gab und gibt es auf unserem Planeten keine Regierung, die in ihrer *ursprünglichen Form* viel mehr als 200 Jahre überdauerte. Die USA haben diese magische Grenze seit ihrer Gründung zwar schon leicht überschritten, krachen aber bereits kräftig im Gebälk, wenn man jenen Analysten glauben will, die das dauernde Gewäsch von der »amerikanischen Wirtschaftslokomotive« für eine (von vielen) Propagandalügen halten. Darüber hinaus kann wohl kaum davon die Rede sein, die Vereinigten Staaten von heute wären mit ihrer *ursprünglichen Form* noch ident.

Im Durchschnitt begann nach etwa 100 Jahren ein Verfalls- oder Veränderungsprozeß. Kleinere Strukturen zerfallen viel schneller, was bei manchen Vereinen oder Parteien gut zu beobachten ist. Dasselbe muß auch für Verschwörungen gelten. Der Astrophysiker und Radioastronom Duncan A. Lunan von der Universität Glasgow brachte es mit beißender Ironie auf den Punkt: »Wo vier sich zu einer Verschwörung versammeln, sind drei Dummköpfe und der vierte ein Agent der Regierung.«

Schon Machiavelli wußte um den spielerischen Reiz von Verschwörungen, aber auch um die Tatsache, daß sie in der Regel weder so wohldurchdacht noch so langlebig sind wie in den Köpfen der Verschwörer. Nur rüder, brutaler und schmutziger. Der seit Jahrzehnten ungebrochen für Unruhe sorgende Kennedy-Mord könnte ein gutes Beispiel für die Grenzen von Verschwörungen sein – zumindest für die Grenzen des *Vertuschens*.

## Die hochoffizielle Zauberkugel

Über diesen Jahrhundertmord ist mit Sicherheit mehr diskutiert und publiziert worden als über jede andere Gewalttat in der an solchen nicht gerade armen menschlichen Geschichte. Auch ich konnte zugegebenermaßen an diesem Thema nicht vorbei und habe ihm, wie ich glaube, in meinem Buch *Schatten der Macht* einige neue Aspekte abgewinnen können. Beispielsweise den, daß einiges dafür zu sprechen scheint, daß nicht nur JFK, sondern auch sein Bruder Robert und sein bei einem Flugzeugabsturz umgekommener Sohn »John John« einer Verschwörung zum Opfer gefallen sind (jawohl, Sie haben recht gelesen: Weder der nach Robert Kennedys Ermordung präsentierte »Einzeltäter« Sirhan

Bishara Sirhan *muß* der wahre Täter sein, noch *muß* es beim Absturz von JFKs Sohn mit rechten Dingen zugegangen sein). Das nur zu den Ungereimtheiten beim Ableben aller *drei* Kennedys.

Für unsere Argumentation soll nur ein signifikantes Detail herausgegriffen werden, das jedem nicht völlig von der offiziellen Version Eingeseiften eigentlich sofort klar machen müßte, daß das Urteil der Warren-Kommission auf sehr gebrechlichen Beinen steht. Ich spreche von der Einführung der sogenannten »Zauberkugel«, die im *Warren-Report* hochoffiziell als »Magic Bullet«, Kommissionsbeweisstück Nr. 399, vermerkt wird. Das wahrlich zauberkräftige 6,5-Millimeter-Geschoß aus einem minderwertigen Gewehr mit verdrehtem Zielfernrohr mußte in einem Ballettanz zwischen Kennedy und Gouverneur Conally hin und her gependelt sein, wobei es wundersame Kurven beschrieb und kurz mal anhielt. Anders hätte Oswalds angebliche dritte Kugel niemals bei zwei Männern insgesamt acht Verletzungen hervorrufen können. Entdeckt wurde die Wunderkugel schließlich – wie hingelegt und fast intakt – auf der Bahre von Gouverneur Connally im Parkland-Krankenhaus in Dallas. Seltsamerweise fanden sich in Connallys Handgelenk mehr Splitter der Kugel, als an dem Geschoß fehlten. Jahre später wurde bekannt, jedoch nicht zur Kenntnis genommen, daß bei der Autopsie eine weitere Kugel in Kennedys Leichnam gefunden worden war. Connally war von Anfang an überzeugt, von einem zweiten Geschoß getroffen worden zu sein.

Warum der Zirkus mit der Zauberkugel? Die Regierung hatte bereits zugegeben, daß eine Kugel den Präsidenten verfehlt hatte, wobei einer ihrer Splitter die Wange des Zuschauers James Tague traf, und daß die zweite für die Zertrümmerung von Kennedys Schädel verantwortlich war. Daher *mußte* die *dritte* Kugel für *alle* restlichen Verletzungen bei Kennedy und Connally herhalten. Das konnte wohl nur eine Zauberkugel.

Ungeachtet aller physikalischen Gesetze wurde die »Zauberkugel« als Fakt anerkannt und die heute wie damals heftig attackierte Einzeltätertheorie zur offiziellen Lesart. Eine nach wie vor unbekannte Gruppe hatte es scheinbar geschafft, ein Attentat auf den regierenden US-Präsidenten zu arrangieren, danach Beweise zu verfälschen oder zu unterdrükken und sogar ganze Gruppen von Zeugen zu »verunfallen«. An die 40 Zeugen erlagen nämlich bizarren Unfällen, tückischen Krankheiten oder begingen spontan Selbstmord. Einer davon wurde in seinem eigenen Hinterhof irrtümlich für ein Reh gehalten und erschossen. Zu dieser Massenwanderung ins Jenseits stellte ein Versicherungsfachmann eine mathematische Studie an, wie sie bei Lebensversicherungen üblich ist. Danach hätte 1963 die Wahrscheinlichkeit, daß sich nur drei Jahre später alle genannten Personen, von denen die meisten noch jung waren, unter der Erde befinden würden, *1 zu 100 000 Billiarden* betragen.

Das alles zu bewerkstelligen wäre unzweifelhaft Macht pur. Und dennoch: In ihrem Bemühen, die Sache komplett zu vertuschen, versagten die Kennedy-Verschwörer.

Der Autor Donald Holmes weist in seinem interessanten Buch *System Sapiens – Die Verschwörung der Illuminaten* darauf hin, daß Verschwörungen als Ausfluß der Primatenpsychologie zwangsläufig relativ schnell an inneren Widersprüchen zugrunde gehen, so daß eine allumfassende Verschwörung über die Zeiten hinweg nicht bestehen kann. Sollte sie *dennoch* existieren, muß sie *nichtmenschlichen* Ursprungs sein. Konkreter gesagt *übermenschlichen* Ursprungs.

## Nichtmenschliche Drahtzieher?

Nun ist es so weit. Die letzten Hemmungen sind gefallen. Es bleibt nur noch der Griff zum dünnsten aller Strohhalme: zu den Außerirdischen, die in Lichtschiffen herabkommen, um eine frustrierte Menschheit in sichere Gefilde zu geleiten. Ganz so ist es nicht. Mögliche UFO-Besatzungen können aus dem Spiel bleiben. *Nichtmenschlich* beziehungsweise *übermenschlich* muß nicht zwangläufig *außerirdisch* im lokalen Sinn bedeuten.

Was sonst? Lenken wir unsere Aufmerksamkeit in den Fernen Osten. Dort herrscht seit Jahrtausenden die im Volksglauben festverankerte Überzeugung, alle Vorgänge auf Erden würden durch eine höhere Erkenntnisebene kontrolliert, also nicht von Finanzhaien oder Potentaten, sondern von intelligenten Wesenheiten, die uns ungeheuer überlegen sind, vergleichbar mit den weisen Gottkönigen aus Platos Staatsutopie *Politeia*. Die verborgenen Lenker, deren Legende durch die Kreuzzüge in den Westen kam, residieren in geheimen *Markas* (Krafthäusern). Das zentrale »Krafthaus« soll im zentralasiatischen Hochland, in Tibet, liegen. Die Parallele zur Asimovschen zweiten Stiftung ist frappierend (möglicherweise wurde Asimov von den Legenden inspiriert). Andere wiederum denken dabei an das Hauptwerk der russischen Okkultistin Helena Petrowna Blavatsky (1831–1891) *Die Geheimlehre* aus dem Jahre 1888, dessen Unterbereich *Das Buch Dzyan* ihr angeblich von »geheimen Meistern« namens »Mahatmas« (sprich Superwesen) diktiert wurde, die in verborgenen Höhlen in Tibet hausen.

Welcherart diese Mächte nun auch sein mögen, so besteht bei jenen, die von ihrer Existenz überzeugt sind, die Ansicht, die Unbekannten seien hierarchisch geordnet: Auf der obersten Ebene tummeln sich Wesenheiten mit einer Entwicklungsstufe jenseits unseres Begriffsvermögens. In den »Markas« wachen ihre nicht ganz so abgehobenen *Statthalter*, und eine *Exekutive* repräsentiert die tiefste Ebene. Letztere Ausführungsorgane treten gelegentlich mit der Menschheit in Verbindung, und das mit beträchtlichen Nachwirkungen, da sie durch gezielte Eingriffe die Geschichte in die eine oder andere Richtung zu lenken pflegen. Solche Interventionen dienen der Realisierung des »Großen Werkes« (Magnum Opus), einer spirituellen Evolution, die sich unserer Vorstellungskraft entzieht und mit dem landläufigen Evolutionsbegriff nichts zu tun haben dürfte.

Jetzt heißt es die Bremse anziehen. Derartige Vorstellungen sind psychologisch naheliegend, angenehm tröstlich und frustrationsabbauend. Aber – gibt es auch nur den Hauch eines Indizes für sie?

Die Beweisforderung führt in eine Pattstellung. Die Logik sagt uns, daß wir überlegenen Intelligenzen, die sich vielleicht seit Jahrhunderten unter uns bewegen, ebensowenig die Maske herunterreißen können, wie Hunde eine Chance haben, den Hundefänger auszumanövrieren. Dessen ungeachtet kann man nicht mit Sicherheit ausschließen, daß solche Intelligenzen bewußt dezente Lebenszeichen von sich geben oder im Zuge ihrer unerforschlichen Missionen gelegentlich gewisses Aufsehen *nicht vermeiden können*. Akzeptiert man die Vorstellung, möglicherweise mit einem höherentwickelten Etwas, das eben nur so aussehen *will* wie unsereins, im selben Büro zu arbeiten, wird man in bester Paranoikertradition auf entsprechende Hinweise stoßen. Das Dilemma ist nur: Wie stichhaltig sind sie?

## Die *anderen* unter uns?

Schon im Vorwort – womit sich der Kreis langsam zu schließen beginnt – wurde angedeutet, daß immer wieder Persönlichkeiten ihre Mitmenschen um ein *Beträchtliches* an Geist und Wissen überragen. Geheimnisvolle, die auf unserer Erde oder in ihrer jeweiligen Epoche fehl am Platz zu sein scheinen. Leonardo da Vincis kryptischer Ausspruch wurde erwähnt und Rudjer Boscovich, ein Mann, der seiner Zeit de facto um Jahrhunderte voraus war, aus dem Dunkel des Vergessens geholt. Solches Anderssein ist kein Einzelfall.

Auch Leonard Euler (1707–1783), einer der größten Mathematiker überhaupt, würde auch jederzeit Übermenschen-Kriterien erfüllen. Euler, ein Super-Gehirn reinsten Wassers, konnte die kompliziertesten wissenschaftlichen Arbeiten in Minutenschnelle lesen und verarbeiten. Er besaß ein buchstäblich komplettes Wissen auf den Gebieten Physik, Chemie, Zoologie, Botanik, Geologie, Medizin, Geschichte sowie in griechischer und lateinischer Literatur. Keiner seiner Kollegen aus der Wissenschaftsgemeinde vermochte es ihm auch nur in einer einzigen von diesen Disziplinen gleichzutun. Sein erstaunliches Gedächtnis erlaubte ihm, aus jedem Buch zu zitieren, das er jemals gelesen hatte. Euler konnte durch reine Konzentration ungeheure Denk- und Rechenaufgaben vollbringen, gleichgültig, welcher Trubel rings um ihn herrschte. Einer seiner Schüler berichtet, daß Leonard Euler bei einer Diskussion über eine komplexe mathematische Operation, an der Zahlen mit siebzehn Dezimalstellen beteiligt waren, den ganzen Rechenvorgang im Kopf durchführte und die richtige Lösung präsentierte. Im Bruchteil einer Sekunde, wohlgemerkt. Computerschnell.

Euler stieß auf Erkenntnisse und entdeckte Zusammenhänge, die allen Philosophen und Wissenschaftlern seit der Antike entgangen waren, beispielsweise den mathematischen Charakter der Verse von Vergil. Bezeichnenderweise pflegte Leonard Euler mit Rudjer Boscovich regen Gedankenaustausch und Kontakt. Beide Geistesriesen scheuten Aufmerksamkeit, öffentliche Auftritte und Ehrungen. Sie – und wer weiß wie viele andere noch – zogen relative Anonymität vor. Es scheint nicht unwahrscheinlich, daß sie sich in anderen Zeitaltern, in denen außergewöhnliche Denker entweder als Hexer verbrannt oder in die Waffenproduktion eingespannt wurden, *vollständig* getarnt haben.

Im Bewußtsein der Allgemeinheit noch weit weniger präsent als Euler und Boscovich ist das Mathematik-Wunder Srinivasa Ramanujan (1887–1920). Dabei sticht der faszinierende Inder gleich mehrfach wie ein Leuchtturm aus der wissenschaftlichen Elite heraus. In seinen wenigen Lebensjahren schuf Ramanujan umfassende Theorien, die völlig neue Zugänge ermöglichten und zum Großteil erst heute durch den Einsatz von Computern bis zur letzten Konsequenz erfaßt werden können (manche nicht einmal dadurch). Dem Mathematiker-Brüderpaar Jonathan und Peter Borwein gelang aufgrund der Erkenntnisse des Inders im Jahre 1987 (!) ein exotischer Algorithmus zur schnelleren iterativen Erweiterung der Zahl Pi. Dazu die Brüder Borwein: »Die Berechnung beruht auf einer bemerkenswerten Gleichung, die Ramanujan entdeckt hat.«

Es mag zu denken geben, daß der Inder für viele seiner Sätze gar keinen Beweis nannte und es der Nachwelt überließ, ihre Richtigkeit festzustellen, was seither laufend geschieht. Ramanujan erklärte, die indische Göttin *Namagiri* würde ihm die Formeln geistig mitteilen. Ob dies ein verklausulierter Hinweis, echter Glaube oder was auch immer ist, weiß niemand. Fakt jedoch bleibt, daß seine Methoden außerhalb aller herkömmlichen mathematischen Beweisverfahren angesiedelt sind. Man muß sie als nicht nachzuvollziehende Inspirationen hinnehmen. Sie stehen in einer Reihe mit so manchen Aussagen von Isaac Newton (1643–1727), die für seine Zeitgenossen buchstäblich aus dem Nirgendwo kamen. Man erinnere sich nur an Newtons richtungsweisende Aussage, eine Kugel müsse so behandelt werden, als sei ihre Masse in ihrem mathematischen Mittelpunkt zusammengefaßt, die er beiläufig machte. Viele der Newtonschen Axiome konnten erst nach seinem Tod bewiesen werden.

Eine Geheimgesellschaft der Superwesen durch die Jahrhunderte? Wenn ja, könnten wir sie kaum enttarnen, das steht fest. Möglicherweise kommunizieren überlegene Intelligenzen in aller Ruhe miteinander, ohne daß wir uns dessen bewußt sind. So lenkte beispielsweise 1958 eine Reihe mysteriöser Botschaften in der Anzeigenkolumne »Persönliches« der *Times* das Interesse mehrerer nationaler Polizeibehörden auf sich. Namhafte Kyptographen konnten sie nicht entschlüsseln – und sollen auch heute noch nicht dazu in der Lage sein, Supercomputer hin oder her. Ein solches Verbindungssystem wäre damals wie heute der Wunschtraum so manchen Syndikats des organisierten Verbrechens und natürlich aller Geheimdienste. Hypothetische Superwesen, die schon vor Jahrzehnten mittels – bis heute – unknackbarer Codes kommuniziert haben mögen, wären auf dem Ultra-Info-Highway unserer Tage, dem Internet, natürlich wie zu Hause. Netzüberwacher und ähnliche Spürhunde, die »normalmenschlichen« Internet-Usern üblicherweise selbst dann auf die Schliche kommen, wenn sie die raffiniertesten Codierungs- und Sicherheitsmaßnahmen verwenden, wären gegen übermenschliche Internet-User natürlich völlig zahnlos.

## Der unsterbliche Graf

Trotz allem mag man geneigt sein, außergewöhnliche Erscheinungen wie Boscovich und Euler ganz einfach für Genies zu halten. Bei allem Respekt vor den beachtlichen Denkleistungen des Homo sapiens erscheint mir diese Interpretation bei anachronistischen Persönlichkeiten problematisch, deren dokumentierte Fähigkeiten in einem *einzigen* normalen Leben einfach nicht zu erwerben *sind.* Bestes Beispiel dafür ist der legendäre Graf von Saint-Germain. Kann man einen scheinbar seit Jahrhunderten durch die Welt geisternden exzellenten Alchimisten, Dichter, Künstler, Sprachvirtuosen, Universalwissenschaftler, Diplomaten, Illuminaten und sonst noch einiges mehr Könnenden zum lediglich begabten Normalmenschen degradieren?

Erste Aufzeichnungen über den Grafen, der nach eigenen Angaben über 3000 Jahre alt war, der Pontius Pilatus ebenso zu seinen persönlichen Bekannten zählte wie die Zwölf Apostel und der von sich selbst sagte, er habe von König Cyrus von Babylon den magischen Stab des Moses erhalten, wodurch er einer der unsterblichen *Illuminaten* geworden sei, finden sich ab dem Jahr 1740. Damals sorgte ein junger Adeliger, der statt Geld stets eine Handvoll Diamanten bei sich trug, exzentrisch, aber erlesen gekleidet war und eine Aura des Mysteriösen um sich verbreitete, für Gesprächsstoff in den blasierten Adelskreisen am Wiener Hof. Desgleichen wenig später in Paris.

Von dort wird uns Interessantes berichtet. So kam es bei einer Soiree der betagten Gräfin von Gregory zu einem Gespräch zwischen ihr und dem Grafen von Saint-Germain, der in mittleren Jahren zu sein schien. »Graf«, fragte die Gastgeberin, »habe ich Sie nicht schon in Venedig gesehen, als mein verstorbener Mann dort Botschafter war? Oder war das Ihr Herr Vater?« »Nein«, erwiderte der Graf, »ich selbst hatte das Vergnügen, Ihnen zu begegnen. Ihre Schönheit ist mir bis heute unvergeßlich geblieben.« Das verwirrte seine Gesprächspartnerin. Damals war sie ein junges Mädchen gewesen, und er hatte ausgesehen wie heute. »Wie ist das möglich?«, fragte sie. »Madame«, lautete die Antwort, »ich bin kein ganz junger Mann mehr.« Genaugenommen hätte er ein *Greis* sein müssen, denn die angesprochene Begegnung lag *70 Jahre* zurück.

Solche Begebenheiten sind Legion. Natürlich kann man leicht behaupten, mit geschichtlichen Figuren der Antike bekannt gewesen zu sein, oder persönliche Erlebnisse aus den Kreuzzügen zum besten geben, aber eine Reihe von Faktoren unterscheidet den Geheimnisvollen von einem Scharlatan. Der Graf von Saint-Germain beherrschte perfekt mindestens Französisch, Englisch, Deutsch, Italienisch, Spanisch, Russisch, Portugiesisch, Arabisch, Türkisch, Persisch, Chinesisch, Indisch und eine große Zahl antiker Sprachen, die nur Experten geläufig waren. Sein medizinisches Wissen, das er oft praktisch unter Beweis stellte, könnte sich auch im 21. Jahrhundert sehen lassen. Er war in buchstäblich *allen*

Wissenschaften nicht nur bewandert, sondern seinen Zeitgenossen weit voraus.

Der Graf war ein brillanter Juwelier und Goldschmied mit anachronistischen Kenntnissen in Metallurgie (die keiner seiner Zeitgenossen verstehen konnte), betrieb eine Textilherstellung und eine Porzellanmanufaktur. Damit die Kunst nicht zu kurz kam, spielte er zahlreiche Musikinstrumente und malte vollendet. Durch diese Beschäftigungen offensichtlich nicht ausgelastet, verfaßte er das umfangreiche okkulte Werk *Die heiligste Trinosophie*, das als einer der bedeutendsten Beiträge zur mystischen Tradition des Westens gilt. Da er anscheinend trotzdem immer noch Kapazitäten frei hatte, verbrachte Saint Germain eine nicht unbeträchtliche Zeit mit Intrigen, diplomatischen Missionen und ausgiebig mit den Artigkeiten höfischen Leben.

Nochmals in aller Deutlichkeit: Eine so ungeheure Bandbreite an Kenntnissen und Fertigkeiten ist in einer normalen Lebensspanne kaum zu erlangen, schon gar nicht, wenn der Betreffende permanent in höchsten Kreisen agiert und immer wieder diplomatisch-politische Missionen erfüllt. Allein die Ausarbeitung des Buches *Die heiligste Trinosophie* wäre die Lebensarbeit eines Normalsterblichen gewesen.

Der (unsterbliche?) Graf weist noch andere rätselhafte Züge auf. Er aß in Gesellschaft niemals auch nur das geringste (in dem Zusammenhang meinte er zu Giacomo Casanova: »Meine Nahrung ist nicht für Menschen geeignet«) und legte hellsichtige Fähigkeiten an den Tag. So sagte er die Französische Revolution voraus, machte den Schwedenkönig Gustav III. auf kommende Gefahren aufmerksam und prophezeite der Chronistin Mademoiselle d'Adhemar, daß er ihr noch weitere fünf Male gegenübertreten würde, was auch geschah. Die letzte Begegnung fand 1820 statt. Saint-Germain wirkte nach wie vor wie ein Mann um die 40. Die französische Sängerin Emma Calve war nicht davon abzubringen, daß tatsächlich er es war, der sie 1897 um ein Autogramm bat. Germaines vorläufig letztes Auftreten fand angeblich 1972 im französischen Fernsehen statt.

Eines kann nicht abgestritten werden: Der Graf, den Madame Blavatsky wiederholt als einen der verborgenen unsterblichen Meister der Welt bezeichnete, hinterließ eine unübersehbare Spur durch die Zeit. Im Laufe der Jahrhunderte wurden immer wieder Anstrengungen unternommen, seiner habhaft zu werden. Eine im 19. Jahrhundert von Kaiser Napoleon III. eingesetzte Kommission scheiterte ebenso wie frühere und spätere Versuche.

Beachtlich, nicht wahr? Schwer zu klassifizieren und noch schwerer in einen sinnvollen Konnex zu bringen. Hat St. Germain etwas mit »Chidr«, dem ebenfalls unsterblichen Führer der Sufis gemein, der wegen seiner Aura auch »der Grüne« (grün Leuchtende) genannt wird, oder mit anderen Unsterblichen, von denen die Legenden berichten?

## Körperliche Superleistungen

Nun ist es wieder einmal an der Zeit zuzugeben, daß wir im dunkeln tappen. Wir können nur vermuten und nach den Schatten von Fingerzeigen für Kräfte jenseits der unseren suchen. Dabei drängt sich ein neuer, wenig erörterter Gesichtspunkt auf: Wieso eigentlich nicht auch die Natur von übermenschlichen *physischen* Leistungen hinterfragen, an die wir uns sozusagen schon gewöhnt haben? Ich denke an die erstaunlichen Demonstrationen fernöstlicher Meister, die man bei Veranstaltungen oder im Fernsehen bewundern kann – und an die noch *erstaunlicheren*, die *überliefert* werden. Immer wieder stößt man auf Leistungen, die sich durch kein vorstellbares Training erlernen lassen, wie asiatisch und rigide es auch sein mag.

Kampfkunst- und Taomeister beherrschen in großer Zahl die »Kunst des Gecko« (P'i Hu Kung). Darunter versteht man das sogenannte Wändeklettern, eine Fertigkeit, die man kaum erlernen kann wie Stabhochsprung oder Klavierspielen. Der Großmeister des Pa-kua-Kung Fu, Tung Hai Ch'unan (1798–1879), pflegte glatte Wände hinaufzulaufen, und der berühmte Hsing-I-Boxer Sung Shih soll sogar minutenlang an einer glatten Hausmauer geklebt haben. Die *absolute* Steigerung des Untrainierbaren findet sich in der regelrechten Überwindung der Gravitation durch die »fliegenden Meister«, von denen in mehreren Quellen berichtet wird. Unter ihnen sind Lieh Yu-Ko (400 Jahre v. Chr.), Chang Tao Ling und Tien Shih, der erste Taoist, den man auch den »Papst des Tao« nennt.

Wir wollen uns nicht vergaloppieren. Natürlich können wir nicht Boscovich, den Grafen von Saint Germain und Bruce Lee in einen Topf werfen und erklären: Wer solches kann, ist nicht von hier, die *anderen* sind unter uns – und das sind einige von ihnen. Eine solche Aussage mit derart vagen Indizien wäre nicht nur kühn, sondern absurd. Das ist ja die Krux: Wir wissen einfach nicht, ob und womit wir es *wirklich* zu tun haben. Darum das hilflose Herumtappen im dunkeln und die unterschiedlichen Vermutungen. Was wir bei diesen Grabungen in unbekannten Gefilden ans Tageslicht befördert haben, mögen Puzzlesteine sein, aber ebensogut können wir in eine Vielzahl von schillernder Sackgassen hineingestürmt sein.

## Ein »erwachter« Menschentyp?

Die Frage, ob der »neue Mensch« tatsächlich unter uns ist, dem Adolf Hitler begegnet sein will – wobei der nicht eben zartbesaitete »Führer« von Furcht geschüttelt wurde –, oder ob einige der »schlafenden Maschinen« erwacht sind, als die Autor, Philosoph, Choreograph, Komponist und Lehrer Georg Iwanowitsch Gurdjieff (1872–1949) alle Normalmenschen betrachtete und die er durch rüde Übungen in seinem »Institut zur harmonischen Entwicklung des Menschen« in Fontainebleau bei Paris erwecken wollte, ist nicht zu beantworten. Interessant in dem Zusammenhang ist, daß Gurdjieff als Alternative zu den drei traditionellen Wegen des Mönchs, des Yogis und des Fakirs einen »Vierten Weg« propagierte, der konzeptionell am ehesten mit den Traditionen der Sufi- beziehungsweise Derwisch-Orden des vorderen Orients und Nordafrikas verglichen werden kann. Laut Gurdjieff verspricht dieser Weg eine *ganzheitliche* Entwicklung des Menschen zu seinem *vollständigen* Potential!

Manche Fachleute, die mit Gurdjieff absolut nichts am Hut haben, gehen sogar so weit, PSI-Phänomene als zufälliges Auftreten winziger Teile jenes umfassenden Fähigkeitenkatalogs zu interpretieren, den uns weit überlegene Individuen zur Gänze besitzen mögen.

Eine Pattstellung. Das Grundproblem bleibt die Systemlosigkeit bei der Suche nach dem *wirklich* Verborgenen. Man kann nur da hineinstochern, dort herumschnüffeln und über seltsame Umtriebe den Kopf schütteln. Ein *Gesamt*bild schält sich dabei nicht heraus. Die Verschwörungsliteratur, in der wir geblättert haben, ist auch keine sonderliche Hilfe, denn jeder ihrer Autoren versteift sich auf eine bestimmte Richtung. Mal sind es die Banker, dann wieder ein geheimes Übermenschendirektorium. Fatalerweise lassen sich für diese meisten Thesen – ebenso wie für die Hohlweltlehre oder die Behauptung, der Mond sei aus grünem Käse – auch Indizien finden, wie im »Verschwörungszusammenhang« vorexerziert werden konnte.

## Esoterische Deduktion

Jagen wir also unserem eigenen Schatten nach, ohne eine Chance auf ein Durchbrechen des Teufelskreises? Das muß nicht sein. Wir können uns vielleicht wie Münchhausen am eigenen Zopf aus dem Sumpf kreisförmiger Argumentationen ziehen. Dazu ist es allerdings notwendig, mit der herkömmlichen linearen Logik ebenso rücksichtslos zu brechen, wie dies Münchhausen bei seiner Selbstrettungsaktion mit den Gesetzen der Mechanik getan hat. Aber wie sollte das zu bewerkstelligen sein? Durch eine Vorgehensweise, die der Science-Fiction-Autor A. E. van Vogt (1912–2000) möglicherweise *Null-A-Logik* (Nicht-Aristotelische Logik) nennen würde. Dieser durch Vogt aufgestellte Begriff geht auf die »Allgemeine Semantik« des Grafen Alfred Habdank Korzybski (1880–1950) zurück, die dieser unter dem Kürzel »Null-A« in seinem Hauptwerk *Science and Sanity* von 1933 ausführte. Wem das immer noch zu kausal-rationalistisch klingen mag, dem schlage ich den Begriff »esoterische Deduktion« vor.

Genug der Wortklauberei. Die Sache klingt verrückt und ist es auch. Trotzdem: Nehmen wir uns ruhig ein Beispiel an dem berühmten Physiker Niels Bohr, der zu einem jungen Wissenschaftler sagte: »Ihre Theorie ist verrückt, aber nicht verrückt *genug*, um *wahr* zu sein.« Unsere *wäre* verrückt genug.

Lassen wir uns also nicht ins Bockshorn jagen und halten wir Ausschau nach »esoterisch-okkulten Konstanten« (sofern sich solche entdekken lassen).

## Die mystische Zahl Neun

Da wir niemals hoffen können, alle Puzzlesteine für ein Gesamtbild zusammenzubekommen, könnte das Beschreiten des umgekehrten Weges – vom Allgemeinen zum Speziellen – neue Einsichten bringen. Wonach also suchen?

Ganz einfach: Nach irgendwelchen Prinzipien, Faktoren, Gesetzlichkeiten, bedeutungsvollen Zahlen oder was auch immer, die in der naturwissenschaftlichen Welt der Spiralnebel und Atomkerne keine Rolle spielen – wohl aber in der verborgenen Welt der geheimen Kräfte, Mächte und Gesellschaften, wobei ich die bei Verschwörungstheoretikern ungemein beliebte Zahl *23* wegen Überstrapazierung bewußt außen vor lasse.

Und siehe da! Eine andere Zahl springt aus dem Kosmos geheimen Wissens förmlich hervor: die Zahl *Neun*.

Sie soll große Macht verkörpern. Mystiker nennen sie »die Zahl der Liebe«, aber auch – und das scheint mir beachtlicher – »die Zahl der Lehrer und Weisen«. Numerologen bezeichnen sie als das »Alpha und Omega« (der Anfang und das Ende) der menschlichen Möglichkeiten. Der neunte Himmel findet sich im katholischen Tagesbrevier als *primus movens*; die oberste Sphäre, die alle anderen bewegt. Neun Ebenen hat die Hölle, zu der Dante in der *Göttlichen Komödie* absteigt. In der Freimaurerei ist neun die Zahl des Heils und das Symbol geistiger Wiedergeburt. Die *Kabbala* spricht von neun himmlischen Sphären und von neun Ordnungen himmlischer Geister, der Volksmund wiederum davon, daß eine Katze neun Leben habe (warum nicht acht oder zehn?). Und mit der Peitsche namens »neunschwänzige Katze« macht niemand gerne Bekanntschaft.

Der Buddhismus nimmt neun geistige Stufen an und gibt seinen Tempeln neun Etagen und Dächer. In Peking thront über jedem der alten Tore ein solcher Neun-Etagen-Bau, und der Gouverneur von Peking trug den Titel »General der neun Tore«. Die älteste Provinz des Reichs der Mitte hatte neun Bezirke. Der alte Rosenkreuzer-Orden zählte neun Grade, desgleichen die Große Landesloge von Deutschland. Es gibt neun Musen, neun Ordnungen der Seligen unter den Engeln, neun Steine des Propheten Hesekiel.

Das »Enneagramm« (griechisch für Neunheit), die okkulte Typologie der neun Persönlichkeiten, soll bereits 2500 Jahre vor Christus in Babylon entstanden und vom mystisch-islamischen Sufi-Orden übernommen worden sein (speziell von der Bruderschaft der Naqshbandits). In den Westen hätte es dann der vielgereiste Gurdjieff gebracht. Gleichzeitig symbolisiert das aus neun Linien gebildete Enneagramm die immerwährende Selbsterneuerung.

Der evangelische Mystiker Jakob Böhme (1575–1624), ein Schuhmacher aus Altseidenberg bei Görlitz, der die Philosophie Hegels beeinflußte, sagt im Zusammenhang zur alchemistischen *Zahl der Tinktur*: »Bis in die neunte Zahl sollen wir gehen, weiter nicht. In der neunten Zahl sieht man alle Dinge.«

Man findet wenige Weisheitslehren, die sich nicht in der einen oder anderen Weise auf die Zahl Neun beziehen. Sie spielt aber auch in der diffusen Grauzone der geheimnisvollen Drahtzieher, Gesellschaften und Mächte, hinter denen wir her sind, eine dominante Rolle.

Damit kehren wir – vorerst – wieder auf eine einigermaßen konkrete Ebene zurück. Auf die Ebene der Überlieferungen.

## Aschoka der Große

Als eine der langlebigsten und auch ältesten Legenden präsentiert sich jene von den »Neun Unbekannten«. Das Faszinierende an ihr ist die Verbindung von Mythos mit konkretem geschichtlichem Background, wobei man interessanterweise den Finger nicht auf den Punkt legen kann, an dem eine historische Persönlichkeit den Schritt zum Übermenschen und in der Folge zum Gründer einer Vereinigung nicht weniger superhumaner Individuen gemacht haben soll. Die Rede ist vom indischen Kaiser Aschoka (ca. 272–232 v. Chr.). Wer sich mit seinem Wirken befassen will, braucht keine okkulten Folianten zu Rate zu ziehen, sondern kann in jedem Geschichtswerk über diesen ersten fürstlichen Gönner des Buddhismus nachlesen, der ein bedeutendes Gesetzeswerk hinterlassen hat.

Aschoka, zweiter Nachfolger und Enkel von Tschandragupta, vereinigte das Indus-Becken, das Dschamma-Ganges-Becken sowie das östliche Halbinselhochland *Dekhan* in einem Großreich und brachte Indien nach dem Zerfall der Indus-Zivilisation erstmals staatliche Einheit und innenpolitischen Frieden. Er vertrieb die letzten makedonischen Garnisonen, setzte sich in den Besitz der Hinterlassenschaft von Alexander dem Großen, annektierte das Magdah-Reich und andere. Nachdem er das Reich Kalinga (heute der indische Bundesstaat Orissa) geschluckt hatte, entsagte der erstaunliche Potentat freiwillig jeder weiteren Eroberung, obgleich ihm niemand hätte Einhalt gebieten können.

Statt weiterer Expansion widmete er sich nur noch der Verbreitung des *Dharma*, der ewigen Lehre Buddhas, als reguläre Außenpolitik. Dabei lag die Betonung mehr auf der konfuzianischen Definition des *Tao* als auf den geistigen Übungsanweisungen des Buddha, die acht Jahrhunderte später durch Buddhas 28. Nachfolger Bodidharma in der von ihm begründeten Urform des Karate/Kung Fu ihre praktische Ausformung finden sollten.

Aschoka schrieb Toleranz Andersgläubigen gegenüber auf seine Fahnen und schuf einen modernen Sozialstaat mit starkem Tierschutz. Es gibt Historiker, die in der indischen Fauna eine bis ins Heute reichende Nachwirkung der Tierliebe des Herrschers wahrnehmen wollen.

Aschokas riesiges *Maurja-Reich* im Ganges-Becken erlebte 90 Jahre lang eine unglaubliche Hochblüte. Nach Aschokas Tod brach sein Imperium, das immerhin auch noch das heutige Malaysia, Sri Lanka und Indonesien umfaßte, jäh zusammen und erlosch fast über Nacht. Für viele Fachleute ist diese kurze Hochblüte – eine für die damalige Zeit untypische historische Stichflamme – mehr als mysteriös, besonders unter dem Aspekt, daß hier eine der ersten großen Mächte die Bühne der Geschichte betreten hat. Mit ziemlicher Sicherheit wüßte man wenig bis gar nichts über die Aschoka-Epoche, fänden sich nicht von Bangladesch im Osten bis im Süden auf die Breite von Madras Felsinschriften und Denkmalsäulen über diese Ära. Dazu kommen Chroniken, die später auf Ceylon/Sri Lanka unter dem Gesichtspunkt der buddhistischen Theravadin-Schule geschrieben wurden. Beeindruckend, aber was ist daran übermenschlich?

Um diese Frage zu beantworten, muß nach der Historie die *Legende* von Aschoka herangezogen werden. Sie beruht auf einer sachlich unbestrittenen Basis. Weniger eindeutig wird Aschokas Person selbst gesehen. Während H. G. Wells in einer Ausgabe von *Die Geschichte unserer Welt* meint »Unter den Zehntausenden Monarchen, die im Verzeichnis der Geschichte aufscheinen, erstrahlt der Name Aschoka in einsamem Glanz wie ein Stern«, so hat Arnold Toynbee seine Zweifel über die einzigartige Güte des Herrschers.

Bereits erwähnte Tatsache ist jedenfalls, daß Aschoka nach dem Massaker von Kalinga jede kriegerische Aktivität schlagartig beendete. Der Grund für diesen Sinneswandel soll das mit über 100 000 Gefallenen bedeckte Schlachtfeld gewesen sein. Im Gegensatz zu so manchen Staatsmännern unserer Tage, deren Nachtruhe von Leichenbergen in keiner Weise gestört wird, war Aschoka in seinem Innersten erschüttert. Nie wieder, so schwor er sich, würde er Völker mit Gewalt in sein Reich führen oder Rebellionen grausam niederschlagen. Er wurde Buddhist und erklärte, der einzige gerechte Kampf sei der um die Seelen der Menschen. Die Waffen dazu dürften weder Schwerter noch Lanzen sein, sondern die Gesetze der Natur und die Regeln der Anständigkeit. Ohne einen weiteren Tropfen Blut zu vergießen, nur durch die Kraft seiner Überzeugung und seines Beispiels, verbreitete Aschoka den Buddhismus in seinem Imperium und in der Folge in Nepal, China, Tibet und der Mongolei. Als echter Frühliberaler akzeptierte er allerdings auch alle anderen Religionen, Glaubensbekenntnisse und Sekten.

Die Greuel des Krieges hatten den Kaiser, so heißt es weiter, zu einem Mann des Friedens gemacht. Mehr noch, er wollte für alle Zeiten verhindern, daß mit den Früchten des menschlichen Geistes Schindluder getrieben wurde. Man könnte sagen, er war ein antiker und weit erfolgreicherer Vorläufer des Athener Professors O. J. Despotopolous, der im Oktober 1953 die UNESCO aufforderte, jeglichen wissenschaftlichen Fortschritt streng geheim zu halten und nur ein Wissenschaftsgremium darüber verfügen zu lassen. Damit Erfindungen nicht als Waffen mißbraucht werden können, ordnete Aschoka die Tarnung jeglichen Fortschritts an. Von Stund an wurden alle Erkenntnisse, von Einsichten in das Wesen von

Materie und Energie bis hin zu massenpsychologischen Techniken, hinter einem mystischen Schleier verborgen.

## Neun Bücher der Macht

Um diese Geheimhaltung und gleichzeitig die Führung der nichtsahnenden Menschheit durch eine kleine Gruppe Eingeweihter zu gewährleisten, soll Kaiser Aschoka vor über 2000 Jahren die Gesellschaft der »Neun Unbekannten« ins Leben gerufen haben – ein mehr als exklusiver Zirkel, deren Mitglieder in einer Kunstsprache kommunizieren und ihr Wissen aus neun geheimen Büchern beziehen, die permanent weitergeschrieben werden. Ein Buch für jeden der Unbekannten. Die Bücher verdienen Beachtung.

Das *erste Buch* erläutert die kompulsiven Techniken der Propaganda und der psychologischen Kriegsführung. »Dies ist die gefährlichste aller Wissenschaften«, meinte der Abenteuerschriftsteller Talbot Mundy (Pseudonym von William Lancaster Gribbon, 1879–1940), der 1924 in seinem Werk *The Nine Unknown* erstmals auf die exotische Vereinigung zu sprechen kam.

Das *zweite Buch* befaßt sich mit Physiologie und legt die verborgensten Kämmerchen des menschlichen Körpers frei. Die asiatischen Kampfkünste *Judo, Aikido, Kung Fu* und andere, einschließlich von *dim mak*, einer Technik, mit der Großmeister durch bloße Berührung, mit Zeitverzögerung und sogar aus der Ferne töten oder einen bestimmten Ziegel inmitten eines ganzen Stapels *selektiv* zertrümmern können, ohne die anderen zu beschädigen, sollen auf winzige durchgesickerte Informationsfragmente aus diesem Buch zurückzuführen sein. (Ich selbst habe vor Jahren einer solchen selektiven Zertrümmerungsaktion bei einer Sportveranstaltung beigewohnt.)

Das *dritte Buch* behandelt die Mikrobiologie. Man braucht nur an die ununterbrochene Gentechnologie-Debatte zu denken, um zu ermessen, *was* fortgeschrittenes Wissen auf diesem Gebiet bedeutet.

Das *vierte Buch* verrät das Geheimnis der Transmutation, der Umwandlung von einem Element ins andere. Es heißt, manche Tempel und Religionen hätten in Notzeiten auf diese Weise große Mengen reinen Goldes erhalten. Wahrscheinlich hat die Suche nach dem Stein der Weisen ihre Wurzel in einer Fehlinterpretation der spärlichen Hinweise auf die Existenz dieses Buches.

Das *fünfte Buch* referiert über Kommunikation jeglicher Art, irdisch und nichtirdisch. Dazu könnte das bis heute ungelöste Aymara-Rätsel passen. »Aymare altiplanico« ist die Sprache der nicht ganz zwei Millionen Aymara-Indianer von Bolivien und Peru, die auf dem Plateau um den Titicaca-See leben. Für den bolivianischen Mathematiker und Computerspezialisten Iván Guzmán de Rojas ist sie eine vollkommen »unnatürliche« Sprache, die wirkt, als sei sie bewußt von Grund auf entworfen worden. Ihre künstlich anmutende Syntax und die extrem straffe Struktur sind so unzweideutig, daß sie synthetisch zu sein scheinen. Absolut künstlich in einem Ausmaß, das in organischen Sprachen bisher nicht gefunden wurde. Normalerweise entwickelt sich eine Sprache über eine lange Zeit hinweg. Aymara hingegen entwuchs nicht einer linguistischen Kindheit. Sie war »geschaffen« und mit einer »mathematischen Syntax« ausgestattet worden, was zu dem von Rojas geprägten Fachbegriff des »Aymara-Algorithmus« geführt hat. Aymara läßt sich nämlich ganz leicht in einen Computer-Algorithmus umwandeln, der als »Brückensprache« verwendet werden kann. Verständlicher ausgedrückt: Die Sprache eines Originaldokuments kann in Aymara übersetzt und dann in alle anderen Sprachen zurückübersetzt werden. Aymara ist wie ein fertiges Übersetzungsprogramm. Linguisten halten es für unschätzbar. Guzmán war der erste, der ein Translationsprogramm zur Übersetzung von Englisch in andere Sprachen geschrieben hat, wobei er Aymara als Brückensprache verwendete und damit einen völlig neuartigen Ansatz kreierte. So entwickelte er das revolutionär wirkende, multilinguale Übersetzungssystem »ATAMIRI«. Guzmán: »Wer immer diese Sprache entwickelt hat, muß einen hohen Wissensstand gehabt haben, denn er kannte die Regeln der modernen Algebra und der dreiwertigen Logik.« Das mindestens 4000 Jahre alte Aymara, das manche für die älteste Spreche der Welt halten, könnte ein Indiz dafür sein, daß der Ursprung der »Neun Unbekannten« in vielleicht noch fernerer Vergangenheit zu suchen ist als in der Ära von Kaiser Aschoka.

Das *sechste Buch* enthüllt das Wesen der Gravitation. Bedenkt man, wie wenig die Physik darüber tatsächlich weiß und gleichzeitig davon schwärmt, *was* eine Kontrolle der Gravitation bedeuten würde (interstellare Raumfahrt, Lösung der Energiefrage, Beherrschung von Raum und Zeit, Macht über den Mikro- und Makrokosmos), so sagt das wohl schon alles.

Das *siebente Buch* entrollt eine umfassende Kosmogonie, verglichen mit der die neuesten astrophysikalischen Theorien unserer Zeit Grundschul-Überlegungen sind.

Das *achte Buch* befaßt sich mit dem Licht. Heute beginnen wir zu *ahnen*, daß Licht der Schlüssel zu den Geheimnissen des Lebens (Stichwort »Biophysik«) und zu den Ungereimtheiten im Kosmos wie im subatomaren Bereich (Stichwort »Wellen-Teilchen-Dualismus«) sein dürfte.

Das *neunte Buch* behandelt die Evolution der Arten und der Gesellschaften. Es erlaubt den Aufstieg und Fall von Lebensformen und von Zivilisationen vorherzusagen. Man wird unwillkürlich an Isaac Asimovs Psychohistorie erinnert.

Ganz schön, nicht wahr? Wer seit über 2000 Jahren im Besitz eines Wissensschatzes dieser Größenordnung ist, der noch dazu ständig erweitert wird, könnte fürwahr alles und jedes bestimmen.

Da Macht bekanntlich korrumpiert (wir erleben es tagtäglich) und absolute Macht daher absolut korrumpiert, müßten die Träger eines solchen titanischen Potentials mehr sein als gewöhnliche Menschen, um der Versuchung offener Machtergreifung zu widerstehen. Genau das soll auf die »Neun Unbekannten« zutreffen. Über alle Leidenschaften erhaben, nur ihrer heiligen Aufgabe verpflichtet, den Homo sapiens unauffällig, aber mit sicherer Hand durch die Wechselfälle eines chaotischen Schicksals zu lenken, wenden sie ihre unvorstellbaren Mittel mit äußerster Behutsamkeit an. Unter ihrer Observanz entstehen und vergehen große und kleine Zivilisationen, vollziehen sich Tragödien und Hochentwicklungen. Neun Männer mit einer für uns unergründlichen Aufgabe, gebunden nur an ein oberstes Gebot: das Gebot des *Stillschweigens*.

Eine schöne Legende, ohne Zweifel. Betrachtet man die tatsächliche Geschichte mit ihrer Vielzahl von Niedergängen, Schlachtfesten, Untaten und kaum zu beschreibendem Elend, fragt man sich, *wie* schlimm die letzten 2000 Jahre wohl *ohne* die »Neun Unbekannten« geworden wären. So zu argumentieren ist zynisch, demagogisch und scheuklappenbewehrt. Als Teile des Systems können wir – so sagt bereits die Kommunikationstheorie – dieses nicht von außen betrachten. Simpler ausgedrückt: Da wir nicht wissen, worum es geht und wohin die Reise führt, sind wir zu einem objektiven Urteil nicht in der Lage. Massenhaftes Leid ist schrecklich, muß aber (leider) kein Gradmesser für den Erfolg einer Mission sein, die »größer als das Leben ist«. Dieses Dilemma läßt sich nicht lösen, wohl aber läßt sich die Frage stellen, ob man Indizien für tatsächliche Aktivitäten der »Neun Unbekannten« entdecken kann, so wenig humanitär sie uns kurzfristig auch scheinen mögen. Zu einer langfristigen Perspektive sind wir selbst ja offensichtlich nicht fähig, wie der Zustand der Welt beweist.

Ein rätselhaftes Faktum könnte auch ohne extreme Gehirnverbiegung als Indiz dafür gewertet werden, daß Aschoka mehr als ein weiser Herrscher gewesen sein könnte, sondern durchaus der Träger eines anachronistischen Wissens, aus dem die »Neun Bücher der Weisheit« herausgeflossen sein könnten: In den dichten Wäldern des zu Aschokas Reich gehörenden Halbinsel-Hochlandes Dekhan finden sich riesige Felder teilweise zu einer glasartigen Substanz gewordener Ruinen. Die Hitze der Sterne muß über sie hinweggegangen sein. Im Inneren mancher Gebäude entdeckt man Gegenstände, die zuerst geschmolzen und dann kristallisiert sind.

Es liegt auf der Hand, daß die »Neun Unbekannten« neben möglicherweise solchen Zeugnissen einer anachronistischen Vergangenheit, die aber nicht a priori mit ihnen in Verbindung gebracht werden, extrem unauffällige Spuren hinterlassen haben. Ihre Kontakte zu den gewöhnlich Sterblichen dürften entweder sehr selten oder bestens getarnt verlaufen sein. Die Vermutung drängt sich auf, daß außergewöhnliche (über- oder nichtmenschliche?) Persönlichkeiten wie die bereits Erwähnten – da Vinci, Boscovich, Saint Germain usw. – Mitglieder der »Neun Unbekannten« waren oder mit ihnen in Verbindung standen. Zu beweisen oder zu widerlegen ist das allerdings nicht.

## Louis Jacolliot

Ein überzeugter Verfechter der Existenz der »Neun Unbekannten« ist der Schriftsteller und Jurist Louis Jacolliot (1837–1890), der französischer Gesandter in Kalkutta und oberster Justizbeamter in Chandernagore war. Er widmete viele Jahre dem Studium der Geschichte des Subkontinents und des Hinduismus (mit Schwerpunkt auf die Wunder heiliger Männer) und verfaßte ein eminentes Werk über okkulte Wissenschaften im alten Indien. Jacolliot erwähnte 1860 im Zusammenhang mit den »Neun Unbekannten« wissenschaftliche Methoden, die ihrer Zeit weit voraus waren, darunter die Umwandlung von Masse in Energie oder Sterilisation durch Strahlung. Allein diese Aussagen stellen bereits ein Rätsel dar.

Louis Jacolliot ging jedoch noch weiter. Er nahm die Legende beim Wort, die »Neun Unbekannten« waren seiner Ansicht nach für den unerklärlichen Effekt des Ganges-Wassers verantwortlich. Bekanntermaßen wird dem heiligen Fluß eine mystische Heilkraft zugeschrieben. Fakt ist, daß sich seit Jahrhunderten Millionen und Abermillionen von Pilgern in seinen Fluten tummeln, die mit den grausigsten und infektiösesten Krankheiten behaftet sind. Trotzdem erfolgt keine Ansteckung der gesunden Badenden, obgleich der Strom ein einziger Seuchenherd sein müßte. Die wenig befriedigende Erklärung sind *Bakteriophagen* (virenähnliche Kleinstlebewesen, die Bakterien zerstören), wobei niemand zu sagen vermag, wieso diese nicht auch im Bramaputra, im Hoangho oder im Amazonas zu finden sind. In seinem Buch vertritt Jacolliot die Ansicht, der Ganges würde von einem geheimen Tempel aus durch Strahlung sterilisiert, 100 Jahre bevor die abendländische Wissenschaft eine solche Methode anwandte.

Es gibt noch mehr Ereignisse, die mit den »Neun Unbekannten« in direkte Verbindung gebracht werden. Beispielsweise soll der Schweizer Tropenarzt und Mitarbeiter Pasteurs, Alexandre Yersin (1863–1943), im Jahre 1890 bei einem Besuch in Madras biologische Geheimnisse erhalten haben, durch die er ein Serum gegen die Cholera und die Pest entwickeln konnte.

**Wissensvernichtung durch die Jahrtausende**

Die menschliche Geschichte ist voll Anachronismen, die bequemerweise mit dem Hinweis unter den Tisch gekehrt werden, man lasse sich durch das heutige Wissen zu Fehlinterpretationen verlocken. Erich von Däniken und andere Erforscher von Vergangenheitsrätseln können ein Lied davon singen, wie schnell ein unerklärliches Fundstück als Kultgegenstand »identifiziert« wird, egal, wie technisch es auf jeden naturwissenschaftlich Gebildeten wirken mag. Technologie oder gar Supertechnik sind einzig und allein *unserer* Zeit vorbehalten, und damit basta.

Wieso eigentlich? Wie armselig wenig wissen wir doch über die Einsichten, die in dem ungeheuren Berg an Aufzeichnungen niedergelegt waren, der im Laufe der Jahrtausende vernichtet wurde. Was mögen die über 200 000 Bände der Bibliothek von Pergamon in Kleinasien beinhaltet haben, die von Kaiser Theodosius I. (347–395 n. Chr.) und später von den Sarazenen endgültig ausradiert wurden? Was die legendären Sybillinischen Bücher, die 83 v. Chr. beim Brand Roms untergingen, und was die keltischen Druidenschriften, die Julius Cäsar in alle Winde zerstreuen ließ? Welches uralte Wissen verzehrten die Flammen beim Brand der 700 000 Schriftrollen der Bibliothek von Alexandria im Zuge der Eroberung Ägyptens durch Julius Cäsar? Wie viele Erkenntnisse verschwanden bei der Einäscherung der 500 000 Papyrusrollen umfassenden Sammlung des gesonderten alexandrinischen Archivs *Brucheion*?

Wohin sind etwa 600 v. Chr. die Sammlungen des Pisistratus bzw. Pisander in Athen gekommen, wohin die von Theben, die des Tempels von Jerusalem oder jene im Sanktuarium des Phtah in Memphis? Was wurde aus den Tontafel-Archiven der Minoer zu Knossos auf Kreta, deren ärmliche Überreste erst zum kleinsten Teil übersetzt wurden, und was aus dem heute verschollenen ungeheuren Schatz von antiken Schriftrollen, der sich im Besitz des russischen Zaren Iwan des Schrecklichen befand?

Welche Denkleistungen verschlang der Untergang der syrischen Bibliotheken, und was würden wir heute wissen, gäbe es die Stadt der Bücher König Sargons von Uruk mit ihren vernichteten akkadischen und sumerischen Schriften noch oder die Bibliotheken von Nippur und Ninive?

Von welchem Ungeist war Alexander der Große befallen, als er im dritten Jahrhundert v. Chr. den Befehl zur Vernichtung der in goldenen Lettern geschrieben Urschrift des 21bändigen heiligen Buches der Parsen *Awesta* gegeben hat, bei dessen Abfassung dem Religionsgründer Zarathustra der »Herr des Lichts« *Ahura Mazda* beigestanden haben soll?

Unschätzbares Wissen bargen die Tausende von Büchern aus Chinas Vorgeschichte, die sogenannten *Li Ss*i, die ein Minister des Kaisers Chin Shi Huang-Ti 213 v. Chr. einäschern ließ, oder die halbe Million Bücher der Bibliothek von Karthago, die bei der Eroberung durch die Römer 146 v. Chr. verbrannt wurden. Welche Denkleistungen verschlang die Vernichtung der syrischen Bibliotheken durch den oströmischen Kaiser Phokas (602–610 n. Chr.)? Was mag 640 n. Chr. in Rauch aufgegangen sein, als Omar, der zweite Kalif des Islam, der alexandrinischen Bibliothek den Rest gab, indem er Millionen unersetzlicher Buchrollen zur Befeuerung der städtischen Badeanlagen verwenden ließ? Kaum geringer war der Verlust, als der byzantinischen Kaiser Leo Isaurus im achten Jahrhundert 300 000 Bücher in die Öfen von Konstantinopel befördern ließ. Was im Mittelalter in Europa in Flammen aufging, entzieht sich überhaupt jeder Schätzung.

Nicht anders erging es den Heiligen Texten Südamerikas. Neben der Vernichtung von Aufzeichnungen durch die miteinander rivalisierenden indianischen Stämme ist die Einäscherung der gesamten aztekischen Schriften von Texcuco auf Geheiß von Erzbischof Don Juan de Zumágarra (1478–1548) im 16. Jahrhundert besonders schmerzlich. Wie ein spanischer Zeuge berichtet, stapelten die Missionare die Schriften auf dem Marktplatz zu einem Hügel von mehrfacher Mannshöhe auf. Und dann verbrannten, so der Chronist, »die Erinnerungen an viele recht seltsame und merkwürdige Ereignisse zu Asche«.

Dasselbe feurige Schicksal erlitten die umfangreichen Aufzeichnungen der Maya. 1561 brannten drei Tage und Nächte auf Anordnung des

Erzbischofs im mexikanischen Mérida, Diego de Landa, einem unermüdlichen Aktivisten bei der Vernichtung indianischer Kulturgüter, die umfangreichen Aufzeichnungen der Maya vor der Kirche von San Miguel in der letzten Maya-Metropole Mani.

Wenig bekannt ist übrigens, daß die Inkas die berühmte Knotenschrift der »Quipus« erst einführten, nachdem ein Inka-Herrscher namens Tupac Cauri Paschacuti die Verwendung von Schrift und Pergament verboten hatte. Daß er Berge solcher Aufzeichnungen, die »Quilcas« genannt wurden, verbrennen ließ, versteht sich fast von selbst.

Die Liste derartiger Monstrositäten durch die Jahrtausende ist unendlich lang und vielfältig. Eine einzige Parade der Schande, die sich viele Seiten lang fortsetzen ließe. Man spricht nicht zu unrecht von der Wissens*explosion* unserer Tage. Der Umfang der Wissens*vernichtung* im Lauf der Zeiten kann nicht einmal annähernd geschätzt werden. Einen wesentlichen Beitrag zur Wissensvernichtung müssen allerdings auch die Apokalypsen geleistet haben, die offensichtlich von den Trägern frühzeitlicher hochstehenden Zivilisation veranstaltet wurden. Ich meine damit jene vorgeschichtlichen Ereignisse, denen die Erforscher von Vergangenheitsrätseln die Bezeichnung »Kriege der Götter« gegeben haben. Trotz dieser unvorstellbaren Aderlässe und Vernichtungsorgien durch die unterschiedlichsten Parteien war der Kahlschlag nicht hundertprozentig. Es gibt Aufzeichnungen und archäologische Funde. Damit bleibt zwar nach wie vor fraglich, ob die »Neun Unbekannten« ihr Wissen aus dem Fundus einer niedergegangenen technologischen Hochzivilisation schöpften oder aus einer *noch* exoterischen Quelle – nicht aber die *Möglichkeit* des Wissens selbst. Da und dort lugen die Zeugnisse anachronistischer Vorgänge wie scheue Pflänzchen durch die sie verhüllende Decke der Ignoranz. Genau betrachtet, gibt es sogar erstaunlich viele Indizien für die Wunder vorgeschichtlicher Zivilisationen und sogar handfeste Beweise für ihren tumultösen Untergang.

## Kriege der Götter

Nach dem amerikanischen Atombombentest im Juli 1945 wurde »der Vater der Atombombe«, Robert J. Oppenheimer, von einem Journalisten gefragt, ob dies die erste Atombombenexplosion sei. Darauf soll der Physiker, der als profunder Kenner altindischer Texte bekannt war, geantwortet haben: »In moderner Zeit, ja.«

Das bekannteste Beispiel für vorgeschichtliche Superwissenschaft ist die Beschreibung eines Götterkrieges, die sich im berühmten altindischen

National- und Heldenepos *Mahabharata* (wie auch in den *Veden*) findet. Seine Entstehung läßt sich bis ins Jahr 500 v. Chr. zurückverfolgen. Manche datieren sie sogar um 7000 v. Chr.! Sozusagen schwarz auf weiß sind dort Ereignisse festgehalten, die nach unserer Zeitrechnung vor 4000 bis 9000 Jahren stattgefunden haben sollen.

Besondere Beachtung verdienen die detailreichen Berichte über den 18 Tage dauernden Krieg zwischen den *Kauravas* und *Pandavas* im oberen Ganges-Gebiet sowie über die kurz danach erfolgte Auseinandersetzung zwischen *Vrishnis* und *Anhakas*. In beiden Kriegen kamen Flugmaschinen, sogenannte *Vimanas*, sowie eine Art von Energie- und Raketenwaffe zum Einsatz, die als *Agneya* bezeichnet wurde. Hier handelt es sich nicht um eine kühne Interpretation nebulöser Formulierungen, sondern um präzise Schilderungen, die kaum untechnisch gedeutet werden können.

Wer würde bei den folgenden Beschreibungen nicht an gegenwärtige und zukünftige Kriege denken: »Der kühne *Adwattan* zielte genau, dann ließ er das schillernde Geschoß lodernden Feuers losrasen … Flammende Pfeile hüllten die gegnerischen *Pandavas* ein … Dunkelheit brach herein … Meteorschauer ergossen sich vom Himmel … Brüllende Winde erhoben sich … Wolken türmten sich himmelwärts und ließen Staub und Steine herabregnen … Die Sonne taumelte am Firmament … Die Erde erbebte unter der Hitze der Götterwaffe … Elefanten gingen in Flammen auf … Das Wasser des Flusses kochte und tötete alles Leben in ihm … Vieles wurde zu feiner Asche … Überall stürzten die Tiere zu Boden und starben … Feuerblitze regneten vom Himmel … Die feindlichen Soldaten wurden von Flammen eingehüllt … Tausende von fliegenden Kriegsmaschinen fielen auf beiden Seiten zur Erde … *Gurkha* sandte ein einzelnes Geschoß mit der Kraft des Universums von seiner fliegenden *Vimana* gegen die drei Städte der *Vrishnis* und *Andhakas*. Eine riesige Säule aus Rauch und Feuer erhob sich, strahlend wie tausend Sonnen. Dieser eine Todesbote verwandelte die gesamte Rasse der *Vrishnis* und *Andhakas* zu Asche. Die Körper verbrannten zur Unkenntlichkeit. Haare und Nägel waren ausgefallen. Vögel fielen vom Himmel, weiß geworden. Überlebende Krieger sprangen in die Flüsse, um sich vom unsichtbaren Gift reinzuwaschen, Gegenstände barsten ohne sichtbare Ursache. Nach wenigen Stunden war alle Nahrung vergiftet. Auch noch die ungeborenen Kinder im Mutterleib starben.«

In dem Zusammenhang drängt sich der Gedanken an den in der Bibel verzeichneten Untergang der Städte Sodom und Gomorrha auf, wobei das Augenmerk auf die Originaltexte gerichtet werden muß, die sich etwas anders lesen als die von Luther gelegentlich etwas frei gehandhabte Bibel-Übersetzung. Originalzitate findet man beispielsweise in amerikanischen Bibel-Ausgaben, in denen nichts davon steht, daß Lots Weib zurückgeblickt habe und daraufhin zur Salzsäule erstarrt sei. Vielmehr ist sie zurückgeblieben, worauf das Unheil sie ereilte, und »ihr Körper zerfiel zu Asche und düngte die Erde« (wörtlich).

Bedrückende Schilderungen, die unangenehm vertraut klingen. Wer dieses eindeutige Atomkriegsszenario sowie die Aufzählung von Folgeerscheinungen radioaktiver Einwirkungen für willkürliche Phantasien hält, der treibt mit dem gern bemühten »Zufall« eindeutig Schindluder.

Hinzu kommt die störende Tatsache, daß im oberen Ganges-Bereich in Nordindien, zwischen dem Ganges und den Rajamahal-Bergen, dort, wo der im *Mahabharata* beschriebene Bharata-(Atom)Krieg stattgefunden haben soll, verbrannte Ruinen zu finden sind. Sie wurden nicht Opfer eines uns bekannten gewöhnlichen Feuers, sondern sind regelrecht zusammengeschmolzen.

Wie schon im Zusammenhang mit Kaiser Aschoka erwähnt, finden sich in den dichten Wäldern des Halbinsel-Hochlandes Dekhan sogar riesige Felder voll verglaster Ruinen. In derselben Region des Dekhans entdeckte der russische Forscher A. Gorbovsky ein menschliches Skelett mit einem Radioaktivitätspegel fünfzig Mal so hoch wie normal, worüber er in seinem Buch *Riddles Of Antiquity* ausführlich berichtete. Sein Kollege Sprague de Camp bestätigte diese Entdeckung. Unwillkürlich muß man dabei an die radioaktiven Mumien im ägyptischen Museum in Kairo denken.

## Zeugnisse in Glas

Rings um die Welt finden sich Ruinen und Überreste von Städten, die von sonnenheißen Feuerbällen berührt worden sein müssen und sich zu Glas verwandelt haben, beispielsweise ein sogenannter *Zikkurat* unweit des antiken Babylon. *Ziggurats* oder *Zikkurats* waren die Tempel der Sumerer im ehemaligen Zwischenstromland Mesopotamien, dem späteren Irak, von denen heute noch viele von einsamen Bewohnern sozusagen bewacht werden. Der emeritierte Professor Erich von Fange meinte zu den Verwüstungen einer solchen Anlage: »Der Turm scheint von einem Flammenschwert geteilt worden zu sein … Viele Gebäudeteile sind in Glas verwandelt, manche vollständig geschmolzen. Die gesamte Ruine wirkt wie ein verbrannter Berg.«

In seiner Studie *Die biblischen Hügel* spricht Erich Zehren von den verkohlten Überresten von Borsippa, das man häufig als die Ruinen des Turms zu Babel identifiziert, der laut Überlieferung von Gott zerstört wurde, und stellt die Frage, welche Kraft wohl imstande gewesen sei, die Ziegel dieses Zikkurat zum Schmelzen zu bringen. Er gibt selbst die Antwort darauf: »Nichts außer einem ungeheuerlichen Blitz oder der Atombombe.«

Schon 1816 staunte das Team des Archäologen J. S. Buckingham nicht wenig, als bei der Ausgrabung der antiken Stadt Kisch 150 Kilometer nördlich von Ur zu Glas geschmolzene Straßen und Gebäude zum Vorschein kamen.

Als Archäologen im 20. Jahrhundert im pakistanischen Indus-Tal die antike Metropole Schar-e-Suchten freilegten, waren sie erstaunt, eine antike Kanalisation und ein Wasserversorgungssystem zu finden, das effektiver war als die »modernen« Systeme im heutigen Indien und Pakistan. Noch erstaunter waren sie über die radioaktiven Skelette auf den Straßen. Die Knochen strahlten stärker als jene, die nach den amerikanischen Atombombenabwürfen in Hiroshima und Nagasaki zurückgeblieben sind. Ebensowenig in das Bild einer antiken Stadt paßten die schwarzen Glasklumpen, die überall herumlagen. Bei ihnen handelte es sich nämlich um ehemalige Tongefäße, die unter extremer Hitze geschmolzen und verglast waren. Berechnungen ergaben, daß sich die ungeheure Hitze von einem kleinen Zentrum in der Stadt kugelförmig ausgebreitet haben mußte, begleitet von einer gewaltigen Druckwelle. Schar-e-Suchten gilt als »die verbrannte Stadt«, weil die Ziegel ihrer Bauten auf eine ungeheuerliche Hitzeeinwirkung schließen lassen.

Aufgrund der Hinweise im indischen *Mahabaratha* fanden Forscher zwischen Bombay und Karachi die Überreste der legendären Stadt *Dvaraka*, die eine wesentliche Rolle in den Schilderungen des »Götterkrieges« spielt. Wie es scheint, sind seine Folgen dort heute noch erkennbar. So stießen indische Geologen, die an den Untersuchungen der Unterwasserruinen der Stadt mitwirkten, auf Mauerreste, die deutliche Spuren von Gesteinsverglasungen zeigen.

Die westarabische Wüste ist mit schwarzen Steinen, genannt *Harras*, bedeckt, die stärkster Strahlung und enormer Hitze ausgesetzt gewesen sein müssen. Auf einer Fläche von über 10 000 Quadratkilometern gibt es 28 Harras-Felder. 1932 fand der damals für die ägyptische Regierung tätige Geologe Patrick Clayton in den Dünen des »Großen Sandsees« (Saad-Plateau, nördlich des südwestlichsten Zipfels Ägyptens) rätselhafte, grünlich schimmernde Sandverglasungen. Archäologen gruben 1952 in Israel eine Platte zu Glas verschmolzenen Quarzsandes mit einer Größe von über 100 Quadratmetern aus. Dieses Gebilde ist so gut wie identisch mit jenen, die nach den Atomtests in der Wüste von Nevada gefunden wurden. Dasselbe gilt für die zu Glas gewordenen Bodenpartien von Lop Nor in Sinkiang, nahe dem chinesischen Atomtestgelände. Auch die dort vorhandenen uralten Stücke unterscheiden sich überhaupt nicht von den Quarzverschmelzungen, die sich bei den modernen chinesischen Atomversuchen bildeten.

Im Juli 1999 berichtete das britische Wissenschaftsmagazin *New Scientist* über Sandverglasungen in der Libyschen Wüste. Vulkane, die man als Ursache anführen könnte, gibt es dort nicht. Die Beduinen fertigen seit jeher aus diesem »Wüstenglas«, von dem schon über 1000 Tonnen entdeckt wurden, Messer und Äxte. Im gleichen Jahr wurde auf der Insel Pag in der Adria unterhalb des Berges Tusto celo – einer uralten Pilgerstädte – eine geschmolzene dreieckige Fläche entdeckt. Es sieht ganz so aus, als sei etwas extrem Heißes darüber hinweggegangen. Messungen ergaben eine erhöhte Radioaktivität.

In prähistorischen Festungen und Türmen in ganz Europa, in Frankreich, England, Schottland, Irland, der Türkei, von den britischen Inseln bis zu den norwegischen Lofoten, sind Gebäude und anderes durch infernalische Hitze unbekannten Ursprungs zu Glas geworden. Besonders faszinierend ist der 560 Meter hohe Hügel *Tap O'Noth* unweit des Dörfchens Rhynie im schottischen Aberdeenshire, auf dessen Spitze eine Mauer aus glasartig zusammengeschmolzenen Felsen ein rechteckiges Areal von 28 x 25 Metern umschließt. Dazu Professor Hans Schindler Bellamy: »Die Steine müssen einer Hitze von mehr als 1000 Grad Celsius ausgesetzt gewesen sein.« Weitere Steinverglasungen lassen sich wenige Kilometer von Rhynie entfernt in Dunnideer sowie bei Craigh Phadrig und in Inverness besuchen. Manche Granitbauten entlang der irländischen Küste und Gebäude in Schottland sind bis ein Fuß tief unter der Erdoberfläche glasiert.

1881 berichtete das *American Journal of Science* über verglaste Granitblöcke, die vereinzelt in französischen Burgen der Orte Chateau-vieux und Puy de Gaude (Nordküste) entdeckt worden waren.

Auf der geheimnisumwitterten polynesischen Osterinsel im Pazifik umgibt am Fuße des Vulkans *Rana-Kao* eine riesige, scharf begrenzte Furche einen *Orito* genannten Hügel. Diese 800 Meter lange und 200 Meter breite Rille ist ein klar begrenztes Obsidianlager und besteht – man ahnt es bereits – aus geschmolzenem Felsen. Aus großer Höhe wirkt das Ganze wie ein scharf ziselierter Ring. Er sieht so aus, als sei er von einem Riesenzirkel mit einer Spitze aus Laserfeuer gezogen worden.

Unweit der mysteriösen Prä-Inka-Festung *Sacsayhuaman* in Peru, zehn Kilometer oberhalb von Cuzco, wurde ein 15 000 Quadratmeter großes Felsenareal durch titanische Hitzeeinwirkung kristallisiert. Auch die Festung selbst muß etwas abbekommen haben, denn in ihr finden sich ebenfalls Schmelzspuren, unter anderem der Steinkoloß *kenko grande*, der wirkt, als habe ihn ein Gigant mit einem sonnenheißen Messer bearbeitet.

In Brasilien stößt man auf südlich von Teresina zwischen Piripiri und Rio Longa auf Ruinen, die *Sete Ciddaes* genannt werden. Geschmolzene Ruinen, versteht sich. Das Besondere an ihnen ist, daß sie zusätzlich wie von einen riesigen Hand in den Boden gedrückt wurden.

Lange bevor sich die europäischen Kolonisten dort ausbreiteten, mußte auch Nordamerika Schauplatz unheimlicher Energieausbrüche gewesen sein. Die heutigen US-Bundesstaaten Kalifornien, Arizona und Colorado können mit einer Vielzahl gesinterter Uralt-Ruinen aufwarten. 1850 nahm der Abenteurer Captain Ives William Walker »besondere Plätze« im kalifornischen Death Valley in Augenschein. Dabei stieß er auf eine Stadt von eineinhalb Kilometern Länge, die buchstäblich verdampft sein mußte. Nur noch so etwas wie ein Grundriß der Straßen und Gebäude war am Boden zu erkennen. Einzig in ihrer Mitte stand einsam und allein ein zehn Meter hoher Stein, auf dessen Spitze sich eine Struktur befunden hatte. Sie war, ebenso wie der hinter dem Felsen liegende Gebäudeüberrest, geschmolzen. Captain Walker machte einen Vulkan für die Verheerungen verantwortlich. Allerdings gibt es dort keinen Vulkan, und selbst wenn, hätte seine Hitze niemals ausgereicht, um derartige Zerstörungen zu verursachen. Ein Mitarbeiter Walkers faßte später zusammen: »Die gesamte Region zwischen den Flüssen Gila und San Juan ist mit den Überresten von Städten mit Schmelzspuren bedeckt. Gebäude und Gegenstände müssen einer Temperatur ausgesetzt gewesen sein, die groß genug ist, um Felsen und Metall zu verflüssigen. Im Mittelpunkt dieser Stadt, einem amerikanischen Pompeji, erhebt sich ein hoher Felsen, der noch Überreste gigantischer Bauten trägt. Das südliche Ende des Bauwerks scheint aus einem Schmelzofen gekommen zu sein; der Felsen, der es trägt, weist selber Schmelzspuren auf … Man hat den Eindruck, eine riesige Feuerwalze sei über das Gebiet hinweggerollt.« Diese Liste ließe sich seitenlang fortsetzen.

Recht überzeugend, die Beweise für die »Legenden« in den alten Aufzeichnungen, oder? Besonders, wenn man bedenkt, daß nur noch ein winziger Überrest dieser Aufzeichnungen existiert und daß von diesen wiederum nur ein Bruchteil übersetzt wurde. Ausführliches über die vorzeitlichen »Kriege der Götter«, die rings um den Globus zahlreiche zusammengeschmolzene Städte und ganze verglaste Regionen hinterlassen haben, sowie über verwandte Themen findet sich in meinem Buch *Geheimsache Zukunft. Von Atlantis zur hohlen Erde* (siehe meine Homepage *www.farkas.at.*) Sogar mit einer antiken, rein technischen Beschreibung, um nicht zu sagen »Gebrauchsanweisung« des »Waffenarsenals der Götter« und ihrer Flugmaschinen, kann ich dort aufwarten.

## Altes Wissen neu verstanden

Einen Eindruck vom verlorengegangenen Wissen bekommt man bei näherem Befassen mit den noch vorhandenen alchimistischen Schriften, die zu 90 Prozent unbeachtet und unentziffert vor sich hindämmern. Es ist keine kühne Spekulation, in ihnen Erkenntnisse zu vermuten, die das Prädikat *anachronistisch* mehr als verdienen. Kopernikus, Galilei, Newton und viele andere gaben zu, wesentliche Anregungen aus der Antike geschöpft zu haben. Immer wieder erlaubt erst unser *neues* Wissen das Verständnis von *altem* Wissen. Was ursprünglich für ein Ritual, eine kultische Handlung etc. gehalten wurde, entpuppt sich plötzlich als etwas anderes, betrachtet man es vom richtigen Standpunkt aus. Indizien für anachronistische Kenntnisse in fernster Vorzeit können durchaus in Ritualen und Traditionen versteckt sein, ja sogar in überlieferten Kinderspielen.

Beispielsweise wurde vor Jahren in der TV-Dokumentationsserie *Barfuß durch Zeit und Raum* das alte asiatische *Dharma-Spiel* mit der Beobachterhypothese der Quantenphysik verglichen. Nach den Spielregeln laufen Kinder um ein weiteres in der Mitte herum, das die Augen geschlossen hat. Öffnet es die Augen, bleiben die anderen stehen. Das Kind in der Mitte kann die Mitspieler daher niemals in Bewegung wahrnehmen. Ganz so, wie es uns bei den Wellen/Teilchen ergeht, deren Tanz uns für immer verborgen bleibt. Darüber hinaus bewegen sich die Kinder just in jenen verborgenen Zufallsbahnen, die wir den Wellenteilchen statistisch zuordnen. Der Charakter dieses uralten Spiels weist eine frappierende Ähnlichkeit mit der Sage von Proteus aus der griechischen Mythologie auf. Dieser Meergreis, dem die gesamte Vergangenheit, Gegenwart und Zukunft bekannt war, nahm unentwegt verschiedene

Gestalten an, um nichts enthüllen zu müssen. Erst als er gefangen wurde und man ihn zwang, eine bestimmte Gestalt zu behalten, konnte die Zukunft mit Sicherheit bestimmt werden. Manche Physiker unserer Tage sind über die Parallelen zwischen dem Proteus-Mythos und dem Zusammenbruch der Wellenfunktion (oder des Zustandsvektors) in der Quantenmechanik verblüfft.

Anhänger der unterschiedlichsten esoterischen, okkulten, philosophischen oder religiösen Strömungen sind überzeugt, der Mensch und das Universum seien untrennbar miteinander verbunden. Alles hängt mit jedem zusammen und beeinflußt sich gegenseitig. Die Vorgänge des Himmels haben ihre Entsprechung auf Erden, bis hin zum Mikrokosmos der Moleküle, ja sogar im Tanz der subatomaren Wellen/Teilchen. »Wie oben, so unten«, heißt es bei Hermes Trismegistos und im *Zohar*. Wie zur Bestätigung dessen haben Wissenschaftler des 20. Jahrhunderts bewiesen, daß tatsächlich alles mit allem zusammenhängt (Sie erinnern sich an den »Kosmischen Kitt« beziehungsweise den »Aspectschen Aspekt«).

Ein immer wieder zitiertes Beispiel für lange übersehenes anachronistisches Wissen ist die rituelle Bereitung des Wassers zur Erzielung des alchimistischen *Elixiers* vermittels Tausende Male wiederholten Destillierens. Die dabei stattfindende *Transmutation* wurde ohne weiteres Hinterfragen als psychologischer Prozeß erkannt. Verändert sollte nicht die Flüssigkeit werden, sondern der Geist des Alchimisten durch unzählige Wiederholungen desselben Vorgangs: ein meditativer Trainingsvorgang zur Ausbildung von Charakter, Willensstärke und Geduld. Physik und Chemie konnten bei den Interpretationen der diesbezüglichen Texte aus dem Spiel bleiben. Eine klare Sache. Peinlicherweise stellte sich jedoch heraus, daß just diese »geistige« Übung zur Anreicherung des Wassers führt. Am Ende steht nicht nur der transmutierte Alchimist, sondern *schweres Wasser*, jene Substanz, die das Feuer der Hölle in den zurecht gefürchteten Wasserstoff- beziehungsweise H-Bomben entfacht. »Nukleare Rüstung« ist das Stichwort, um den Schritt von Überlieferungen und Legenden zum kolportieren körperlichen Auftreten jener zu machen, die im Besitz anachronistischen Wissens sein könnten.

## Die Warnung des Geheimnisvollen

Einige Wissenschaftler sind nicht davon abzubringen, daß der unsterbliche Alchimist Fulcanelli jener Geheimnisvolle war, der 1937 im Pariser Gasforschungslabor auftauchte und den Chemiker und Autor Jacques Bergier bat, den Physiker Andre Hellbronner, dessen Assistent Bergier damals war, vor den Gefahren zu warnen, die von dem »Element 94« ausgingen. Besagtes Element konnte erst 1941 von dem Physiker Glenn T. Seaborg im kalifornischen Berkeley-Institut isoliert werden. Weitere vier Jahre später sollte es zu einem Machtfaktor von globaler Bedeutung werden. 1937 hätte kein Fachmann den unheilvollen Siegeszug voraussagen können, den *Plutonium* (das Transuran mit der Ordnungszahl 94) antreten sollte und was sich Verhängnisvolles damit anstellen ließ.

Der Ritter der Ehrenlegion Jacques Bergier (1912–1978), der vor und im Krieg an Projekten mit schwerem Wasser und mit Radioaktivität arbeitete und für sein fotografisches Gedächtnis berühmt war, vertrat bis zu seinem Tod die feste Überzeugung, ein Unsterblicher habe 1937 besagte Warnung ausgesprochen. Die Vorgängerorganisation der CIA, das *Office of Strategic Services* (OSS), nahm diese Ansicht Bergiers nicht auf die leichte Schulter und machte ab 1945 allen Ernstes Jagd auf Fulcanelli. Ein Mann, der die Atomgeheimnisse sogar noch vor den USA besaß, mußte dingfest gemacht werden. Der Jagd war allerdings kein Erfolg beschieden. Obwohl Fulcanelli nach amtlicher Lesart von 1877 bis 1932 gelebt haben soll und sein »offizielles« Grab auf dem Pariser Friedhof Arnomeille les Gonesse zu finden ist, wird immer wieder behauptet, er liege weder dort noch sonst irgendwo unter der Erde, sondern würde nach wie vor auf derselben weilen. Der bekannte Esoteriker Eugene Canseliet war felsenfest überzeugt, Fulcanelli 1954 gesehen zu haben, wobei der Alchimist trotz seiner beinahe 80 Jahre wie ein junger Mann wirkte. Ähnliche Begegnungen sind aktenkundig. Mehr als eine Person will ihm selbst in unseren Tagen begegnet sein.

Genug der Anachronismen und Ungereimtheiten. Zumindest der Indizienbeweis scheint gelungen, daß »Die Neun Unbekannten« über ein Wissen verfügen könnten, das unserem in nichts nachsteht oder ihm sogar überlegen ist. Damit wollen wir uns nochmals mit dem Rätsel befassen, das die Zahl Neun offenbar umgibt. Ein Rätsel, das sich ohne Unterbrechung von der fernsten Vergangenheit bis ins Heute erstreckt, und zwar durchaus greifbar.

## Neun Prinzipien und Kräfte

Zur Zeit der Kreuzzüge übernahmen 1118 n. Chr. neun französische Ritter den Schutz der Pilger auf dem Weg von der Küste zu den heiligen Städten von Jerusalem, nachdem sie vor dem Patriarchen von Jerusalem das Gelübde der Armut, der Keuschheit und des Gehorsams abgelegt hatten. Diese neun Rittermönche waren die Gründer des *Templer-Ordens*, den nach wie vor der Schleier des Geheimnisses umgibt. Im 18. Jahrhundert stoßen wir auf die Freimaurerloge der »Neun Schwestern«, welcher der Pionier der europäischen Aufklärung Denis Diderot, der Rechtsphilosoph Charles de Montesquieu und Voltaire angehört haben sollen.

Auch in neueren Tagen regt sich anscheinend noch so manches. So wurde der Neurologe, Parapsychologe und Inhaber von über 50 Patenten – darunter mehrere für Miniatur-Hörhilfen – Dr. Henry Karl »Andrija« Puharich (1918–1995), aus heiterem Himmel mit einer Macht oder was auch immer konfrontiert, bei der die Neun eine Rolle spielt.

Bei einer Arbeitssitzung im Jahr 1952 mit dem indischen Hindu-Lehrer Dr. Vinod begann letzterer zur grenzenlosen Verblüffung von Dr. Puharich mit veränderter Stimme zu sprechen. In einem englischen Akzent erklärte der Inder, aus ihm spreche ein Mitglied der »Neun Prinzipien und Kräfte«, ein Konsortium übermenschlicher Intelligenzen, das der Menschheit unauffällig beistehe. Nach dieser ersten kurzen Kontaktaufnahme wurde Dr. Vinod wieder er selbst.

Bei aller Seltsamkeit des Vorgangs legte der Neurologe ihn erst einmal geistig zu den Akten. Allerdings nicht lange, denn kurze Zeit später traf er in Mexiko eine amerikanische Arztfamilie, die nach eigener Aussage mit genau den »Neun Kräften und Prinzipien« in laufender Verbindung stand. Auch das wäre noch hinzunehmen gewesen. Gänzlich unerklärlich erscheint allerdings der Umstand, daß die »Neun Kräfte« über die Arztfamilie den Dialog mit Dr. Puharich exakt an dem Punkt wieder aufnahmen, an dem der Erstkontakt via Dr. Vinod geendet hatte. 1971 soll Dr. Puharich der Unfalltod eines ihm bekannten brasilianischen Geistheilers telefonisch mitgeteilt worden sein, und zwar eine Viertelstunde, bevor besagter Senor Arigo in seinem Auto ums Leben kam.

All das ist mit Vorsicht zu genießen, da Dr. Puharich laut Colin Wilson die »Neun« für außerirdische Wesen hielt, die in nicht allzu ferner Zukunft in UFOs herabkommen würden. Er soll sie auch in Verbindung mit dem PSI-begabten Israeli Uri Geller gebracht haben, mit dem er gearbeitet hat und der seinerseits angeblich behauptet, Kontakt mit einem nichtirdischen Wesen mit einem Falkenkopf zu haben, dem er nach dem bekannten Horusfalken der ägyptischen Mythologie den passenden Namen »Horus« gegeben habe.

Trotzdem betrachte ich die Ziffer Neun, bei allen Vorbehalten diesem Fall gegenüber, in unserem Konnex als signifikant. Damit wollen wir es bewenden lassen. Weiterführende Spekulationen in der eingeschlagenen Richtung dürften unweigerlich in einer Sackgasse enden. Sofern es eine

Vereinigung wie die »Neun Unbekannten« tatsächlich geben sollte, liegt es in der Natur der Sache, daß Normalsterbliche sie niemals enttarnen könnten. Es scheint mir daher müßig, sich den Kopf zu zerbrechen, ob die »Neun Unbekannten« mit den noch dubioseren »Neun Kräften« etwas zu tun haben oder gar identisch mit ihnen sind und welches »Mitgliedsabzeichen« man Fulcanelli oder Saint Germain anheften soll. Speziell der geheimnisvolle Graf wäre ein Kandidat für die unterschiedlichsten Übermenschen-, Initiierten- oder Erwecktengruppierungen, auf die man allenthalben stoßen kann. Läßt man nämlich die unbeweisbare Unsterblichkeit von Saint Germain ebenso beiseite wie seine (vom bloßen Umfang her) übermenschlichen Fertigkeiten, bleibt immer noch seine Präkognition. Beispielsweise prophezeite er die Französische Revolution, machte den Schwedenkönig Gustav III. auf kommende Gefahren aufmerksam und wußte noch anderes im Vorhinein.

Es nützt alles nichts, die umstrittenen geheimen Meister legen ihre Karten nicht auf den Tisch. Das Begehren »Wie werde ich Unbekannter?« geht ins Leere, denn ihr Ursprung liegt im dunkeln. Die Frage, ob die »Neun Unbekannten« die letzten einer erloschenen oder die ersten einer neuen Spezies sein könnten, ist so unlösbar wie das Paradoxon, ob erst die Henne da war oder das Ei. Will man nicht Außerirdische oder Wesenheiten aus anderen Dimensionen und Seins-Ebenen bemühen, die ohnehin einen umfangreichen Literaturzweig bevölkern, so stehen reichlich Deutungen zur Auswahl.

Möglicherweise konnte ein Volk oder eine Gruppe vor Jahrtausenden das gesamte Gehirnpotential erwecken, ein Prozeß, dem Neurophysiologen wie Esoteriker nach wie vor verbissen hinterherjagen. Gurdjieff meinte einmal: »Hundert Erweckte können den Lauf der Welt bestimmen.« Vielleicht tun sie es.

Ebensogut mögen Mitglieder jener mystischen hochentwickelten Vorrasse unter uns weilen, die Anthropologen parallel zum Neandertaler entdeckt haben wollen, 100 000 Jahre vor unserer Zeit. Auch die offenbar hochentwickelte vorgeschichtliche »Horus-Rasse« – man beachte den Namen! – käme als Kandidat in Frage. Immerhin stellt sie nach wie vor ein Rätsel für Archäologen, Ethnologen und Anthropologen dar. Manche Fachleute glauben, daß aus ihr die Eroberer Mesopotamiens wie auch Ägyptens hervorgegangen sind. Nicht weniger attraktiv ist die Vorstellung, schlafende Genprogramme könnten in Aktion getreten (oder aktiviert worden) sein und einen Evolutionssprung bewirkt haben. Von all dem abgesehen, legt selbst der vertraute Homo sapiens immer wieder übermenschliche Züge an den Tag, wie im Abschnitt »Wunderwesen Mensch« gezeigt wurde. Vielleicht sind wir auch nur – wie es der berühmte Chronist des Unerklärlichen Charles Hoy Fort (1874–1932) desillusionierend ausgedrückt hat – schlicht und einfach »Eigentum«. Ebenso denkbar ist, daß die Spezies Mensch behutsam an den Klippen des Schicksals vorbeigelotst wurde und wird und sich ohne diese Führung bereits ausgerottet hätte (den festen Willen dazu beweisen wir ja täglich aufs neue). Was auch der Fall sein mag, die Fußspuren der Unbekannten existieren (seien es nun die berühmten »Neun« oder andere). Parallel dazu stößt man auf mannigfaltige Indizien für anachronistische Kenntnisse in fernster Vorzeit.

Feststehen dürfte allerdings, daß sich die Puzzleteile kaum zu einem verständlichen oder gar vollständigen Bild zusammenfügen lassen. Wenn irgend etwas mit Sicherheit anzunehmen ist, dann die Tatsache, daß wir im Besitz von armselig wenigen Steinchen sind. Wir können sie nur herumschieben und die verbleibenden riesigen Lücken frustriert betrachten. *Definitiv* herauslesen läßt sich einzig und allein, daß nicht nur Vertreter des altbekannten Homo sapiens auf unserem Globus das Sagen hatten beziehungsweise haben und daß die Erde selbst von Zeugnissen strotzt, die es nicht geben dürfte, aller Schulwissenschaft zum Trotz. Ernsthafte Zweifel an Teilen unseres gesicherten Wissens über die fernste Vergangenheit scheinen mir unter den verschiedensten Gesichtspunkten hinlänglich untermauert und ebenso berechtigt wie solche am gegenwärtigen Weltbild.

Damit auf zur Endrunde. Verlassen wir die Ebene geheimer Umtriebe, übermenschlicher Persönlichkeiten und rätselhafter Mächte. Es ist Zeit für die endgültige Zäsur, für den Schritt über die letzten Grenzen. Wagen wir den Gedankensprung in einen phantastischen Kosmos, wo alles bisher Vermutete wie biederer Kinderkram erscheinen muß. Damit unsere Vorstellungen – frei nach Niels Bohr – *absurd genug* werden, um *wahr* sein zu können.

# Fremde Wirklichkeit

*»Ohne Frage gibt es eine unsichtbare Welt.*
*Das Problem ist: Wie weit ist sie von der Stadtmitte*
*entfernt, und wie lange hat sie täglich geöffnet?«*
Woody Allen

## Eine neue Art von Sex

Nach getaner Tagesarbeit macht sich ein Mann in seiner Wohnung zur Entspannung bereit, und das im strikten Wortsinn. Er zieht seinen »Entspannungsanzug« an, eine Art elastischen Ganzkörperstrumpf, der ihn wie ein überdimensioniertes Kondom umschmeichelt. Auf der Innenseite dieser exklusiven Freizeitkleidung für das moderne Heim befindet sich ein dichtes Netz von Sensoren und Effektoren. Letztere sind winzige Relais von unterschiedlichen Dimensionen, die auf dem Körper unseres Freundes Vibrationen in abgestufter Stärke und Intensität sowie das Gefühl von Wärme, Feuchtigkeit und anderen Sensationen hervorrufen können. Das vermittelt einen absolut realistischen Eindruck taktiler Vorgänge. Einfacher ausgedrückt: Körperliche Nähe und die Berührung durch eine andere Person werden vorgegaukelt. Natürlich ließe sich auch der Eindruck simulieren, eine Ameisenstraße würde über den eigenen Körper laufen, doch wer will das schon?

Nachdem unser Freund richtig angezogen ist, begibt er sich in seine gutgepolsterte Kammer, die etwas kleiner ist als ein Flugsimulator, verkabelt seinen Anzug, streift den Datenhandschuh über, setzt einen futuristischen Helm auf, und es kann losgehen. Die Wunsch-CD ist bereits eingelegt. Heute will er sich etwas ganz Besonderes gönnen: Sex ohne Tabu mit Katharina der Großen.

Dieses Szenario entstammt keineswegs den Phantasien pubertierender Computerfreaks, sondern wird laut Aussagen von Technikern und Computerexperten in Bälde Wirklichkeit sein. Stichwort »virtuelle Realität« oder »Cyberspace«. Letzterer Begriff setzt sich aus *Cyber* von *Kybernetik* (abgeleitet vom griechischen Wort *kybernetike* für Steuermannskunst) und *space* (Raum) zusammen. Man könnte durchaus auch sagen: »Weltschöpfung« im neuen Gewande.

Schon vor Jahren sollen laut Berichten der kalifornische Fachautor

Howard Rheingold ebenso von der Machbarkeit totaler Kunstwelten überzeugt gewesen sein wie etwa Robert Trappl vom Forschungsinstitut für Künstliche Intelligenz in Wien. Der Hamburger Medienforscher und Spezialist für Künstliche Intelligenz, Benjamin Heidersberger, brachte es auf den Punkt: »Die letzte Konsequenz von Cyberspace ist Sex mit Marilyn Monroe. Stars werden per Software nachempfunden, vervielfältigt und zu Hause als Kassette eingeworfen.«

## Virtuelle Realität

So phantastisch dies auch anmuten mag, angesichts der heute bereits im Einsatz befindlichen Techniken dürften sogar solche Visionen bald überholt sein. Wohl ist der Schritt in eine andere Realität mittels elektronischer Simulation noch nicht so unmittelbar und real wie der gute alte LSD-Trip, aber man darf hoffen.

Zuerst einmal braucht man allerdings reichlich Hardware: eine stereoskopische Brille im Cyberhelm, die jedes Auge mit ausreichenden Bildinformationen versorgt, um subjektive Realität zu erzeugen. Solches gibt es. Beispielsweise präsentierte bereits im vorigen Jahrhundert der japanische Elektronikgigant SONY mit dem »Visotron Prototype Personal LCD Monitor« eine Brille mit zwei in der Diagonale zirka 1,75 Zentimeter messenden LCD-Bildschirmen mit einer Kapazität von je 130 000 Bildpunkten sowie integrierten Stereokopfhörern – TV-Genuß par excellence. Dementsprechend sollen Testpersonen auch nur äußerst widerwillig in die triste Alltagswirklichkeit zurückgekehrt sein.

Den bereits erwähnten Datenhandschuh (Data-Glove), nach dessen Anweisungen der Großrechner agiert, gibt es schon längere Zeit. Jede Handbewegung löst Signale aus, die berechnet, entschlüsselt und in aktives Agieren innerhalb der Kunstwelt umgesetzt werden. Mit diesem und anderen Hilfsmitteln kann man sich in die virtuelle Realität einklinken, die sich auf dem normalen Bildschirm oder auf den Minimonitoren der Cyberbrille – jedenfalls aber im eigenen Schädel – entfaltet. Körperliche Reize werden mitgeliefert, etwa das Fühlen echten Widerstands beim Öffnen einer Türe im Cyberspace. Die Entwicklung von Datenhandschuhen, die solche Sinneswahrnehmungen immer perfekter möglich machen, rast buchstäblich dahin.

## Vom Computer-added-System zu Doktor Schapirows Gehirn

Je mehr sich aus der wachsenden Menge von Einzelteilen ein Gesamtsystem herausschält, desto realer wird das Irreale. Es ist kein Problem, den Cyberspace-TV-Sessel rückkoppelnd zu bewegen, erzittern zu lassen etc., so daß beispielsweise bei einem virtuellen Kamelritt die passende Schaukelbewegung erfolgt. Im Sexkämmerchen unseres Freundes wird die Sache dann total.

Natürlich kommt die virtuelle Realität nicht nur im Alltag bei Freizeit und Unterhaltung zum Einsatz, sondern in Medizin, Forschung usw. Mit den diversen Computer-added-Systemen (CA) konnte man schon bislang beim Entwerfen von Gebäuden und Bauten, beim Restaurieren usw. das Gewünschte imaginär auf dem Bildschirm entstehen lassen und körperlos darin herumwandern. Im Cyberspace kann man sogar Hand anlegen, auf virtuellen Möbelstücken Platz nehmen und ähnliches. Chemiker können an Molekülen herumschneidern, Geologen tektonische Bewegungen hautnah simulieren, Ärzte die Herzkammern eines Patienten direkt inspizieren usw. All das ist keine Zukunftsmusik, sondern bereits Routine.

Eine Anzahl von Firmen vertreibt Cyberspace-Soft- und -Hardware. Virtuelle Arbeitsplätze sind bereits gang und gäbe und werden im Zuge der Auslagerungsorgien immer aktueller. An Universitäten und in Labors kreiert man Medikamente im Cyberspace. Eine virtuelle Kopie des kompletten Menschen ist für die Simulationschirurgie im Entstehen. Entdekkungsreisen im Inneren des Homo sapiens sind bereits medizinischer Alltag (und damit virtuelles Gegenstück zu Isaac Asimovs *Die phantastische Reise* und *Doktor Schapirows Gehirn*, Romane, in denen verkleinerte Wissenschaftler im menschlichen Inneren herumgeistern). Der Golfkrieg des Jahres 1991 wurde von offiziell so bezeichneten »US-Computeroffizieren« geleitet und fand sowohl in der irakischen Wüstenrealität als auch in der simulierten Parallelrealität eines darauf zugeschnitten Cyberspace statt. Nicht zu vergessen die eingangs erwähnte Unterhaltungsindustrie, über die immer wieder in den Medien berichtet wird. So wird man im Londoner *Fun Land* (korrekt: *Funland Limited Luna Park*), einer der modernsten Spielhallen Europas, für wenig Geld in drei Stockwerken unvorstellbarer Genüsse virtuellen Entertainments teilhaftig. Neben klassischen Flipperautomaten, einer Autodrombahn und anderem Gewohnten warten volldigitalisierte Virtual-Reality-Welten auf den von der schnöden Wirklichkeit Gelangweilten. Er kann in das gewünschte dreidimensionale plastische Abenteuer mit Haut und Haar einsteigen. Wer beispielsweise einmal den voll drehbaren, nicht grundlos mit einem Sicherheitsgurt ausgestatteten Sitz des Flugsimulators im *Fun Land* kennengelernt hat, weiß, wie sich der Pilot eines Kampfjets fühlt. In Wallnut Creek bei Los Angeles eröffnete vor Jahren Tim Disney, der Urenkel von Walt Disney, das Unternehmen *Virtual World*, das ein großes Computerspiel mit Virtual-Reality-Techniken zur sozusagen persönlichen Integration ins Spiel selbst anbietet. Die Bundesrepublik Deutschland hält mit der Entwicklung durchaus mit und sogar das traditionsbewußte Wien hat sich seit langem dem Konzept des Cyberspace-Kaffeehauses in Theorie und Praxis geöffnet. Amerikanische Zahnarztpatienten werden durch einen Cyberhelm von der unangenehmen Realität einer Wurzelbehandlung wohlig abgelenkt.

All das sind nur die bescheidenen Anfänge computergesteuerter Kybernetikwelten. *Wild Palms* und *Tek Wars*, so die Namen von US-TV-Serien über die Brutalvermarktung von virtual reality, sind näher, als wir glauben. Echt progressive Schwarmgeister entwickeln bereits Visionen radikal neuer Gesellschaftsformen, einschließlich einer völligen Umgestaltung der menschlichen Partnerschaft: Man begegnet einander nur einmal. Von dem Moment an ist harmonische Zweisamkeit ohne störende Nähe des anderen gesichert. Dafür sorgen elektronisch gespeicherte Sinnesdaten, die man bei sich trägt, jederzeit abrufen und nach Herzenslust konsumieren kann. Befriedigung garantiert. Ein solches Szenario zeichnete der bekannte Science-Fiction-Autor Fredrick Pohl bereits 1966 in seiner prophetischen Story *Day Million*. »Cyber-Sex«, auch dezenter »Fernverkehr« genannt, war eines der Gesprächsthemen des Jahres 1994 und ist seit dieser Zeit durch Systeme wie das amerikanische »Interactor« für relativ wenig Geld auch für den durchschnittlichen Sexfreund erschwinglich.

### Absage an die reale Welt

Der 1927 geborene US-Professor Marvin Minsky, eine der Leitfigur der Künstlichen Intelligenz, sieht die zu erwartende Kopplung Mensch/Computer anscheinend so absolut, daß er der realen Welt die folgende Absage erteilte: »Im Jahr 3000 wird man in Häusern leben, Gegenstände benutzen und Dinge tun, die nicht vorhanden sind.« Ein Satz, in dem die altbekannte Aussage des Kommunikationsforschers, Therapeuten und Bestsellerautors Paul Watzlawick »Die Wirklichkeit ist eine Frage der Kommunikation« eine neue Dimension erhält.

Noch ist es nicht ganz *so* weit. Schon das heute Mögliche erfordert gehörig Computerzeit, wie die immer mehr von computergenerierten Figuren und Handlungen bevölkerten amerikanischen »Blockbuster«-Filme demonstrieren. Ein interaktives Reagieren des Rechners auf Handlungen des Akteurs ist in einem anderen Größenordnungsbereich angesiedelt als das gute alte Videospiel *Dungeons and Dragons*. Bereits für die laufende Wechselwirkung von Kunstwelt und Data-Glove muß mächtig gerechnet werden, beim interaktiven Abtasten aller Körperbewegungen (whole body tracking) steigert sich die Rechenzeit nochmals um einige Größenordnungen.

Trotzdem ist man sehr zuversichtlich. Die Schaffung der totalen Illusion wird durch den Umstand erleichtert, daß der Homo sapiens einer vorgegaukelten Wirklichkeit hilflos ausgeliefert ist. Seine Evolution hat ihn darauf nicht vorbereitet. Die Praxis zeigt, daß der Mensch so gut wie keinen Schutzmechanismus gegen geschickte Täuschungen besitzt.

Das nimmt nicht wunder, denn »die Realität da draußen« ist unserem direkten Zugriff ohnedies für immer verschlossen, ein Faktum, das nicht erst seit der Kopenhagener Deutung der Quantenphysik erkannt wurde. *Unsere* »Wirklichkeit« ist ein reduziertes Abbild des Kosmos. Es wird durch unser Sensorium gefiltert und dabei selektiv auf die Überlebensbedingungen der Frühmenschen zugeschnitten. Außerirdische mögen »die Realität« völlig anders wahrnehmen.

Millionen Besucher von Rummelplätzen, von *Disneyland* und *Disneyworld*, der *Paramount*-Filmstudios oder des Raumfahrtzentrums in Houston, Texas, und von anderen Örtlichkeiten können ein Lied davon singen, wie leicht sich Raumflüge, Stürze ins Nichts usw. simulieren lassen. Dabei sind die eingesetzten Mittel in manchen Fällen alles andere als aufwendig. Und nicht einmal neu.

## Die *echte* Zeitmaschine von H. G. Wells

Am 24. Oktober 1895 meldeten zwei Engländer eine Erfindung zum Patent an. Der eine von ihnen war der 29jährige Herbert George Wells (1866–1946), der seine Lehrtätigkeit an der *Norman School of Science* im englischen South Kensington aufgegeben hatte, um Berufsschriftsteller zu werden. Der andere war der gleichaltrige Robert Paul, von Beruf Hersteller wissenschaftlicher Instrumente. Die Erfindung, welche die beiden jungen Briten patentieren lassen wollten, betraf eine Apparatur, die jene Effekte bewirken sollte, die H. G. Wells in seiner im Vorjahr veröffentlichten Story *Die Zeitmaschine* beschrieben hatte. Bei der Patentanmeldung handelte es sich natürlich nicht um eine Zeitreiseapparatur, sondern um eine frühe Multimedia-Show: eine Vorführkammer mit beweglichen Böden und Wänden, Einlaßöffnungen, durch die Luftströmungen hineingeblasen werden sollten, und Bildschirmen zur Vorführrung von Filmen und Dias aus verschiedenen Zeitepochen. Der kombinierte Ansturm auf mehrere Sinne gleichzeitig würde den Besuchern den Eindruck vermitteln, sie bewegten sich durch die Zeit. Dieses Medienkonzept, das seiner Epoche um ein gutes Jahrhundert voraus war, konnte aus Geldmangel nie realisiert werden und geriet in Vergessenheit. Wells wurde ein berühmter Vorläufer der Science Fiction, und Robert Paul versank in Frustration und Anonymität. Beide erlebten nicht, wie die Elektronik ihre Idee wahrmachte und weit übertraf.

## Zwei Seiten einer Medaille

Doch es geht auch ohne High-Tech, wie schon Wells und Paul erkannt haben, sogar mit *noch* geringerem Aufwand, als die beiden einsetzen wollten. Das kann ich aus eigener Erfahrung bestätigen.

Ich bin immer wieder davon fasziniert, wie wenig mir das Wissen um die tatsächlichen Gegebenheiten in einem Unterhaltungspalast im Vergnügungspark »Wiener Prater« nützt. Dort sind in einem der Räume lediglich der Boden und die Wände schief, und schon hat man das Gefühl, Andruck ausgesetzt zu sein, und ähnliches. Ein wenig Drumherum (beispielsweise auf einem Bildschirm das Bild der kleiner werdenden Erde), und niemand könnte einen Menschen, der betäubt wird und dort wieder erwacht, davon überzeugen, *nicht* in einem beschleunigenden Raumschiff zu sein.

Das ist die eine Seite der Medaille, die *menschliche*. Es gibt auch eine andere, weniger ins Bewußtsein der Öffentlichkeit dringende: die *kybernetische*. Die Evolution des Computers von einem Ungetüm mit der Größe eines Häuserblocks bis zum Minitaschenrechner, der ein Vielfaches der Leistung des hausgroßen Gerätes erbringt, war eine galoppierende und ist es immer noch. Ein Fachmann meinte, wenn man die Geschwindigkeit der Entwicklung des Computers mit der des Flugwesens gleichsetzt, so hätte letztere nur eine Woche gedauert: Am Montag wären die Brüder Wright bei Kitty Hawk aufgestiegen, und am Freitag derselben Woche würde bereits der Flug des Space Shuttle stattfinden.

Was *hinter* den Bildschirmen vor sich geht, kann man ohne sonderliche Übertreibung bereits als eigenständige kybernetische Entwicklung bezeichnen. Digitalrechner, die in Autos die Benzineinspritzung und anderes regeln, gehören schon länger zum Alltag. Daß sie aber bereits immer mehr mit einer bewußten Unschärfe namens *Fuzzy Logic* ausgestattet werden, die analoges Reagieren auf unberechenbare Situationen ermöglicht und den Prozessen in unseren Hirnen nicht ganz unähnlich ist, muß nach wie vor erst ins Bewußtsein der Allgemeinheit eindringen. Mit Fuzzy Logic werden auch viele U-Bahn-Systeme gesteuert. Bis auf wenige Insider weiß kaum jemand von einer mehrere Jahrzehnte alten, warnenden Aussage des *Massachusetts Institute of Technology* (M.I.T.). Nach einer Reihe von »Black-Box-Experimenten« machte das M.I.T. im Jahr 1965 darauf aufmerksam, daß aufgrund eines Entscheides Objekte schon bald vor Gericht als »Person« anerkannt werden könnten.

Vorerst vage, aber dennoch unübersehbar, zeichnen sich faustische Gebilde am Horizont ab: Photonencomputer, Biochips und Neuralsysteme, Parallelrechner mit Billionen Operationen in der Sekunde und Quantennetzwerke, die mit SQUIDS (supraconducting quantum interference devices) durch Supraleitung *überlichtschnell* arbeiten, so daß die heutigen schnellsten Prozessoren dagegen wie ein System von Flaggensignalen anmuten. Computer bauen selbsttätig andere Computer, die niemand mehr versteht. Der Computerterminus *Emulation* bedeutet die softwaremäßige Simulation eines fremden Computers auf dem eigenen Gerät. Man spricht in diesem Zusammenhang von *virtuellen Maschinen.* Sie lassen sich mit einiger Konzilianz als Vorläufer von *Computerleben* definieren.

Andrew S. Tanenbaum, Autor des Buches *Structured Computer Organization*, meinte zu dieser Systemnachahmung durch Computer: »Große Computersysteme sind ein Stapel aufeinander aufbauender virtueller Maschinen, von denen nur die unterste real ist.« Die einzelnen Ebenen sollen nicht miteinander kommunizieren, sind dazu aber in der Lage. Eine solche kybernetische Wabe könnte sogar »aus sich selbst heraus« entstehen, ohne Wissen und Erkennen des Users, der schlußendlich gar nicht feststellen kann, wer sein Partner ist. Man wird unwillkürlich – nicht zu unrecht – an den Disney-Film *Tron* erinnert, in dem es bereits 1982 von lebenden Programmen wimmelte. Denkt man all dies weiter, so erscheint die Entwicklung einer für uns neuen Art von Leben im Inneren von Computern nicht mehr abwegig: körperlose Silizium-Kunstwesen aus »reinem Geist«, die allerdings nicht die Vergeistigung repräsentieren, von der antike Philosophen träumten.

Eines steht fest: Der Zug ist ohne Rückfahrkarte zu diesem Ziel unterwegs. Schon heute wagt kein Fachmann mit Sicherheit zu behaupten, daß Cyberspace-Kreaturen dereinst nicht ein Bewußtsein, eine Wissenschaft sowie die Fähigkeit zur eigenständigen Fortpflanzung entwickeln könnten und sich vielleicht sogar zu fragen beginnen, wer ihr

»Schöpfer« sein mag und wieso ihre »Realität« so inkonsistent ist (was man von unserer auch sagen kann). Haben wir nämlich erst einmal begonnen, in unserem privaten Cyber-Kosmos nach Belieben als Superhelden, Gespenster, Filmstars, aber auch als tote Gegenstände, Sterne oder was uns eben einfällt, aufzutreten und auch sonst die Sau herauszulassen, müssen sich die so heimgesuchten Silizium-Wesen ein für alle Mal von einer fixen Realitätsvorstellung verabschieden. Wozu auch wir in unserer seltsamen Welt manchmal gezwungen sind.

**Was ist Bewußtsein?**

Genug auch damit. Das Fachgebiet Computer in seiner unüberblickbaren Komplexität soll an dieser Stelle nicht entfaltet werden. Begnügen wir uns damit, daß die uralte Frage »Was ist Leben?«, konkreter »Was ist Bewußtsein?« – die sich bereits im Abschnitt »Denken ohne Gehirn« erhoben hat – um eine neue Dimension erweitert wurde und unter diesem Aspekt ernsthaft diskutiert wird.

Manche Verfechter von Computerbewußtsein und eigenständiger kybernetischer Intelligenz sind davon überzeugt, daß »Geist« bei einer gewissen Informationsdichte spontan entsteht (man hat dafür bereits den Fachbegriff *Emergence* geschaffen). Dies erinnert an den etablierten Wissenschaftsterminus des »synergetischen Phasenüberganges«, den man bei chemischen Uhren, beim Laser und bei anderen schlagartigen Übergängen von einem Zustand in den anderen – meist in den einer höheren Ordnung und Komplexität – kennt. Als eine der Galionsfiguren dieses Wissenschaftszweiges gilt der 1927 geborene deutsche Professor Dr. Dr. hc. mult. Hermann Haken, Pionier der Theorie des Lasers und Begründer der Synergetik, der Lehre des Zusammenwirkens und der Selbstorganisation von komplexen Systemen. Solche Spontanübergänge erfolgen bei einem kritischen Schwellenwert. Eine gewisse Informationsdichte könnte durchaus ein solcher Schwellen- und damit Übergangswert vom rechnenden zum *denkenden* Etwas sein.

Science-Fiction-Lesern ist solches nicht fremd. Zahlreiche Werke, meist aus der Feder von Wissenschaftlern, befassen sich mit kybernetischen Evolutionen. In der Serie *Raumschiff Enterprise, das nächste Jahrhundert*, Episode *Die Macht der Naniten*, entwickeln sich kybernetische Nano-Organismen (die Naniten), die in Computern Fehler korrigieren sollen, zu einer echten Lebensform. Schlußendlich werden sie (wie eine fremde Intelligenz) gleichberechtigt behandelt. In einer weiteren Folge derselben Serie, die den Titel *Sherlock Data Holmes* trägt, erlangt eine vom Computer der *Enterprise* simulierte Person – der notorische Sherlock-Holmes-Gegner Professor Moriati – eigenständiges Bewußtsein. Er begreift die Situation und beginnt, in dieser und einer weiteren Folge um seine Existenz zu kämpfen. Ähnlich verläuft die Episode *Der große Abschied.*

Der Computerwissenschaftler Alexander K. Dewdney schildert 1985 in seinem Roman *Das Planiversum – Computerkontakt mit einer zweidimensionalen Welt* eben diesen. Im Rahmen eines Computerprogramms zur Erforschung der Gesetzmäßigkeiten in zwei Dimensionen melden sich plötzlich Lebewesen aus einem elektronischen »Flachland«. Das Faszinierende an diesem Werk ist, daß es von konkreten physikalischen Prämissen für eine belebte 2-D-Welt im Computer ausgeht, einschließlich zweidimensionaler Technologie, Soziologie und Biologie. Erinnert das nicht irgendwie an den erwähnten »träumenden« Amstrad-1512-Computer, aus dessen Innerem jemand nach Einschätzung des Computerexperten Ken Hughes mit der Außenwelt Verbindung aufzunehmen versuchte? Wer sagt, wie ein Fachmann provokant fragte, daß Leben nur im Kohlenstoff – aus dem *organisches* Leben aufgebaut ist – seinen Sitz haben kann und nicht auch im Silizium der Denkmaschinen?

Bereits 1948 entwarf der große Mathematiker und Kybernetiker John von Neumann (1903–1957) ein Konzept von *Universalautomaten*, die sich selbst programmieren und sogar selbst reproduzieren können, indem sie das ausbalancierte Wechselspiel von Ein- und Ausschalt- sowie Reglermechanismen biologischer Strukturen anwenden. Die Entwicklungen der modernen Robotik kommen Neumann-Maschinen mit künstlicher Intelligenz schon sehr nahe und damit auch den Science-Fiction-Visionen von künstlichem Leben im strengen Wortsinn. Dazu zählen Stories wie 1968 John Sladeks *Stählerne Horde* metallener Kästchen, die sich durch das Verspeisen von Metall und Strom ungehemmt weitervermehrt und den gesamten Mittelwesten Amerikas verwüstet, Antaloij Dnjeprows *Insel der (metallenen) Krebse* aus dem Jahre 1959, die 1975 auch verfilmt wurde, oder Poul Andersons Kurzgeschichte *Die Erde gehört uns nicht* (*Epilogue*) von 1964, um nur einige zu nennen, in denen diese Entwicklung schon vor vielen Jahren präzise beschrieben wurde. Weitere Stories ließen sich reichlich aufzählen.

Maschinenleben und Maschinenzivilisationen waren immer schon beliebte Themen. Ihre Quintessenz hat der US-Autor James P. Hogan 1984 in seinem preisgekrönten Roman *Der Schöpfungscode* (*The Code of the Lifemaker*) bis zur letzten Konsequenz geführt. Außerirdische, selbstreproduzierende Von-Neumann-Automaten stranden auf dem Saturnmond Titan, wobei ihre ursprüngliche Programmierung zerstört wird. Darauf setzt eine fremdartige, anorganische Evolution ein, durch die sie schließlich ihren Kleinplaneten mit einer anorganischen Zivilisation bevölkern, die ebenso vielschichtig ist wie die unsere.

All diese Beispiele haben eine Gemeinsamkeit: *Absichtslosigkeit*. Das Ganze ist nicht vorprogrammiert, Eigendynamik ist die Triebfeder. Das muß nicht sein. Ebenso naheliegend wäre die Vorstellung eines gewollten Szenarios wie bei den Cyberwelten.

## Welt am Draht

Schon 1964 wies der amerikanische Autor Daniel F(rancis) Galouye mit seinem berühmten Roman *Welt am Draht* (*Simulacron 3* beziehungsweise *Counterfeit World*; *Nachgemachte Welt*) in diese Richtung. Der Plot beginn mit einer Krimihandlung Hitchcockschen Zuschnitts. Der Leiter der Forschungsabteilung des auf Kybernetik und Zukunftsforschung spezialisierten Unternehmens TEAG begeht Selbstmord. Sein Nachfolger und engster Mitarbeiter Douglas Hall vermutet mehr dahinter. Während seiner Nachforschungen geschehen unmögliche Dinge. Lynch, der Sicherheitsbeauftragte der TEAG, verschwindet vor Halls Augen. Niemand scheint Lynch je gekannt zu haben. Während rings um Hall die Realität mehr und mehr aus den Fugen gerät, erfährt er schließlich, wie die Dinge *tatsächlich* liegen: Seine *eigene* Welt ist eine gigantische Computersimulation, genau wie jene, die von der TEAG errichtet werden, um politische, gesellschaftliche und wirtschaftliche Modelle durchzuspielen. Das erklärt die mysteriösen Wirklichkeitsveränderungen und das Verschwinden von mißliebigen Personen, die rückwirkend gelöscht werden. Ein Aufstieg in die »höhere« (reale) Welt ist allerdings möglich. Hall schafft dies gerade noch, ehe die Anlage abgeschaltet wird.

Es liegt auf der Hand, daß es bei einem solchen System zu Realitätsbrüchen kommen muß, wenn Tests unter variierenden Bedingungen wiederholt werden. Im Interesse der Gesamtsimulation werden Eingriffe dezent vorgenommen, können aber extreme Formen annehmen, sobald Enttarnung droht.

Galouyes Story wurde 1973 von Rainer Werner Faßbinder verfilmt, wobei es zu einem gravierenden Unterschied zwischen Film und Romanvorlage kam. Dieser besteht nicht darin, daß der Ort der Handlung von den USA in die damalige Bundesrepublik verlegt wurde, sondern in dem Umstand, daß die Hauptfigur des Films am Ende in eine Welt gelangt, die unsere sein soll, während im Roman unsere Welt die Simulation ist (eine Kette ohne Ende?). Gerade dieser Unterschied zwischen Film und Roman wirft ein zusätzliches faszinierendes Licht auf die Realitätsproblematik. Auch der von Roland Emmerich produzierte Film *The 13th Floor* aus dem Jahre 1999 schlägt in diese Kerbe.

**Realitätszusammenbrüche**

Halt. Nun muß die Bremse gezogen werden. Ich bin nicht der Ansicht, wir – oder gar das Universum – seien Kreationen eines unvorstellbaren Mega-Mega-Übercomputers im Irgendwo, so verlockend es auch sein mag, die bislang unter die Lupe genommenen Unerklärlichkeiten auf diese Weise zu »erklären«. Unsere Welt erscheint einfach *zu* verrückt und der Homo sapiens zu mörderisch und zu selbstmörderisch, um von einer Superintelligenz simuliert zu sein. Selbst wenn man so weit geht, all das als Teil eines Programms zu betrachten, das durchspielen soll, wie weit eine heillos irrsinnige Spezies kommen kann, sollten weder der »Geist in der Materie« aus dem so übertitelten Abschnitt noch schemenhaft erkennbare verborgene Kräfte und Mächte mit einem außer Rand und Band geratenen Cyberspace-Programmierer gleichgesetzt werden, der hemmungslos Gott spielen will. Das erscheint mir einfach *viel zu simpel.*

Aufgezeigt werden sollte vielmehr folgendes Dilemma: Wir sind überzeugt, in keinem Simulacron-Universum zu leben – aber können wir dessen jemals *sicher* sein? Anders ausgedrückt: Eine Theorie sagt, daß das Universum sofort verschwindet und durch ein *noch* bizarreres und unerklärlicheres ersetzt wird, wenn wir entdecken, was es wirklich ist und wozu es wirklich dient. Eine ergänzende Theorie merkt an, daß dies bereits geschehen ist. Remis!

Die Realität ist und bleibt unerkennbar. Es geht uns wie den Protagonisten in James E. Gunns mehrfach ausgezeichnetem Roman *Die Wächter des Glücks* (*The Joy Makers*) von 1961. Diese Wächter sind Computer, die den Menschen das »Glück« schenken, indem sie ihre Schützlinge lebenslang in einer Nährlösung schwimmend halten und sie mit angenehmen Gedanken und Wohlgefühlen versorgen. Dieses zweifelhafte Paradies wird schließlich von Eindringlingen zerstört, die sich unter der Bestimmung des Menschen etwas anderes vorstellen. Der letzte Satz des Buches ist charakterisierend für das Problem, mit dem wir uns herumschlagen. Er lautet: »Wie konnten sie sicher sein, daß sie ihn (den glückerzeugenden Roboter) *tatsächlich* besiegt hatten und nicht in einer Zelle eine Illusion erlebten? Die Antwort war: *Nie* konnten sie *sicher* sein!«

Damit schließt sich der Kreis. Wir haben die Ungreifbarkeit der Realität von zwei Seiten kennengelernt: von der inneren und der äußeren. Mit der *inneren* Seite meine ich die erschreckende Leichtigkeit, mit der das menschliche Bewußtsein trotz besseren Wissens in eine künstliche Realität zu verstricken ist (vom simplen schiefen Zimmer im Wiener Prater bis zum wundersamen Cyberspace). Mit der *äußeren* Seite verbinde ich die Vorstellung, wir könnten Schachfiguren in einer größeren Realität sein – Schachfiguren, mit denen ein überdimensionaler Puppenspieler beziehungsweise mehrere seiner Art oder sonst etwas nach Lust und Laune umspringen.

Lassen wir zwei Wissenschaftler zu Worte kommen, die über das Wesen des Universums und des Lebens Wesentliches zu sagen haben.

Albert Einstein meinte: »Was weiß der Fisch vom Wasser, in dem er schwimmt?«, und der britische Physiologe J. B. S. Haldane: »Das Universum ist nicht seltsamer, als wir uns vorstellen, sondern seltsamer, als wir uns vorstellen *können*.« Oder, um eine bekannte Parabel zu zitieren: Ein Psychologe will herausfinden, was ein Schimpanse tut, wenn er nicht beobachtet wird. Der Psychologe läßt den Schimpansen allein und blickt durch das Schlüsselloch, direkt in ein braunes Auge. Der Schimpanse wollte nämlich auch wissen, was der Psychologe tut, wenn er nicht beobachtet wird. Die Frage, die sich dabei stellt, lautet: Auf welcher Seite der Türe befinden *wir* uns?

Die Wahrheit werden Sie wohl nie erfahren, aber wir können abschließend über all das rekapitulierend spekulieren und tröstliche Aspekte dankbar zur Kenntnis nehmen.

## Nachgedanken: Hoffnung aus dem Unbegreiflichen?

*»Eine Landkarte ist nicht das Land!«*
Graf Alfred Korzybski

*»Es gibt eine unsichtbare Welt,*
*die die sichtbare durchringt.«*
Gustav Meyrink, *Das grüne Gesicht*

»Da steh' ich nun, ich armer Tor! Und bin so klug als wie zuvor«, sagt Faust in Goethes gleichnamigem Stück und traf damit vor ungefähr 200 Jahren den Nagel auf den Kopf. Wie sich glaubwürdig gezeigt hat, kann der Mensch trotz seines faustischen Erkenntnisdranges und all seiner immer phantastischer werdenden Mittel bestenfalls huschende Schemen der Wirklichkeit erspähen. Wie die sogenannte Frontpsychose (die bekannte Erscheinung, daß man in einer Situation lauernder Gefahr immer wieder aus den Augenwinkeln eine Bewegung wahrnimmt, beim direkten Hinsehen aber nichts da ist) zeigt sich die Realität und zeigt sich gleichzeitig nicht – ein Phänomen, das interessanterweise in jenen Bereichen am deutlichsten zutage tritt, die uns bis vor kurzem vollkommen verschlossen waren.

Ich spreche von der Welt des ganz Kleinen und des ganz Großen. Dort, im Subatomaren und in den Tiefen des Kosmos, scheint die Realität ihre Karten noch am ehrlichsten auf den Tisch zu legen. Wie der Abschnitt »Der Geist in der Materie« beweist, können wir diese Karten zwar nach wie vor nicht begreifen, aber wenigstens wahrnehmen. Paradoxe Wissenschaft ist der Widerschein einer paradoxen Realität, daran führt kein Weg vorbei. Schrödingers Katze hat mehr Substanz, als dem »gesunden Menschenverstand« lieb ist, und eine funktionierende Zeitmaschine – die Albert Einstein für möglich hielt – würde ausreichen, um der stabilen Realität den Garaus zu machen. Vielleicht ist das bereits geschehen.

Naturgemäß können nur wenige mit alledem etwas anfangen. Dazu bedarf es der Intuition eines Albert Einstein, der zum Beispiel 1907 jäh erkannte, daß ein Mensch, der vom Dach fällt, gleichzeitig in Ruhe und in Bewegung ist und keine Schwerkraft verspürt, und der aus dieser abstrakten Einsicht die allgemeine Relativitätstheorie entwickelte. Solche *Heureka-Erlebnisse* dürften rar bleiben. Das Zwischenspiel »Der Geist in der Materie« kann vielleicht dazu beitragen, sie auf allen Ebenen zu fördern. Wenn wir erst einmal verdaut haben, daß Licht gleichzeitig kontinuierlich und unterbrochen sein kann, daß Elementarteilchen entweder rege Kommunikation miteinander betreiben oder zu einem unfaßbaren größeren Ganzen gehören, daß Materie und Energie nur Chiffren für Unbegreifliches sind, daß die Zukunft die Vergangenheit verändern kann, daß nichts da ist, wenn keiner hinsieht, daß Bewußtsein in den Tiefen der Atome herumzuspuken scheint, daß die Naturgesetze sich je nach Beobachtungsmethode so oder so präsentieren – dann, ja dann können wir mit Fug und Recht Ungereimtheiten auf der irdischen Ebene, ja sogar im Alltag erwarten.

Solchen Ungereimtheiten haben wir nachgespürt und einige recht handfeste entdeckt, die mit schöner Regelmäßigkeit unter den Teppich gekehrt werden. Dieses Potpourri ist ohne Zweifel nur ein winziger Ausschnitt. Dessenungeachtet soll, nein, *muß* es zu denken geben, daß rings um den Globus Orte existieren, auf denen unsichtbare »Betreten verboten«-Schilder stehen, daß Selbstverbrennung und Tierverstümmelung weitergehen und neue Aspekte an den Tag legen, daß Gegenstände aller Art ein bizarres Eigenleben entfalten, daß, kurzum, *alles lebt*, daß die Zeit kein steter Fluß, sondern ein Zickzackkurs ist, daß der menschliche Geist sich vom Körper lösen und auch ohne Gehirn rege arbeiten kann, daß wir eine Reihe von unglaublichen Fähigkeiten besitzen, daß die Tiere alles andere als dumme Lebewesen sind, daß hinter der Weltbühne Ungeheuerliches vor sich gehen könnte, daß überall auf der Erde anachronistische Zeugnisse zu finden sind, daß Geheimwissen kein Humbug sein muß, daß die Wirklichkeit in vielerlei Hinsicht eine private Sache ist …

Ein ganz schönes Paket, aber, so mag man versucht sein zu fragen, was bringt mir das? Auch wenn wir uns vom klassischen Schulweltbild verabschieden, leben wir trotz allem als verkorkste, bestialische Menschheit auf einer verkorksten, zugrundegehenden Erde. Gibt es Aussicht auf eine Apotheose, die uns dereinst über den gegenwärtigen Sumpf an Abscheulichkeiten erhebt? Befinden wir uns vielleicht in einer Übergangsphase, vergleichbar mit dem Ausspruch von Konrad Lorenz: »Die Verbindung von Affe und Mensch sind wir«?

Auch Hoimar von Ditfurth (1921–1989), dem man weder haltlose Spekulation noch Neigung zum Okkultismus nachsagen kann, hielt den Homo sapiens für ein Geschöpf des Übergangs. Davon ausgehend versuchte sich Ditfurth an einer wissenschaftlichen Theorie über das Unbekannte, die sogar das Jenseits einschließt. Basierend auf dem resignierenden Eingeständnis der Wissenschaft, daß die Welt mehr Dimensionen aufweist, als wir mit unseren Sinnen und unserem derzeitigen Verstand erfassen können, unsere Wirklichkeit also nur ein winziger Ausschnitt einer nicht darstellbaren *Überwelt* ist, prognostizierte Ditfurth unser Hineinentwickeln in diese Überwelt. Da in unserer Gehirnrinde auch weiterhin neue Zentren mit nicht absehbaren Funktionen entstehen, erscheint eine solche Voraussage legitim. Nach Hoimar von Ditfurth verwandelt unsere akkumulierende Erkenntnisfähigkeit laufend Transzendenz in subjektive Wirklichkeit. Er vertrat in seinem Buch *Wir sind nicht nur von dieser Welt* den Gedanken, die kosmische Evolution würde sich in unseren Gehirnen widerspiegeln. Sechs Wochen vor seinem Tod am 1. November 1989 meinte er im Gespräch mit Dieter Zillingen für den Sender *Bayern 3*: »Der Geist entstand nicht in unseren Köpfen. Der Geist war immer schon da.«

Unser anwachsender Geist rückt demnach nicht ins Leere vor, sondern in Bereiche der Welt, die uns heute noch verschlossen sind (anderen möglicherweise aber nicht). Damit erscheint die alte philosophische Forderung, aus der Form einer Vogelfeder die aerodynamischen Bedingungen der Welt, aus diesen den planetaren Aufbau, die Struktur des Sonnensystems und schlußendlich das Wesen des Universums ableiten zu können, in neuem Licht.

Das mag ein Trost für kommende Generationen sein. Bei persönlichen Sorgen, Zukunftsängsten, ja sogar bei Zahnschmerzen nützt er wenig. Wir sind dem stofflichen Bereich so sehr mit Haut und Haaren verbunden, daß wir uns von ihm weder lösen noch registrieren können, was jenseits seiner engen Grenzen liegt. Mehr als die Fußabdrücke des Unerklärlichen vermögen wir nicht zu erhaschen, und das nur mit allergrößter Anstrengung, da wir von der klassischen Wissenschaft und von der Gesellschaft aufs Wegschauen konditioniert und von Medien mit Desinformationen gefüttert werden.

Diese Konditionierung kann auch die Lektüre eines Stapels von Büchern wie das vorliegende kaum durchbrechen. Trotzdem scheint mir der Wert horizonterweiternden Denkens unbestreitbar. Einfach als innere Haltung. Die kommenden Jahre warten mit Herausforderungen auf, denen man mit Gedankengängen von gestern und heute kaum gewachsen sein wird. Je bereitwilliger wir die Welt als Schein einer übergeordneten Realität betrachten, die unsere da und dort durchdringt und dabei unerklärliche Phänomene der unterschiedlichsten Art produziert, desto besser sind wir gerüstet.

Akzeptieren wir, Teile eines absurden Theaterstücks zu sein, in dem nur wenige Mitspieler auf der Bühne stehen, Drehbuchautor und Regisseur jedoch völlig verborgen sind. Auch wenn eine solche Einstellung konkrete Sorgen nicht beheben kann, so mag sie Probleme gelegentlich in eine andere Perspektive rücken und damit lindern.

Vielleicht sind wir in einem grenzenlosen und feindlichen Universum doch nicht grenzenlos verlassen und entbehrlich. Die eisige Sinnlosigkeit eines materialistischen Daseins voller unvernünftiger Vernunft, Sorgen und Elend und mit seinem absehbaren Ende muß vielleicht doch nicht die Quintessenz *von allem* sein. Zudem müssen wir uns als Individuum mit eigenen Wünschen und Vorstellungen in diesem unbegreiflichen Kosmos nun einmal zurechtfinden. Wenn wir ihn als unbegreiflich, aber nicht zwangsläufig als stumpfsinnig, grausam und verkommen hinnehmen, wird der Schmerz vielleicht dann und wann doch geringer. Über diese Betrachtungsweise nachzudenken lohnt sich zweifellos.

Es ist nun einmal alles unsicher und wird es immer bleiben. Wir können weder das Optimist/Pessimist-Dilemma lösen, das da lautet »Der Optimist *glaubt*, wir leben in der besten aller möglichen Welten, und der Pessimist *fürchtet*, daß es *tatsächlich* so ist«, noch die philosophische Frage beantworten, ob wir und das Universum erst eine Sekunde alt sind und uns alles andere nur vorgetäuscht wird (womit der berühmte »Genesis-Stein« vom Mond – getreu der Beobachterhypothese – nicht wirklich 4,3 Milliarden Jahre auf dem Buckel hat, sondern erst zu existierten begann, als ihn der Astronaut erblickte). Bizarr bis zuletzt.

Trösten wir uns einfach zum Abschluß mit dem Satz des berühmten Autors und Aphoristikers Stanislaw Jerzy Lecs (1909–1966) aus seinen *Unfrisierten Gedanken* von 1957: »Erwartet euch nicht zuviel vom Weltuntergang.«

# Literaturverzeichnis und weiterführende Literatur

Dies ist ein um Vollständigkeit bemühtes Buch. Sämtliche herangezogenen Werke sollen die Bandbreite des Themas möglichst umfassend unter den verschiedensten Gesichtspunkten darstellen. Es liegt in der Natur der Sache, daß einige wenige der Quellen vielleicht als strittig angesehen werden können. Ich habe mich jedenfalls nach bestem Wissen bemüht, versteckte Vorurteile und/oder Verleumdungen nicht zu übernehmen, mich von zurückzuweisenden Gedankengängen, weltanschaulich gefärbten Interpretationen oder dubiosen Ahnungen deutlich zu distanzieren, Fragliches und/oder Zweifelhaftes als solches zu deklarieren und ambivalenten Quellen nur jene Informationen zu entnehmen, die seriös scheinen und nachprüfbar sind. Der überwiegende Großteil der Quellen erfüllt alle Anforderungen an seriöses Quellenmaterial. Das von mir Angeführte ist von mir nach bestem Wissen recherchiert worden und sollte von jedermann nachgeprüft werden können. Darüber hinaus ist das Buch natürlich provokant, aber es liegt in der Natur der Sache, daß Verborgenes nicht immer erbaulich sein kann.


Abbot, A. E.: *Encyclopedia of the Occult Sciences* (London 1976)
Adler, Manfred: *Die Söhne der Finsternis* (Jestetten 1994)
Alexandersson, Olof: *Lebendes Wasser* (Steyr 1993)
Aldiss, Brian W./Harrison Harry (Hrsg.): *Der Tag Million* (München 1971)
Allen, Gary: *Die Rockefeller-Papiere* (Wiesbaden 1978)
Allen, Gary: *Die Insider* (Wiesbaden 1980)
Allmann, William F.: *Von der Gehirnforschung zur nächsten Computergeneration* (München 1990)
Ambros, Hans: *Die nächsten 40 Jahre* (Wien 1993)
Andreas/Killian: *Die phantastische Wissenschaft* (Düsseldorf 1974)
Andreas/Killian: *Unglaublich, aber wahr* (Stuttgart 1976)
Andreas/Adams: *Was niemand glauben will* (Berlin 1977)
Andreas, Peter: *Jenseits von Einstein* (Düsseldorf 1978)
*Arthur C. Clarkes Chronicle of the Strange and the Mysterious* (New York 1987)
Arthur, Constance: *The Inexplicable Sky* (London 1956)
Asimov, Isaac: *Der Tausendjahresplan* (München 1966–2000)
Baden, Dr. Michael M./Hennessee, Judith Adler: *Unnatural Death. Confessions of a Medical Examiner* (New York 1989)
Baily, Alice: *A Treatise on Cosmic Fire* (New York 1925)
Bajkov, A. D.: *Do Fish Fall From The Sky?* (London 1949)
Bamford, James: *NSA. Die Anatomie des mächtigsten Geheimdienstes der Welt* (München 2001)
Barrow/Silk: *Die asymmetrische Schöpfung* (München 1986)
Barth von Wehrenalp, Erwin: *Man sollte es nicht für möglich halten – Unglaubliches aus der Weltgeschichte* (Düsseldorf 1988)

Bedford/Kensington: *Das Delpasse-Experiment* (Düsseldorf 1975)
Begg, Paul: *Into Thin Air – people who disappear* (North Pomfret 1979)
Bender, Hans: *Unser sechster Sinn* (Reinbek 1972)
Bentov, Itzhak: *Stalking the wild Pendulum* (New York 1977)
Benz, Ernst: *Der Übermensch. Eine Diskussion* (Zürich 1961)
Berlitz, Charles: *Unglaublich* (München 1989)
Berlitz, Charles: *Die Welt des Unbegreiflichen* (München 1990)
Berlitz, Charles: *Without a Trace* (London 1977)
Bernstein, Morey: *Protokoll einer Wiedergeburt* (Bern 1973)
Berry, Adrian: *The Iron Sun* (London 1979)
Bestenreiner, Friedrich: *Der phantastische Spiegel – Quanten, Quarks, Chaos oder vom Trost, der aus der Formel kommt* (München 1989)
Biermann, Werner: *Die Herren der Welt. Die Weltmachtpolitik der USA nach 1945* (Köln 2000)
Blackburn, Robin: *The Making of New World Slavery* (London 1997)
Blackmore, Susan: *Beyond the Body* (London 1982)
Blackwood, Peter: *Die Netzwerke der Insider* (Leonberg 1986)
Blakeslee, Thomas: *Das rechte Gehirn* (Freiburg 1982)
Blavatsky, Helena P.: *Das Buch Dzyan aus Die Geheimlehre* (Berlin 1932)
Boden, Margret A.: *Die Flügel des Geistes – Kreativität und Künstliche Intelligenz* (München 1992)
Bonin, Werner F. (Hrsg.): *Lexikon der Parapsychologie* (Bern 1984)
Bord, Colin und Janet: *Strange Animals* (London 1985)
Borld, Colin und Janet: *Strange Events of the 20th Century* (London 1989)
Bothe/Engel: *Die Evolution entläßt den Geist des Menschen* (Frankfurt 1993)
Bowart, Walter: *Operation Mind Control* (London 1979)
Bramley, William: *Die Götter von Eden – Eine neue Betrachtung der Menschheitsgeschichte* (Burggen 1990)
Brennan, J. H.: *Occult Reich* (Aylesbury 1974)
Bresch, Carsten: *Zwischenstufe Leben* (München 1977)
Breuer, Reinhard: *Das anthropische Prinzip* (München 1981)
Breuer, Reinhard: *Die Pfeile der Zeit* (München 1984)
Brisard, J. Ch./Dasquié, G.: *Die verbotene Wahrheit* (Zürich 2002)
Broad, W./Wade, N.: *Betrug und Täuschung in der Wissenschaft* (Basel 1984)
Brook, Rodney: *Menschmaschinen* (Frankfurt 2002)
Brookesmith, Peter (Ed.): *Incredible Phenomena* (London 1984)
Brookesmith, Peter (Ed.): *Life after Death* (London 1984)
Brown, Gerry: *The Worlds Greatest Mysteries* (London 1989)
Brzezinski, Zbigniew: *The Great Chessboard* (New York 1997)
Buchanan, John (Lord Tweedmuir): *The Powerhouse* (London 1908)
Buck-Morss, Susan: *Dreamworld and Catastrophe* (Boston 2000)
Buttlar, Johannes von: *Drachenwege* (München 1990)
Brunak/Lautrup: *Neuronale Netze – Die nächste Computerrevolution* (München 1993)
Cantopoulos/Kotsakis: *Cosmology* (Berlin 1986)
Capra, Fritjof: *Der kosmische Reigen* (Bern 1977)
Capra, Fritjof: *Das Tao der Physik (Bern* 1984)
Capra, Fritjof: *Wendezeit* (Bern 1985)
Carmin, E. R.: *Das schwarze Reich* (München 1997)

Carr, Donald E.: *Geheimnisvolle Signale – Das Rätsel der vergessenen Sinne* (Hamburg 1973)
Carter, Joseph: *The Awesome Life Force* (Illinois 1990)
Castell/Weizsäcker (Ed.): *Quantum Theory and the Structure of Time and Space* (Trutzing 1984)
Cernin, Rudolf: *Vom Liberalismus zur Anarchie. Dem Sturz ins Chaos begegnen!* (Graz 2002)
Charon, Jean E.: *Der Geist der Materie* (Wien 1979)
Charroux, Robert: *Verratene Geheimnisse* (Berlin 1970)
Charroux, Robert: *Unbekannt, geheimnisvoll, phantastisch* (München 1973)
Churchill, Allen: *They Never Came Back* (New York 1960)
Clarke/Welfare/Fairley: *Geheimnisvolle Welten* (München 1981)
Cohn, Norman: *Cosmos, Chaos and the World to come* (New Haven 1993)
Coleman, John Dr. (Dok.): *Conspirators Hierarchy* (Carson City 1989)
Condon, Richard: *The Manchurian Candidate* (New York 1959)
Constantine, Alex: *Psychic Dictatorship in the U.S.A.* (Portland 1995)
Crichton, Michael: *Electronic Life* (Reinbek 1984)
Crookall, Robert: *Out of the Body Experiences: A Fourth Analysis* (New Hide Park 1960)
Cummins, Geraldine: *Mind in Life and Death* (London 1956)
Currie, Ian: *Niemand stirbt für alle Zeit* (München 1979)
Daim, Wilfried: *Experimente mit der Seele* (Graz 1949)
Das Beste: *Verblüffend, phantastisch, unglaublich* (Stuttgart 1990)
Davies, Paul/Brown, J. R. (Hrsg.): *Der Geist im Atom* (Basel 1988)
Davies, Paul: *Mehrfachwelten – Entdeckungen der Quantenphysik* (Düsseldorf 1981)
Davies, Paul: *Cosmic Blueprint* (London 1987)
Dennet, Daniel: *Brainchildren* (Cambridge 1998)
Dettelbach, C. G.: *Into the Driver's Seat* (Westport 1976)
Dewdney, Alexander K.: *Das Planiversum – Computerkontakt mit einer zweidimensionalen Welt* (Wien 1985)
Deyo, Stan: *The Cosmic Conspiracy* (South Pasadena 1989)
Ditfurth, Hoimar von: *Wir sind nicht nur von dieser Welt* (Hamburg 1981)
Doucet, Dr. Friedrich W.: *Die Toten leben unter uns – Forschungsobjekt Jenseits* (Wien 1979)
Dreyfuss, Robert L.: *Die Grenzen der künstlichen Intelligenz* (Königstein 1985)
Dürr, Hans-Peter (Hrsg.): *Physik und Transzendenz* (Bern 1986)
Ebon, Martin: *Können wir in die Zukunft sehen?* (München 1984)
Edwards, Frank: *Strangest of all* (New York 1962)
Edwards, Frank: *Stranger than Science* (London 1963)
Eigen, Manfred/Winkler, Ruthild: *Das Spiel – Naturgesetze steuern den Zufall* (München 1975)
Einstein, Albert/Infeld, Leopold: *Die Evolution der Physik* (Wien 1950)
Eisen, Jonathan (Hrsg.): *Suppressed Inventions and other Discoveries* (Auckland 1994)
Eisenbud, Jule: *Gedankenfotografie* (Freiburg 1975)
Engdahl, William F.: *Mit der Ölwaffe zur Weltmacht* (Wiesbaden-Nordenstadt 1992)
Epperson, Ralph A.: *The Unseen Hand* (Stelle 1981)
Eysenck, Hans und Michael: *Der durchsichtige Mensch* (München 1983)

Eysenck/Sargent: *Der übersinnliche Mensch* (München 1984)
Fairley/Welfare: *Arthur C. Clarke's World of Strange Powers* (London 1985)
Farkas, Viktor/Krassa Peter: *Lasset und Menschen machen* (München 1985)
Farkas, Viktor: *Das Science Fiction Quizbuch* (München 1984/Passau 2002)
Farkas, Viktor: *Esoterik – eine verborgene Wirklichkeit* (Frankfurt 1990/Passau 2001)
Farkas ,Viktor: *Unglaublich, aber wahr! Das große Buch der unerklärlichen Phänomene* (München 1992)
Farkas, Viktor: *Zukunftsfalle – Zukunftschance* (Frankfurt 2000)
Farkas, Viktor: *Neue Unerklärliche Phänomene* (Peiting 2001)
Farkas, Viktor: *Rätselhafte Wirklichkeiten* (München 2002)
Farkas, Viktor: *Geheimsache Zukunft. Von Atlantis zur hohlen Erde* (Peiting 2003)
Farkas, Viktor: *Lügen in Krieg und Frieden. Die geheime Macht der Meinungsmacher* (Wien 2004)
Farkas, Viktor: *Mythos Informationsgesellschaft. Was wir aus den Medien nicht erfahren* (Rottenburg 2005)
Farson/Hall: *Geheimnisvolle Wesen und Ungeheuer* (Mannheim 1979)
*Faszination des Unfaßbaren* (Stuttgart 1983)
*Fate stranger than Fiction* (New York 1967)
Fenzl, Fritz: *Wahre Wunder* (München 2000)
Ferguson Marilyn: *Die Revolution der Gehirnforschung* (Olten 1981)
Fishlok, David: *Man Modified* (London 1969)
Forbes, B. O.: *Men Who are Making America* (New York 1922)
French, A. P. (Hrsg.): *Albert Einstein – Wirkung und Nachwirkung* (Braunschweig 1985)
Fuld, Werner: *Das Lexikon der Wunder. Ungeklärte Phänomene* (Frankfurt 2003)
Fuller, John: *The Ghosts of Flight 401* (New York 1976)
Furneaux, Rupert: *The World's Strangest Mysteries* (New York 1961)
Fürst/Moszowski: *Das Buch der 1000 Wunder* (Berlin 1916)
Gaddis, Margret: *The Strange World of Animals and Pets* (New York 1970)
Gaddis, Vincent H.: *Invisible Horizons* (New York 1965)
Gaddis, Vincent H.: *Mysterious Fires and Lights* (New York 1967)
Gallo, Robert: *Die Jagd nach dem Virus* (Frankfurt 1991)
Galouye, Daniel F.: *Welt am Draht* (München 1965)
Gamow, George: *Mr. Tompkins' seltsame Reisen durch Kosmos und Mikrokosmos* (Braunschweig 1981)
Gardner, Martin: *The Ambidextrous Universe* (New York 1979)
Garretti, R.: *Flight into Mistery* (London 1986)
Garrison, Jim: *Wer erschoß John F. Kennedy?* (Bergisch Gladbach 1992)
Gazzangia, N.: *Das erkennende Gehirn* (Paderborn 1987)
*Geheimbünde und Verschwörungen* (Leipzig 1831)
Geley, Dr. Gustave: *From the Conscious of the Unconscious (*1920)
Geller/Playfair: *Der Geller-Effekt* (Genf 1986)
Gerlach, Thomas: *Die Herstellung des allseits verfügbaren Menschen* (Frankfurt 2000)
Gerlof, H.: *Das Medium Carlos Mirabelli* (Bayrisch Gmain 1960)
Gierer, Alfred: *Die Physik, das Leben und die Seele* (München 1985)
Godwin, John: *This baffling World (New* York 1968)
Good, Timothy: *Sie sind da* (Frankfurt 1992)

Good, Timothy (Ed.): *Alien Update* (New York 1993)
Gordon, Stuart: *The Paranormal – An Illustrated Encyplopedia* (London 1992)
Gould/Pyle: *Anomalies and Curiosities of Medicine* (New York 1937)
Granger, Michael/Carles, Jacques: *Halbgötter und Übermenschen* (München 1981)
Green, Celia: *Out-of-the-Body-Experiences* (London 1968)
Greene, Carol: *Mörder aus der Retorte* (Wiesbaden-Nordenstadt 1992)
Greider, William: *How the Federal Reserve Runs the Country* (New York 1987)
Gribbin, John: *In Search of Schrödingers Cat* (London 1985)
Gribbin, John/Rees, Martin: *Ein Universum nach Maß* (Basel 1991)
Griffin, Des: *The Missing Dimension in World Affairs* (Pasadena 1991)
Griffin, Des: *Wer regiert die Welt?* (Vaduz 1986)
Gris/Dick: *The New Soviet Psychic Discoveries* (London 1980)
Groves, L. R.: *Now it can be told* (New York 1962)
Gruber, Elmar: *PSI-Protokolle (München 1998)*
Gruen, Arno: *Der Wahnsinn der Normalität* (München 1987)
Gunn, James E.: *Die Wächter des Glücks* (Rastatt 1966)
Gurdjieff, G. I.: *Begegnungen mit bemerkenswerten Menschen* (Freiburg 1978)
Haaf, Günter: *Adam und Eva* (Gütersloh 1982)
Habeck, Reinhard: *Das Unerklärliche* (Wien 1999)
Habeck, Reinhard: *Unsolved Mysteries. Die Welt des Unerklärlichen* (Wien 2001)
Haken, Hermann: *Erfolgsgeheimnisse der Natur. Synergetik: Die Lehre vom Zusammenwirken* (Reinbek 1995)
Hall/King: *Zukunftsvisionen* (Mannheim 1979)
Hammond, Ray: *The modern Frankenstein* (Dorset 1986)
Hannigan, John: *Fantasy City: Pleasure and Profit in the Postmodern Metropolis* (Rutledge 1998)
Hanussen: *Meine neuen Prognosen* (Wien 1979)
Harrison, Michael: *Fire from Heaven* (London 1977)
Harrison, Michael: *Vanishings* (London 1981)
Hausdorf, Hartwig: *Das Jahrhundert der Rätsel und Phänomene* (München 1999)
Hausdorf, Hartwig: *Geheime Geschichte I–III* (Marktoberdorf 2002–2005)
Healy, Tim (Ed.): *Strange But True – The Worlds Weirdest Newspaper Stories* (London 1984)
Heisenberg, Werner: *Die Ordnung des Wirklichkeit* (München 1989)
Herbig, Jost: *Kettenreaktion – Das Drama der Atomphysiker* (München 1976)
Herbert, Nick: *Quantenrealität – Jenseits der neuen Physik* (Basel 1987)
Herrholz, Eduarde: *Die geheime Macht* (Bausendorf 1991)
Heuvelmans, Bernard: *On the Track of Unknown Animals* (New York 1995)
Hitching, Francis: *The PSI-Connection* (Glasgow 1977)
Hitching, Francis: *Die letzten Rätsel unserer Welt* (Frankfurt 1982)
Hoffmann, Hellmut: *PSI die andere Wirklichkeit* (Klosterneuburg 2001)
Hoffmann II, Michael A.: *Secret Societies and Psychological Warfare* (Lilburn 1991)
Hofstadter, Douglas R.: *Gödel, Escher, Bach* (Stuttgart 1985)
Hofstadter/Dennet: *Einsicht ins Ich* (Stuttgart 1986(
Hogan, J. P.: *Der Schöpfungscode* (Bergisch Gladbach 1984)
Holbe, Rainer: *Phantastische Phänomene* (München 1993)
Holden, A./Singen, P.: *Crystals and Crystal Growing* (London 1961)
Holmes, Donald: *System Sapiens – Die Verschwörung der Illuminaten* (München 1990)

Hövelmann, K.: *Das neue Lexikon des Unerklärlichen* (Niederhausen 1998)
House, Brant: *Strange Powers of Unusual People* (New York 1963)
Huxley, Aldous: *Schöne Neue Welt* (Leipzig 1932)
Huxley, Aldous: *Ape and Essence (London* 1936)
Huxley, Aldous : *Die Pforten der Wahrnehmung* (London 1954/München 1989)
Huxley, Aldous: *The Perennial Philosophy* (London 1958)
Huxley, Aldous: *Dreißig Jahre danach oder Wiedersehen mit der wackeren Neuen Welt* (München 1960)
Inglis, Brian: *The Hidden Power* (London 1986)
Jahn, Robert G./Dunne, B: *Margins of Reality: The Role of Consciousness in the Physical World* (New York 1987).
Johler, Jens/Burow, Olaf-Axel: *Gottes Gehirn* (Hamburg 2001)
Jones, Dr. Roger: *Physics as Metaphor* (London 1983)
Joravsky, David: *The Lyssenko Affair* (Chicago 1970)
Jung, C. G.: *Synchronizität* (München 1990)
Kammerer, Paul: *Gesetz der Serie* (Stuttgart 1919)
Kanitscheider, Bernulf: *Kosmologie* (Stuttgart 1984)
Kaplan, Robert T.: *The Coming Anarchy* (Boston 1994)
Karamanolis, Stratis: *Geheimnisse des Mikrokosmos* (München 1986)
Karweina, Günter: *Der sechste Sinn der Tiere* (Hamburg 1982)
Keats, J.: *The Insolent Chariots* (New York 1958)
Keel, John A.: *Our Haunted Planet* (Greenwich 1971)
Keel, John A.: *Strange Creatures from Time and Space* (London 1975)
Keel, John A.: *The Mothman Prophecies* (New York 1975)
Keith, Jim (Ed.) *Secret and Suppressed* (Portland 1993)
Keith, Jim: *Casebook on the Man in Black* (Lilburn 1997)
Keith, Jim: *Mind Control World Control* (Illinois 1997)
Keith, Jim: *Strikeforce for the New World Order* (New Delhi 1994)
Keller, Werner: *Was gestern noch als Wunder galt – Die Entdeckung geheimnisvoller Kräfte des Menschen* (Zürich 1973)
Kemmerer, E. W.: *ABC of the Federal Reserve System* (Princeton 1919)
King, Francis X.: *The Encyclopedia of the Mind, Magic and Mysteries* (London 1991)
Kingston, Jeremy: *Rätselhafte Begebenheiten* (Mannheim 1979)
Knight, Damon: *Charles Fort – Prophet of the Unexplained* (New York 1970)
Knight, Stephen: *The Brotherhood* (London 1985)
Koch, Dr. med. Michael G.: *AIDS – die lautlose Explosion* (Baden-Baden 1988)
Koch, Egmont R./Wech, Michael: *Deckname Artischocke. Die geheimen Menschenversuche der CIA* (München 2004)
Koch, Erasmus Ewin: *Das Feuer der Sterne* (Berlin 1958)
Koestler, Arthur: *The Roots of Coincidence* (London 1974}
König, Herbert L. K: *Unsichtbare Umwelt – der Mensch im Spielfeld elektromagnetischer Kräfte* (München 1983)
Korzybsky, Alfred: *Science and Sanity* (New York 1933)
Krämer, Walter/Trenkler, Götz: *Lexikon der populären Irrtümer* (Frankfurt 1996)
Krassa, Peter: *Dein Schicksal ist vorherbestimmt* (München 1997)
Krassa, Peter: *Der Wiedergänger* (München 1998)
Krassa, Peter: *Men in Black – Phantome des Schreckens* (Rottenburg 2004)
Kreuzer/Ende/Kanitscheider: *Zeit-Zauber* (Wien 1984)

Krupey, G. J.: *AIDS, Act of God or the Pentagon?* (Portland 1993)
Kurnitzky, Horst: *Die unzivilisierte Zivilisation* (Frankfurt 2002)
Kurz, Robert: *Weltordnungskrieg* (Bad Honnef 2003)
Kurzweil, Raymond: *Das Zeitalter der künstlichen Intelligenz* (München 1993)
Kurzweil, Raymond: *The Age of Spiritual Machines* (New York 1999)
Lammer, Helmut und Marion: *Verdeckte Operationen* (München 1997)
Lammer, Helmut und Marion: *Schwarze Forschungen. Geheime Versuche unter Ausschluß der Öffentlichkeit* (München 1999)
Langelaan, George: *Die unheimlichen Wirklichkeiten* (Bern 1969)
Langeveld, L. A: *Der Graf von Saint-Germain* (Berlin 1930)
Lausch, Erwin: *Manipulation – Der Griff nach dem Gehirn* (Stuttgart 1972)
Lecour, Dominique: *Proletarian Science? The Case of Lyssenko* (London 1977)
Lederman, Leon: *Das schöpferische Teilchen* (München 1993)
Lee, Martin A./Shlain, B.: *Acid Dreams. The CIA and Mind* Control (New York 1979)
Lemonik, Michael D.: *Gravitational Lenses: Mirages from across the Universe* (Science Digest 93, April 1985).
LeShan, Lawrence: *Von Newton zu PSI* (Reinbek 1986)
Levy, Steven: *KL – Künstliche Intelligenz aus dem Computer* (München 1993)
Lewin, Roger: *Is Your Brain Really Necessary?* (Washington 1980)
Lewis, A. Stephanie: *Irrwege der Wissenschaft* (Amsterdam 1993)
Liebig, J. v.: *Zur Beurteilung der Selbstverbrennung des menschlichen Körpers* (Heidelberg 1850)
Lindley, David: *Das Ende der Physik* (Basel 1994)
Löbsack, Theo: *Versuch und Irrtum. Der Mensch: Fehlschlag der Natur* (München 1974)
London, Jack: *The Star Rover* (New York 1915)
Lord, Walter: *A Night to Remember* (New York 1955)
Lossau, Norbert: *Neuronale Netzwerke – Wenn Computer denken lernen* (Frankfurt 1992)
Lüscher, Edgar: *Pipers Buch der modernen Physik* (München 1980)
Luttwak, Edward: *The Coup d'Etat: A Practical Handbook* (London 1968)
Mack/Harwood/Riley: *The World of the Unexplained* (London 1984)
Maennchen, Ph.: *Geheimnisse der Rechenkünstler* (Leipzig/Berlin 1913)
Maliz, H.: *AIDS – die unbesiegbare Seuche* (Bad Nenndorf 1992)
Marais, Eugène Nielen: *The Soul of the White Ant* (Johannesburg 1937)
Marchetti, Victor/Marks, John D.: *The CIA and the Cult of Intelligence* (New York 1975)
Marks, John: *The CIA and Mind Control* (New York 1979)
Marks, John: *The Search for the Manchurian Candidate* (New York 1979)
Markus, S. M.: *Der Gott der Physiker* (Basel 1986)
Matthews, Robert: *Unravelling the Mind of God* (London 1994)
McCoy, Alfred W.: *The Politics of Heroin: CIA Complicity in the Global Drug Trade* (New York 1991)
McManus, John F.: *The Insiders: Architects of the New World Order* (Appleton 1992)
McNeill/Freiberger: *Fuzzy Logic* (München 1994)
Mecacci, Luciano: *Das einzigartige Gehirn* (Frankfurt 1986)
Meckelburg, Ernst: *Der Überraum. Expeditionen ins Unfaßbare* (Freiburg 1978)
Meckelburg, Ernst: *Geheimwaffe PSI* (Bern 1984)
Meckelburg, Ernst: *Psycholand. Erfahrungen jenseits des naturwissenschaftlich Erklärbaren* (München 1986)
Meckelburg, Ernst (Hrsg.): *Unheimlich, unglaublich, ungeheuerlich* (Frankfurt 1990)

Meckelburg, Ernst: *Zeittunnel – Reisen an den Rand der Ewigkeit* (München 1991)
Meckelburg, Ernst: *Transwelt* (München 1992)
Meckelburg, Ernst: *Zeitschock* (München 1993)
Meckelburg, Ernst: *Traumsprung* (München 1993)
Meckelburg, Ernst: *Hyperwelt* (München 1995)
Meckelburg, Ernst: *»Die Titanic wird sinken« und andere Vorhersagen und Vorfälle aus der Welt des Übersinnlichen* (München 1999)
Medvedev, Zhores A.: *The Rise and the Fall of Lyssenko* (New York 1969)
Menzel, Peter/D'Alusio, Faith: *Robo sapiens. Evolution of a New Species* (Cambridge 2000)
Meves, Christa: *Verführt. Manipuliert. Pervertiert* (Gräfeling 2004)
Michell, John/Rickard, Robert: *Phenomena* (London 1977)
Michell, John/Rickard, Robert: *Die Welt steckt voller Wunder* (Düsseldorf 1979)
Michell, John/Rickard, Robert: *Das rechnende Pferd von Elberfeld und andere Rätsel aus der Welt der Tiere* (Frankfurt 1995)
Michell, John/Rickard, Robert: *Ungelöste Rätsel der Tierwelt* (Augsburg 1998)
Miers, Horst E.: *Lexikon des Geheimniswissens* (München 1986)
Miller, George A.: *When We Think What Thinks?* (New York 1984)
Miller, R. DeWitt: *Forgotten Mysteries* (New York 1947)
Miller, R. DeWitt: *Impossible – Yet it Happened* (New York 1947)
Miller, R. DeWitt: *Stranger than Life* (New York 1955)
Miller, R. DeWitt: *You Do Take It With You* (New York 1955)
Moench, Doug/Stang Rev. Ivan: *The Big Book Of Conspiracies* (New York 1995)
Monroe, Robert A.: *Journey out of the Body* (New York 1971)
Monroe, Robert A.: *Der Mann mit den zwei Leben* (München 1972)
Monroe, Robert A.: *Der zweite Körper* (München 1987)
Moody, Dr. med. A.: *Leben nach dem Tod* (Reinbek 1977)
Mooney, Richard: *Colony Earth* (Greenwich 1975)
Moore, Patrick: *Can You speak Venusian?* (London 1972)
Moravec, Hans: *Mind Children – Der Wettlauf zwischen menschlicher und künstlicher Intelligenz* (Hamburg 1990)
Moravec, Hans: *Computer übernehmen die Macht* (Hamburg 1999)
Moufang, W.: *Magier, Mächte und Mysterien* (Heidelberg 1954)
Muldoon, S.: *The Case for Astral Projection* (Chicago 1936)
Muldoon, S./Carrington, H.: *Die Aussendung des Astralkörpers* (Freiburg 1966)
Mullins, Eustace C.: *The World Order* (Boring 1984)
Mullins, Eustace C.: *Secrets of the Federal Reserve* (New York 1991)
Mullins, Eustace C.: *Our Secret Rulers* (New York 1996)
Mullins, Eustace C./Bohlinger Roland: *Die Bankierverschwörung* (Struckum 1980)
Mundy, Talbot: *The Nine Unknown* (New York 1924)
Myers, Bill: *The Secret Government* (Washington 1988)
Nachtigall, Werner: *Funktionen des Lebens – Bioenergetik von Mensch, Tier und Pflanze* (Hamburg 1977)
Nettleton/Lucas: *Great Unexplained Mysteries* (Boca Raton 1989)
Nicholls, Peter: *Science in Science Fiction* (Frankfurt 1983)
Nielsen, E.: *Das Unerkannte* (Ebenhausen 1922)
Nielsen, E.: *Das große Geheimnis* (Ebenhausen 1923)
Nolfi, Stefano/Floreano, Damio: *Evolutionary Robotics* (Cambridge 2000)

Noorbergen, René: *Secret of the lost Races* (London 1978)
O'Brian, Cathy/Phillips, Mark.: *Die TranceFormation Amerikas* (Potsdam 2004)
O'Donnell, Elliot: *Animal Ghosts or Animal Hauntings and the Hereafter* (Dublin 1913)
Ornstein/Thompson: *Unser Gehirn: das lebendige Labyrinth* (Reinbek 1986)
Ostrander, Sheila/Schroeder, Lynn: *Psi-Training* (Bern 1982)
Ovason, David: *Der Dollar. Die Enthüllung seiner geheimen Symbole und deren verborgener Magie* (Rottenburg 2005)
Packard, Vance: *The People Shapers* (London 1978)
Pagels, Heinz R.: *Cosmic Code – Quantensprache der Natur* (Berlin 1984)
Pagels, Heinz R.: *Die Zeit vor der Zeit* (Berlin 1987)
Pauwels, Louis: *GURDJEW der Magier* (München 1956)
Pauwels, Louis/Bergier, Jacques: *Aufbruch ins dritte Jahrtausend* (Bern 1962)
Pauwels, Louis/Bergier, Jacques:: *Die Entdeckung des ewigen Menschen* (Bern 1965)
Pauwels, Louis/Bergier, Jacques: *Planet der unmöglichen Möglichkeiten* (Bern 1968)
Peat, David F.: *Synchronizität – Die verborgene Ordnung* (Bern 1989)
Peat, David F.: *Der Stein der Weisen – Chaos und verborgene Weltordnung* (Hamburg 1992)
Perkin, H.: *The Age of the Automobile* (London 1976)
Pfungst, Oskar: *Clever Hans, the Horse of Mr. von Osten* (New York 1965)
Pick, Christopher (Ed.): *Mysteries of the World* (London 1979)
Pickett, Lynn: *The Encyclopedia of the Paranormal* (London 1990)
Pickover, Clifford A.: *Mit den Augen des Computers – Phantastische Welten aus dem Geist der Maschine* (Haar bei München 1992)
Pilger, John: *Hidden Agendas* (London 1998)
Pilger, John: *The New Rulers of the World* (London 2002)
Poe, Edgar Allan: *Unterredung mit einer Mumie und andere phantastische Geschichten* (Wien 1947)
Popp, Fritz-A.: *Biologie des Lichts* (Berlin 1984)
Popper, Sir Karl/Eccles, Sir John C.: *Das Ich und sein Gehirn* (München 1982)
Prause, Gerhard: *Niemand hat Kolumbus ausgelacht – Fälschungen und Legenden der Geschichte richtiggestellt* (Düsseldorf 1986)
Proctor, Hansl: *Years of Plunder* (New York 1935)
Progoff, Ira: *Jung, Synchronicity and Human Destiny* (New York 1973)
Prouty, Leroy Fletcher: *The Secret Team – The CIA and its Allies in Control auf of the United States and the World* (N.J. 1973)
Raffelski/Müller: *Die Struktur des Vakuums – Ein Dialog über das Nichts* (Frankfurt 1985)
Randles, Jane: *Mind Monsters* (Wellingborough 1990)
Rappoport, Jon: *AIDS Inc., Scandal of the Century (Foster* City 1988)
Reed, Douglas: *Der große Plan der Anonymen* (Zürich 1952)
Rhine, L. E.: *Mind over Matter* (New York 1970)
Riedl, Rupert/Kreuzer, Franz: *Die überschätzte Vernunft* (Hamburg 1983)
Riso, Ricardo: *Die neun Typen der Persönlichkeit und das Enneagramm* (München 1989)
Ritchie, David: *Gehirn und Computer – Die Evolution einer neuen Intelligenz* (Stuttgart 1984)
Robb, Steward: *Strange Prophecies that came true* (New York 1967)
Roberts, J. M.: *The Mythology of Secret Societies* (New York 1972)
Roberts, Jane: *Adventures in Consciousness* (New York 1979)

Robertson, Morgan: *Titan – Der Roman, der den Untergang der Titanic vorwegnahm* (München 1998)

Rogo, D. S.: *Reisen in die unsterbliche Dimension* (München 1985)

Rorvik, David: *As Man becomes Machine* (London 1979)

Roszak, Theodore: *The Making of a Counter Culture* (New York 1968)

Rucker, Rudy: *Der Ozean der Wahrheit* (Frankfurt 1988)

Russell, Eric Frank: *Great World Mysteries* (London 1957)

Sabetti, Stephane: *Lebensenergie* (Bern 1985)

Sabom, Michael P.: *Erinnerung an den Tod. Eine Medizinische Untersuchung* (Berlin 1986)

Sagan, Carl/Agel, Jeremy: *The Cosmic Connection* (New York 1973)

Sampson, Anthony: *The Seven Sisters. The Great Oil Companies & The World they shaped* (New York 1978)

Sanderson, Ivan T.: *Things* (New York 1967)

Sanderson, Ivan T.: *More Things* (New York 1969)

Satin, Mark: *New Age Politics* (New York 1979)

Scheflin, Alan/Opton jr., Edware: *The Mind Manipulators* (London 1978)

Schlosser, Eric: *Die scheinheilige Gesellschaft. Sex, Drogen und Schwarzarbeit – die dunkle Seite der USA* (München 2003)

Schmitz, Dr. Emil-Heinz: *Unsterblichkeit im All* (Genf 1977)

Schmitz, Dr. Emil-Heinz: *Das Zeit-Rätsel (Genf* 1979)

Schofield, Ph.: *Unglaubliche Ereignisse* (Augsburg 1999)

Schreiber, Hermann und Georg: *Geheimbünde von der Antike bis heute* (Augsburg 1992)

Schrödinger, Erwin: *Geist und Materie* (Wien 1986)

Schul, Bill: *The Psychic Powers of Animals* (London 1977)

Schul, Bill: *Wunderbare Tiergeheimnisse und Pflanzengeheimnisse* (München 2001)

Schuster, Georg: *Geheime Gesellschaften, Verbindungen und Orden* (Dreieich 1905)

Schwab, Günther: *Der Tanz mit dem Teufel* (Hameln 1958)

Schwertner, Peter: *PSI im Tierreich* (Hannover 1984)

Scott, Ernest: *Die Geheimnisträger – Auf den Spuren der verborgenen Baumeister der Evolution* (München 1989)

Scott, Peter Dale: *Drogen, Öl und Krieg* (Frankfurt am Main 2004)

Searle, John A.: *Die Wiederentdeckung des Geistes* (München 1993)

See, Hans: *Kapitalverbrechen – die Verwirtschaftung der Moral* (Düsseldorf 1990)

Sexl, Roman U.: *Was die Welt zusammenhält – Physik auf der Suche nach dem Bauplan der Natur* (Stuttgart 1982)

Shallis, Michael: *On Time* (Harmondsworth 1982)

Sheflin/Opton jr.: *The Mind Manipulators* (London 1978)

Sheldrake, Rupert: *Das schöpferische Universum - Die Theorie des Morphogenetischen Feldes* (München 1983)

Sheldrake, Rupert: *Sieben Experimente, die die Welt verändern könnten – Anstiftung zur Revolutionierung des wissenschaftlichen Denkens* (München 1994)

Sheldrake, Rupert: *Das Gedächtnis der Natur – Das Geheimnis der Entstehung der Formen in der Natur* (München 1996)

Sherwood, Eddy: *Your Will Survive after Death* ( New York 1950)

Short, Martin: *Inside the Brotherhood* (Glasgow 1989)

Silverberg, Robert (Herausgeber): *Die Mörder Mohammeds und andere time-travel-stories* (Hamburg 1970)

Sklar, Holly (Hrsg.): *Trilaterlism – The Trilateral Commission and Elite Planning for World Mangagement* (Boston 1980)
Slater, Lauren: *Von Menschen und Ratten* (Weinheim 2006)
Smith, Warren: *Strange Monsters and Madmen* (New York 1969)
Smoot, Dan: *The Invisible Government* (Boston 1965)
Smyth/Stemman: *Leben – was kommt danach?* (Mannheim 1979)
Soyfer, Valery N.: *Lyssenko and the Tragedy of Soviet Science* (New Brunswick 1994)
Sperling, Dr. Hans: *Was die Welt im Innersten zusammenhält* (Melsbach 1989)
Stace, Walter: *Mysticism and Philosophy* (London 1960)
Stanek, V. J.: *The Pictorial Encyclopedia of the Animal Kingdom* (New York 1973)
St. Clair, David: *The Psychic World of California* (New York 1972)
Stableford, Brian/Langford, David: *The Third Millenium* (London 1985)
Stemman, Roy: *Die Welt der Seelen und Geister* (Berlin 1979)
Stevens, Jay: *LSD and the American Dream* (London 1989)
Stevens, Lawrence: *Auf der Suche nach der künstlichen Intelligenz – Wege zur perfekten Maschine* (Landsberg am Lech 1985)
Stevenson, Ian: *Reinkarnation* (Freiburg 1976)
Stewart, Ian: *Spielt Gott Roulette?* (Basel 1990)
Stringfield, Leonard H.: *Im Allerheiligsten der Geheimdienste und des U.S. Militärs* (Rottenburg 1996)
Sturdza, Prince Michael: *The Suicide of Europe* (Boston 1968)
Sullivan, Walter: *Am Rande des Raums – Am Ende der Zeit* (Frankfurt 1980)
Summers, Anthony: *Conspiracy* (New York 1989)
Sutton, Anthony C.: *National Suicide – Military Aid to the Sovjet Union* (New York 1974)
Sutton, Anthony C.: *Roosevelt und die internationale Hochfinanz* (München 1975)
Sutton, Anthony C.: *Wallstreet and the Rise of Hitler* (Seal Beach 1976)
Sutton, Anthony C: *America's Secret Establishment* (Billings 1986)
Swann, Ingo: *To Kiss Earth Goodbye* (New York 1975)
Talbot, Michael: *Mystik und neue Physik* (München 1989)
Talbot, Michael: *Jenseits der Quanten* (München 1990)
Tanenbaum, Andrew S.: *Structured Computer Organization* (New York 1984)
Targ, Russel/Harary, Keith: *Jeder hat ein 3. Auge, PSI – die unheimliche Kraft* (Zürich 1984)
Targ, Russel/Puthoff, Harold E.: *Jeder hat den 6. Sinn* (Bergisch Gladbach 1980)
Taylor, Gordon Rattray: *A Natural History of the Mind* (Grafton 1981)
Taylor, Gordon Rattray: *Die Geburt des Geistes* (Frankfurt 1982)
Taylor, John: *Superminds* (London 1975)
Taylor, John: *Science and the Supernatural* (London 1981)
*The Complete Books of Charles Fort* (New York 1974)
Taylor, R. T.: *Hot Money and the Politics of Debt* (London 1987)
Teller, Edward: *Die dunklen Geheimnisse der Physik* (München 1993)
Thomas, Gordon: *Journey into Madness. The True Story of CIA Mind Control and Medical Abuse* (New York 1989)
Thorwald, Dethlefsen: *Das Erlebnis der Wiedergeburt* (München 1976)
Tompkins/Bird: *The Secret Life of Plants* (New York 1967)
Tosches, Nick: *Die Geschäfte mit dem Vatikan* (München 1989)
Toynbee, Joseph Arnold: *Menschheit und Mutter Erde – Die Geschichte der großen Zivilisationen* (Düsseldorf 1979)

Treichlinger, W. M.: *Okkulte Erlebnisse* (Wien 1950)
Tributsch, Helmut: *Wenn die Schlangen erwachen – Erdbebenforscher lernen von den Tieren* (Berlin 1981)
Uccusic, Paul: *PSI-Resümme* (Genf 1976)
Uccusic, Paul: *Unglaublich, aber wahr* (Stuttgart 1976)
Vallee, Jacques: *Enthüllungen* (Frankfurt am Main 1994)
Vankin, Jonathan/Whalen, John: *The 60 Greatest Conspiracies of all Time* (Secaucus 1996)
Vankin, Jonathan: *Conspiracies, Cover-Ups and Crimes – From Dallas to Waco* (Lilburn 1996)
Vennard, V.: *The Federal Reserve Hoax* (Washington 1963)
Vester, Frederic: *Denken, Lernen, Vergessen* (Stuttgart 1975)
Virilio, Paul: *New York im Delirium* (München 1998)
Vogt, A. E. van: *The World of Null* A (New York 1948)
Wallechinsky, David/Wallace, Amy: *The People's Almanac 3* (New York 1981)
Wallechinsky, David/Wallace, Amy/Wallace, Irving: *The Book of Predictions* (London 1981)
Warkentin, Roderich: *Gehirne für die Zukunft* (München 1970)
Warren, Smith: *Strange Monsters and Madmen* (New York 1969)
Watkins, W. H.: *Preternatural Inflammability of the Human Body* (New Orleans 1870)
Watzlawick, Paul: *Wie wirklich ist die Wirklichkeit?* (München 1976)
Watson, Lyall: *Supernature* (London 1974)
Watson, Lyall: *Geheimes Wissen* (Frankfurt 1976)
Watson, Lyall: *Lifetide. A Biology of the Unconscious* (London 1979)
Watson, Lyall: *Beyond Supernature* (London 1986)
Watson, Lyall: *The Nature of Things. The Strange Behaviour of Inanimate Objects* (London 1990)
Watson, Peter: *War and the Mind* (New York 1977)
Weaver, W.: *Lady Luck* (Harmondsworth 1977)
Weber, Felix: *Der Kosmos tanzt – vom Atom der Griechen zum Spiel der Quarks* (Basel 1983)
Weber, Felix: *Die schnellen JA/NEIN-Sager – Über Dasein und Tätigkeit der Computer* (Basel 1987)
Wehrenalp, Erwin Barth von: *Weltalmanach des Übersinnlichen* (München 1983)
Weiner, Tim: *Blank Cheque – The Pentagon's Black Budget* (New York 1991)
Weiner, Tim: *Files and Whispers: The CIA opens it's Safe* (New York 1993)
Weizsäcker, Carl Friedrich von: *Aufbau der Physik* (München 1985)
Wells, H. G.: *Die Geschichte unserer Welt* (Wien 1926)
Wells, H. G.: *The New World Order* (New York 1940)
*Weltalmanach des Übersinnlichen* (München 1983)
Wendling, Peter: *Die Unfehlbaren – die Geheimnisse exklusiver Klubs, Logen und Zirkel* (Zürich 1991)
Wickland, Charles A.: *Thirty Years Among the Dead* (New York 1924)
*Wie geschah es wirklich? Den Geheimnissen der Weltgeschichte auf der Spur* (Stuttgart 1990)
Wilgus, Neal : *The Illuminoids* (New York 1979)
Williams, Bryn (Hrsg.): *Die Kunst der Selbstverteidigung* (Zollikon 1976)
Williams, Bryn: *The Secret Art of Bruce Lee* (New Jersey 1976)

Wilson, Colin: *Das Übersinnliche* (Berlin 1971)
Wilson, Colin: *Mysteries* (St. Alban 1978)
Wilson, Colin: *A Criminal History of Mankind* (London 1986)
Wilson, Colin: *Beyond The Occult* (London 1988)
Wilson, Colin: *Alien Dawn* (London 1998)
Wilson, Edward O.: *Die Zukunft des Lebens* (Berlin 2002)
Wilson, Ian: *Faszination des Unfaßbaren* (Stuttgart 1983)
Wilson, Ian: *The bleeding Mind* (London 1991)
Wilson, Robert Anton: *The Science of the Impossible* (New York 1969)
Wilson, Robert Anton: *Die Illuminati Papiere* (Reinbek 1983)
Wilson, Robert Anton: *Das Lexikon der Verschwörungstheorien* (Frankfurt 2000)
Wilson, Colin und Damon: *Unsolved Mysteries Past And Present* (London 1993)
Wilson, Colin/Grant John (Eds.): *The Directory of Possibilities* (London 1982)
Wilson/Holroyd: *Rätsel des menschlichen Geistes* (Mannheim 1979)
Wise, David/Ross, Thomas B.: *The Invisible Government* (New York 1965)
Woltersdorf, Hans Werner: *Aufbruch in neue Psi-Dimensionen* (Zürich 1980)
Wooley, Benjamin: *Die Wirklichkeit der virtuellen Welten* (Basel 1994)
Wylder, Josef: *Psychic Pets* (Rhode Island 1978)
Yatri, Ps.: *Unknown Man – The Mysterious Birth of a New Species* (London 1988)
Yoxen, Edward J.: *Constructing Genetic Diseases* (Norwood 1984)
Zehren, Erich: *Die biblischen Hügel* (Berlin 1961)
Zeilinger, Anton: *Einsteins Spuk – Teleportation und andere Mysterien der Quantenphysik* (München 2005)
Zohar, Danah: *Through the Time Barrier (London* 1983)
Zuber, René: *Wer sind Sie Herr Gurdjieff?* (Basel 1988)
Zukav, Gary: *Die tanzenden Wu Li Meister – vom Quantensprung zum Schwarzen Loch* (Reinbek 1981)

Ferner wurden zahlreiche Zeitschriften, Publikationen und Perodika, TV- und Filmdokumentationen sowie andere Informationsquellen, z. B. das Internet, permanent herangezogen.

Das Zitat im Abschnitt »Das gefundene Buch« stammt aus dem Buch *Jenseits der Quanten* von Michael Talbot, © der deutschen Übersetzung by Wilhelm Heyne Verlag GmbH & Co. KG, München, übersetzt von Ursula Fassbender. Veröffentlichung mit freundlicher Genehmigung der Paul & Peter Fritz AG, Zürich.

# Namens- und Sachregister